교직실무 2판

TEACHING PRACTICE

주철안 · 김대성 · 김혜영 · 이상철 · 이영내 · 이용철 · 이지영 · 홍창남 공저

학지사

2판 머리말

이 책의 초판은 교직실무 교과목이 신설된 후인 2013년에 발간되었다. 초판이 발간된 후 상당한 시간이 경과되어 교직실무에 관련된 법령과 제도, 교육현장이 많이 변화되었다. 이러한 교육 관련 법령 및 제도, 교육현장의 변화를 반영할 뿐만 아니라, 독자들이 교직의 실제를 보다 체계적으로 깊이 있게 이해할 수 있도록 개정판이 준비되었다. 이를 위해서 연구자이면서 현장교사, 교육행정가 등으로 새로운 공저자를 추가하면서 집필진이 변경되고 확대되었다.

이 책은 교사의 직무 수행에 필요한 실제적인 내용을 다루고, 아울러 교육이론과 교육현장을 연결하기 위한 교직실무의 본연의 목적을 달성하기 위해서 초판에서 구상된 4부 12장 체계를 유지하였다. 그러나 실제적인 내용에서는 거의 모든 장에서 수정 · 보완되었다. 그 중에서도 제2부 '수업교사로서의 삶', 제3부 '담임교사로서의 삶', 제4부 '조직구성원으로서의 삶'에서 상당 부분이 바뀌었다.

제2부 '수업교사로서의 삶'에서는 오늘날 학교 현장에서 학교 교육과정 편성 및 운영이 매우 중요시되고 있기 때문에 이를 반영하여 각각을 독립적인 장으로서 다루었다. 특히 제3장 '학교 교육과정과 평가 활동'에서 학교 교육과정의 편성 및 운영, 성적 및 평가관리 등을 보다 깊이 있게 설명하였다.

제3부 '담임교사로서의 삶'에서는 여러 장에 걸쳐서 내용을 크게 보완하였다. 제5장 '학급경영'에서는 민주적인 학급경영에 대한 중요성을 고려하여 민주적인 학급경영의 실제에 대한 논의를 강화하였다. 제6장 '학생의 삶과 문화'에서는 학생 문화를 보다 폭넓게 이해하고 이에 대처하기 위한 교육적 접근방법을 아울러서 학생 삶의 이해, 학생을 둘러싼 환경요소, 학생문화의 특징, 교육적 대응 및 접근 등을 다루었다. 제7장 '학교안전생활'에서는 학생 안전교육과 학생 안전사고에 관련된 학생 생활지도 및 안전교육, 학생 안전사고의 이해, 학교안전공제회 등을 종합적으로

살펴보았다.

제4부 '조직구성원으로서의 삶'에서는 제12장 '학부모와 지역사회교육'에서 학부모와 교육, 학부모의 학교교육 참여, 학부모 상담, 지역사회와 학교 등을 다룸으로써 학부모와 지역사회 교육에 대해서 보다 체계적으로 다루었다.

저자들은 대학에서 교직과목을 가르쳐 온 학자, 연구자이며 현장교사 그리고 교육행정가로서 교직실무에 대한 이론을 연구하고 교직실무를 담당해 왔다. 저자들의 교직실무에 대한 지적 자산, 실무 경험과 성찰 그리고 초판 이후 10여 년간 교직실무 수업을 통해서 만났던 예비교사를 포함한 많은 독자의 성원에 힘입어 개정판이 출간되었다. 초판에 대한 독자들의 관심과 열정에 감사드리며, 개정판이 더 많은 사람들에게 사랑받기를 바란다. 좋은 책을 만들어 주신 학지사 김진환 사장님과 직원 여러분의 노고에 감사드린다.

2021년 3월

저자 대표 주철안

1판 머리말

신임교사는 학교에 발령받은 첫날부터 교과수업, 학급담임, 행정 업무 등 다양한 직무를 수행하게 된다. 그러나 신임교사는 수업과 담당 업무를 독립적으로 수행하는 학교조직의 특성상 많은 시행착오를 겪게 된다. 미국의 저명한 교육학자 Lortie는 이와 같은 신임교사의 교직생활 적응의 어려움을 '가라앉느냐 아니면 헤엄치느냐'라는 생존의 문제라고 갈파하였으며, 국내 학자들도 학년 초 직무 수행의 어려움을 '잔인한 3월'이라는 말로 표현하고 있다.

신임교사를 비롯한 많은 교사가 교직을 수행하면서 직면하는 어려움을 해결하기 위하여 2009학년도부터 교원양성과정에 교직실무 교과목이 신설되었다. 교직실무는 교사의 직무 수행에 필요한 실제적인 내용을 다루는 것을 주요 목적으로 하고 있으며, 기존의 교직이론과 교육실습의 중간에 위치하면서 교육이론과 교육현장을 연결하기 위해 설치되었다. 이와 같은 교직실무의 도입 목적을 달성하기 위하여 이 책은 다음과 같은 사항에 중점을 두고 집필되었다.

첫째, 교사의 직무 분석을 토대로 책의 내용을 설계하였다. 즉, 교사 직무에 관한 선행연구를 바탕으로 교사의 주요 직무 영역을 교직기초, 수업, 담임 및 생활지도, 조직구성원 업무로 구분하였다.

둘째, 학교현장에서 실제적으로 적용하고 있는 다양한 사례를 제시하였다. 이를 위해 기존의 교직이론과 교과교육에서 다루지 않으면서 교사가 실제로 수행하는 직무를 중심으로 사례를 개발하였다.

셋째, 교사의 직무 수행을 안내해 주는 핸드북으로 활용할 수 있도록 설계하였다. 예비교사는 교육실습 시기에, 신임교사는 도움이 절실한 시기인 발령 후 1~2년, 그 밖에 직무 수행에 도움을 필요로 하는 중견 교사들이 참고할 수 있는 종합안내서가 되도록 구성하였다.

넷째, 각 장은 이론보다 실제의 비중을 높게 설정하였다. 구체적으로, 각 장에서는 사례 및 목표, 핵심 이론, 직무 수행에 필요한 실제 내용, 실습 및 연구 과제 등으로 구성하였다.

이와 같은 집필 취지를 바탕으로, 이 책은 모두 4부 12장으로 구성되었다.

제1부 '교직기초'에서는 교사가 교직생활 전반에 걸쳐 기본적으로 이해하고 파악해야 할 사항을 다루고 있다. 제1장 교직 이해에서는 교사문화, 교사의 권리와 의무, 교직단체 등과 관련된 내용을, 제2장 교원 인사에서는 교원의 승진, 보수, 징계 등을 살펴보고 있다.

제2부 '수업교사로서의 삶'에서는 교사의 가장 본질적인 직무인 수업활동에 관한 내용을 다루고 있다. 제3장 수업경영에서는 효과적인 수업을 위한 교사의 전략, 학년초 수업경영 활동, 수업 중 학생 문제행동 대처하기 등을, 제4장 수업 외 활동에서는 학교 교육과정 편성 및 운영, 성적 및 평가 관리, 교과교실제 운영 등을 살펴보고 있다.

제3부 '담임교사로서의 삶'에서는 교사가 가장 보람을 느끼면서도 어려움을 겪는 담임 및 생활지도에 관한 내용을 다루고 있다. 제5장 학급경영에서는 담임의 역할과 임무, 학교생활기록부 작성 등을, 제6장 학생문화 이해에서는 학생또래집단과 문화, 학교폭력 등을, 제7장 학생 안전생활에서는 날로 증가하는 학생안전사고의 현황과 지도 등을, 그리고 제8장 창의적 체험활동 및 진로 · 진학지도에서는 자율활동, 동아리활동, 봉사활동, 진로활동, 진로 · 진학에 관한 내용을 살펴보고 있다.

제4부 '조직구성원으로서의 삶'에서는 교사가 학교차원에서 수행하는 다양한 역할에 관한 내용을 다루고 있다. 제9장 학교경영 참여에서는 교무분장조직, 교과조직, 위원회 조직 등을, 제10장 행정 업무에서는 공문서 관리, 교육행정정보시스템(NEIS)과 에듀파인(EDUFINE) 관리, 학교 민원 등을, 제11장 교원 전문성 개발에서는 교원연수, 장학, 교원평가 등을, 그리고 제12장 학부모 상담 및 지역사회 관계에서는 학교공동체 구축을 위한 학부모 참여 및 상담, 지역사회 참여 등에 관하여 살펴보고 있다.

이 책은 사범대학과 일반대학의 교직과정, 교육대학원의 교원양성과정을 이수하고 있는 예비교사, 그리고 전문적인 교직 수행을 위해 도움과 힐링이 필요한 신임교사를 비롯한 현장교사를 위해 집필되었다. 저자들은 오랫동안 대학에서 교직과목을 가르쳐 온 학자로서 또는 중등학교 교사로서 학교현장을 경험하고 성찰해 왔다.

특히 지난 1년 동안 각자의 연구와 강의 및 업무로 바쁜 가운데에서도 이 책을 집필하기 위해 틈틈이 모여 함께 논의해 왔다. 이 책에 활용된 학교현장의 많은 사례는 지금 이 시간에도 교육활동과 각종 업무에 수고하는 많은 교사가 있기에 가능하였다. 그런 의미에서 이 책은 저자들과 학교현장의 많은 교사의 공동 산물이라고 할 수 있다. 아무쪼록 이 책이 많은 독자에게 읽히고 사랑받기를 바란다. 이 책을 흔쾌히 출판해 주신 학지사 김진환 사장님과 직원 여러분의 수고에 고마움을 표시한다.

2013년 2월

저자 대표 주철안

차례

제2부 수업교사로서의 삶

제3부 담임교사로서의 삶

제 1 부

교직기초

제1장

교직 이해

사례

김 교사는 작년에 임용고시에 합격하여 올해 초 임용연수를 받고 지난 3월에 A 중학교에 초임교사로 발령되었다. 학기 초부터 교과수업, 부서 업무 처리 그리고 학급담임 업무 등으로 하루하루 바쁜 나날을 보냈다. 그러던 어느 날 동료교사가 자기 반 학생이 수업 중에 나타내는 문제행동을 지도하고자 학생을 교무실로 불러다 꾸중하였는데, 학생은 자신의 잘못은 인정하지 않고 오히려 담임선생님이 자신을 부당하게 대우한다고 항의하였다. 다음 날 학생의 일방적인 이야기를 들은 학부모가 학교장에게 전화를 걸어 분개하면서 담임교사를 성토하였고 학교장은 그 교사를 불러서 상황을 자세히 확인하고 앞으로 학생지도에 조심할 것을 지시하였다는 것이다. 이런 이야기를 전해 들은 김 교사는, '교직생활을 이제 막 시작한 나에게도 학생이나 학부모와 심각한 문제가 발생할 수 있는데, 이럴 때 어떻게 대처해야 하지? 만일 내가 혼자서 처리하기 힘들 때 누구에게 도움을 청해야 하지?' 등의 문제를 고민하게 되었다. 그래서 같은 학교에 근무하는 선배 교사에게 자신의 이런 고민에 대해 조언을 구했다. 선배 교사는 교직생활을 하면서 학생이나 학부모, 때로는 학교행정가와 갈등이 발생하여 혼자 힘으로 문제를 해결하기 어려울 때 이를 지원해 주는 교원단체나 교원노조 활동이 있다는 사실을 알려 주었다. 그리고 이러한 교직단체에서 교사의 권리와 이익을 옹호할 뿐만 아니라, 교사의 전문성 향상 등을 위한 여러 가지 다양한 활동을 전개하고 있다는 얘기를 해 주었다. 김 교사는 대학 재학 시절에는 별로 관심을 두지 않았던 교원단체, 교원노조에 대해 궁금증이 생겼다. 그래서 어떤 교원단체가 있고 각 교원단체의 권한과 기능은 무엇인지, 그리고 어떤 교원노조가 있고 교원노조의 권한과 활동에는 어떤 것이 있는지 등에 대해 자세히 알아보기로 하였다.

이 장에서는 교직 이해를 돕기 위해서 교사문화, 교사의 권리와 의무, 교사와 학교 구성원 간의 인간관계, 교직단체의 권한 및 활동을 살펴본다. 구체적으로, 교사문화에서는 교사문화의 개념과 특징, 교사문화의 다양성, 교사문화의 개선 등에 대해서 다룬다. 교사의 권리와 의무에서는 교사의 권리, 교사의 의무, 교직윤리의 개념과 교원윤리강령 등에 대해서 살펴본다. 교사와 학교 구성원들과의 인간관계에서는 교사와 학생, 동료교사, 학교행정가 및 행정직원과의 인간관계에 대해서 다룬다. 마지막으로, 교직단체에서는 교원단체 및 교원노조의 법적 권한 및 활동, 교섭합의 사례 등을 검토한다.

1. 교사문화

1) 문화의 개념과 기능

학교는 설립된 후 시간이 경과되면서 구성원이 공유하는 독특한 행동양식을 형성해 나간다. 이러한 행동양식을 문화라고 부르며, 이는 구성원 간에 공유하는 가치, 규범, 의식과 전통을 통해서 전달된다. 학교의 구성원은 학교생활을 영위하는 과정에서 의식적 · 무의식적으로 학교문화의 영향을 받게 된다. 다른 조직에 비해서 학교는 특히 문화적 요소와 특성이 풍부하며, 이와 같은 문화적 요소는 여러 가지 상징체제에 의해 구성원들에게 전달된다.

문화의 개념은 다양해서 합의하기가 쉽지 않다. 웹스터 사전에서는 문화란 '인간 행동의 통합된 패턴으로서 사상, 이야기, 행동, 인공물이 포함되며 지식을 학습하고 후대에 전승할 수 있는 인간의 역량에 달려 있다.'라고 정의하고 있다. 문화는 또한 '일을 해 나가는 방식'으로 간결하게 정의할 수 있다. Schein(1987)은 문화란 "한 집단이 외적인 적응과 내적인 통합 문제에 대처하면서 고안하고, 발견하며, 개발한 일련의 기본적 가정이다. 이러한 기본적 가정들이 집단 내외의 문제들에 잘 적용될 때 타당한 것으로 간주되고, 새로운 구성원들에게도 문제해결을 위한 올바른 지각과 사고방식으로 가르쳐진다."라고 정의하였다. 따라서 조직문화는 조직의 대내외적인 문제를 해결하기 위해 고안된 것으로, 각 조직에서 오랜 시간에 걸쳐서 형성된 특유한 행동유형, 사고, 신념, 기본적인 가정체계로 구성된다.

조직문화는 구성원들의 생각, 감정 및 인식에 영향을 미친다. 이러한 조직문화는 구성원 간에 규범과 가치의 공유를 통해서 조직의 기능 수행에 긍정적 또는 부정적으로 기여한다(박병량, 주철안, 2012). 첫째, 문화는 조직 안팎에서 발생하는 여러 가지 불확실성과 모호성을 감소시켜 줌으로써 구성원들에게 안정감과 확실성을 부여하며, 질서와 예측성을 제공해 준다. 둘째, 문화는 구성원들이 수행하는 활동에 대하여 의미를 부여해 준다. 셋째, 구성원들은 조직 내에서 함께 공유하는 가치와 가정, 신념, 규범을 통해서 동질감을 느끼며, 나아가 서로 연대감을 갖게 된다. 넷째, 조직 내 구성원 간에 문화가 단단하게 형성되어 있는 경우에 이런 문화를 변화시키기가 매우 어렵다. 특히, 기존의 조직문화가 조직의 목표 달성에 역기능적으로 작용할 경우에 이를 변화시키고자 하는 노력은 일시적이 아니라 어느 정도 기간을 두고서 이루어져야 성공할 수 있다.

2) 교사문화의 특징

학교의 조직문화는 교사문화, 학생문화, 학부모문화 등의 하위문화로 나타난다. 교사문화는 교사 집단이 공유하는 특유한 가치 유형과 규범이다. 교사문화는 제도화된 교육체제의 전반적 규범, 학교가 지니는 조직적 특성에 의한 가치 유형과 규범, 교사의 집단적인 가치와 규범 등으로 구성된다. 교사문화는 학생이 생활하는 학교의 기본적인 가치체계와 규범을 구성하기 때문에 학교문화에서 중요한 의미를 지닌다.

일반적으로 우리나라 교사문화의 특징은 인간관계 지향적, 개인주의적, 보수주의적 그리고 현재주의적 특징을 지니고 있다(김용정, 2009; 류방란 외, 2002; 박병량, 주철안, 2012; 오영재, 2001; 이혜영 외, 2001; Lortie, 1975).

첫째, 교사문화는 인간관계 지향적이다. 교사는 교육활동에서 학생과 적절한 인간관계를 유지하는 역할과 교과수업을 효과적으로 수행하는 역할을 병행한다. 교사는 이 두 가지 역할 중에서 학생과 좋은 관계를 유지하는 일에 더 큰 비중을 둔다. 또한 교사는 학생과의 관계뿐만 아니라 동료교사와의 관계에서도 인간관계 지향성을 나타낸다. 다른 교사와의 관계에서는 학생교육이나 공식적인 업무를 위한 협력은 상당히 제한되어 있는 반면, 사회적 친교나 친목 활동은 중시된다.

둘째, 교사문화는 개인주의적 성향을 띤다. 교사는 일반적으로 자신의 교육활동에 간섭받기를 싫어하고 다른 교사의 교육활동에 관여하지 않는 특성을 지닌다. 즉, 교사는 자신의 교육활동에 대한 경계를 비교적 분명하게 유지하려고 한다. 중등학교에서 동교과협의회 활동은 진도나 출제 같은 논의에 제한되고, 동학년협의회도 행사를 위한 협의에 그치는 경우가 많다. 교사는 전문성을 유지하기 위해서 스스로의 힘으로 노력한다. 이러한 교사의 개인주의적 특성은 경력이 많을수록 강해지며, 교사는 공개수업과 같은 제도적 협의보다는 비공식적인 조언을 선호한다.

셋째, 교사문화는 보수주의적 성향을 띤다. 교사는 가르치는 일의 효과를 측정하기 어렵고 학생과의 관계 확립 및 유지가 어렵기 때문에 과거의 전통적인 교수방법에 많이 의존한다. 가르치는 일의 복잡성, 불안감 등으로 인해 보다 나은 해결방안의 탐색을 포기하고 전통적인 방식에 집착하며, 교육목표가 교사 개인의 신념에 의존한 가치로 대치됨으로써 과거의 경험에 따른 영향을 강하게 받는다. 또한 교직은 오랜 교직경험을 가지고도 완전하게 숙달되었다는 느낌을 갖기가 어렵다. 이러한 현상은 교수활동에 대한 보상의 유인가 부족과 교수활동의 불확실성에 의해 전문적인 기술문화를 형성하기 어려운 데서 기인한다. 이와 함께 교육성과에 대한 산출이 장기적이고 불확실하기 때문에 단기적인 결과를 선호하는 교직의 보수주의적 특성을 강화시킨다.

넷째, 교사문화는 현재주의적 특징을 지닌다. Lortie(1975)가 지적한 것처럼, 현재주의는 교직의 보상체제가 교사 개인의 능력과 노력 정도에 부응하지 못하는 것에서 비롯한 것이다. 교직의 보상체제는 교직에 열정을 다하는 교사보다는 오히려 열정이 부족한 교사가 만족하는 구조다. 교직은 다른 전문직에 비해서 경력에 따른 승진의 기회가 비교적 적은 편이다. 교직경력의 단계가 부족하기 때문에 교사 개인이 투입하는 노력과 성취와 보상이 불일치하는 문제가 발생된다. 예컨대, 경력이 적은 교사가 상대적으로 후한 보수를 받는 보상체제이기 때문에 교직에서는 현실 지향성이 보다 강화된다. 더욱이, 교직의 승진제도는 비교적 소수자에게 기회가 돌아갈 수 있기 때문에 대다수의 교사가 상위 직급으로의 승진을 포기하게 된다. 승진을 포기한 교사는 미래보다는 현재에 만족하고 건강한 생활을 영위하는 데 관심을 갖는 풍토를 형성한다. 특히 대부분의 여교사는 승진에 대한 뜻을 접고 가정과 육아생활을 최우선적 관심사로 생각하며 현재에 충실한 삶을 살아가는 현상을 보인다(김용정, 2009).

우리나라 중등학교 교사에게서 나타나는 인간관계 지향성과 개인주의적 특성의 병존 현상은 개인주의적 공동체로 묘사된다(정수현, 2000). 즉, 교사의 공식적인 직무 수행과 관련하여 강조되는 가치는 독립성을 나타내는 반면, 동료교사와의 사회적 친교와 관련하여 강조되는 가치는 상호의존성이다. 교사는 하루의 대부분을 학교에서 보낸다. 학교에서는 학생을 가르치는 일 외에도 동료교사와의 일상적 대화, 친교, 취미활동 등에 참여한다. 교사에게 동료교사와의 인간관계 활동은 학생을 가르치는 일 못지않게 중요하다. 교사에게는 학교가 교육의 장인 동시에 생활의 장이기 때문이다. 교육의 장으로서 공식적인 직무 수행에 대해서는 독립성과 같은 개인주의적 가치가 강조되며, 생활의 장으로서 동료교사와의 관계에서는 상호의존성이 강조된다. 상호의존성을 강조하는 공동체에서는 평등의 이념이 작용하여 보상의 평준화, 직무 수행에서의 평균주의 등이 나타난다. 이와 같이 우리나라의 교사문화는 독립성과 상호의존성이라는 다소 모순적인 가치가 공존하는 독특한 현상을 보여 주고 있다.

3) 교사문화의 다양성

교사문화는 학교급, 학교의 설립 이념 및 유형, 소재 지역, 학교 규모, 설립 역사, 교직원의 구성 등과 같은 여러 가지 학교 배경 특성에 따라 다양하게 형성된다.

첫째, 학교단계별로 중등학교는 초등학교에 비해서 교사가 교과목의 전문성을 갖고 있기 때문에 개별 교사의 자율성을 인정받아 교사 간의 권위적인 위계문화가 비교적 약하게 나타난다(김용정, 2009). 동 교과 내에서는 교과 간 협의회를 통해서 비교적 협력이 쉽게 이루어진다. 반면에, 효과적인 학생지도를 위해 필수적인, 교과가 다른 동료교사와의 협력은 쉽지 않다는 문제점이 발생된다.

둘째, 학생을 대학에 진학시키는 것이 중요한 일반계 고등학교의 경우에는 대학입시를 대비하는 입시 위주의 문화를 형성하고 있다(이인효, 1990). 유능한 교사는 교과담임, 학급담임, 교무분장 부서의 일원으로서 직무를 잘 수행하는 교사다. 교과담임으로서의 직무 수행 능력은 가르치는 학생들의 성적으로 평가된다. 담임으로서의 능력을 평가하는 여러 지표 중에서도 학급 학생들의 성적이 가장 중요한 지표로서 간주된다. 따라서 학급담임으로서 교사는 학급 학생들의 성적이 좋게 나오도록 학생을 온정적으로 적절히 통제하게 된다. 학생의 성적 향상과 진학지도에 능력을 보이는 교사는 유능한 교사로 인정받는다. 따라서 교사의 학급 학생 분류도 성적이 중심이 되며, 공부와 놀이가 엄격히 구분되어 항상 놀이보다 공부의 범주에 들어가는 것이 중시된다. 중학교의 경우, 고등학교에 비해서 입시 위주 문화가 상대적으로 약하게 나타나고 있다(오영재, 2001). 즉, 고등학교에 근무하는 교사의 경우 학교의 입시 위주 풍토에 대해 좌절하는 모습을 보이는 경우가 있지만, 중학교 교사의 경우 학생의 성적으로 인한 고민이나 갈등은 상대적으로 적은 수준이다. 그러나 비평준화 지역의 중학교, 그리고 평준화 지역의 중학교 중에서 상위권 학생의 경우 특수목적고등학교나 특성화고등학교 등 특정 고교에 대한 진학 준비에 치중하는 현상도 발생되고 있다.

셋째, 학교 설립 유형에 따라서 공립학교에 근무하는 교사와 사립학교에 근무하는 교사 간에 상이한 문화를 형성한다(김용정, 2009). 공립학교 교사에 비해 사립학교 교사는 학교에 대한 '주인의식'이 있고, '내 학교'라는 강한 소속감과 교직원 간에 가족과 같은 강한 유대감을 가지고 있다. 이것은 사립학교가 가지는 재단의 특성, 독특한 전통과 문화가 복합적으로 융합된 결과다. 또한 평균 4년마다 학교를 옮기는 공립학교 교사와는 달리 사립학교 교사는 평생 한 직장에서 근무하게 된다. 따라서 동료교사는 평생 동료이기 때문에 연령이나 직위 등에 따른 위계질서를 존중하고, 동료와 협조하며, 자신이 좋아하지 않는 일도 따르게 되어 사립학교 교사가 공립학교 교사보다 더 '공동체 지향적'인 특징을 나타낸다.

넷째, 교사문화는 지역별로도 어느 정도 차이를 보인다. 즉, 학교의 소재지가 도시 지역인지 농촌 지역인지에 따라서 교사문화에 차이가 있다. 도시 지역의 경우 교사들 간의 개인주의적이고 형식주의적인 특성이 보다 큰 반면에, 농촌 지역의 경우 교사 간에 집단주의적이고 인화지향적인 특성이 보다 크게 나타난다(고형일, 이두휴, 장환금, 1994). 즉, 도시 지역에 근무하는 교사의 경우 가족과 함께 생활하는 사람이 많아 대부분 가정적이다. 또한 각종 사회시설이 풍부하고, 지역사회에 다양한 인간관계가 형성되어 있어서 교사의 인간관계가 매우 넓게 형성된다. 따라서 상대적으로 동료교사와의 인간관계가 학교생활 이후로 연장되지는 않는다. 상급자인 교장과 교감과의 관계에서도 형식적인 권위를 지닌 업무상의 존재에 그치게 된다. 반면, 농촌 지역에 근무하는 교사의 경우 현지에서 가족과 함께 생활하는 경우가 많지 않고, 교사가 참여하는 사회교육 프로그램의 기회가 적기 때문에 동료교사 간의 접촉 빈도가 높아질 수밖에 없다. 따라서 농촌 지역에 근무하는 교사는 집단주의적인 생활문화를 형성하게 된다. 상급자와의 관계 면에서도, 특히 교장은 자신의 삶을 이해해 주고 도와주는 동지이며, 자신의 삶에 결정적인 영향을 미칠 수 있는 실질적인 권위를 지닌 존재로 인식된다.

다섯째, 학교 규모에 따라서 대규모 학교의 경우 일반적으로 동학년협의회 또는 교과협의회 등 하위 부서를 통해서 교사의 의사를 수렴한다. 반면, 교직원과 학생 수가 적은 소규모 학교의 경우 전체 교직원회의를 통해서 의사결정이 이루어지게 된다. 또한 학교 설립 역사에 따라 교사문화에 차이가 있다. 예컨대, 신설학교의 경우 교사 간의 친밀성, 가족적인 분위기, 개교를 위한 기여도 등에서 적극적이고 책임감 있는 교육활동이 이루어진다(오현옥, 2004).

그 밖에 교사의 구성, 즉 교사의 성별, 연령, 교직단체 참여 인원 등에 따라 학교의 문화가 달라질 수 있다. 즉, 교사가 비교적 선호하지 않는 지역에 소재하고 있는 학교의 경우 일반적으로 연령대가 비교적 젊은 교사가 많이 배치되어 보다 진취적이고 역동적인 학교문화를 나타낼 수 있다. 반면, 교사가 근무를 선호하는 지역의 경우 비교적 연령대가 높은 교사가 많이 모이게 되어 보다 안정적인 학교문화를 나타내게 되며, 학교장이 학교운영을 위한 교사의 협조를 획득하기가 보다 용이하게 된다.

4) 교사문화의 개선

단위학교에서 학생의 교수-학습 활동이 높은 수준으로 이루어져서 교육목적을 효과적으로 달성하기 위해서는 동료교사와의 협력이 필수적이다. 즉, 교사가 보다 개선된 수업을 하고 효과적인 학생지도를 하기 위해서 여러 교과의 수업방법과 효과, 그리고 각양각색의 배경을 가진 학생의 다양한 정보를 공유해야 한다. 그러나 교사는 혼자서 자신만의 계획을 세우고 실천하는 일에 익숙하여 학교의 다른 구성원과 상의하거나 지원을 요청하는 일이 많지 않다. 또한 학교에서 교사 간의 긴밀한 상호 협조를 요구하는 업무가 있지만, 그렇지 못한 경우가 많다. 실제로 교사는 동료교사로부터 사회적 상호작용, 자신감, 심리적인 지원과 같은 개인적인 필요, 가르치는 과목의 전문적인 지식에 대한 교수-학습 차원의 필요, 그리고 학생의 학습과정을 조정하고 지도하기 위한 표준에 대한 조직 차원의 지원 등을 필요로 한다.

대부분 독립적으로 활동하는 교사는 개인적인 필요 및 교수-학습 차원의 필요에 따라서 동료관계를 갖게 된다. 또한 상호의존적으로 활동하는 교사는 조직의 요구에 의해 보다 밀접한 동료관계를 추구하게 된다. 교사의 협력적 관계는 교사들이 긴밀하고 조화로운 관계를 유지할 때 형성된다. 동료교사와의 협력적인 상호작용과 상호의존관계를 증진시키는 요인으로는, 학습을 중시하고 변화에 개방하며 혁신적인 교사에게 안정감을 부여하는 조직규범, 학생의 학습을 도와주고 교사 간의 협력을 증진시킬 수 있는 시간적 여유, 학교행정가의 유연한 행정 등을 들 수 있다. 우리나라의 경우 실제로 학교현장에서 교사가 처리해야 하는 업무 부담이 좀처럼 경감되지 않아서 학생의 교수-학습을 위해 협력할 수 있는 여건이 미흡한 실정이다.

2. 교사의 권리와 의무

교사는 국민으로서의 지위를 기본으로 하여 교육자로서의 지위, 근로자로서의 지위, 교육공무원으로서의 지위라는 다면적인 지위를 가지고 있다. 따라서 일반 국민과 동일한 지위에서의 헌법과 법률에 따른 권리와 의무 외에도 교육자로서의 지위, 근로자로서의 지위, 교육공무원으로서의 지위에 따른 권리와 의무가 추가될 수 있다. 특히, 교사는 국가공무원으로서 일반적으로 적용되는 권리와 의무를 기본으로 해서 교육을 통하여 국민 전체에게 봉사하는 교육공무원의 직무와 책임의 특수성에 비추어 신분보장 및 의무에 관한 특례조항을 별도로 「교육공무원법」에 규정하고 있다. 근로자로서 「교원의 노동조합 설립 및 운영 등에 관한 법률」에 근거하여 교원노동조합을 결성하여 교원노동조합 또는 조합원의 임금, 근무 조건, 후생복지 등 경제적 · 사회적 지위 향상에 관하여 교섭하고 단체협약을 체결할 권한을 부여받고 있다. 아울러, 「교원의 지위 향상 및 교육활동 보호를 위한 특별법」을 제정하여 교원에 대한 예우와 처우를 개선하고 신분보장과 교육활동에 대한 보호를 강화함으로써 교원의 지위를 향상시키고 교육 발전을 도모하고자 노력하고 있다.

교사는 전문직 종사자로서 교직을 원활하게 수행할 수 있는 권리를 가진다. 즉, 교사는 자율적이고 창의적으로 교육할 자유를 보장받고, 전문적인 교육활동에 전념할 수 있는 교육여건 조성에 관련된 권리를 갖고 있다. 또한 교사로서의 신분보장, 교권 침해 방지 등에 관련된 권리가 있다. 이와 함께, 교사는 교육공무원으로서 교육 및 연구 활동, 성실 · 복종, 청렴의무 등의 적극적 의무와 정치활동 금지, 집단행위 제한, 영리 업무 및 겸직 금지 등의 소극적 의무가 있다. 이러한 교사의 의무는 「국가공무원법」, 「교육공무원법」 등에 구체적으로 규정되어 있다. 한편, 교사는 전문직 종사자로서 법적 의무 이상으로 도덕적 또는 윤리적 행동을 보여 줄 것을 요구받는다. 교사가 준수해야 할 윤리적 행동을 구체화한 것이 교원의 윤리강령이다. 이러한 교원 윤리강령의 대표적인 사례가 한국교원단체총연합회의 '교직윤리헌장'이다.

1) 교사의 권리

교사는 전문직 종사자로서 능력을 발휘하기 위해서 자율적이고 창의적으로 교육할 자유를 보장받고, 전문적인 교육활동에 전념할 수 있는 교육여건 조성에 관련된 권리를 갖는다. 또한 교사로서의 신분보장, 교권 침해 방지 등에 관련된 소극적인 권리도 갖는다. 구체적으로, 「교육기본법」 제14조 제1항에서는 '학교교육에서 교원의 전문성은 존중되며, 교원의 경제적 · 사회적 지위는 우대되고 그 신분은 보장된다.'라고 규정하고 있다. 우리나라 법률에 의해 보장되는 교사의 권리를 구체적으로 살펴보면 다음과 같다.

첫째, 교사는 교육할 권리를 지닌다. 교사는 학교교육활동에서 전문성을 존중받고 학생을 교육할 권리를 지닌다. 이와 관련하여 「초 · 중등교육법」 제20조 제4항에서는 '교사는 법령에서 정하는 바에 따라 학생을 교육한다.'라고 규정하고 있다. 교사의 교육할 권리에는 수업할 권리, 교육과정 편성의 권리, 교재의 선택 권리, 교육방법의 결정과 교육평가의 권리, 학생지도 및 징계의 권리 등이 포함된다.

둘째, 교육활동에 전념할 수 있는 교육여건 조성 및 교원에 대한 예우다. 이와 관련하여 「교원의 지위 향상 및 교육활동 보호를 위한 특별법」 제2조 제1항 '국가, 지방자치단체, 그 밖의 공공단체는 교원이 사회적으로 존경받고 높은 긍지와 사명감을 가지고 교육활동을 할 수 있는 여건을 조성하도록 노력하여야 한다.', 제2항 '국가, 지방자치단체, 그 밖의 공공단체는 교원이 학생에 대한 교육과 지도를 할 때 그 권위를 존중받을 수 있도록 특별히 배려하여야 한다.' 그리고 제3항 '국가, 지방자치단체, 그 밖의 공공단체는 그가 주관하는 행사 등에서 교원을 우대하여야 한다.' 등 교원에 대한 예우 규정을 두고 있다.

또한 「교육공무원법」 제34조 제1항에서는 '교육공무원의 보수는 우대되어야 한다.'는 보수결정의 원칙을 규정하고 있다. 그리고 「교원의 지위 향상 및 교육활동 보호를 위한 특별법」 제3조 제1항에서는 '국가와 지방자치단체는 교원의 보수를 특별히 우대하여야 한다.', 제2항에서는 '「사립학교법」 제2조에 따른 학교법인과 사립학교 경영자는 그가 설치 · 경영하는 학교 교원의 보수를 국공립학교 교원의 보수 수준으로 유지하여야 한다.'라고 규정하고 있다.

셋째, 교사로서의 교육활동 보호이다. 「교원의 지위 향상 및 교육활동 보호를 위한 특별법」 제14조에서는 국가 및 지방자치단체 등의 교원의 원활한 교육활동에 대한 적극 협조, 제15조에서는 학생 또는 그 보호자 등에 의해 교육활동 침해행위로 피해를 입은 교원의 치유와 교권 회복에 필요한 조치, 제16조에서는 교육활동 침해 행위의 축소 · 은폐 금지, 제17조에서는 교원치유지원센터의 지정, 제18조에서는 교육활동 침해 학생에 대한 조치 등을 규정하여 교원의 교육활동을 보호하고 있다. 구체적으로 국가와 지방자치단체는 교육활동 침해행위와 관련된 조사 · 관리 및 교원의 보호조치, 교육활동과 관련된 분쟁의 조정 및 교원에 대한 법률 상담, 교원에 대한 민원 등의 조사 · 관리, 그 밖에 교원의 교육활동 보호를 위하여 필요하다고 인정되는 사항 등에 관한 시책을 수립 · 시행하도록 규정하고 있다.

넷째, 교사로서의 신분보장이다. 이와 관련하여 「교육공무원법」 제43조 제1항에서는 '교권(敎權)은 존중되어야 하며, 교원은 그 전문적 지위나 신분에 영향을 미치는 부당한 간섭을 받지 아니한다.', 제2항에서는 '교육공무원은 형의 선고나 징계처분 또는 이 법에서 정하는 사유에 의하지 아니하고는 본인의 의사에 반하여 강임 · 휴직 또는 면직을 당하지 아니한다.', 그리고 제3항에서는 '교육공무원은 권고에 의하여 사직을 당하지 아니한다.'라고 규정하고 있다.

다섯째, 교권 침해 방지다. 이와 관련하여 「교육공무원법」 제48조에서는 '교원은 현행범인인 경우를 제외하고는 소속 학교의 장의 동의 없이 학원 안에서 체포되지 아니한다.'는 교원의 불체포특권을 규정하고 있다.

2) 교사의 의무

교사는 교육공무원으로서 교육 및 연구 활동, 성실 · 복종, 청렴의무 등의 적극적인 의무와 정치활동 금지, 집단행위 제한, 영리 업무 및 겸직 금지 등의 소극적인 의무가 있다. 우리나라의 법률에서 규정하고 있는 교사의 의무를 구체적으로 살펴보면 다음과 같다.

첫째, 교육 및 연구활동의 의무다. 이와 관련하여 「교육기본법」 제14조 제2항에서는 '교원은 교육자로서 갖추어야 할 품성과 자질을 향상시키기 위하여 노력하여야 한다.'라고 규정하고 있다.

둘째, 성실 · 복종의 의무다. 이와 관련하여 「국가공무원법」 제56조에서는 '모든 공무원은 법령을 준수하며 성실히 직무를 수행하여야 한다.', 동법 제57조에서는 '공무원은 직무를 수행할 때 소속 상관의 직무상 명령에 복종하여야 한다.'라고 규정하고 있다.

셋째, 청렴의 의무다. 「국가공무원법」 제61조 제1항에서는 '공무원은 직무와 관련하여 직접적이든 간접적이든 사례 · 증여 또는 향응을 주거나 받을 수 없다.', 제2항에서는 '공무원은 직무상의 관계가 있든 없든 그 소속 상관에게 증여하거나 소속 공무원으로부터 증여를 받아서는 아니 된다.'라고 규정하고 있다. 또한, 「부정청탁 및 금품등 수수의 금지에 관한 법률」에서는 공직자 등의 공정한 직무수행을 보장하기 위해서 공직자 등에 대한 부정청탁 및 공직자 등의 금품 등의 수수(收受)를 금지하고 있다. 이와 관련하여 교사에게는 교사와 학부모 사이에 주고받는 촌지 수수를 금지하고 있으며, 이러한 금품 수수 등의 부조리를 제도적으로 방지하기 위해 각 시 · 도에서는 부조리신고 보상금 지급 조례를 제정하여 운영하고 있다.

넷째, 정치활동 금지다. 이와 관련하여 「교육기본법」 제14조 제4항에서 '교원은 특정한 정당이나 정파를 지지하거나 반대하기 위하여 학생을 지도하거나 선동하여서는 아니 된다.'라고 규정하고 있다. 또한 「교원의 노동조합 설립 및 운영 등에 관한 법률」 제3조에서는 '교원의 노동조합은 일체의 정치활동을 하여서는 아니 된다.'라고 하여 교원의 정치활동 금지의 조항을 별도로 규정하고 있다.

다섯째, 집단행위 제한이다. 「교원의 지위 향상 및 교육활동 보호를 위한 특별법」 제11조 제1항에서는 '「교육기본법」 제15조 제1항에 따른 교원단체는 교원의 전문성 신장과 지위 향상을 위하여 교육감이나 교육과학기술부장관과 교섭 · 협의한다.'라고 하여 교원단체의 집단행위를 제한하고 있다. 또한 「교원의 노동조합 설립 및 운영 등에 관한 법률」 제8조에서 '노동조합과 그 조합원은 파업, 태업 또는 그 밖에 업무의 정상적인 운영을 방해하는 일체의 쟁의행위를 하여서는 아니 된다.'라고 하여 교원노조의 쟁의행위를 금지하고 있다.

여섯째, 영리 업무 및 겸직 금지, 친절 · 공정의 의무, 종교중립의 의무, 비밀 엄수의 의무 등이 있다. 「국가공무원법」 제64조 제1항에서는 '공무원은 공무 외에 영리를 목적으로 하는 업무에 종사하지 못하며 소속 기관장의 허가 없이 다른 직무를 겸할 수 없다.'라고 하여 영리 업무 및 겸직을 원칙적으로 금지하고 있다. 「국가공무원법」 제59조에서는 '공무원은 국민 전체의 봉사자로서 친절하고 공정하게 직무를 수행하여야 한다.', 동법 제59조의 2의 제1항에서는 '공무원은 종교에 따른 차별 없이 직무를 수행하여야 한다.', 그리고 동법 제60조에서는 '공무원은 재직 중은 물론 퇴직 후에도 직무상 알게 된 비밀을 엄수하여야 한다.'라고 하여 공무원으로서 지켜야 할 여러 가지 의무를 규정하고 있다.

3) 교직윤리

교사는 윤리적이고 도덕적인 품성을 갖추고 있어야 한다. 교사에게 있어서 윤리적 · 도덕적 품성은 다른 분야에서의 지도자적인 역할을 담당하고 있는 사람들과는 매우 다르다. 교사는 인간의 가치와 존엄성을 높이며 개인의 성장과 자아실현은 물론 국가의 미래에 중대한 영향을 주는 교육을 담당하고 있다. 그러므로 교육의 효과는 가르치는 기술과 능력 외에도 교사의 도덕적 · 윤리적 품위나 성품과 직결되어 있다. 교사의 윤리적 특성은 교육에 직접적인 영향을 미치기 때문에 잘 가르치는 교사란 곧 도덕적이고 윤리적이어야 한다는 전제를 이미 내포하고 있다. 이런 관점에서 「교육기본법」 제14조 제3항에서는 '교원은 교육자로서의 윤리의식을 확립하고, 이를 바탕으로 학생에게 학습윤리를 지도하고 지식을 습득하게 하며, 학생 개개인의 적성을 계발할 수 있도록 노력하여야 한다.'라고 규정하고 있다.

교직윤리를 구체적인 강령으로 제정한 사례로는 한국교원단체총연합회의 교원윤리강령을 들 수 있다. 한국교원단체총연합회는 2005년 5월 '교직윤리헌장'을 제정하여 선포하였다. '교직윤리헌장'은 교사로서 지켜야 할 교직윤리의 기본 방향을 제시한 것으로서, 1982년에 제정된 사도헌장과 사도강령의 정신을 계승하면서 변화된 교직 정서와 시대적인 요구에 따른 교직윤리를 교원 스스로의 의지를 담아 작성하였다. 교직윤리헌장의 상세한 내용은 다음과 같다.

교직윤리헌장

우리는 교육이 인간의 가치와 존엄성을 높이며, 개인의 성장과 자아실현은 물론 국가와 민족의 미래에 중대한 영향을 준다는 사실을 명심하고, 국민으로부터 부여받은 교육자의 책무를 다하기 위해 최선을 다한다. 우리는 균형 있는 지 · 덕 · 체 교육을 통하여 미래사회를 열어 갈 창조정신과 세계를 향한 진취적 기상을 길러 줌으로써, 학생을 학부모의 자랑스런 자녀요 더불어 사는 민주 사회의 주인으로 성장하게 한다. 우리는 교육자의 품성과 언행이 학생의 인격형성을 좌우할 뿐만 아니라 사회전반의 윤리적 지표가 된다는 사실을 깊이 인식하고, 윤리성과 전문성을 높이기 위해 노력한다. 이에 우리 모두의 의지를 모아 교직의 윤리를 밝히고, 사랑과 정직과 성실에 바탕을 둔 교육자의 길을 걷는다.

우리의 다짐

1. 나는 학생을 사랑하고 학생의 인권과 인격을 존중하며, 합리적인 절차와 방법에 따라 지도한다.
1. 나는 학생의 개성과 가치관을 존중하며, 나의 사상·종교·신념을 강요하지 않는다.
1. 나는 학생을 학업성적·성별·가정환경의 차이에 따라 차별하지 않으며, 부적응아와 약자를 세심하게 배려한다.
1. 나는 수업이 교사의 최우선 본분임을 명심하고, 질 높은 수업을 위해 부단히 연구하고 노력한다.
1. 나는 학생의 성적평가를 투명하고 엄정하게 처리하며, 각종 기록물을 정확하게 작성·관리한다.
1. 나는 교육전문가로서 확고한 교육관과 교직에 대한 긍지를 갖고, 자기개발을 위해 노력한다.
1. 나는 교직 수행과정에서 습득한 학생과 동료, 그리고 직무에 관한 정보를 악용하지 않는다.
1. 나는 학생이나 학부모로부터 사적이익을 취하지 않으며, 사교육기관이나 외부업체와 부당하게 타협하지 않는다.
1. 나는 잘못된 제도와 관행을 개선하는 데 앞장서며, 교육적 가치를 우선하는 건전한 교직문화 형성에 적극 참여한다.
1. 나는 학부모와 지역사회를 교육의 동반자로 삼아 바람직한 교육공동체 형성을 위해 함께 노력한다.

3. 인간관계

우리 인간은 현대사회에서 대부분 특정 조직에 소속하게 되고, 자신이 소속된 부서나 집단에서 원만한 삶을 영위하기 위해서 다른 구성원들과 바람직한 인간관계를 맺을 필요가 있다. 이는 조직 내 다른 구성원과의 인간관계가 원만한가 그렇지 않은가에 따라 자신의 인격 성장뿐 아니라 조직 효과성에 긍정적 또는 부정적 영향을 미치게 되기 때문이다. 더욱이, 오늘날 학생 및 교직원 수가 많아져서 학교의 규모가 커지고, 학생들의 학습내용도 다양해진 학교사회에서 교육목적을 달성하기 위해서 구성원 간의 신뢰관계 형성과 협력적인 조직풍토의 조성은 매우 중요하다. 특히, 교사는 학생들의 동일시 대상이 되기 때문에 교사의 인간관계는 학생에게 교육적인 측면에서 매우 큰 영향을 미친다. 여기서는 이런 관점에서 학교의 주된 구성원들인 교사와 학생, 동료교사, 학교행정가 및 행정직원과의 인간관계를 살펴본다.

1) 학생과의 인간관계

교사의 학습지도는 대부분 학생과의 대면적인 관계에서 이루어진다. 따라서 교사가 학생과 어떤 인간관계를 맺는가에 따라 학습효과는 큰 영향을 받는다. 특히, 교실에서의 교수-학습은 상호 간의 심리적인 유대감 정도에 따라 학생의 학습에 대한 태도, 흥미, 동기가 달라진다. 또한 성장과정에 있는 학생은 교사에 대한 동일시의 경향이 강하기 때문에, 교사가 지니고 있는 습관, 취미를 포함한 행동과 태도 및 언어는 학생에게 직간접적으로 영향을 미치게 된다. 따라서 교사가 효과적으로 학생의 생활 및 인성 지도를 수행하기 위해서는 교사와 학생 간의 긍정적인 인간관계의 형성이 필수적이다.

학생은 학년 또는 학교 수준에 따라서 특성이 달라지고, 이에 따라서 교사에 대하여 부여하는 권위와 태도가 변화된다(박연호, 1984; 신중식 외, 2003). 저학년일 경우에 학생이 교사에 대하여 부여하는 권위는 절대적이지만, 점차로 상급학년 또는 상급학교 단계로 올라갈수록 교사의 절대적인 권위는 점차 약화된다. 반면, 학생은 자신과 차이가 없는 인간으로서의 교사 또는 전문가로서의 교사로 이해하게 된다. 즉, 초등학교 1학년생의 경우에는 학교생활에 대한 불안감을 갖고, 교사는 기대와 공포 또는 무관심의 대상이 될 수 있다. 초등학교 저학년 학생은 친근감과 독점 또는 꾸중에 대한 반항 등의 특성을 지니며, 교사에 대해서는 애착과 두려움을 느끼게 된다. 초등학교 고학년은 교사에 대한 비판과 신뢰가 교차되는 시기다. 중학생은 교사에 대한 반항과 사모의 시기로서 진취적이고 인생을 안내하는 교사에 대한 존경 또는 무리한 애정 요구에 따른 반감과 반항적 태도를 표출한다. 고등학생은 교사를 숭배하거나 무관심하게 된다. 즉, 실력 있는 교사를 숭배하거나 또는 교사를 지식 전달자로 인식하여 무관심할 수 있다.

어떤 단계에 있든, 일반적으로 모든 학생은 교사와 좋은 관계를 맺기를 원한다. 또한 교사도 학생과 좋은 인간관계를 맺고자 한다. 그러나 실제로 학생이 보다 선호하는 교사의 특성이 있기 때문에 교사는 학생과 좋은 인간관계를 맺기 위해서는 학생들이 선호하는 특성을 잘 이해해야 한다. Gordon(1974)은 교사와 학생 간의 좋은 관계의 요건으로 상호 간에 솔직하고 정직할 수 있는 개방성, 상호 간에 서로 존중되고 있다고 느끼는 보살핌, 의존성과 대비되는 상호의존성, 각자의 개성과 창의성 및 특성을 발전시킬 수 있는 분리성, 상대방의 욕구와 희생을 대가로 하지 않는 상호 욕구 충족성을 지적하고 있다. 또한 Jones와 Jones(1990)는 효과적인 교사–학생 관계를 형성하고 유지하기 위해서 교사와 학생 간 적정 수준의 개방적인 관계 수립, 긍정적인 대화를 통한 긍정적인 교사–학생 관계 형성, 교사의 학생에 대한 높은 기대 전달, 학생활동에 대한 교사의 관심이 필요하다고 지적하였다(박병량, 주철안, 2012). 이를 구체적으로 살펴보면 다음과 같다.

첫째, 개방적인 관계 수립이다. 교사는 학생에게 개방적이어야 하는데, 그 수준에 대해서는 신중히 고려해야 한다. 즉, 교사는 학생과 개인적인 관심사부터 흥미와 가치관 등을 포괄적으로 공유하는 완전 개방형, 학교 안에서는 개방적이나 학교 밖의 생활에 대해서는 제한적으로 개방하는 제한적 개방형, 그리고 교사의 의무로서 가르치지만 학생과 개인적 감정을 나누지 않는 배타적 개방형으로 분류될 수 있다. 바람직한 교사–학생 관계에 가장 적합한 유형은 제한적 개방형이라고 할 수 있으며, 교사는 자신에게 적합한 개방의 정도를 정하여 학생을 대하는 것이 필요하다.

둘째, 긍정적인 반응이다. 학생은 교사의 칭찬과 비난에 민감하므로 교사는 학생에게 부정적인 반응보다 긍정적인 반응을 더 많이 보이는 것이 바람직하다. 교사는 학생에게 정중한 태도를 가지고 정중한 말을 사용할 필요가 있다. 교사의 언행은 학생의 자부심과 자존심에 영향을 미칠 수 있기 때문이다.

셋째, 높은 기대의 전달이다. 학생에 대한 교사의 기대 수준은 교사–학생 관계의 중요한 요인이다. 교사의 긍정적인 기대는 학생의 자아개념, 학습동기 그리고 교사–학생 관계를 증진시키지만, 부정적인 기대는 그렇지 못하다.

넷째, 대화 기회의 마련이다. 교사와 학생의 상호 이해를 증진시키고 좋은 관계를 형성하기 위해서는 학생과 대화할 수 있는 기회를 다양하게 만들 필요가 있다. 이와 동시에 학생과 적합하게 대화하고 효과적으로 의사소통할 수 있는 능력이 필요하다. 이러한 적합한 대화기술은 학습과 훈련을 통해서 습득될 수 있다. 중요한 것은 교사의 학생에 대한 태도와 이를 효과적으로 보여 주는 적합한 언어와 감정의 활용이다.

2) 동료교사와의 인간관계

학교사회에서 교사의 인간관계는 제도적으로 규정된 역할을 바탕으로 한 공식적인 인간관계와 학교에서의 임무수행과 무관하게 이루어지는 비공식적인 인간관계로 구분될 수 있다. 즉, 학교에서 담당하는 부서, 학년, 교과 등에 따라서 형성되는 지위를 바탕으로 이루어지는 인간관계는 공식적인 인간관계다. 반면, 개인의 흥미나 취미, 출신 학교, 성별, 종교, 연령 등에 의해 형성되는 인간관계는 비공식적인 인간관계다.

학교에서 교사는 교장이나 교감, 학생과 학부모와의 관계에서 동료교사들과 동료의식, 친화감 그리고 협력관계를 필요로 한다. 그러나 승진이나 전보, 성과급 등과 같은 인사문제가 결부될 때는 상호 간에 견제와 경쟁관계에 놓이게 된다. 따라서 동료교사와의 관계는 학교 내 공식적인 조직과 비공식적인 인간관계에 의해 보다 복잡한 양상을 띠게 된다. 이와 같이 복잡한 관계 속에서 교사는 동료교사들과의 원만한 인간관계를 유지하기 위해서 협력과 관용, 신뢰감을 조성하도록 노력해야 한다. 이러한 교사 자신의 주체적이고 적극적인 노력이 부족할 때 학교에서는 교사들 간에 상호 인격 무시, 동료 비방, 개인주의, 경쟁의식 등이 조장되어 원만한 동료관계를 해치고 학교교육에 저해되는 결과를 낳게 된다(신중식 외, 2003).

명제창(1988)은 교사들이 지각한 교직경험 중에서 근무하기 좋았던 학교 교사들의 직무 수행 특성과 근무하기 싫었던 학교 교사의 직무 수행 특성을 연구하였다. 연구 결과, 대다수 교사들은 근무하기 좋았던 학교 교사의 직무 수행 특성으로 동료의식을 들었고, 근무하기 싫었던 학교 교사의 직무 수행 특성으로 동료의식의 부재와 독선적이고 연고주의가 팽배한 직원 분위기를 보고하였다(신중식 외, 2003). 그리고 교사는 교사 상호 간에 관찰을 통해서 서로에게 긍정적 또는 부정적 행동을 강화하는데, 긍정적인 측면에서 모범적인 동료교사의 행동은 동일시의 대상이 되기도 한다.

이상철(2008)은 학교조직에서 교사가 동료교사들과의 관계에서 발생되는 갈등의 요인을 개인적 요인, 업무상 요인, 조직상 요인, 의사소통 요인으로 구분하여 살펴보았다. 첫째, 개인적 요인은 교사 간 교육관의 차이, 인성의 차이, 교육목표의 불일치 등에서 비롯되는 갈등이다. 둘째, 업무상 요인은 행정업무 관계, 역할 모호성, 학생지도 영역으로 세분할 수 있다. 행정업무 관계에서의 갈등에는 동료교사 간 업무 미루기, 과다한 업무, 교사 간 비협조, 교사의 이기주의 등이 있다. 역할 모호성에 의한 갈등에는 책임 소재의 불분명, 성과 측정의 곤란 등이 있다. 학생지도와 관련된 갈등으로는 상이한 수업방식의 선호, 학생생활지도 방식의 차이, 교육과정 운영에 대한 견해 차이 등이다. 셋째, 조직상 요인은 학교조직의 전반적인 운영과 관련하여 담임 및 업무 배정에 대한 갈등, 남녀교사 간 갈등, 전교조 교사와 일반교사의 갈등, 동료 간 승진 경쟁에서 비롯되는 갈등 등이다. 넷째, 의사소통 요인으로는 교사 간 의사소통 부족, 의사소통 시 오해와 왜곡에 의한 갈등 등이다. 이와 같이 동료교사와의 갈등에서는 업무상 요인이 다른 요인에 비해 보다 다양하다. 이는 교사가 학교조직 내에서 담당하는 사무분장, 교과 그리고 학급 관련 직무들이 교사 간에 밀접하게 연결되어 있어 역할을 수행하는 데 상호 간 협력이 중시되므로 그만큼 갈등의 소지가 높은 데서 기인한다.

같은 학교에서 근무하는 동료교사와의 인간관계는 학교행정가나 학생과의 인간관계보다 훨씬 더 중요할 수 있다. 근무하는 학교를 옮기거나 그만두는 교사 중에 동료교사와의 인간관계가 원만하지 못한 것이 원인인 경우가 적지 않다. 반면, 동료교사와의 원만한 인간관계는 직장생활에서 얻을 수 있는 즐거움의 원천일 수가 있다. 따라서 교사는 이기주의적인 성향에서 벗어나서 업무의 과중이나 편중으로 고생하는 동료교사에게 협조하고 지원하는 생활태도가 필요하다. 이와 함께, 동료교사와의 비공식적인 조직활동도 학생의 학교생활에 도움이 되는 집단활동을 지향하는 것이 바람직하다.

3) 학교행정가 및 행정직원과의 인간관계

단위학교에서 학교장은 학교조직을 경영하고 관리하는 책임을 지고 있다. 구체적으로 법령에 나타난 학교장의 직위에 따른 직무와 권한은 「초·중등교육법」 제20조 제1항에 '교장은 교무를 통할하고, 소속 교직원을 지도·감독하며, 학생을 교육한다.'라고 규정되어 있다. 학교장의 직위에 따른 직무와 권한은 교무통할에 관한 사항, 소속 교직원 지도·감독에 관한 사항, 학생교육에 관한 사항이다. 학교장과 함께 단위학교의 경영을 담당하는 교감은 「초·중등교육법」 제20조 제2항에 '교감은 교장을 보좌하여 교무를 관리하고 학생을 교육하며, 교장이 부득이한 사유로 직무를 수행할 수 없는 때에는 그 직무를 대행한다.'라고 규정되어 있다. 이 규정에 따라 교감은 직접 교장을 보좌하며, 교장으로부터 위임된 범위 내에서 제한된 권한을 행사한다.

이와 같이 학교장은 학교교육활동 수행과정에서 소속 교직원을 지도·감독하는 위치에 있고, 반면에 교사는 학교장의 지도·감독을 받는 위치에 있다. 이와 같이 학교에서 교사와 학교행정가인 교장과 교감 간의 관계는 공식적·수직적 인간관계를 특징으로 한다. 교사와 학교행정가는 때로는 직무 수행을 떠나서 비공식적이고 수평적인 인간관계를 맺을 수도 있지만, 학교의 업무 수행을 위해서는 상명하복의 공식적인 인간관계가 중심이 된다. 그러나 인간관계는 일방적이 아니라 상호작용적이기 때문에 학교행정가뿐만 아니라 교사도 상호 간 원만한 인간관계를 형성하고 유지하기 위해 노력해야 한다.

이상철(2008)은 학교조직에서 교사와 학교행정가의 관계 속에서 발생되는 갈등의 요인을 개인적 요인, 업무상 요인, 조직상 요인, 의사소통 요인으로 구분하여 살펴보았다. 첫째, 개인적 요인은 교육관의 차이, 인성의 차이, 교육목표의 불일치다. 둘째, 업무상 요인은 교사 교육활동의 자율성 제약, 수업내용 간섭과 같은 교사 수업 전문성 침해, 학생지도 방식의 차이, 업무 추진 방식의 차이에 의한 갈등이다. 셋째, 조직상 요인은 교육활동 지원 부족, 불공정한 인사 처리, 담임 및 업무 배정에 대한 갈등, 비민주적 의사결정, 학교행정가의 리더십 부족, 주관적 교사평가, 상호 간 공동체성 약화에 따른 불신, 학교운영에 대한 견해 차이 등이다. 넷째, 의사소통 요인으로는 의사소통과 피드백 부족, 수직적 의사소통에 의한 갈등 등이다.

일반적으로 교사가 존경하는 학교행정가의 행동 특성에는 교직에 대한 사명감과 솔선수범, 교사에 대한 관심과 책임감, 교사의 능력과 자율성 존중, 청렴성, 직원들의 인화단결, 학교의 목표와 방향을 제시하는 비전 등을 지적하고 있다. 반면, 교사가 싫어하는 학교행정가의 특성에는 교직관과 소신의 결여, 직무의 태만, 독선적인 학교운영과 권위주의, 금전적 비리, 교사 차별 및 파벌 조성, 학교목표 및 비전의 부재 등을 제시하고 있다(명제창, 1988; 신중식 외, 2003).

그러나 현실적으로 학교행정가는 교사가 선호하는 이상적인 행동 특성과 덕목을 충분히 겸비하는 것이 어려울 수 있다. 또한 우리나라의 교육행정체제하에서는 중앙 및 지방 교육행정기관에 비해서 단위학교의 자율적인 운영이 아직 매우 부족한 실정이다. 학교행정가의 역할도 상위 기관에서 하달된 교육정책을 받아서 소속 교사들에게 시달하고, 소속 교사들의 요구를 상위 기관에 반영하는 중재자적인 역할을 담당하고 있다. 정부의 교육정책이 교사의 이익과 상반되거나 교사의 여론과 배치되는 경우에 갈등이 발생될 개연성이 매우 높다. 따라서 학교행정가가 선호하는 이상적인 행동 특성에 미치지 못하는 경우에 교사는 학교장을 비난하고 대립함으로써 갈등이 발생하고 상호 부정적인 인간관계를 조성하기보다는, 학교행정가를 먼저 이해하고 존중함으로써 우호적인 인간관계를 형성하고 점차 학교 본연의 교육목적 달성에 협력해 나가야 할 것이다.

학교에서는 학교교육활동이 원활하게 수행될 수 있도록 행정실을 두고 있으며, 학교 급별 및 규모에 따라서 일정 수의 행정 인력이 배치되어 업무를 처리하고 있다. 학교의 교육목표 달성은 교사의 교육활동이 직접적으로 영향을 미치지만 교육행정 인력의 효과적인 지원 기능도 간과될 수 없다. 따라서 교사와 행정직원 간의 원만한 업무 협조 관계는 단위학교의 교육역량 형성에 필수적이다.

그러나 일반적으로 학교조직은 교육활동을 담당하는 전문직으로서의 교사집단과 교원의 활동을 사무적으로 지원하는 행정직원 간에 담당 업무 및 업무 처리 방식 등이 분리되어 있는 이원적 구조이기 때문에 두 집단 간에 어느 정도 갈등이 내재되어 있다. 문제는 특정 학교 구성원 간의 상호 이해 및 소통 부족으로 이러한 집단 간 갈등이 증폭될 때 학교교육활동에 장애를 초래할 수 있다는 점이다.

구체적으로 교원과 행정직원 간에 발생될 수 있는 갈등의 원인으로는 업무의 이질적인 특성에 따른 상대방 업무에 대한 이해 부족, 업무의 불명확성, 근무 여건이나 보수 등 보상체제의 차이 등이다. 특히, 교사의 경우에는 교사의 예산업무 처리에 대한 이해 부족, 행정직원에 대한 존중 부족, 자기중심적인 사고 등이 지적될 수 있으며, 반면에 행정직원의 경우에는 교사의 교육활동에 대한 소극적인 지원 등이 지적된다(신중식 외, 2003). 따라서 교사가 행정직원과 바람직한 인간관계를 형성하기 위해서는 각자의 역할과 업무를 명료화하는 제도적인 노력도 이루어져야 하지만, 무엇보다도 학교의 교육목적을 달성하기 위해서 상호 간에 상대방의 업무 특성을 이해하고, 전문성을 존중하며, 상대방의 입장을 이해하려는 동반자적인 열린 자세가 매우 중요하다.

4. 교직단체

1) 교직관과 교직단체

교직을 보는 관점은 일반적으로 성직관, 노동직관 및 전문직관으로 구분된다. 성직관은 교직이란 특별한 소명을 부여받는 사람들이 담당할 수 있다는 종교적인 관점이다. 노동직관은 교직도 본질적으로 노동의 대가로 보수를 받기 때문에 처우개선을 위해서 노동삼권을 행사할 필요가 있다고 보는 관점이다. 전문직관은 교직은 지적 · 정신적 활동을 위주로 하기 때문에 판단력이 요구되고 표준화될 수 없으며 준비를 위해 오랫동안 교육을 필요로 하는 전문직으로 본다. 오늘날에는 교직을 전문직으로 보는 견해가 두드러진다. 이러한 전문직의 특성으로서 전문적인 지식, 자율적인 규제, 윤리강령, 단체활동 등이 지적된다.

우리나라에서는 교직의 전문직적 특성을 강조하여 해방 이후 교원 전문직단체가 설립되어 운영되어 왔으며, 1990년대 후반에 들어서 교직에 대한 노동직관의 영향을 받아서 교원노조의 설립이 법적으로 인정되었다. 이에 따라 우리나라의 교직단체로는 「교육기본법」에 따른 전문직 교원단체인 한국교원단체총연합회, 그리고 「교원의 노동조합설립 및 운영 등에 관한 법률」에 따른 교원노조로서 전국교직원노동조합, 한국교원노동조합 등이 설립되어 활동하고 있다.

2) 교원단체의 법적 권한

우리나라의 교원단체로는 전문직 단체인 한국교원단체총연합회(이하 '한국교총'

이라 함)가 설립 운영되고 있다. 한국교총은 1947년 '조선교육연합회'의 설립으로 시작되어서, 1948년 '대한교육연합회'로 개칭되었다가, 1989년 '한국교원단체총연합'으로 명칭이 바뀌어 현재까지 유지되고 있다. 한국교총의 설립 목적은 회원 상호 간의 단결을 통한 사회적 · 경제적 지위 향상과 교직의 전문성 확립에 있으며, 회원으로서 유치원, 초 · 중등학교 및 대학 교원을 모두 포함하고 있다.

특히 한국교총은 1991년에 제정되고 2016년에 일부 개정된 「교원의 지위 향상 및 교육활동 보호를 위한 특별법」으로 교원의 사회적 · 경제적 지위 향상과 전문성 신장에 관한 사항에 대하여 정부와 교섭 · 협의할 수 있는 교섭권을 인정받았다. 우리나라 「교육기본법」 제15조에서는 교원단체에 관하여 교원은 상호 협동하여 교육의 진흥과 문화의 창달에 노력하며, 교원의 경제적 · 사회적 지위를 향상하기 위해 각 지방자치단체와 중앙에 교원단체를 조직할 수 있다고 규정하고 있다.

「교원의 지위 향상 및 교육활동 보호를 위한 특별법」에서는 교원단체가 교원의 전문성 신장과 지위 향상을 위하여 교섭 협의할 수 있음을 규정하고 있다. 동 특별법에서는 교육부와 교원단체 간에 교원의 복지 및 여건 개선에 관련된 사항을 교섭 협의하도록 하고 있지만, 교육내용 및 학교 운영에 관련된 사항은 제외하고 있다. 구체적으로, '교원지위향상을 위한 교섭 협의에 관한 규정'에서는 교섭 협의의 범위를 봉급 및 수당 체계의 개선, 근무시간과 휴가, 여교원의 보호, 안전 보건, 교권신장, 복지후생, 연구활동 육성 및 지원, 전문성 신장과 연수, 기타 근무조건에 관한 사항으로 규정하고 있다.

「교원의 지위 향상 및 교육활동 보호를 위한 특별법」에 따라 매년 1월과 7월 두 차례 중앙교육행정기관과 한국교총, 시 · 도 교육청과 시 · 도 교육연합회 간에 단체교섭을 통해 쟁점을 처리해 왔다. 양 기관은 교섭 협의를 통해서 합의된 내용은 합의서로 조인한다. 합의된 사항에 대해서 당사자는 성실하게 이행하여야 한다고 규정하고 있다. 아울러 교섭 협의를 통해 합의된 사항에 대해서는 이행 여부에 관하여 다음 교섭 협의 시까지 각각 상대방에게 서면으로 통보해야 한다. 그러나 이와 같은 성실 이행의 규정은 법적인 의무를 지지 않기 때문에 합의된 내용의 실효성 확보는 아직 미흡한 수준이다.

3) 교원노조의 법적 권한

「교원의 노동조합 설립 및 운영 등에 관한 법률」에서는 보편적 국제 기준에 따라 교원의 노동기본권을 보장하되, 교원의 신분적 특수성을 고려하여 단결권과 단체교섭권은 인정하지만 단체행동권을 부여하지 않고 있다. 교원이 주체가 되어 자주적으로 근로조건의 유지, 개선, 기타 교원의 사회적 · 경제적 지위의 향상을 도모하기 위해서 노동조합을 설립할 수 있다. 교원노조의 가입 범위는 「초 · 중등교육법」 제19조 제1항에서 규정하고 있는 유치원, 초 · 중 · 고등학교 교원이다.

우리나라의 교원노조로는 전국교직원노동조합(전교조)과 한국교원노동조합(한교조) 등이 설립되어 운영되고 있다. 전교조는 1989년에 교육노동자로서의 권익옹호와 교육민주화 실현 등의 목적하에 창립되어 임의단체로서 활동해 왔으며, 1999년 「교원노조법」이 제정됨에 따라 합법적으로 인정되었다. 전교조의 가입대상은 유치원, 초등 · 중등 교사에 제한되어 있다. 한교조는 푸른 교육을 구현하고 교원으로서 존엄성을 유지하며 교직의 전문성 확립을 기함으로써 창조적이고 민주적인 교육문화 창달에 기여하는 목적으로 1999년에 설립되었다.

교원노조의 설립 단위는 전국 단위 또는 특별시 · 광역시 · 도 단위에 한하여 제한됨으로써 단위학교 차원에서 노조 설립을 허용하지 않고 있다. 개별학교에서의 교원노조 설립을 금지하는 이유는 교원의 임금 · 근무조건 등이 법정화되어 있어 전국적으로 동일한 기준이 적용되고, 교원의 임용권을 시 · 도 교육감이 갖고 있으며, 개별 학교에 교원노조 설립을 허용하는 경우 노조활동이 단위학교 운영에 영향을 미쳐 학생의 학습권을 저해할 수 있다는 점 때문이다.

교원노조는 복수 노조가 허용됨에 따라 여러 개의 교원노조 설립이 가능하며, 여러 개의 교원노조가 있을 경우 자율적으로 교섭 창구를 단일화하여 단체교섭을 요구해야 한다. 이와 함께 단체교섭 및 단체협약 체결 과정에서 학생의 학습권이 침해되는 것을 방지하기 위해 단체교섭 당사자는 국민여론 및 학부모의 의견을 수렴하여 교섭에 임해야 한다.

단체교섭의 결과로 단체협약체결권을 인정하되 법령 · 조례 · 예산에 의해 규정되는 내용과 법령 또는 조례에 의한 위임을 받아 규정되는 내용은 단체협약의 효력을 부인하고 성실 이행 의무를 부여하고 있다. 교원노조의 교섭 및 단체협약체결권은 임금, 근무조건, 후생복지 등 경제적 · 사회적 지위 향상에 관한 사항으로 제한되고 있다.

교원은 다른 직업 종사자와 달리 학생을 가르치는 신분적인 특성을 지니기 때문에 교원노조의 쟁의행위(파업, 태업, 그 밖에 업무의 정상적인 운영을 방해하는 일체의 행위)를 금지하고 있다. 이와 아울러 교원노조의 정치활동을 허용하는 경우 교육현장이 정치적인 영향을 받아서 학생의 학습권과 교육의 자주성이 훼손될 우려가 있기 때문에 교원노조의 정치활동은 금지되고 있다.

이상 교원단체와 교원노조 간의 법적 근거, 설립단위 및 가입대상, 단체교섭 등 주요사항을 비교하면 〈표 1-1〉과 같다.

표 1-1 교원단체와 교원노조 비교

구분	교원단체(한국교총)	교원노조(전교조, 한교조 등)
법적 근거	•「교육기본법」 •「교원의 지위향상 및 교육활동 보호를 위한 특별법」 및 시행령	•「교원의 노동조합 설립 및 운영 등에 관한 법률」 및 시행령
법의 목적	• 교원의 예우 및 처우 개선 • 신분보장을 통한 교원 지위 향상 • 교육 발전	• 교원의 노동조합 설립에 관한 사항 • 교원에 적용할 노동조합 및 노동관계 조정법에 대한 특례
설립단위	• 지방자치단체 및 중앙에 교원단체 설립	• 특별시 · 광역시별 또는 전국단위 교원노조 구성
가입대상	• 특별한 제한 없음(교사, 교감, 교장, 교육전문직, 대학교원)	• 유치원, 초 · 중등 교사에 제한
단체교섭 대상자	• 중앙교원단체와 중앙교육행정기관의 장 • 시 · 도 교원단체와 교육감	• 전국교원노조와 중앙교육행정기관의 장 • 시 · 도 교원노조와 교육감 • 사학의 경우 전국/시 · 도단위 사학연합회와 교섭
단체교섭 창구	• 특별 규정 없음	• 교섭 창구 단일화
단체교섭 사항	• 교원의 처우 개선, 근무조건, 복지후생 • 교원의 전문성 신장 (단, 교육과정과 교육기관 및 교육행정기관의 관리 운영에 관한 사항은 교섭협의 대상이 안 됨)	• 임금, 근무조건, 복지후생 등 경제적 · 사회적 지위 향상에 관한 사항

단체협약 효력	• 합의된 사항 성실 이행	• 단체협약 체결 • 합의된 사항 성실 이행
중재기구	• 교원지위향상심의회 설치(중앙과 시 · 도)	• 교원노동관계조정위원회 설치(중앙노동위원회 소속)
교섭협의 시기	• 매년 2회(1월, 7월) • 특별히 필요하다고 판단될 때	• 최소 2년에 1회

4) 교원단체의 교섭합의 사례

교육부와 한국교총 간 2018~2019년도 교섭 · 협의 합의서의 구성과 주요 내용은 다음과 같다. 교섭협의 합의서는 전문, 본문, 보칙, 부칙으로 구성되어 있다. 교섭 · 협의 합의서의 본문 23개 조항은 제1장 교원의 교육활동 보호, 제2장 교원 및 교육행정의 전문성 강화, 제3장 교원 복지 및 처우 개선, 제4장 교육 및 교원의 근무여건 개선, 그리고 보칙은 제24조 교원단체와 정례적인 협의회 개최, 제25조 이행책임 및 이행방법으로 구성되어 있다.

구체적으로 제1장 교원의 교육활동 보호는 제1조 교원 지위 향상 및 교육활동 보호를 위한 특별법 시행령 개정, 제2조 휴대전화로 인한 개인정보 보호 및 사생활 보호 가이드라인 마련, 제3조 교사의 교육활동을 보호하기 위한 매뉴얼 마련, 제4조 학교폭력예방법 개정안의 현장 안착 지원으로 구성되어 있다.

제2장 교원 및 교육행정의 전문성 강화는 제5조 교원 생애주기별 연수 확대 실시, 제6조 교육연구대회 개최 조직의 지원 강화, 제7조 국립대 교수의 연구 지원, 제8조 사서교사의 연수지원, 제9조 영양교육지원, 제10조 보건교육 지원, 제11조 초등학교 저학년의 학급당 학생 수 감축을 위한 교원 증원 검토, 제12조 지진피해 방지 노력으로 구성되어 있다.

제3장 교원 복지 및 처우 개선은 제13조 교원의 각종 수당 인상 등, 제14조 교원의 안전한 근무환경 마련, 제15조 교원연구비 인상으로 구성되어 있다.

제4장 교육 및 교원의 근무여건 개선은 제16조 모성 보호 시간 및 육아 시간 사용 여건 마련, 제17조 교원의 잡무 경감, 제18조 수능감독교사에 대한 지원, 제19조 사립교원 지원 등, 제20조 전문상담교사 정원 확대, 제21조 유아교육 지원 등, 제22조 유아학교, 제23조 특수교육 지원 등으로 구성되어 있다. 이 중에서 교원들의 관심

이 높은 교원의 각종 수당 인상 등(제13조), 교원의 잡무 경감(제17조)의 구체적인 내용은 다음과 같다.

제13조(교원의 각종 수당 인상 등)

교육부는 다음 각 호과 같이 교원의 수당 인상을 위해 관계 부처와 협의하는 등 지속적으로 노력한다.

1. 교직수당 가산금(담임업무수당) 인상
2. 교직수당 가산금(보직교사수당) 인상
3. 교직수당 가산금(보건교사수당) 인상
4. 교직수당 가산금(영양교사수당) 인상
5. 교직수당 가산금(원로교사수당) 인상
6. 교직수당 가산금(특수학교 교원 및 특수학급 담당교원수당) 인상
7. 교장(감) 보전수당 인상
8. 사서교사수당 인상
9. 전문상담교사수당 인상
10. 도서벽지수당 인상

제17조(교원의 잡무 경감)

교육부는 교원이 교육활동에 전념할 수 있도록 행정 업무, 불필요한 공문서를 감축하고 시도-국회-교육부 수감자료 등 반복된 자료 제출을 최소화하여 업무 피로도를 낮추는 방안을 강구한다.

참고문헌

고형일, 이두휴, 장환금(1994). 도시지역과 농촌지역 교사의 교직문화의 비교연구. **교육사회학연구**, 5(1).

김용정(2009). 교사문화의 진단도구 개발 및 특성 분석. 부산대학교 대학원 교육학박사학위 논문.

류방란 외(2002). **초등학교 교사의 생활과 문화**. 서울: 한국교육개발원.

명제창(1988). 학교조직에서의 도덕적 지도성 측정에 관한 연구. 충남대학교 대학원 박사학위 논문.

박병량, 주철안(2012). **교육행정 및 교육경영: 학교 · 학급경영 중심**. 서울: 학지사.

박연호(1984). **교사와 인간관계론**. 서울: 법문사.

박재윤 외(2005). **학교교육법 편람**. 서울: 교육과학사.

신중식 외(2003). **교육지도성 및 인간관계론**. 서울: 한국교육행정학회.

오영재(2001). 교단일기를 통해 본 중등교사들의 삶과 문화. **교육학연구**, 39(4).

오현옥(2004). 신설중학교 교사문화에 관한 연구. 인제대학교 대학원 석사학위 논문.

이상철(2008). 교사의 갈등관리유형과 그 효과에 관한 연구. 부산대학교 대학원 교육학박사학위 논문.

이인효(1990). 인문계 고등학교 교직문화 연구. 서울대학교 대학원 교육학박사학위 논문.

이혜영 외(2001). **중등학교 교사의 생활과 문화**. 서울: 한국교육개발원.

조석훈(2002). **학교와 교육법**. 서울: 교육과학사.

정수현(2000). 학교현실에 대한 교사들의 인식-교원평가에 대한 반응을 중심으로. 서울대학교 대학원 교육박사학위 논문.

Gordon, T. (1974). *Teacher effectiveness training*. New York: Wyden.

Jones, V. E., & Jones, L. S. (1990). *Comprehensive classroom management: Motivating and managing student*. Boston: Allyn and Bacon.

Lortie, D. C. (1975). *Schoolteacher: A Sociological Study*. Chicago: University of Chicago Press.

Schein, E. H. (1987). *Organizational Culture and Leadership*. San Francisco: Jossey-Bass Publishers.

법제처 www.moleg.go.kr

전국교직원노동조합 www.eduhope.net

한국교원노동조합 www.kute.or.kr

한국교원단체총연합회 www.kfta.or.kr

제2장

교원 인사

사례

올해 초 신규 임용을 받은 이 교사는 남들보다 늦게 교직에 입문하였다. 평소 교육문제에 관심이 많았던 이 교사는 사범대학을 졸업한 후 교육학을 좀 더 깊이 있게 공부하기 위해 대학원 석사과정에 진학하였다. 석사과정을 마친 이 교사는 대학원에서 공부한 전공 지식을 활용할 수 있는 연구기관에 취직을 하였고, 그곳에서 2년간 근무한 경력이 있다. 이 교사는 남들보다 늦게 교직에 입문한 만큼 수업준비와 생활지도를 위해 더 열심히 노력하였다. 분주했던 1학기가 지나고 2학기가 되던 어느 날 이 교사는 학교 전체 회식에 참석하게 되었다. 이 교사는 선배 교사들과 교직에 입문하기 전 자신이 했던 일들에 대해 이야기를 나누었다. 이야기를 듣고 있던 선배 교사 중 한 분이 대학원 경력과 연구기관 근무 경력을 교감선생님께 말씀드렸는지 물어보았다. 이 교사는 개인적인 일을 왜 교감선생님께 말씀드려야 하는지 이해가 되지 않았다. 선배 교사는 임용 전 대학원에서 공부한 기간과 타 기관의 근무 경력도 일정 비율을 교직경력으로 환산해 주기 때문에 더 높은 보수를 받을 수 있다고 알려 주었다.

교사는 국가공무원이기 때문에 교직에 입직한 이후 다양한 법령, 규칙, 조례 등 법률이 정하는 범위 안에서 직무 수행과 교직 생활을 하게 된다. 앞선 예에서 살펴보았듯이 관련 규정을 잘 모르고 있다면 내가 받아야 할 혜택을 못 누릴 수도 있으며, 그 반대로 악의 없이 한 행동이 때로는 징계로 연결되기도 한다. 이 장에서는 각종 법률에 규정된 내용을 중심으로 교원 인사와 관련된 주요 내용을 살펴보고자 한다. 구체적으로 교사 자격요건은 무엇인지, 전직 및 전보 제도는 어떻게 운영되고 있는지, 승진은 어떤 기준에 의해 이루어지는지, 교원의 보수는 어떻게 구성되는지, 기타 복무와 관련하여 알아 두어야 할 정보 등을 중심으로 살펴보도록 한다.

1. 교원 인사의 개념

일반적으로 인력, 재정, 물자는 조직의 3대 관리 요소로 간주된다. 이 중 인적 요소인 사람을 가장 중요하게 여기는데, 이는 역사상 모든 조직의 성패가 사람에 의해 좌우되어 왔다고 해도 과언이 아닐 만큼 조직 운영에 핵심적인 역할을 하기 때문이다. 교원 인사는 학교교육을 담당할 유능한 인적 자원을 확보 · 교육 · 배치 · 관리하는 활동과 더불어 이들이 최선을 다할 수 있는 환경 내지 근무조건을 창출하는 일련의 과정으로 정의된다(Nigro & Nigro, 1976, p. 78). 즉, 교원 인사는 질적으로 우수한 교사를 확보하고, 그들의 동기를 유발시켜 능력을 최대한 발휘할 수 있도록 근무조건을 개선함으로써 사기를 높이고, 나아가서는 자질과 능력을 계발 · 신장시키는 것을 목표로 하는 활동이라 할 수 있다.

인사행정을 통해 추구하고자 하는 목표를 실천하기 위해 고려되어야 할 기본 원리는 다음과 같다(한국교육행정학회, 1995, pp. 13-14).

첫째, 전문성 확립의 원칙이다. 교원 인사행정은 교원의 전문성을 높이는 데 초점을 두고 실행되어야 한다. 특히 전직, 승진, 자격 부여 등을 포함하는 임용체계는 교원의 전문성 개발을 유도할 수 있는 기준을 근간으로 운영되어야 한다.

둘째, 실적주의와 연공(서열)주의의 균형의 원리이다. 실적주의는 구성원의 직무수행능력을 강조하는 입장이고, 연공주의는 근무연수, 연령 등의 기준을 강조하는 입장이다. 전자는 구성원의 발전을 유도하고 능력 있는 사람을 활용할 수 있는 장점이 있으나, 구성원 간에 과도한 경쟁을 유발하고 실적 평가에 유리한 활동에 치중하게 만들 우려가 있다. 후자의 경우 객관성 유지와 행정의 안정성을 꾀할 수 있는 장점이 있지만, 유능한 인재를 등용하는 데 제약을 받으며 행정의 침체를 가져올 단점이 있다. 따라서 어떤 한 가지 원칙을 강조하기보다 적절한 절충이 필요하다.

셋째, 공정성 유지의 원칙이다. 임용의 기회는 누구에게나 능력에 따라 동등하게 부여되어야 하며, 임용의 기준이 제시되었다고 해도 그 운용 과정에서 공정성이 결여된다면 교원들의 불평과 불만의 소지가 된다.

넷째, 적재적소 배치의 원칙이다. 유능한 인력을 확보했다고 할지라도 그들의 능력과 적성, 흥미 등을 고려하여 그들이 주어진 직무를 잘 수행할 수 있도록 적재적소에 배치해야 한다.

다섯째, 적정 수급의 원칙이다. 교원의 수급은 부문별 · 연도별로 장기계획을 수립 · 운영함으로써 필요한 수요를 충족시키고 지나친 공급 과잉이나 부족이 초래되는 일이 없도록 해야 한다.

2. 교원 인사의 주요 영역 및 관련 법령

교원 인사의 영역은 시기별로 볼 때 교사의 양성에서부터 신규 임용, 전직 · 전보, 승진 등 교원의 근무기간 전반이 포함되며, 내용면에서는 보수, 복무, 상훈과 징계, 평가, 전문성 개발 등의 영역으로 구분할 수 있다([그림 2-1] 참고). 각각의 영역은 관련 법령을 통해 실행 내용과 지침을 정하고 있다. 교원 인사와 관련된 주요 법령을 영역별로 정리하면 〈표 2-1〉과 같다.

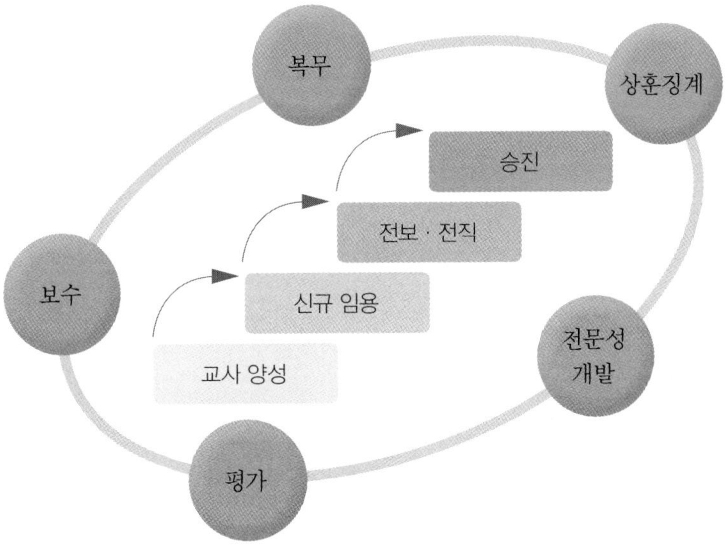

[그림 2-1] 교원 인사의 주요 영역

표 2-1 교원 인사 관련 법령

내용 영역	관련된 주요 법령
자격 및 신분	「교육기본법」,「초중등교육법 및 동 시행령」 「교원자격검정령」 및 동법 시행규칙
임용	「국가공무원법」 「교육공무원법」/「교육공무원임용령」 교육공무원 임용후보자 선정경쟁시험규칙 교육공무원 인사위원회 규정 교육공무원 인사기록 및 인사사무 처리규칙 해외파견교육공무원 인사관리규칙 교육공무원 승진규정/공무원 평정규칙 「사립학교법」 및 동법 시행령 임시교원양성소규정 기타 특별법
보수	공무원보수규정/공무원 수당 등에 관한 규정 공무원 여비규정 국가공무원 명예퇴직수당 등 지급 규정
복무	「교육공무원법」/「국가공무원법」 국가공무원 복무규정 「사립학교법」 및 동법 시행령 「공직자윤리법」 및 동법 시행령, 시행규칙공무원의 근무사항에 관한 규칙
능력 개발	「교육기본법」 제14조 제2항,「교육공무원법」 제38조~제42조,「국가공무원법」 교원 등의 연수에 관한 규정 및 동 시행규칙 「공무원교육훈련법」 및 동법 시행령
복지 및 후생	「공무원연금법」 및 동법 시행령, 시행규칙 「퇴직교원 평생교육활동 지원법」 「사립학교법」 「사립학교 교직원 연금법」 및 동법 시행령 「한국교직원공제회법」
신분보장 및 상훈 · 징계	「교육기본법」/「초 · 중등교육법」/「유아교육법」 및 동법 시행령 「교육공무원법」/「국가공무원법」 교원 예우에 관한 규정 「교원의 지위 향상 및 교육활동 보호를 위한 특별법」 교육공무원징계령/교육공무원징계 양정 등에 관한 규칙 교원소청에 관한 규정 「사립학교법」 및 동법 시행령 「상훈법」 및 동법 시행령

단체활동	「교육기본법」/「교육공무원법」/「국가공무원법」 「교원지위 향상을 위한 교섭·협의에 관한 규정 「교원의 노동조합설립 및 운영 등에 관한 법률」 및 동법 시행령, 시행규칙 「교원의 지위 향상 및 교육활동 보호를 위한 특별법」 및 동법 시행령

이 장에서는 교원 인사의 주요 영역 중 신규 임용, 전직·전보, 승진, 복무, 보수, 상훈 및 징계와 관련된 내용을 중심으로 살펴보고, 전문성 개발 및 평가와 관련된 내용은 제12장에서 별도로 다루기로 한다.

3. 교원의 자격기준 및 신규 임용

1) 교원의 자격기준

「초·중등교육법」 제21조에는 교사 자격의 종류와 자격기준에 관한 내용을 담고 있다. 중등 교사의 자격은 정교사(1급·2급), 준교사, 전문상담교사(1급·2급), 사서교사(1급·2급), 실기교사, 보건교사(1급·2급) 및 영양교사(1급·2급)로 구분된다. 또한 동법에는 수석교사에 관한 자격기준을 명시하고 있는데, 수석교사는 앞서 제시한 교사 자격증을 소지한 사람으로서 15년 이상의 교육경력(「교육공무원법」 제2조 제1항 제2호 및 제3호에 따른 교육전문직으로 근무한 경력을 포함한다)을 가지고 교수·연구에 우수한 자질과 능력을 가진 사람 중에서 대통령령에 정해진 기준에 따라 선발한다. 중등 정교사의 자격기준은 〈표 2-2〉와 같다.

표 2-2 중등 정교사의 자격기준

정교사(2급)	정교사(1급)
1. 사범대학을 졸업한 사람 2. 교육대학원 또는 교육부장관이 지정하는 대학원 교육과에서 석사학위를 받은 사람 3. 임시 교원양성기관을 수료한 사람 4. 대학에 설치하는 교육과를 졸업한 사람	1. 중등학교의 정교사(2급) 자격증을 가지고 교육대학원 또는 교육부장관이 지정하는 대학원 교육과에서 석사학위를 받은 사람으로서 1년 이상의 교육경력이 있는 사람

5. 대학 · 산업대학을 졸업한 사람으로서 재학 중 일정한 교직과(敎職科) 학점을 취득한 사람 6. 중등학교 준교사 자격증을 가진 사람으로서 2년 이상의 교육경력을 가지고 일정한 재교육을 받은 사람 7. 초등학교의 준교사 이상의 자격증을 가지고 대학을 졸업한 사람 8. 교육대학 · 전문대학의 조교수로서 2년 이상의 교육경력이 있는 사람 9. 제22조에 따른 산학겸임교사 등(명예교사는 제외한다)의 자격기준을 갖춘 사람으로서 임용권자의 추천과 교육감의 전형을 거쳐 교육감이 지정하는 대학 또는 교원연수기관에서 대통령령으로 정하는 교직과목과 학점을 이수한 사람. 이 경우 임용권자의 추천 대상자 선정기준과 교육감의 전형기준에 관하여는 대통령령으로 정한다.	2. 중등학교 정교사 자격증을 가지지 아니하고 교육대학원 또는 교육부장관이 지정하는 대학원 교육과에서 석사학위를 받은 후 교육부장관으로부터 중등학교 정교사(2급) 자격증을 받은 사람으로서 3년 이상의 교육경력이 있는 사람 3. 중등학교의 정교사(2급) 자격증을 가진 사람으로서 3년 이상의 교육경력을 가지고 일정한 재교육을 받은 사람 4. 교육대학 · 전문대학의 교수 · 부교수로서 3년 이상의 교육경력이 있는 사람

2) 교육공무원 임용 결격 사유

교사는 학생의 지적 성장뿐만 아니라 신체적, 정의적 성장을 이끌어내는 역할을 한다. 특히 하루의 절반 이상을 학생과의 밀접한 관계에 놓여 있는 교직의 특성상 교사가 학생을 대하는 태도, 수업 중 사용하는 언어와 행동은 학생의 사회성과 인성 발달에 지대한 영향을 준다. 이로 인해 교직은 다른 직업보다 더 엄격한 도덕적 자질을 요구하며, 법으로도 교사의 자질을 엄격히 규정하고 있다. 교원 임용 결격 사유에 관한 내용은 「국가공무원법」, 「교육공무원법」, 「공직선거법」, 「병역법」에 제시되어 있다. 구체적인 임용 결격 사유를 내용별로 살펴보면 다음과 같다.

표 2-3 공무원 임용 결격 사유

<table>
<tr><th>구분</th><th>내용</th></tr>
<tr><td>「교육공무원법」
(「국가공무원법」)</td><td>
• 피성년후견인 또는 피한정후견인
• 파산선고를 받고 복권되지 아니한 자
• 금고 이상의 실형을 선고받고 그 집행이 종료되거나 집행을 받지 아니하기로 확정된 후 5년이 지나지 아니한 자
• 금고 이상의 형을 선고받고 그 집행유예 기간이 끝난 날부터 2년이 지나지 아니한 자
• 금고 이상의 형의 선고유예를 받은 경우에 그 선고유예 기간 중에 있는 자
• 법원의 판결 또는 다른 법률에 따라 자격이 상실되거나 정지된 자
• 징계로 파면처분을 받은 때부터 5년이 지나지 아니한 자
• 징계로 해임처분을 받은 때부터 3년이 지나지 아니한 자
• 공무원으로 재직기간 중 직무와 관련하여「형법」제355조 및 제356조에 규정된 죄를 범한 자로서 300만원 이상의 벌금형을 선고받고 그 형이 확정된 후 2년이 지나지 아니한 자
•「성폭력범죄의 처벌 등에 관한 특례법」제2조에 규정된 죄를 범한 사람으로서 100만원 이상의 벌금형을 선고받고 그 형이 확정된 후 3년이 지나지 아니한 사람
• 미성년자에 대한 다음 각 목의 어느 하나에 해당하는 죄를 저질러 파면·해임되거나 형 또는 치료감호를 선고받아 그 형 또는 치료감호가 확정된 사람(집행유예를 선고받은 후 그 집행유예기간이 경과한 사람을 포함한다)
–「성폭력범죄의 처벌 등에 관한 특례법」제2조에 따른 성폭력범죄
–「아동·청소년의 성보호에 관한 법률」제2조 제2호에 따른 아동·청소년대상 성범죄
• 성인에 대한「성폭력범죄의 처벌 등에 관한 특례법」제2조에 따른 성폭력범죄 행위로 파면·해임되거나 100만원 이상의 벌금형이나 그 이상의 형 또는 치료감호를 선고받아 그 형 또는 치료감호가 확정된 사람(집행유예를 선고받은 후 그 집행유예기간이 경과한 사람을 포함한다)
• 교원(기간제교원 포함),「사립학교법」에 따른 사립학교 교원(기간제 교원 포함),「유아교육법」에 따른 강사 등 또는「초·중등교육법」제22조에 따른 산학겸임교사 등으로 재직하는 동안 다음 각 호의 어느 하나의 행위로 인하여 파면·해임되거나 금고 이상의 형을 선고받은 사람(집행유예의 형을 선고받은 후 그 집행유예기간이 경과한 사람을 포함한다)은「유아교육법」의 유치원 및「초·중등교육법」의 학교의 교원으로 신규채용 또는 특별채용할 수 없다. 다만, 제50조 제1항에 따른 교육공무원징계위원회에서 해당 교원의 반성 정도 등을 고려하여 교원으로서 직무를 수행할 수 있다고 의결한 경우에는 그러하지 아니한다.
– 금품수수 행위
– 시험문제 유출 및 성적조작 등 학생성적 관련 비위 행위
– 학생에 대한 신체적 폭력 행위
</td></tr>
</table>

「공직선거법」	• 선거범죄를 범함으로 인하여 징역형의 선고를 받은 자는 그 집행을 받지 아니하기로 확정된 후 또는 그 형의 집행이 종료되거나 면제된 후 10년간, 형의 집행유의 선고를 받은 자는 그 형이 확정된 후 10년간, 100만 원 이상의 벌금형의 선고를 받은 자는 그 형이 확정된 후 5년간 교원에 임용될 수 없다.
「병역법」	• 국가기관, 지방자치단체의 장 또는 고용주는 다음 각 호의 어느 하나에 해당하는 사람을 공무원이나 임직원으로 임용하거나 채용할 수 없으며, 재직 중인 경우에는 해직하여야 한다. – 병역판정검사, 재병역판정검사 또는 확인신체검사를 기피하고 있는 사람 – 징집 · 소집을 기피하고 있는 사람 – 군복무 및 사회복무요원 또는 대체복무요원 복무를 이탈하고 있는 사람
「교육공무원 임용령」	• 교육공무원 임용시험에 있어서 부정한 행위를 한 자에 대하여는 당해 시험을 정지 또는 무효로 하고, 그 처분이 있은 날부터 2년간 이 영에 의한 시험에 응시할 수 없다. • 다른 법령에 의한 국가공무원 또는 지방공무원의 임용시험에 있어서 부정한 행위를 하여 당해 시험에의 응시자격이 정지 중에 있는 자는 그 기간 중 이 영에 의한 시험에 응시할 수 없다.

4. 전직 · 전보

사립학교에 임용된 교사의 경우 특별한 사유가 없는 한 한 학교에서 정년까지 근무하게 된다. 이와 달리 국 · 공립학교 교사는 정기적으로 학교를 옮기며 근무하게 되는데, 이를 전보라 한다. 또 경우에 따라 장학사(관)나 교육연구사(관)와 같이 다른 직으로 이동할 수 있는 기회가 주어지는데, 이를 전직이라 한다(〈표 2-4〉 참고). 전직과 전보는 조직에서 직위의 위치를 변경하는 인사이동으로, 승진이 하위직에 있는 자가 상위직으로의 이동이라면 전직과 전보는 수평적 이동이라고 할 수 있다. 전직과 전보는 조직이 필요로 하는 인력을 적재적소에 배치하는 활동으로 개인의 측면에서는 능력개발을 도모할 수 있는 기회가 되며, 한 조직에 오랜 기간 근무하는 것에서부터 오는 권태를 방지하고 동기를 부여하는 기제가 된다. 조직의 측면에서는 조직의 목적을 효율적으로 달성하는 데 필요한 인력을 배치하는 활동이며, 부서간의 과부족 인원의 조정, 장기 근무에 따른 부정한 행위를 예방할 수 있다는 점에서 그 의미가 있다. 교원의 전직과 전보에 관한 인사권은 「교육공무원법」 제33조에 의해 시 · 도교육감이 행사한다. 따라서 구체적인 전직과 전보의 방법, 절차, 내용에

표 2-4 전직, 전보, 승진의 개념 비교

구분	전보	전직	승진
개념	동일한 직급 내에서 현 위치를 유지하면서 근무지를 변경하는 수평적 이동	교육공무원의 종별과 자격 또는 직렬을 달리하는 임용	하위직급에서 상위직급으로의 인사이동
예	교사가 A학교에서 B 학교로 이동 장학사가 A 교육지원청에서 시 · 도 교육청으로 이동	교사, 교감, 교장 ↔ 교육전문직 교육연구사(관) ↔ 장학사(관) 유치원교사 ↔ 초등교사 ↔ 중등교사	교사 → 교감 → 교장 장학사 → 장학관 교육연구사 → 교육연구관

관한 사항은 시 · 도마다 다소 차이가 있다(전직 및 전보와 관련한 자세한 사항은 시 · 도 교육청의 인사관리 기준 참고).

부산광역시교육청의 장학사 · 교육연구사 전직 임용 기준(2020. 4.)에 의하면 다음의 조건을 모두 충족하는 자를 대상으로 공개전형을 실시하여 선발한다.

① 부산광역시 소재 국 · 공 · 사립 중등(특수)학교에서 실 근무 경력 5년 이상인 1급(정) 교사로서 소속 학교장의 추천을 받은 자(당해 연도 학습연구년제 수행 중인 교사, 수석교사, 휴직 중인 교사 등은 제외)

② 2004. 3. 1. 이후 교육전문직 일반전형에 응시한 횟수가 금회를 포함하여 3회 이내인 자(지원 후 중도 포기한 경우 응시횟수에 포함)

③ 교육관이 투철하고 교육에 대한 자질과 능력이 우수하며 심신이 건강한 자

④ 당해 연도 8월 31일 기준 교육경력(교육경력은 교육공무원승진규정의 경력 기간 계산 방법에 의거 산정하되, 3년 이내의 임용 전 군경력을 포함)이 15년 이상이고, 임용후보자명부 작성 기준일로부터 최근 1년 이내 평정한 근무성적이 '우' 이상인 자

⑤ 교원의 4대 비위(상습폭력, 성 관련 비위, 금품향응 수수, 성적 조작)로 징계를 받지 않은 자, 최근 3년 이내에 4대 비위 관련 업무처리 부적절로 인해 경고 이상의 처분을 받지 않은 자, 4대 비위 외의 사안으로 징계를 받은 후 징계기록이 말소된 자

⑥ 영어분야(과목)의 경우 TOEFL(IBT) 89점, TOEIC 780점, TEPS 622점, NEW TEPS 339점 이상에 해당하는 자(접수일 기준)

⑦ 사립학교 응시자의 경우 학교법인 이사장의 동의를 받은 자

전형 방법은 서류전형(교육경력, 보직교사경력, 담임교사경력, 부서기획경력, 순회교사경력, 근무성적, 연구실적, 기타 가산점 등), 기본소양평가, 역량평가(기획력 평가, 장학능력 평가, 면접), 현장평가를 통해 선발한다(〈표 2-5〉참고).

표 2-5 부산광역시교육청 교육전문직 전형 방법 및 배점

전형방법	전형내용	배점	비율	비고
서류전형	교육 경력	8	4%	• 기본경력 15년 → 5.5점, 초과 1년마다 0.5점씩 가점
	보직교사 경력 순회교사 경력 담임교사 경력 및 각 부서 기획 경력	10	5%	• 최근 10년 이내의 보직교사(파견, 보직전형전문직경력 포함), 순회교사, 담임교사 및 각 부서 기획 교사 경력을 1년에 1점씩 가점 (단, 경력 중복 시 택1)
	근무 성적	9	4.5%	• (최근 3년간 평정한 근무성적 평정점 평균점−85)×0.6
	연구 실적	6	3%	• 승진규정상 득점×2(다만, 우리 교육청 수업연구발표대회 입상실적 중 가산점 평정실적은 제외)
	기타 가산점	2	1%	• 교감자격증 소지자 2점
		2	1%	• 영어능력 가산점에 해당하는 경우로「전형기준 3−가−5)−나)」의 표 중 하나를 평정하되, 공고일 기준 2년 이내 취득한 점수만 인정 * 단, '영어' 외 분야는 교과분야에 한함 일반분야(생활지도, 진학지도 등) 제외
		3	1.5%	• 우리 교육청 수업연구 발표 대회 1등급 입상경력 3점, 2등급 입상경력 2점, 3등급 입상경력 1점을 평정(다만, 총 3점 만점, 중복 시 택 1)
		3	1.5%	• 지구별 자율장학 공개 · 시범수업 경력 또는 교육청주관 공개 · 시범수업 경력에 대하여 경력당 0.5점 평정 • 교육청 주최 수업연구발표예선대회 또는 릴레이식 공개수업 경진대회 참가 경력에 대하여 경력당 0.5점 평정 * 다만, 응시년도 기준 최근 5년 이내 경력에 대하여 연간 1점, 총 3점 인정
		2	1%	• 컴퓨터활용능력 2급이상 자격 또는 교원정보활용능력 인증서(2004년 이후) 소지 2점 평정

		5	2.5%	• 2019. 3. 1. 이후 우리 교육청 관내 파견교사 근무 경력, 특수교육지원센터 업무겸임 특수교육순회교사 경력, 보직전형교육전문직원 경력 등에 대하여 1년에 2.5점, 총 5점 인정 * 단, 2015. 3. 1.~2019. 2. 28.의 우리 교육청 관내기관 파견교사근무경력, 2016. 3. 1.~2019. 2. 28.의 특수교육지원센터업무겸임특수교육순회교사근무경력은 1년에 1점, 총 2점 인정
	소계	50	25%	
기본소양 평가	교육정책 주관식	20	10%	• 부산교육계획(해당연도) 중심 교육정책에 대한 주관식 평가
역량평가	기획력 평가	30	15%	• 사업계획안 · 정책보고서 작성 등 기획능력을 평가
	장학능력 평가	30	15%	• 교수학습지도, 생활지도 등에 대한 전문적 장학지도 능력 평가
	면접시험	40	20%	• 논리적 사고력, 창의력, 발표력, 의사소통능력, 교육전문직원으로서의 자질과 품성, 업무수행능력 등을 평가
현장평가	자질, 품성, 지도력, 협동성 등	30	15%	• 교육전문직원으로서의 자질, 품성, 지도력, 협동성 등을 평가
합계		200	100%	

출처: 부산광역시교육청(2020). 중등 교육전문직원 임용후보자 공개전형 시행계획.

교원의 전보는 매년 3월과 9월에 이루어진다. 교사의 전보는 크게 정기전보와 비정기전보로 구분된다. 정기전보는 규정에 정해진 근속 기간이 지난 후 학교를 이동하는 경우로 부산광역시교육청 소속 중등교사는 3년에서 5년에 한 번 학교를 이동하게 된다. 비정기전보는 규정에 정해진 기간이 되기 전 학교를 이동하는 경우로 정원 충원 및 과목 조정 등 교원 수급 상 부득이한 경우 근속기간이 1년 이상이면 전보가 가능하다. 또한 정해진 근속 기간이 지난 후에도 현재 근무하고 있는 학교의 필요나 전보 대상 교사의 필요에 의해 근무기간을 연장할 수 있는데, 구체적인 전보유예 기준은 다음과 같다.

① 연구학교, 부산형혁신학교(부산다행복학교), 교과중점학교 실무 담당자 또는 실무담당 예정자
② 노부모 봉양, 간병 및 장애 자녀를 양육하는 자, 초등학교 이하 1자녀를 포함하여 3자녀 이상을 둔 자
③ 전국체전 입상선수 및 전국기능경기대회 또는 전국산업경진대회 참가학생 지도교사
④ 정년 잔여기간이 2년 이내인 자
⑤ 전보 불가능한 교과목 담당자
⑥ 특수학교의 교사로 해당학교와 관련된 장애를 가진 자
⑦ 특성화고의 특성전문교과 담당자
⑧ 청각장애 학교 교사로서 수화 관련 자격증을 소지한 자
⑨ 정기전보 근속연한이 3년인 학교에 4년 미만 근무한 자(다만, 교사가 유예 희망시 학교장의 최초 1회에 대하여는 가능한 한 전보유예 제청을 하여야 함)

5. 승진

승진은 동일 직렬 내의 직위 상승으로 직무의 난이도와 책임이 보다 높은 상위 직책으로 올라가는 것을 의미한다. 대표적으로 현직 교사가 교감이 된 경우가 승진에 해당된다. 일반직 공무원의 승진구조가 9급에서 1급까지 세분화되어 있다면, 교직의 승진 구조는 교사–교감–교장, 장학사–장학관, 교육연구사–교육연구관으로 이어지는 매우 단순한 구조를 가지고 있다. 그만큼 교사에서 교감, 교장으로 승진하기 위한 경쟁은 치열하다.

「초·중등교육법」에 명시된 교감, 교장이 되기 위한 자격기준을 살펴보면, 교감 승진후보자는 ① 중등학교 정교사(1급) 자격증 또는 보건교사(1급) 자격증을 가지고 3년 이상의 교육경력과 일정한 재교육을 받은 사람, ② 중등학교 정교사(2급) 자격증 또는 보건교사(2급) 자격증을 가지고 6년 이상의 교육경력과 일정한 재교육을 받은 사람, ③ 교육대학의 교수·부교수로서 6년 이상의 교육경력이 있는 사람, ④ 특수학교의 교감자격증을 가진 사람을 대상으로 승진대상자 평정을 실시한다.

한편, 교장승진 후보자는 ① 중등학교의 교감 자격증을 가지고 3년 이상의 교육경력과 일정한 재교육을 받은 사람, ② 학식·덕망이 높은 자로서 대통령령이 정하는 기준에 해당한다는 인정을 교육부장관으로부터 받은 사람, ③ 교육대학·전문

대학의 학장으로 근무한 경력이 있는 사람, ④ 특수학교의 교장 자격증을 가진 사람, ⑤ 공모 교장으로 선발된 후 교장의 직무수행에 필요한 교양과목, 교직과목 등 교육부령으로 정하는 연수과정을 이수한 사람을 대상으로 승진평정을 실시하고, 평정 결과 고순위자 순으로 임용하게 된다.

구체적으로 승진 평정은 경력 평정(70점), 근무성적 평정(100점), 연수성적 평정(30점), 그리고 가산점 평정(13점)으로 구성되는데, 아래에서는 각 영역별 평정방법을 살펴본다(「교육공무원 승진규정」).

1) 경력평정: 70점 만점

경력평정은 매 학년도(3월 1일부터 다음 연도 2월 말일까지로 한다, 이하 동일) 종료일을 기준으로 하여 정기적으로 실시한다. 경력평정은 기본경력 + 초과경력으로 구성되는데, 기본경력의 평정기간은 15년(64점 만점)이며 초과경력의 평정기간은 5년(6점 만점)이다. 경력 산정은 월수를 단위로 하되, 1월 미만은 일 단위로 계산을 한다.

표 2-6 경력의 종류 및 등급별 평정점

구분	등급	평정만점	근무기간1월에 대한 평정점	근무기간 1일에 대한 평정점
기본경력(15년)	'가'경력	64.00	0.3555	0.0118
	'나'경력	60.00	0.3333	0.0111
	'다'경력	56.00	0.3111	0.0103
초과경력(5년)	'가'경력	6.00	0.1000	0.0033
	'나'경력	5.00	0.0833	0.0027
	'다'경력	4.00	0.0666	0.0022

주 1. 가, 나, 다 경력에 대한 자세한 내용은 「교육공무원 승진규정」의 별표 1참고.

주 2. 교사 경력은 가, 나 경력으로 구분되며 자세한 내용은 다음과 같음

- '가' 경력은 ① 각급학교 교장 · 교감 또는 교사(전임강사이상의 대학교원 및 중학교 또는 고등학교 졸업학력이 인정되는 사회교육시설에서 동등급 교원자격증을 가지고 학생을 지도한 경력을 포함한다)의 경력, ② 장학관 · 교육연구관 · 장학사 또는 교육연구사의 경력, ③ 교육공무원으로 임용되기 전에 병역법 그밖의 법률에 의한 의무를 수행하기 위하여 징집 또는 소집되거나 근무한 경력을 의미함
- '나' 경력은 임용권자가 임용하여 전임으로 근무한 강사(대학의 전임강사는 제외한다) 또는 기간제교원(임시교원의 경력을 포함한다)의 경력. 다만, 「교육공무원임용령」 제13조 제2항에 따라 교원의 통상적인 근무시간보다 짧게 근무하는 시간제근무 기간제교원은 해당 교원이 근무한 시간을 합산하여 1일 단위(근무한 시간을 8로 나누어 산정하되, 8시간 미만의 나머지는 버린다)로 경력을 평정한다.

2) 근무성적 평정: 100점 만점

근무성적 평정은 매 학년도 종료일을 기준으로 하여 해당 교사의 근무실적 · 근무수행능력 및 근무수행태도에 관하여 근무성적평정과 다면평가를 정기적으로 실시하고, 각각의 결과를 합산한다(※ 근무성적 기준에 관한 내용은 제11장 참고). 교사의 근무성적 평정은 100점 중 근무성적 60점(평정자 20%, 확인자 40%), 다면평가 40점(다면평가자 40%)을 합산하여 산출한다. 근무성적 평정은 모든 교사를 대상으로 매년 실시하지만, 교감으로의 승진에 반영되는 평정기간은 3년으로, 명부의 작성기준일부터 가장 가까운 연도의 합산점 34% + 명부의 작성기준일부터 두 번째 가까운 연도의 합산점 33% + 명부의 작성기준일부터 세 번째 가까운 연도의 합산점 33%가 반영된다.

표 2-7 근무성적평정점의 분포

평어	점수	비율
수	95점 이상	30%
우	90점 이상 95점 미만	40%
미	85점 이상 90점 미만	20%
양	85점 미만	10%

3) 연수성적 평정: 교육성적(27점) + 연구실적(3점)

연수성적의 평정은 매 학년도 종료일을 기준으로 하여 실시하거나 승진후보자명부의 조정 시기에 실시한다. 연수성적 평정은 교육성적평정과 연구실적평정으로 나누어지며 구체적인 내용은 아래와 같다.

(1) 교육성적 평정

교육성적 평정은 직무연수성적과 자격연수성적으로 나누어 평정한 후 이를 합산한 성적으로 한다. 교감 승진후보자 명부 작성 시 직무연수성적 평정방법은 10년 이내에 이수한 60시간 이상의 직무연수성적을 규정에 따라 환산한 직무연수환산성적 및 직무연수이수실적을 대상으로 평정한다. 30시간 이상의 직무연수 1회에 대해 각 6점의 점수가 부여되며, 총 3회의 연수성적이 평정대상이 된다. 이 중 2회에 대해서는 연수성적에 상관없이 6점 만점을 부여하며, 1회에 한하여 자신이 받은 직무연수성적을 직무연수환산성적으로 바꾸어 연수성적 평정을 한다. 그리고 자격연수성적은 9점 만점으로 이루어진다. 일반적으로 2급 정교사가 교감 승진 전에 받게 되는 자격연수는 1급 정교사 자격연수가 유일하기 때문에 1급 정교사 자격연수 성적이 평정의 대상이 된다.

① 직무연수성적: 18점(교사), 6점[교감, 장학사(교육연구사)]

ㅇ 직무연수성적 평정점 계산방식

– 교감 승진후보자명부작성대상자:
6점 × 직무연수환산성적 / 직무연수성적만점 + 6점 × 직무연수횟수(2회에 한함)

– 직무연수성적은 다음 표에 따라 환산

표 2-8 직무연수 환산성적

직무연수성적	직무연수환산성적
95점 초과	100점
90점 초과 ~ 95점 이하	95점
85점 초과 ~ 90점 이하	90점
85점 이하	85점

② 자격연수성적(1급 정교사 자격연수): 9점

ㅇ 자격연수성적 평정점 계산방식

9점 – (연수성적만점–연수성적) × 0.05

(2) 연구실적 평정

연구실적은 연구대회 입상 실적과 학위 취득 실적으로 구성된다. 연구대회는 교육부장관이 인정하는 전국규모의 연구대회와 시 · 도 교육감이 인정하는 시 · 도 규모의 연구대회로 구분되며, 입상 등급에 따라 평정점수를 달리하고 있다. 학위에 부여되는 연구점수는 학위의 종류와 직무관련 여부에 따라 1점에서 3점까지 주어진다(〈표 2-9〉 참고).

표 2-9 연구대회 및 학위 실적 평정

연구대회	입상등급	전국규모연구대회	시·도규모연구대회
	1등급	1.50점	1.00점
	2등급	1.25점	0.75점
	3등급	1.00점	0.50점
학위	박사	직무와 관련있는 학위 3점 그 밖의 학위 1.5점	
	석사	직무와 관련있는 학위 1.5점 그 밖의 학위 1점	

4) 가산점: 공통가산점(3점) + 선택가산점(10점)

가산점은 공통가산점과 선택가산점으로 구분한다. 공통가산점은 각 시·도 교육청에서 반드시 반영해야 하는 항목으로 교육부장관이 지정한 연구학교 근무경력(1.25점), 재외국민교육기관 파견 경력(0.75점), 직무연수 이수실적(1점)으로 구성되며 총점은 3점이다(※ 2022년 4월 2일 이후 공통가산점 산정기준이 교육부장관이 지정한 연구학교 점수 1점, 재외국민교육기관에 파견근무한 경력점수 0.5점으로 개정될 예정임). 선택가산점은 총점 10점 범위 내에서 산정할 수 있다.

표 2-10 승진 가산점의 구성

구분	내용			
	평정항목	월평정점	일평정점	상한점
공통 가산점	교육부장관 지정 연구학교 근무경력	0.021점	0.0007점	총 1.25점
	재외국민교육기관 파견 경력	0.021점	0.0007점	총 0.75점
	직무연수이수실적	1학점당 0.02점	–	1년 0.12점 총 1점
선택 가산점	• 총점 10점 범위 내에서 교육감이 기준 결정 • 기준은 평정기간이 시작되기 6개월 전에 공개 • 공통가산점과 선택가산점간 경력 또는 실적이 중복되어 그 중 하나만을 인정하는 경우에는 공통가산점이 우선함			
기간 계산	1개월 미만은 일단위 계산			

6. 보수

보수란 구성원이 조직에서 수고한 대가로 얻는 소득으로 직무수행의 대가이며 동시에 생활유지의 수단이 된다. 교원의 보수는 봉급 + 각종 수당의 합으로 구성된다. 여기서 봉급이란 직무의 곤란성 및 책임의 정도에 따라 직책별로 지급되는 기본 급여 또는 직무의 곤란성 및 책임의 정도와 재직기간 등에 따라 직위별, 호봉별로 지급되는 기본 급여를 의미하며, 수당은 직무여건 및 생활여건 등에 따라 지급되는 부가 급여를 뜻한다. 일반 공무원의 경우 7급, 6급, 5급 등 직급에 따라 호봉체계가 달라지는 것과는 달리 교원은 직위(교사, 교감, 교장)에 관계없이 동일한 호봉체계를 가지기 때문에 경력이 동일한 교사와 교장의 봉급은 동일하다. 그렇지만 보수에서는 차이가 나는데, 이는 교사와 교장의 수당에서 차이가 발생하기 때문이다. 아래에서는 호봉 획정 방법과 수당체계를 살펴본다(공무원보수규정).

1) 초임 호봉 획정

신규 임용되는 교원을 대상으로 신규 임용일에 진행되는 교원의 초임 호봉 획정은 기산 호봉, 학령, 임용 전 경력을 합산하여 이루어지는데 구체적인 내용은 다음과 같다.

획정 호봉 = ① 기산 호봉 + ② (학령−16) + 가산연수 + ④ 환산경력 연수

(1) 기산 호봉

교원임용 당시 소지하고 있는 자격종별에 따라 부여되는 호봉으로 기산 호봉은 〈표 2-11〉과 같다. 사범대학을 졸업하고 2급 정교사 자격을 취득한 학생의 기산 호봉은 8호봉이 된다. 2개 이상의 교원 자격을 소지한 경우에는 실제 채용된 과목의 소지 자격증을 기준으로 기산 호봉을 산정한다.

표 2-11 초임 교사의 기산 호봉

자격별	기산 호봉	자격별	기산호봉
정교사(1급)	9	사서교사(2급)	8
정교사(2급)	8	실기교사	5
준교사	5	보건교사(1급)	9
전문상담교사(1급)	9	보건교사(2급)	8
전문상담교사(2급)	8	영양교사(1급)	9
사서교사(1급)	9	영양교사(2급)	8

(2) 학령의 계산

여기서 말하는 학령이란 「초·중등교육법」 및 「고등교육법」에 규정된 학교를 단계적으로 수학하여 최종학교를 졸업할 때까지의 법정 수학 기간을 의미한다. 예를 들어, 4년제 대학 졸업자의 학령은 초등학교 6년 + 중학교 3년 + 고등학교 3년 + 대학교 4년을 합산한 총 16년이 된다.

(3) 가산연수

가산연수는 유치원·초등학교·중학교·고등학교 교원 등의 봉급표를 적용받는 공무원 중 수학연한 2년 이상인 사범계학교(대학에 설치하는 교육계학과 포함) 졸업자, 특수교사 자격을 소지한 특수학교(학급) 교원, 일반학교의 특수학급을 담당하는 교원의 경우에는 학령에 가산연수를 더한다.

가산연수	• 사범계 가산연수: 1년 • 특수학교(학급) 가산연수 –사범계 학교 졸업자: 2년 –비사범계 학교 졸업자: 1년

(4) 환산경력 연수

환산경력은 신규 임용 전 기간제 교사로서의 경력, 군복무 경력, 직무와 관련성이 있는 타 직종에서의 경력 등을 공무원보수규정에 따라 근무기간 중 일정비율 교육기간으로 인정한 경력을 의미한다. 환산경력은 「초중등교육법」을 비롯한 관계 법규에 해당하는 자격 및 기관에 근무한 교원 경력, 교원 외의 공무원 경력(국가공무원, 지방공무원, 실역으로 복무한 군경력, 고용직공무원 경력 등), 유사 경력(강사 등 경력, 연구경력, 국가 또는 지방자치단체 등에서의 근무경력, 그 밖의 경력)이 인정되며, 경력에 따라 30~100%의 환산율이 적용된다[※ 교육공무원 등의 경력환산율에 대한 구체적인 특징은 공무원보수규정(별표 22) 참고].

표 2-12 중등 교원 봉급표

호봉	봉급	호봉	봉급	호봉	봉급	호봉	봉급
1	1.656,000	11	2,172,100	21	3,156,200	31	4,357,600
2	1,706,200	12	2,228,000	22	3,272,700	32	4,483,800
3	1.757,000	13	2,329,400	23	3,388,300	33	4,612,100
4	1,807,700	14	2,431,300	24	3,504,000	34	4,740,000
5	1,858,900	15	2,533,100	25	3,619,700	35	4,868,000
6	1,909,900	16	2,635,100	26	3,735,900	36	4,995,600
7	1,960,300	17	2,735,900	27	3,857,000	37	5,106,700
8	2,010,600	18	2,841,400	28	3,977,900	38	5,217,800
9	2,061,700	19	2,946,400	29	4,104,300	39	5,329,200
10	2,117,500	20	3,051,300	30	4,231,200	40	5,439,800

2) 수당

현대 사회에서는 직업의 성격과 업무 조건이 복잡해지고 다양화되기 때문에 수당 제도를 통해 기본급의 미비점을 보완하고 있다. 수당이란 직무여건 및 생활여건 등에 따라 지급되는 부가급여로 본봉이 모든 교원에게 일률적으로 지급된다면, 수당은 근무조건이나 사정이 달라서 봉급 이외에 차등적으로 지급된다. 예를 들면, 업무시간 외 초과 근무를 하였다든지 공휴일에 근무하였다든지 또는 부양할 가족 수가 많다든지 하는 경우에 받는 금액을 말한다. 교원에게 지급되는 수당은 성격에 따라 교원의 업적 및 공헌도를 감안하여 지급하는 상여수당, 가계보전수당, 특수지근무수당 · 특수근무수당 · 시간 외 근무수당 등으로 분류되며 그 밖의 부가급으로 정액급식비, 명절휴가비 직급보조비 등이 있다(2020년 공무원 수당 규정을 토대로 작성한 것으로 수당 체계와 지급액은 매년 변동될 수 있음).

① 상여수당: 정근수당, 정근수당가산금

- 정근수당: 근무연수를 기준으로 월봉급액의 일정 비율을 연 2회 지급(1월, 7월)
  - 1년 미만은 미지급, 2년 미만 5%, 3년 미만 10%(근무연수 10년까지 매년 5%씩 증가하며, 10년 이상은 50%로 동일)
- 정근수당가산금
  - 근속연수 5년 미만은 미지급, 5~10년 미만 월 50,000원, 10~15년 미만 월 60,000원, 15~20년 미만은 월 80,000원, 20년 이상 월 100,000원(20~25년 미만 월 10,000원, 25년 이상은 월 30,000원의 추가가산금 지급)

② 가계보전수당: 가족수당, 자녀학비 보조수당, 육아휴직수당

- 가족수당
  - 배우자 40,000원, 배우자 및 자녀를 제외한 부양가족 1명당 20,000원
  - 가산금: 둘째 자녀는 60,000원, 셋째 이후 자녀에 대해서는 100,000원을 지급함

  * 부부가 공무원일 경우 1인에게만 지급
- 자녀학비 보조수당
  - 초·중·고에 재학중인 자녀의 수업료와 학교운영지원비(입학금 제외)
- 육아휴직수당: 육아휴직 기간을 구분하여 수당 산정
  - 육아휴직 시작일부터 3개월까지: 월봉급액의 80%(하한 70만 원 – 상한 150만 원)를 지급
  - 육아휴직 4개월째부터 12개월까지: 월봉급액의 50%(하한 70만 원 – 상한 120만 원)를 지급
  - 육아휴직수당 지급액의 일부(15%)는 복귀 후 6개월 이상 계속 근무 시 7개월째 보수에 합산하여 일시불로 지급

③ 특수근무수당: 특수지근무수당, 특수업무수당

- 특수지근무수당: 특수지를 4등급으로 분류하여 지급–월 6만 원, 5만 원, 4만 원, 3만 원
- 특수업무수당: 교직수당

  교육장, 장학관 등 교육전문직, 교장(감), 원장(감) – 월 250,000원

  교직수당가산금 – 월 50,000원(30년 교육경력 + 55세 이상)

  보직교사수당 – 월 70,000원

교원특별수당 – 특수학교 및 학급 담당교원: 월 70,000원
– 등하교 버스 월 10회 이상 동승시: 월 30,000원
– 학급담임교사: 월 130,000원
– 중·고등학교 겸임: 월 100,000원(교장),
월 50,000원 (교감)

보전수당 – 5년 미만 교원: 월 18,000(도서벽지), 월 15,000원(그 밖의 지역)
– 교장: 70,000원, 교감: 10,000원

④ 초과근무수당: 시간외근무수당, 관리업무수당

- 시간외근무수당
  - 기준호봉 봉급액의 55%의 1/209의 150% 지급
  - 초과근무 시간은 1일 4시간, 1개월에 57시간을 초과할 수 없음
- 관리업무수당: 학교장 대상 월봉급액의 9%

⑤ 기타 수당

- 정액급식비: 월 140,000원
- 명절휴가비: 월봉급액 60%
- 직급보조비: 교장 – 월 400,000원, 교감 – 월 250,000원,
  장학사 및 교육연구사 – 월 165,000원

[예시] 2020년 10월 급여명세서

[○○○고등학교] [특정직 / / 교사 / 31호봉 / 21년] 재직

공무원 구분	행정부국가공무원	급여관리 구분	호봉제	급여직종 구분	국공립 교원	최초 임용일	2002.03.01.
기관명	○○○고등학교	급여관리 기관	○○○교육청	직위	교사 (중등)	현직급 임용일	
보직 구분	부장교사	담당과목	역사	교원구분	교사 (고등학교)	현직위 임용일	

이체 은행	○○은행	계좌번호	○○○-○○○○-○○-○○○

[세부내역]

급여내역		세금내역		공제내역	
본봉	4,357,600	소득세	557,840	일반기여금	532,630
정근수당가산금	100,000	주민세	55,780	건강보험	201,220
정근수당추가가산금	10,000			노인장기요양보험	20,620
정액급식비	140,000			교직원공제회비	380,250
교직수당	250,000				
교직수당(가산금2)	70,000				
가족수당(부양가족)	20,000				
시간외근무수당(정액분)	133,750				
시간외근무수당(초과분)	80,250				
교원연구비	65,000				
직책수당	10,000				
급여총액	5,236,600	세금총액	613,620	공제총액	1,134,720
실수령액					3,488,260

※ 교직수당(가산금2): 보직교사 수당

7. 복무

교육공무원은 주권자인 국민의 수임자이며, 국민 전체에 대한 봉사자로서 공무를 처리하고 있기 때문에 국민의 신뢰를 확보하기 위한 성실의 의무를 비롯하여 신분상 및 직무상 여러 의무를 지니고 있다. 이것은 국민 전체에 대한 봉사자라는 지위에서 발생한다는 점에서 윤리적 성격을 띠고 있다. 또한 교사는 교육공무원임과 동시에 국가공무원으로서 국가공무원법과 교육공무원법에 정한 복무규정을 지키며 소임을 다해야 한다. 공무원으로서 교원이 지켜야 할 신분상의 의무와 직무상의 의무는 앞서 1장에서 살펴보았다. 여기에서는 휴가와 휴직에 관한 내용을 중심으로 살펴본다.

1) 휴가

(1) 휴가 종류

교원의 휴가는 연가, 병가, 공가, 특별휴가로 나눈다. 연가는 정신적 · 신체적인 휴식을 취함으로써 근무능률을 유지하고 개인생활의 편의를 위하여 사용하는 휴가다. 병가는 질병 또는 부상으로 직무를 수행할 수 없는 경우 또는 전염병에 걸려 다른 공무원의 건강에 영향을 미칠 우려가 있을 때 부여받는 휴가를 의미한다. 공가는 공무원이 일반 국민의 자격으로 국가기관의 업무수행에 협조하거나 법령상 의무의 이행에 필요한 경우에 부여받는 휴가이며, 특별휴가는 사회적 통념 및 관례상 특별한 사유가 있는 경우 부여받는 휴가이다(교육부, 2018).

(2) 휴가 실시 원칙

학교의 장은 휴가를 승인함에 있어 소속교원이 원하는 시기에 법정 휴가 일수를 사용할 수 있도록 보장하되, 연가는 수업 및 교육활동 등을 고려하여 특별한 사유가 없는 한 수업일을 제외하여 실시한다. 학교장은 휴가로 인한 수업 결손 등이 발생하지 않도록 필요한 조치를 취하여야 한다.

(3) 휴가 일수의 계산

- 연가 · 병가 · 공가 및 특별휴가는 별개의 요건에 따라 운영되므로 그 휴가 일수의 계산은 휴가종류별로 따로 계산함
  - 반일연가는 13:00를 기준으로 하여 오전 · 오후로 구분함(탄력근무제를 적용하는 학교에서는 근무시간 4시간을 기준으로 학교의 장이 달리 정할 수 있음)
- 휴가기간 중의 공휴일과 토요일은 그 휴가 일수에 산입하지 않으나, 휴가(연가는 제외) 일수가 연속하여 30일 이상 계속되는 경우는 산입함

(4) 휴가 종류별 실시 방법

① 연가

가. 연가 일수

표 2-13 재직기간별 연가 일수

재직기간	연가일수	재직기간	연가일수
1개월 이상 ~ 1년 미만	11일	4년 이상 ~ 5년 미만	17일
1년 이상 ~ 2년 미만	12일	5년 이상 ~ 6년 미만	20일
2년 이상 ~ 3년 미만	14일	6년 이상	21일
3년 이상 ~ 4년 미만	15일	–	–

※ 당해 연도에 결근 · 휴직 · 강등 및 직위해제 사실이 없는 교원으로서 '병가 일수가 1일 미만인 교원'과 '연가 실시일수가 3일 미만인 교원'에 대하여는 다음 해에 한하여 재직기간별 연가 일수에 각각 1일(합계 2일)을 가산하며, 가산 사실을 개인별 근무상황부 또는 근무상황카드에 기재하고 허가권자의 확인을 받아야 함

나. 연가 계획 및 실시

- 교원의 연가는 학생수업 등을 고려하여 여름 · 겨울 및 학기말 방학의 휴업일에 실시함을 원칙으로 함
- 학교장은 다음의 어느 하나에 해당하는 경우에는 수업일 중 소속 교원의 연가를 승인함
  - 본인 또는 배우자 직계존속의 생신 · 기일, 본인 또는 배우자 직계존비속 또는 형제 · 자매의 질병, 부상 등으로 일시적인 간호 또는 위로가 필요하다고 인정되는 경우

- 병가를 모두 사용한 후에도 직무를 수행할 수 없거나 계속 요양을 할 필요가 있는 경우
- 한국방송통신대학교 출석 수업 및 일반대학원 시험에 참석하는 경우
- 기타 상당한 이유가 있다고 소속 학교의 장이 인정하는 경우

• 연가는 반일단위로도 허가할 수 있는데, 반일연가 2회는 연가 1일로 봄
- 반일연가는 근무상황부의 종별란에 반일연가로 기재

② 병가

가. 병가의 종류별 내용

• 일반 병가는 다음의 경우 연 60일의 범위 안에서 허가함
- 질병 또는 부상으로 인하여 직무를 수행할 수 없을 때
- 감염병에 걸려 그 교원의 출근이 다른 교원이나 학생 건강에 영향을 미칠 우려가 있을 때

• 공무상 병가는 공무상 질병 또는 부상으로 직무를 수행할 수 없거나 요양을 요할 경우에 연 180일의 범위 안에서 허가함. 다만, 병가사유가 동일한 경우에는 연도의 구분 없이 180일의 범위 안에서 허가함

나. 병가 일수의 계산

• 병가 일수는 1월 1일부터 12월 31일까지 1년 단위로 계산하며, 전년도 병가 사용 일수에 관계없이 연도가 바뀌면 새로 시작함. 다만, 공무상 병가에 있어서 병가 사유에는 그러하지 아니함

• 질병이나 부상으로 인한 지각 · 조퇴 및 외출은 각각의 종별 구분 없이 누계 시간으로 계산하여 누계 8시간을 병가 1일로 계산하고 8시간 미만의 잔여시간은 계산하지 아니함

• 진단서를 제출하여야 함에도 제출하지 못한 병가는 이를 연가 일수에서 공제하고 병가 일수에는 산입하지 아니함

다. 병가의 운영방법

• 병가일이 연속 7일 이상과 병가의 연간 누계가 6일을 초과하는 경우에는 「의료법」 제17조에 의하여 교부된 진단서를 제출하여야 함

– 동일한 사유의 병가는 최초 제출한 진단서로 갈음할 수 있음
– 진단서를 제출한 병가는 연간 누계 6일에 산입하지 아니함
– 진단서를 제출하지 못하는 경우에는 연가를 활용
– 동일한 사유 여부는 기관장(승인권자)이 진단서 등의 내용을 감안하여 결정하며, 연가 사유의 고의적 병가 처리가 발생하지 않도록 하여야 함

• 일반 병가와 공무상 병가의 사용 가능 일수는 각각 별도로 운영함
– 공무상 병가 기간 만료 후에도 직무수행이 어렵거나 계속 요양을 요할 경우에는 일반 병가를 허가할 수 있음
– 일반 병가 기간이 만료된 후에는 개인별 법정 연가일수의 범위 안에서 연가를 허가할 수 있으나 병가 · 연가를 모두 사용한 후에는 휴직 조치함
※ 휴직 조치 후의 복직은 질병 · 부상의 완쾌 등 휴직사유의 소멸시 가능하므로 휴직기간 만료시 동일 사유로 연속하여 일반 병가를 허가할 수 없음 다만, 휴직기간(1년)이 끝난 후 복직하여 정상근무 중 동일 질병 또는 부상이 재발된 때에는 복직 후의 근무가 정상적인 상태로 상당기간 지속된 경우에만 일반 병가를 허가할 수 있음

• 병가의 기간은 기관장(승인권자)이 해당 공무원의 직무수행 가능 여부와 진단서의 내용을 감안하여 결정함

③ 공가

학교의 장은 소속교원이 다음 어느 하나에 해당하는 경우에는 이에 직접 필요한 기간에 대하여 공가를 승인하여야 함

• 「병역법」이나 그 밖의 다른 법령에 의한 징병검사 · 소집 · 검열점호 등에 응하거나 동원 또는 훈련에 참가할 때
• 공무에 관하여 국회 · 법원 · 검찰 기타 국가기관에 소환된 때
• 법률의 규정에 의하여 투표에 참가할 때
• 승진 · 전직 시험에 응시할 때
• 원격지로 전보 발령을 받고 부임할 때
• 「산업안전보건법」 제43조에 따른 건강진단 또는 「국민건강보험법」 제52조에 따른 건강검진 또는 「결핵예방법」 제11조 제1항에 따른 결핵검진 등을 받을 때

- 「혈액관리법」에 따라 헌혈에 참가할 때
- 「교원 등의 연수에 관한 규정」 제13조에 따른 외국어능력에 관한 시험에 응시할 때
- 올림픽, 전국체전 등 국가적인 행사에 참가할 때
- 천재지변, 교통 차단 또는 그 밖의 사유로 출근이 불가능할 때
- 「교원의 노동조합 설립 및 운영 등에 관한 법률」 제6조에 따른 교섭위원으로 선임되어 단체교섭 및 단체협약 체결에 참석할 때, 「교원의 노동조합 설립 및 운영 등에 관한 법률 시행령」 제3조 제3항에 의한 교섭관련 협의를 위하여 지명된 자로 참석할 때, 같은 법 제14조 및 「노동조합 및 노동관계조정법」에 따른 대의원회(「교원 노동조합 설립 및 운영 등에 관한 법률」에 따라 설립된 교원 노동조합의 대의원회를 말하며, 연 1회로 한정한다)에 참석할 때
- 「교원의 지위 향상 및 교육활동 보호를 위한 특별법」 제11조 및 「교원지위 향상을 위한 교섭 · 협의에 관한 규정」 제2조의 교섭 · 협의당사자로 교섭 · 협의에 참석할 때, 「교육기본법」 제15조에 의한 교원단체의 대의원회(「교원의 지위 향상 및 교육활동 보호를 위한 특별법」에 따라 설립된 교원단체의 대의원회를 말하며, 연 1회로 한정한다)에 참석할 때

④ 특별 휴가

가. 경조사 휴가

표 2-14 경조사별 특별 휴가 일수

구분	대상	일수
결혼	본인	5
	자녀	1
출산	배우자	10
입양	본인	20
사망	배우자, 본인 및 배우자의 부모	5
	본인 및 배우자의 조부모, 외조모	3
	자녀와 그 자녀의 배우자	3
	본인 및 배우자의 형제자매	1

※ 경조사 특별휴가 기간 중에 공휴일 및 휴무토요일은 휴가 일수에 산입하지 않음

나. 기타 특별 휴가

표 2-15 기타 특별 휴가의 종류

종류	대상	시기	일수
출산휴가	임신하거나 출산한 교원	출산 후의 휴가기간이 45일 이상이 되게 함	90일
난임치료 시술휴가	인공수정 및 체외수정 등 난임 치료시술을 받는 교원	시술 당일 체외수정 시술의 경우 난자 채취 일에서 1일 추가	1일
여성보건휴가	생리기간 중 여성교원	휴식 필요시	매월 1일(무급)
모성보호시간	임신 중인 여성교원	임신 중 필요시	1일 2시간 이내
육아시간	만 5세 이하의 자녀를 가진 교원	생후 72개월 이전의 유아	1일 1시간 (24개월 범위)
수업휴가	한국방송통신대학 재학 중인 교원으로 연가일수를 초과하는 출석수업을 받는 경우	출석수업시간	연가일수초과 출석수업시간
재해구호휴가	재해 · 재난 피해를 입은 교원 재해 · 재난 발생지역에서 자원봉사활동을 희망하는 교원	재해복구상 필요시	5일 이내
자녀돌봄휴가	자녀가 있는 교원	자녀 돌봄 필요시	연간 2일 (16시간)
임신검진휴가	임신한 여성교원	임신기간 동안 필요시	10일 이내
교육활동 침해 피해 교원 특별휴가	교육활동 침해의 피해를 받은 교원에 대해 피해 교원의 회복을 지원함	학교장이 허가한 경우	5일 이내

※ 여성보건휴가는 1일을 사용하는 것으로 추후 분리하여 2일 사용할 수 없음

※ 자녀돌봄휴가는 자녀 1인당 연간 2일의 자녀돌봄휴가가 부여되는 것은 아님

2) 휴직(「교육공무원법」 제44조, 45조, 공무원보수규정 제11조, 28조)

휴직이란 공무원이 재직 중 직무에 종사할 수 없는 사유가 있을 경우 공무원 신분은 유지하면서 직무에 종사하지 않고 질병치료, 법률상 의무이행, 능력개발을 위한 연수기회를 부여하는 등 공무원의 신분을 보장하기 위한 제도이다. 휴직은 임용권

표 2-16 **직권휴직의 종류 및 기간**

종류	질병휴직	병역휴직	생사불명	법정의무수행	노조전임자
근거	제1호	제2호	제3호	제4호	제11호
요건	신체 · 정신상의 장애로 장기요양을 요할 때	「병역법」에 따른 병역의 복무를 위하여 징 · 소집된 때	천재 · 지변 · 전시 · 사변, 기타의 사유로 생사 · 소재가 불명한 때	그 밖에 법률에 따른 의무를 수행하기 위하여 직무를 이탈하게 된 때	교원노동조합 전임자로 종사하게 된 때
기간	1년 이내(부득이한 경우 1년 연장) ※「공무원연금법」에 따른 공무상 질병 또는 부상으로 인한 경우는 3년 이내)	복무기간	3월 이내	복무기간	전임기간
재직경력 인정	• 경력평정: 미산입 (단, 공무상 질병인 경우 산입) • 승급제한(단, 공무상 질병인 경우는 승급인정)	• 경력평정: 산입 • 승급인정	• 경력평정: 제외 • 승급제한	• 경력평정: 산입 • 승급인정	• 경력평정: 산입 • 승급인정
결원보충	6월 이상 휴직 시 결원보충 가능	6월 이상 휴직 시 결원보충 가능	결원보충 불가	6월 이상 휴직 시 결원보충 가능	6월 이상 휴직 시 결원보충 가능
보수	• 봉급 70% 지급 (1년 초과 50% 지급) • 공무상 질병은 전액 지급	지급 안 함	지급 안 함	지급 안 함	지급 안 함
수당	• 공통수당: 보수와 같은 율 지급 • 기타수당: 휴직 사유별 차등 지급	지급 안 함	지급 안 함	지급 안 함	지급 안 함
기타	(휴직 시) 의사의 진단서 (복직 시) 완쾌진단서 첨부				

자의 직권으로 행사되는 직권휴직과 사유 발생자의 요청에 의해 이루어지는 청원휴직으로 구분된다. 직권휴직은 질병휴직, 병역휴직, 생사불명, 법정의무수행 휴직 등이 있으며, 청원휴직은 유학휴직, 고용휴직, 연수휴직, 육아휴직, 입양휴직, 간병휴직, 동반 휴직 등이 있다(〈표 2-16〉 참고).

(1) 직권휴직(「교육공무원법」 제44조 제1항)

※ 공통수당 : 기말수당, 정근수당, 장기근속수당, 가족수당, 자녀학비보조수당, 보전수당

(2) 청원휴직(「교육공무원법」 제44조 제1항)

표 2-17 청원휴직의 종류 및 기간

종류	유학휴직	고용휴직	육아휴직	입양휴직	불임 · 난임 휴직	연수휴직	가사휴직	동반휴직	자율연수 휴직
근거	제5호	제6호	제7호	제7호의2	제7호의3	제8호	제9호	제10호	제12호
요건	학위취득을 목적으로 해외유학을 하거나 외국에서 1년 이상 연구 · 연수하게 된 때	국제기구, 외국기관, 국내외의 대학 · 연구기관, 다른 국가기관, 재외교육기관 또는 대통령령으로 정하는 민간단체에 임시로 고용될 때	만8세이하(취학 중인 경우 초등학교 2학년 이하)의 자녀를 양육하기 위하여 필요하거나, 여성교육공무원이 임신 또는 출산하게 된 경우	만19세미만의 아동을 입양하는 경우(육아휴직 대상이 되는 아동 제외)	불임 및 난임으로 인하여 장기간의 치료가 필요한 경우	교육부장관 또는 교육감이 지정하는 국내의 연구기관 · 교육기관 등에서 연수하게 된 때	사고나 질병 등으로 장기간 요양이 필요한 조부모, 부모(배우자의 보모 포함), 배우자, 자녀 또는 손자녀를 간호하기 위하여 필요한 경우	배우자가 국외근무를 하거나 제5호에 해당된 때	「공무원연금법」 제25조에 따른 재직기간 10년 이상인 교원이 자기개발을 위하여 학습 · 연구 등을 하게 된 경우
기간	3년 이내(학위취득의 경우 3년 연장 가능)	고용기간	자녀 1명에 대하여 3년 이내	6개월 이내(입양자 1인당)	1년 이내(부득이 한 경우 1년 연장)	3년 이내	1년 이내(재직기간 중 총 3년)	3년 이내(3년 연장 가능)	1년 이내(재직기간 중 1회에 한함)

재직 경력 인정	• 경력평정: 50% 산입 • 승급인정	• 경력평정: 산입(비상근 50% 산입) • 승급인정 (비상근 50%산입)	• 경력평정: 산입 • 승급인정: 최초 1년 산입, 셋째 이후 자녀 휴직 전 기간 인정 (3년)	• 경력평정: 산입 • 승급인정	• 경력평정: 미 산입 • 승급제한	• 경력평정: 50% 산입 • 승급제한 (단, 학위 취득 시 호봉재획정)	• 경력평정: 제외 • 승급제한	• 경력평정: 제외 • 승급제한	• 경력평정: 제외 • 승급제한
결원 보충	6월 이상 휴직 시 결원보충 가능	6월 이상 휴직 시 결원보충 가능	6월 이상 (출산휴가와 연계한 경우 3월 이상) 휴직시 결원 보충 가능하고 출산일부터 후임자 보충 가능	6월 이상 휴직 시 결원보충 가능	6월 이상 휴직 시 결원보충 가능	6월 이상 휴직 시 결원보충 가능	6월 이상 휴직 시 결원보충 가능	6월 이상 휴직 시 결원보충 가능	6월 이상 휴직 시 결원보충 가능
보수	봉급 50% 지급 (3년이내)	지급 안 함	지급 안 함	지급 안 함	봉급 70% 지급 (1년 초과 시 50%)	지급 안 함	지급 안 함	지급 안 함	지급 안 함
수당	공통수당: 50% 지급 (3년이내) 기타수당: 미지급	지급 안 함	• 0 ~ 3 개월: 봉급액 80% 지급 (상한: 150만 원, 하한: 70만 원) • 4~12개월: 봉급액 50% 지급 (상한: 120만 원, 하한: 70만 원)	지급 안 함	• 공통수당: 보수와 같은 율 지급 • 기타수당: 휴직 사유별 차등 지급	지급 안 함	지급 안 함	지급 안 함	지급 안 함
기타	교육실경력 3년 이상인 자 가능		출산휴가 별도신청 가능		정부지정 불임·난임 의료기관이 발급한 진단서 첨부	교육실경력 3년 이상인 자 가능			

※ 청원휴직은 교원수급, 교육과정, 휴직목적의 달성도 등을 심사하여 허가

※ 아빠의 달 수당: 같은 자녀에 대하여 부모가 모두 육아휴직을 한 경우로서 두 번째 육아휴직을 한 사람이 공무원인 경우 그 공무원의 최초 3개월의 육아휴직수당은 월봉급액에 해당하는 금액으로 하며 그 상한액은 250만 원으로 함

• 휴직 중 유의사항

휴직기간 중인 교사는 교육공무원으로서 신분은 유지되지만 직무에 종사하지 못한다. 따라서 휴직기간 중이라도 공무원으로 지켜야 의무(외국정부의 영예수허, 겸직금지, 집단행위의 금지, 정치운동의 금지, 비밀엄수 등)를 위반할 경우 징계처분 대상이 된다. 휴직기간 중에는 6개월마다 소재지, 연락처 등과 휴직사유 계속여부를 소속기관장에게 보고해야 하며, 휴직을 연장하고자 할 때는 만료 전 15일까지 연장 신청을 해야 한다.

8. 징계

박 교사는 2004년 3월 1일부터 2010년 8월 31일까지 교사로 재직 시 만성 폐쇄성 폐질환이 있는 친정아버지의 간호를 위해 2005년부터 2007년까지 3차에 걸쳐 간병휴직을 하였다. 2차 휴직 시에는 간병 대상자인 친정아버지를 한국에 두고 출국을 하여 약 9개월간 장기 해외 체류를 하며 두 자녀의 조기유학 뒷바라지를 하였다. 3차 휴직 시에는 간병대상자가 사망하였음에도 불구하고 사망신고를 하지 않은 채 간병휴직을 허위로 사용하면서 자녀의 유학 뒷바라지를 위해 장기간 해외에 체류하는 등 2, 3차 간병 휴직 기간 중 총 1년 9개월간 간병 휴직을 부당하게 사용하였다는 사실로 인해 해임처분을 받았다.

–교원소청심사위원회(2011). 교원소청심사위원회 결정문을 요약

징계란 법령 · 규칙 · 명령의 위반에 대한 처벌로서 공무원의 신분을 변경하거나 상실케 하는 것을 의미한다. 「국가공무원법」 제78조는 징계의 사유를 다음과 같이 규정하고 있다.

① 국가공무원법 및 동법에 따른 명령을 위반하였을 때
② 직무상의 의무에 위반하거나 직무를 태만히 한 때
③ 직무의 내·외를 불문하고 그 체면 또는 위신에 손상을 하는 행위를 한 때

이러한 징계사유가 발생할 경우 행위자뿐만 아니라 감독자도 감독의무를 태만히 한 경우 징계책임을 면치 못하며, 의무위반 행위는 재직 중의 행위를 대상으로 하는 것을 원칙으로 하나, 임명 전의 행위라도 그로 인하여 현재 공무원의 체면 또는 위신이 손상될 때에는 징계 사유가 될 수 있다.

(1) 징계의 종류

표 2-18 징계의 종류

종류		기간	신분	보수
중징계	파면	–	• 공무원 관계로부터 배제 • 5년간 공무원 임용 결격사유	• 퇴직급여액의 1/2 지급 (5년 미만 근무자 3/4 지급) • 퇴직수당액의 1/2 지급
	해임	–	• 공무원 관계로부터 배제 • 3년간 공무원 임용 결격사유	• 퇴직급여 및 수당 전액 지급 • 단, 금품 및 향응수수, 공금횡령 · 유용 등의 경우 – 퇴직급여 및 수당 3/4 지급
	강등	3월	• 1계급 강등 + 정직3월 – 처분기간(3월) 신분은 보유, 직무에 종사하지 못함 • 처분기간(3월) + 18월 승진 못함 • 처분기간 경력평정에서 제외 • 징계기록말소 제한기간 9년	• 처분기간 중 보수의 전액 감 • 승급 제한 – 처분기간(3월) + 18월 • 처분기간 동안 각종 수당 감
	정직	1~3개월	• 신분은 보유하나 직무에 종사 못함 • 정직처분기간 + 18월 승진 못함 • 처분기간 경력평정에서 제외 • 징계기록말소 제한기간 7년	• 처분기간 중 보수의 전액 감 • 승급 제한 – 처분기간 + 18월 • 처분기간 동안 각종 수당 감
경징계	감봉	1~3개월	• 12월 + 감봉처분기간 승진 못함 • 징계기록말소 제한기간 5년	• 12월 + 감봉처분기간 승급 제한 • 처분기간 중 보수의 1/3 감 • 처분기간 동안 각종 수당 감
	견책	–	• 6월 간 승진 못함 • 징계기록말소 제한기간 3년	• 6개월간 승급 제한

※ 승진제한기간 가산: 4대 비위, 공금횡령 · 유용 비위 6개월 가산

※ 지급 대상 기간 중 징계처분자는 정근수당 미지급

(2) 징계양정 기준

표 2-19 교육공무원 징계양정 등에 관한 규칙

비위의 정도 및 과실 / 비위의 유형	비위의 정도가 심하고 고의가 있는 경우	비위의 정도가 심하고 중과실인 경우 또는 비위의 정도가 약하고 고의가 있는 경우	비위의 정도가 심하고 경과실인 경우 또는 비위의 정도가 약하고 중과실인 경우	비위의 정도가 약하고 경과실인 경우
1. 성실의무 위반				
가. 공금횡령 · 유용, 업무상 배임	파면	파면-해임	해임-강등	정직-감봉
나. 직권남용으로 다른 사람의 권리 침해	파면	해임	강등-정직	감봉
다. 부작위 또는 직무태만, 소극행정 또는 회계질서 문란	파면	해임	강등-정직	감봉-견책
라. 시험문제를 유출하거나 학생의 성적을 조작하는 등 학생 성적과 관련한 비위 및 학교생활기록부 허위사실 기재 또는 부당 정정 등 학교생활기록부와 관련한 비위	파면	해임	해임-강등-정직	감봉-견책
마. 신규채용, 특별채용, 승진, 전직, 전보 등 인사와 관련한 비위	파면	해임	해임-강등-정직	감봉-견책
바. 「학교폭력예방 및 대책에 관한 법률」에 따른 학교폭력을 고의적으로 은폐하거나 대응하지 아니한 경우	파면	해임	해임-강등-정직	감봉-견책
사. 연구부정행위	파면	해임	해임-강등-정직	감봉-견책
아. 연구비의 부당 수령 및 부정 사용 등 연구비의 수령 및 사용과 관련한 비위	파면	파면-해임	해임-강등	정직-감봉
자. 소속 기관 내의 「교육공무원법」 제52조 각 호의 어느 하나에 해당하는 성 관련 비위를 고의로 은폐하거나 대응하지 않은 경우	파면	해임	해임-강등-정직	감봉-견책
차. 「국가공무원법」 제78조의2 제1항 각 호의 어느 하나 또는 「지방공무원법」 제69조의2 제1항 각 호의 어느 하나에 해당하는 비위를 신고하지 않거나 고발하지 않은 행위	파면-해임	강등-정직	정직-감봉	감봉-견책
카. 부정청탁에 따른 직무수행	파면	파면-해임	강등-정직	감봉-견책
타. 부정청탁	파면	해임-강등	정직-감봉	견책
파. 성과상여금을 거짓이나 부정한 방법으로 지급받은 경우	파면-해임	강등-정직	정직-감봉	감봉-견책
하. 그 밖의 성실의무 위반	파면-해임	강등-정직	감봉	견책

2. 복종의무 위반				
가. 지시사항 불이행으로 업무 추진에 중대한 차질을 준 경우	파면	해임	강등-정직	감봉-견책
나. 그 밖의 복종의무 위반	파면-해임	강등-정직	감봉	견책
3. 직장 이탈 금지 위반				
가. 집단 행위를 위한 직장 이탈	파면	해임	강등-정직	감봉-견책
나. 무단결근	파면	해임-강등	정직-감봉	견책
다. 그 밖의 직장 이탈 금지 위반	파면-해임	강등-정직	감봉	견책
4. 친절 · 공정의무 위반	파면-해임	강등-정직	감봉	견책
5. 비밀 엄수의무 위반				
가. 비밀의 누설 · 유출	파면	파면-해임	강등-정직	감봉-견책
나. 비밀 분실 또는 해킹 등에 의한 비밀 침해 및 비밀 유기 또는 무단 방치	파면-해임	강등-정직	정직-감봉	감봉-견책
다. 개인정보 부정 이용 및 무단 유출	파면-해임	해임-강등	정직	감봉-견책
라. 개인정보의 무단 조회 · 열람 및 관리 소홀 등	파면-해임	강등-정직	감봉	견책
마. 그 밖에 보안관계 법령 위반	파면-해임	강등-정직	감봉	견책
6. 청렴의무 위반	비고 제6호에 따름			
7. 품위유지의무 위반				
가. 성희롱	파면	파면-해임	강등-정직	감봉-견책
나. 미성년자 또는 장애인에 대한 성희롱	파면	파면-해임	해임-강등	강등-정직
다. 성매매	파면	파면-해임	해임-강등	강등-정직
라. 미성년자 또는 장애인에 대한 성매매	파면	파면	파면-해임	해임
마. 성폭력	파면	파면	파면-해임	해임
바. 미성년자 또는 장애인에 대한 성폭력	파면	파면	파면	파면-해임
사. 공연음란 행위	파면	파면-해임	강등-정직	감봉-견책
아. 미성년자 또는 장애인에대한 공연음란 행위	파면	파면-해임	해임-강등	강등-정직
자. 카메라 등을 이용한 불법촬영 또는 불법촬영물 유포	파면	해임	해임-강등-정직	감봉-견책
차. 「교육공무원법」 제52조 각 호의 어느 하나에 해당하는 성 관련 비위의 피해자에게 2차 피해를 입힌 경우	파면	해임	해임-강등-정직	감봉-견책
카. 「교육공무원법」 제52조 각 호의 어느 하나에 해당하는 성 관련 비위를 신고한 사람에게 피해(신고자 신상정보의 유출, 신고자에 대한 폭행 · 폭언, 그 밖에 신고자의 의사에 반하는 일체의 불리한 처우를 말한다)를 입힌 경우	파면	해임	해임-강등-정직	감봉-견책

타. 가목부터 카목까지에서 규정한 사항 외의 성 관련 비위	파면	해임	해임-강등-정직	감봉-견책
파. 학생에 대한 신체적 · 정신적 · 정서적 폭력 행위	파면-해임	해임-강등	강등-정직	감봉-견책
하. 음주운전	비고 제7호에 따름			
거. 그 밖의 품위유지의무 위반	파면-해임	강등-정직	감봉	견책
8. 영리 업무 및 겸직 금지 의무 위반	파면-해임	강등-정직	감봉	견책
9. 정치운동 금지 위반	파면	해임	강등-정직	감봉-견책
10. 집단 행위 금지 위반	파면	해임	강등-정직	감봉-견책

토론 및 실습 과제

1. 4년제 사범대학을 졸업한 이 교사는 임용시험을 통과하고 2020년 고등학교에 신규 임용되었다. 신규 임용되기 전 이 교사는 2년간 대학원에 진학하여 석사학위를 취득하였으며, 석사 졸업 후 기간제 교원으로 1년간 근무한 경력이 있다. 또한 학부 2학년 때 21개월 간 군 복무 경력이 있다. 이 교사는 초임 호봉 획정시 몇 호봉의 봉급을 받게 되는지 계산해 보자.
2. 교육전문직 선발 규정과 승진규정을 토대로 전직 및 승진 계획을 수립해 보자.
3. 교원의 복무위반 사례를 법원판례, 교원소청심사위원회에서 발행하는 교원소청심사결과 사례집 등에서 찾아보고 징계 기준이 무엇인지 이해해 보자.
4. 김 교사는 최근 집을 새로 장만하고 이사 준비에 한창이다. 그러나 여러 상황을 고려하다 보니 수업이 진행되는 평일에 이사를 하게 되었다. 김 교사가 연가를 신청하면, 학교장은 이를 승인해 주어야 하는가?

참고문헌

한국교육행정학회(1995). 교육인사 행정론. 한국교육행정학회.

김창걸, 이봉우, 김창수, 배상민(2005). 교육인사행정의 이론과 실제. 서울: 형설출판사.

부산광역시교육청(2019). 2019학년도 교원능력개발평가 매뉴얼.

부산광역시교육청(2020). 중등 교육전문직원 임용후보자 공개전형 시행계획.

부산광역시교육청(2020). 교육공무원인사실무매뉴얼(중등학교용).

교육부(2018). 교육공무원 인사실무.

교원소청심사위원회(2011). 교원소청심사위원회 결정문집, 20.

Nigro, F. A., & Nigro, L. G. (1976). *The new public personnel administration*. Istasca: F.E. pea-cook publishes Inc.

제 2 부

수업교사로서의 삶

제3장

학교 교육과정과 평가 활동

사례

장 교사는 임용시험을 합격하고 올해 3월 A 고등학교에 발령받은 사회과 신임교사다. 3월 한 달은 1학년 3반 담임, 1학년 5개 반 공통사회 수업, 교무부 학적 담당이라는 세 가지 직무를 수행하느라 정신없이 보냈다. 4월 중순 교무회의 때, 교육과정부장 선생님께서 5월 초에 있을 중간고사 일주일 전까지 고사원안과 NEIS에서 작성한 문항정보표를 제출하라는 것이었다. 장 교사는 시험문제 출제 전후에 어떤 일을 해야 하는지 등 전체적인 평가관리 절차가 궁금하여 옆자리에 있는 김 선생님에게 조언을 구하였다. 김 선생님은 경험에 의해 습득할 수 있다고 하시면서 시험문제 출제 시 유의사항, 시험 당일 확인해야 할 사항, 시험 이후 학생 점수 확인 방법 등에 대하여 친절하게 설명해 주었다. 장 교사는 평가계획 수립부터 학생의 최종 성적일람표가 나오기까지 평가의 전체적인 흐름을 알고 있으면 미리미리 준비하여 시행착오를 줄일 수 있을 것이라는 생각이 들었다.

이 장에서는 평가관리 절차와 같은 신임교사가 교수–학습이라는 본질적인 교육 활동을 원활하게 진행하는 데 직간접적으로 알고 있어야 할 학교 교육과정과 평가 활동에 대하여 알아본다. 학교 교육과정과 평가 활동은 제4장의 수업경영과 함께 교사의 핵심적인 직무인 수업 영역에 해당되며, 주요 내용으로 학교 교육과정 편성 및 운영, 성적 및 평가관리 등을 살펴본다.

1. 학교 교육과정 편성 및 운영

1) 2015 개정 교육과정 개요

학교 교육과정은 국가 수준의 교육과정과 시 · 도 교육청의 교육과정 편성 · 운영 지침을 바탕으로 편성한다. 국가 수준의 교육과정은 각급 학교에서 편성 · 운영하여야 할 학교 교육과정의 교육 목표와 내용, 방법과 운영, 평가 등에 관한 국가 수준의 기준 및 기본 지침을 제시하는 교육의 기본 설계도로 볼 수 있다. 시 · 도 교육청, 즉 지역 수준의 교육과정은 해당 지역의 특수성과 학교의 실정, 학생의 실태, 학부모 및 지역사회의 요구, 그리고 지역과 학교의 교육여건 등을 포함하는 지침으로 각급 학교의 교육과정 편성 · 운영 지침으로 작성하여 학교에 제시한다. 학교 수준 교육과정은 각 학교의 교원 조직, 학생의 실태, 시설 환경, 학생 및 학부모 요구, 지역사회의 특성 및 요구 등을 기반으로 특색 있는 교육과정으로 편성 · 운영되어야 한다(교육부, 2015).

현행 학교 교육과정의 근거가 되는 국가 수준 교육과정은 2015 개정 교육과정으로 2017학년도부터 시행되기 시작하여 2020학년도에는 초 · 중 · 고등학교 모든 학년에 적용된다. 2015 개정 교육과정의 기본 방향과 중 · 고등학교 교육과정의 편제와 시간 배당 기준 등을 살펴보면 다음과 같다(교육부, 2015).

2015 개정 교육과정의 기본 사항

- 초등학교 1학년부터 중학교 3학년까지의 공통 교육과정과 고등학교 1학년부터 3학년까지의 선택 중심 교육과정으로 편성·운영한다.
- 학년 간 상호 연계와 협력을 통해 학교 교육과정을 유연하게 편성·운영할 수 있도록 학년군을 설정한다.
- 공통 교육과정의 교과는 교육 목적상의 근접성, 학문 탐구 대상 또는 방법상의 인접성, 생활양식에서의 연관성 등을 고려하여 교과군으로 재분류한다.
- 선택 중심 교육과정에서는 학생들의 기초 영역 학습을 강화하고 진로 및 적성에 맞는 학습이 가능하도록 4개의 교과 영역으로 구분하고 교과(군)별 필수 이수 단위를 제시한다. 특성화 고등학교와 산업수요 맞춤형 고등학교는 보통 교과의 4개 교과 영역과 전문 교과로 구분하고 필수 이수 단위를 제시한다.
- 고등학교 교과는 보통 교과와 전문 교과로 구분하며, 학생들의 기초 소양 함양과 기본 학력을 보장하기 위하여 보통 교과에 공통 과목을 개설하여 모든 학생이 이수하도록 한다.
- 학습 부담을 적정화하고 의미 있는 학습 활동이 이루어질 수 있도록 학기당 이수 교과목 수를 조정하여 집중이수를 실시할 수 있다.
- 창의적 체험활동은 학생의 소질과 잠재력을 계발하고 공동체 의식을 기르는 데에 중점을 둔다.
- 범교과 학습 주제는 교과와 창의적 체험활동 등 교육 활동 전반에 걸쳐 통합적으로 다루도록 하고, 지역사회 및 가정과 연계하여 지도한다.

안전·건강 교육, 인성 교육, 진로 교육, 민주 시민 교육, 인권 교육, 다문화 교육, 통일 교육, 독도 교육, 경제·금융 교육, 환경·지속가능발전 교육

- 학교는 필요에 따라 계기 교육을 실시할 수 있으며, 이 경우 계기 교육 지침에 따른다.

(1) 중학교 교육과정

중학교 교육과정의 편제와 시간 배당 기준, 교육과정 편성 · 운영의 중점은 다음과 같다.

① 편 제

- 중학교 교육과정은 교과(군)와 창의적 체험활동으로 편성한다.
- 교과(군)는 국어, 사회(역사 포함)/도덕, 수학, 과학/기술 · 가정/정보, 체육, 예술(음악/미술), 영어, 선택으로 한다.
- 선택 교과는 한문, 환경, 생활 외국어(독일어, 프랑스어, 스페인어, 중국어, 일본어, 러시아어, 아랍어, 베트남어), 보건, 진로와 직업 등의 과목으로 한다.
- 창의적 체험활동은 자율 활동, 동아리 활동, 봉사 활동, 진로 활동으로 한다.

② 시간 배당 기준

중학교 교육과정 시간 배당 기준은 〈표 3-1〉과 같다.

표 3-1 중학교 교육과정 시간 배당 기준

구분		1~3학년
교과(군)	국어	442
	사회(역사 포함)/도덕	510
	수학	374
	과학/기술 · 가정/정보	680
	체육	272
	예술(음악/미술)	272
	영어	340
	선택	170
	소계	3,060
창의적 체험활동		306
총 수업 시간 수		3,366

출처: 교육부(2015), p.11.

- 1시간 수업은 45분을 원칙으로 하되, 기후 및 계절, 학생의 발달 정도, 학습 내용의 성격, 학교 실정 등을 고려하여 탄력적으로 편성·운영할 수 있다.
- 학년군 및 교과(군)별 시간 배당은 연간 34주를 기준으로 한 3년간의 기준 수업 시수를 나타낸 것이다.
- 총 수업 시간 수는 3년간의 최소 수업 시수를 나타낸 것이다.
- 정보 과목은 34시간을 기준으로 편성·운영한다.

③ 교육과정 편성·운영의 중점

- 학교는 3년간 이수해야 할 교과목을 학년별, 학기별로 편성하여 학생과 학부모에게 안내한다.
- 교과(군)의 이수 시기와 그에 따른 수업 시수는 학교가 자율적으로 결정할 수 있다.
- 학교는 학교의 특성, 학생·교사·학부모의 요구 및 필요에 따라 자율적으로 교과(군)별 20% 범위 내에서 시수를 증감하여 편성·운영할 수 있다. 단, 체육, 예술(음악/미술) 교과는 기준 수업 시수를 감축하여 편성·운영할 수 없다.
- 학교는 학습 부담을 적정화하고 의미 있는 학습 활동이 이루어질 수 있도록 학기당 이수 교과목 수를 8개 이내로 편성한다. 단, 체육, 예술(음악/미술) 교과는 이수 교과목 수 제한에서 제외하여 편성할 수 있다.
- 전입 학생이 특정 교과목을 이수하지 못할 경우, 교육청과 학교에서는 보충 학습 과정 등을 통해 학습 결손이 발생하지 않도록 한다.
- 학교가 선택 과목을 개설할 경우, 2개 이상의 과목을 개설함으로써 학생의 선택권이 보장되도록 한다.
- 학교는 필요한 경우 새로운 선택 과목을 개설할 수 있다. 이 경우 시·도 교육청이 정하는 지침에 따라 사전에 필요한 절차를 거쳐야 한다.
- 학교는 창의적 체험활동의 영역을 학생들의 발달 수준, 학교의 여건 등을 고려하여 자율적으로 편성·운영한다. 창의적 체험활동은 학교스포츠클럽 활동 및 자유학기에 이루어지는 다양한 활동들과 연계하여 운영할 수 있다.
- 학교는 학생들이 자신의 적성과 미래에 대해 탐색하고, 학습의 즐거움을 경험하여 스스로 공부하는 자기주도적 학습 능력과 태도를 기를 수 있도록 자유학기를 운영한다.

- 중학교 과정 중 한 학기는 자유학기로 운영한다.
- 자유학기에는 해당 학기의 교과 및 창의적 체험활동을 자유학기의 취지에 부합하도록 편성 · 운영한다.
- 자유학기에는 지역사회와 연계하여 진로 탐색 활동, 주제 선택 활동, 동아리 활동, 예술 · 체육 활동 등 다양한 체험 중심의 자유학기 활동을 운영한다.
- 자유학기에는 협동 학습, 토의 · 토론 학습, 프로젝트 학습 등 학생 참여형 수업을 강화한다.
- 자유학기에는 중간 · 기말고사 등 일제식 지필평가는 실시하지 않으며, 학생의 학습과 성장을 지원하는 과정 중심의 평가를 실시한다.
- 자유학기에는 학교 내외의 다양한 자원을 활용하여 진로 탐색 및 설계를 지원한다.
- 학교는 자유학기의 운영 취지가 타 학기 · 학년에도 연계될 수 있도록 노력한다.

• 학교는 학생들의 심신을 건강하게 발달시키고 정서를 함양하기 위해 '학교스포츠클럽 활동'을 편성 · 운영한다.

- 학교스포츠클럽 활동은 창의적 체험활동의 동아리 활동으로 편성한다.
- 학교스포츠클럽 활동은 학년별 연간 34~68시간(총 136시간) 운영하며, 매 학기 편성하도록 한다. 학교 여건에 따라 연간 68시간 운영하는 학년에서는 34시간 범위 내에서 학교스포츠클럽 활동을 체육으로 대체할 수 있다.
- 학교스포츠클럽 활동의 시간은 교과(군)별 시수의 20% 범위 내에서 감축하거나, 창의적 체험활동 시수를 순증하여 확보한다. 다만, 여건이 어려운 학교의 경우 68시간 범위 내에서 기존 창의적 체험활동 시간을 활용하여 확보할 수 있다.
- 학교스포츠클럽 활동의 종목과 내용은 학생들의 희망을 반영하여 학교가 정하되, 다양한 종목을 개설함으로써 학생들의 선택권이 보장되도록 한다.

자유학기(년)제란?

• 개념

– 학교 과정 중 한 학기 또는 두 학기 동안 지식 · 경쟁 중심에서 벗어나 학생 참여형으로 수업을 개선하고 다양한 체험활동이 가능하도록 교육과정을 유연하게 운영하는 제도

– 자유학년제: 자유학기제의 효과를 극대화하기 위해 중학교 1학년 1, 2학기를 모두 자유학기로 운영하는 제도

• 목적

– 자유학기(년)제 운영 내실화를 통해 학생들이 행복한 학교생활 속에서 꿈과 끼를 찾고 미래 핵심 역량을 함양할 수 있는 기회 제공

– 자유학기의 경험이 한 학기로 그치지 않도록 자유학기제를 확대 · 발전시켜 자유학기를 통한 교실수업의 변화가 공교육의 신뢰도와 만족도 향상에 기여

• 운영 방식

– 자유학기제와 자유학년제의 운영, 수업, 평가기록, 자유학기 활동, 고입 등

	자유학기제	자유학년제
운영	1개 학기만 운영	1학년 전체 운영
수업	• 학생 참여형 수업 강화 • 개별학생 맞춤형 지원 활성화	
평가기록	• 교과성취도 미산출, 성취도란에 'P' 입력 • 총괄식 지필평가 미실시, 과정중심 평가 실시 • 학생의 성장 · 발달에 대한 평가 결과는 학생부에 문장으로 기록	
자유학기 활동	• 1학기 동안 학생의 희망을 반영한 다양한 체험 및 활동을 4개 영역(주제선택, 예술 · 체육, 동아리, 진로탐색 활동)으로 고루 편성 · 운영 • 교과 및 창의적 체험활동 시간을 조정하여 1개 학기에 170시간 이상 운영	• 1년간 학생의 희망을 반영한 다양한 체험 및 활동을 학기별 제한 없이 2학기에 걸쳐 4개 영역(주제선택, 예술 · 체육, 동아리, 진로탐색 활동)을 편성 · 운영 • 교과 및 창의적 체험활동 시간을 조정하여 1년간 221시간 이상 운영
고입	1학년 교과 내신성적 고입 미반영	

• 자유학기 활동

– 주제선택 활동: 학생의 흥미, 관심사를 반영한 여러 가지 전문 프로그램 운영으로 학습동기 유발

(예시) 드라마와 사회, 3D프린터, 웹툰, 금융 · 경영교육, 헌법, 법질서교육, 인성교육, 스마트폰앱 등

– 예술체육 활동: 다양하고 내실있는 예술 · 체육 교육을 통해 학생들의 소질과 잠재력 계발

(예시) 연극, 뮤지컬, 오케스트라, 작사 · 작곡, 벽화그리기, 디자인, 축구, 농구, 스포츠리그 등

– 동아리 활동: 학생들의 공통된 관심사를 기반으로 조직 · 운영함으로써 학생 자치활동 활성화 및 특기 · 적성 개발

(예시) 문예 토론, 라인댄스, 과학실험, 천체관측, 사진, 동영상, 향토 예술 탐방 등

– 진로탐색 활동: 학생이 적성과 소질을 탐색하여 스스로 미래를 설계할 수 있도록 체계적인 진로교육 실시

(예시) 진로검사, 초청강연, 포트폴리오 제작 활동, 현장체험 활동, 직업 탐방, 모의 창업 등

출처: 부산광역시교육청(2019), pp. 7-12.

(2) 고등학교 교육과정

고등학교 교육과정의 편제와 단위 배당 기준, 교육과정 편성 · 운영의 중점은 다음과 같다.

① 편 제

• 고등학교 교육과정은 교과(군)와 창의적 체험활동으로 편성한다.

• 교과는 보통 교과와 전문 교과로 한다.

–보통 교과

• 보통 교과의 영역은 기초, 탐구, 체육 · 예술, 생활 · 교양으로 구성하며, 교과(군)는 국어, 수학, 영어, 한국사, 사회(역사/도덕 포함), 과학, 체육, 예술, 기술 · 가정/제2외국어/한문/교양으로 한다.

표 3-2 고등학교 교육과정 보통 교과 과목 구성

교과 영역	교과(군)	공통 과목	선택 과목	
			일반 선택	진로 선택
기초	국어	국어	화법과 작문, 독서, 언어와 매체, 문학	실용 국어, 심화 국어, 고전 읽기
	수학	수학	수학 I , 수학 II , 미적분, 확률과 통계	실용 수학, 기하, 경제 수학, 수학과제 탐구
	영어	영어	영어 회화, 영어 I , 영어 독해와 작문, 영어 II	실용 영어, 영어권 문화, 진로 영어, 영미 문학 읽기
	한국사	한국사		
탐구	사회(역사/도덕 포함)	통합사회	한국지리, 세계지리, 세계사, 동아시아사, 경제, 정치와 법, 사회 · 문화, 생활과 윤리, 윤리와 사상	여행지리, 사회문제 탐구, 고전과 윤리
	과학	통합과학 과학탐구실험	물리학 I , 화학 I , 생명과학 I , 지구과학 I	물리학 II , 화학 II , 생명과학 II , 지구과학 II , 과학사, 생활과 과학, 융합과학
체육 · 예술	체육		체육, 운동과 건강	스포츠 생활, 체육 탐구
	예술		음악, 미술, 연극	음악 연주, 음악 감상과 비평, 미술 창작, 미술 감상과 비평
생활 · 교양	기술 · 가정		기술 · 가정, 정보	농업 생명 과학, 공학 일반, 창의 경영, 해양 문화와 기술, 가정과학, 지식 재산 일반
	제2외국어		독일어 I 프랑스어 I 스페인어 I 중국어 I 일본어 I 러시아어 I 아랍어 I 베트남어 I	독일어 II 프랑스어 II 스페인어 II 중국어 II 일본어 II 러시아어 II 아랍어 II 베트남어 II
	한문		한문 I	한문 II
	교양		철학, 논리학, 심리학, 교육학, 종교학, 진로와 직업, 보건, 환경, 실용 경제, 논술	

출처: 교육부(2015), p. 17.

- 보통 교과는 공통 과목과 선택 과목으로 구분한다. 공통 과목은 국어, 수학, 영어, 한국사, 통합사회, 통합과학(과학탐구실험 포함)으로 하며, 선택 과목은 일반 선택 과목과 진로 선택 과목으로 구분한다.
- 보통 교과 과목 구성을 구체적으로 살펴보면 〈표 3-2〉와 같다.

  - 전문 교과

- 전문 교과는 전문 교과 I과 전문 교과 II로 구분한다.
- 전문 교과 I은 과학, 체육, 예술, 외국어, 국제 계열에 관한 과목으로 한다.
- 전문 교과 II는 국가직무능력표준에 따라 경영 · 금융, 보건 · 복지, 디자인 · 문화콘텐츠, 미용 · 관광 · 레저, 음식 조리, 건설, 기계, 재료, 화학 공업, 섬유 · 의류, 전기 · 전자, 정보 · 통신, 식품 가공, 인쇄 · 출판 · 공예, 환경 · 안전, 농림 · 수산해양, 선박 운항 등에 관한 과목으로 한다. 전문 교과 II의 과목은 전문 공통 과목, 기초 과목, 실무 과목으로 구분한다.
- 창의적 체험활동은 자율 활동, 동아리 활동, 봉사 활동, 진로 활동으로 한다.

② 단위 배당 기준

고등학교 교육과정 단위 배당 기준은 〈표 3-3〉, 〈표 3-4〉와 같다.
일반고등학교와 특수목적고등학교의 단위 배당 기준은 다음과 같다.

- 1단위는 50분을 기준으로 하여 17회를 이수하는 수업량이다.
- 1시간의 수업은 50분을 원칙으로 하되, 기후 및 계절, 학생의 발달 정도, 학습 내용의 성격, 학교 실정 등을 고려하여 탄력적으로 편성 · 운영할 수 있다.
- 공통 과목은 2단위 범위 내에서 감하여 편성 · 운영할 수 있다. 단, 한국사는 6단위 이상 이수하되 2개 학기 이상 편성하도록 한다.
- 과학탐구실험은 이수 단위 증감 없이 편성 · 운영하는 것을 원칙으로 하되, 과학 계열, 체육 계열, 예술 계열 고등학교의 경우 학교 실정에 따라 탄력적으로 운영할 수 있다.
- 필수 이수 단위의 단위 수는 해당 교과(군)의 '최소 이수 단위'로 공통 과목 단위 수를 포함한다. 특수 목적 고등학교와 자율형 사립 고등학교의 경우 예술 교과(군)는 5단위 이상, 생활 · 교양 영역은 12단위 이상 이수할 것을 권장한다.
- 기초 교과 영역 이수 단위 총합은 교과 총 이수 단위의 50%를 초과하지 않도록

표 3-3 **고등학교 교육과정 시간 배당 기준(일반고 및 특수목적고 대상)**

<table>
<tr><th></th><th>교과 영역</th><th>교과(군)</th><th>공통 과목(단위)</th><th>필수 이수 단위</th><th>자율 편성 단위</th></tr>
<tr><td rowspan="11">교과(군)</td><td rowspan="4">기초</td><td>국어</td><td>국어(8)</td><td>10</td><td rowspan="10">학생의 적성과
진로를
고려하여 편성</td></tr>
<tr><td>수학</td><td>수학(8)</td><td>10</td></tr>
<tr><td>영어</td><td>영어(8)</td><td>10</td></tr>
<tr><td>한국사</td><td>한국사(6)</td><td>6</td></tr>
<tr><td rowspan="2">탐구</td><td>사회
(역사/도덕 포함)</td><td>통합사회(8)</td><td>10</td></tr>
<tr><td>과학</td><td>통합과학(8)
과학탐구실험(2)</td><td>12</td></tr>
<tr><td rowspan="2">체육 · 예술</td><td>체육</td><td></td><td>10</td></tr>
<tr><td>예술</td><td></td><td>10</td></tr>
<tr><td>생활 · 교양</td><td>기술 · 가정/
제2외국어/
한문/교양</td><td></td><td>16</td></tr>
<tr><td colspan="3">소계</td><td>94</td><td>86</td></tr>
<tr><td colspan="4">창의적 체험활동</td><td colspan="2">24(408시간)</td></tr>
<tr><td colspan="4">총 이수 단위</td><td colspan="2">204</td></tr>
</table>

출처: 교육부(2015), p. 15.

한다.

- 창의적 체험활동의 단위는 최소 이수 단위이며 (　) 안의 숫자는 이수 단위를 이수 시간 수로 환산한 것이다.
- 총 이수 단위 수는 고등학교 3년간 이수해야 할 '최소 이수 단위'를 의미한다.

특성화고등학교와 산업수요 맞춤형 고등학교의 단위 배당 기준은 다음과 같다.

- 1단위는 50분을 기준으로 하여 17회를 이수하는 수업량이다.
- 1시간의 수업은 50분을 원칙으로 하되, 기후 및 계절, 학생의 발달 정도, 학습 내용의 성격 등과 학교 실정 등을 고려하여 탄력적으로 편성 · 운영할 수 있다.
- 공통 과목은 2단위 범위 내에서 감하여 편성 · 운영할 수 있다. 단, 한국사는 6단위 이상 이수하되 2개 학기 이상 편성하도록 한다.

표 3-4 고등학교 교육과정 시간 배당 기준(특성화고 및 산업수요 맞춤형고 대상)

<table>
<tr><th></th><th></th><th>교과 영역</th><th>교과(군)</th><th>공통 과목
(단위)</th><th>필수 이수 단위</th><th>자율 편성 단위</th></tr>
<tr><td rowspan="11">교과
(군)</td><td rowspan="10">보통교과</td><td rowspan="4">기초</td><td>국어</td><td>국어(8)</td><td rowspan="3">24</td><td rowspan="9">학생의 적성·
진로와 산업계
수요를
고려하여 편성</td></tr>
<tr><td>수학</td><td>수학(8)</td></tr>
<tr><td>영어</td><td>영어(8)</td></tr>
<tr><td>한국사</td><td>한국사(6)</td><td>6</td></tr>
<tr><td rowspan="2">탐구</td><td>사회
(역사/도덕 포함)</td><td>통합사회(8)</td><td rowspan="2">12</td></tr>
<tr><td>과학</td><td>통합과학(8)</td></tr>
<tr><td rowspan="2">체육·예술</td><td>체육</td><td></td><td>8</td></tr>
<tr><td>예술</td><td></td><td>6</td></tr>
<tr><td>생활·교양</td><td>기술·가정/
제2외국어/
한문/교양</td><td></td><td>10</td></tr>
<tr><td colspan="3">소계</td><td>66</td><td rowspan="2">28</td></tr>
<tr><td>전문교과II</td><td colspan="3">17개 교과(군) 등</td><td>86</td></tr>
<tr><td colspan="5">창의적 체험활동</td><td colspan="2">24(408시간)</td></tr>
<tr><td colspan="5">총 이수 단위</td><td colspan="2">204</td></tr>
</table>

출처: 교육부(2015), p. 16.

- 필수 이수 단위의 단위 수는 해당 교과(군)의 '최소 이수 단위'를 의미한다.
- 창의적 체험활동의 단위는 최소 이수 단위이며 ( ) 안의 숫자는 이수 단위를 이수 시간 수로 환산한 것이다.
- 총 이수 단위 수는 고등학교 3년간 이수해야 할 '최소 이수 단위'를 의미한다.

③ 교육과정 편성·운영의 중점 공통 사항

- 고등학교 교육과정의 총 이수 단위는 204단위이며 교과(군) 180단위, 창의적 체험활동 24단위(408시간)로 나누어 편성한다.

• 학교는 3년간 이수해야 할 과목을 학년별, 학기별로 편성하여 학생과 학부모에게 안내하도록 한다.
• 학교는 학습 부담을 적정화하고 의미 있는 학습 활동이 이루어질 수 있도록 학기당 이수 과목 수를 8개 이내로 편성한다. 단, 과학탐구실험, 체육 · 예술 · 교양 교과목, 진로 선택 과목, 실기 · 실습 과목은 이수 과목 수 제한에서 제외하여 편성 · 운영할 수 있다.
• 과목의 이수 시기와 단위는 학교에서 자율적으로 편성 · 운영할 수 있다. 단, 공통 과목은 해당 교과(군)의 선택 과목 이수 전에 편성 · 운영하는 것을 원칙으로 한다.
• 선택 과목 중에서 위계성을 갖는 과목의 경우, 계열적 학습이 가능하도록 편성한다. 단, 학교의 실정 및 학생의 요구, 과목의 성격에 따라 탄력적으로 편성 · 운영할 수 있다.
• 학교는 일정 규모 이상의 학생이 이 교육과정에 제시된 선택 과목의 개설을 요청할 경우 해당 과목을 개설해야 한다. 이 경우 시 · 도 교육청이 정하는 지침에 따른다.
• 학교에서 개설하지 않은 선택 과목 이수를 희망하는 학생이 있을 경우 그 과목을 개설한 다른 학교에서의 이수를 인정한다.
• 학교는 필요에 따라 이 교육과정에 제시되어 있는 과목 외에 새로운 과목을 개설할 수 있다. 이 경우 시 · 도 교육청이 정하는 지침에 따라 사전에 필요한 절차를 거쳐야 한다.
• 학교 및 학생의 필요에 따라 지역사회의 학습장에서 이루어진 학습을 이수 과목으로 인정할 수 있다. 이 경우 시 · 도 교육청이 정하는 지침에 따른다.
• 학교는 필요에 따라 대학과목 선이수제의 과목을 개설할 수 있고, 국제적으로 공인된 교육과정이나 과목을 개설할 수 있다. 이 경우 시 · 도 교육청이 정하는 지침에 따른다.
• 학교는 필요에 따라 교과의 총 이수 단위를 증배 운영할 수 있다. 단, 특수 목적 고등학교와 특성화 고등학교는 전문 교과의 과목에 한하여 증배 운영할 수 있다.
• 학교는 창의적 체험활동의 영역을 학생들의 발달 수준, 학교의 여건 등을 고려하여 자율적으로 편성 · 운영하고, 학생의 진로와 연계하여 다양한 활동이 이

루어질 수 있도록 한다.

- 학교는 학생이 자신의 진로에 적합한 과목을 체계적으로 이수할 수 있도록 진로지도와 연계하여 선택 과목 이수에 대한 정보를 적극적으로 안내한다.

2) 학교 교육과정 편성·운영의 실제

학교 교육과정은 시·도 교육청의 학교 교육과정 편성·운영 지침을 바탕으로 편성·운영할 수 있는데, 그 절차는 〈표 3-5〉와 같이 준비·편성·운영·평가 단계로 나눌 수 있으며, 구체적인 단계별 내용을 살펴보면 다음과 같다(부산광역시교육청, 2012, 2019, 2020).

표 3-5 학교 교육과정 편성·운영 절차

단계 \ 내용	시기	주요 내용
준비 단계	12월~1월	• 학교 교육과정위원회 조직·운영 • 기초조사 실시를 통한 결과 분석 및 시사점 반영
편성 단계	1월~2월	• 학교 교육과정 기본방향 설정에 따른 시안 작성 • 학교 교육과정 시안 심의 및 확정
운영 단계	3월~내년 2월	• 교과운영, 창의적 체험활동 운영 –중학교: 자유학기(년)제 운영, 학교 스포츠클럽 활동 –고등학교: 학생 선택과목 개설, 고교학점제(2025년 시행) 운영, 진로 연계 창의적 체험활동 운영
평가 단계	12월~내년 1월	• 학생 평가: 교과 평가, 창의적 체험활동 평가 • 학교 교육과정 평가: 계획, 실행, 활용

출처: 부산광역시교육청(2012), p. 1 및 부산광역시교육청(2020), pp. 44-45를 수정 및 보완함.

고교학점제란?

• 개념

고교학점제는 학생들이 진로에 따라 다양한 과목을 선택 · 이수하고 누적학점이 기준에 도달할 경우 졸업을 인정받는 제도

• 필요성

– 학생 맞춤형 교육을 통해 잠자는 교실을 깨울 수 있음: 획일적인 교육을 통해서는 학생의 학습 동기와 흥미를 유발하기 어려움. 고교학점제를 통해 학생의 과목 선택권을 보장하는 진정한 학생 맞춤형 교육을 실현함으로써 학생의 학습 동기와 흥미를 유발할 수 있음

– 미래 사회에 필요한 역량 제고: 직업 세계가 급변하는 미래 사회에서는 자신의 진로를 스스로 개척하고 자기주도적으로 학습하는 역량이 필요함. 고교학점제는 학생들이 스스로 자신에게 필요한 배움이 무엇인지를 찾게 함으로써 진로 개척 역량과 자기 주도적 학습 습관을 길러줄 수 있음

– 학생 개개인의 다양성 지원: 학습의 속도가 다르고 학습의 목표도 다른 학생들을 수직적으로 서열화하는 것은 학생들의 학습 의욕을 저하시킴. 고교학점제는 학생선택형 교육과정 운영을 통해 다양한 능력과 적성을 가진 학생 개개인의 역량을 최대한 발휘할 수 있도록 지원함

• 학사 운영 방식

– 1단계: 학교에서는 우선 학습자의 과목 선택권이 보장되는 학점 기반의 교육과정 편성

– 2단계: 진로 · 상담을 통해 학생이 자신의 학업을 설계할 수 있도록 지원

– 3단계: 학생의 학업 설계 결과와 수요 조사를 반영하여 개설이 가능한 과목을 확정하고, 학생은 개설된 과목 중 원하는 과목을 선택하여 개인 시간표 작성

– 4단계: 개인시간표에 따라 수업에 참여

– 5단계: 교사는 석차보다는 학생이 성취 기준에 어느 정도 도달했는가를 평가함으로써 학생의 과목 이수 여부 결정

– 6단계: 학생은 이수한 과목에 대한 학점 취득

– 7단계: 누적 학점이 졸업 기준에 도달하면 고등학교 졸업

- 추진 일정
  - 학점제 도입 기반 마련(2018~2021): 2021년까지는 학점제의 도입 기반을 마련하기 위하여 연구 · 선도학교를 운영하며 운형 모형 및 제도개선 사항 파악 추진
  - 학점제 도입 기반 마련(2022~2024): 2022~2024년에는 현행 교육과정을 고교학점제에 적합하게 수정하여 전국 고등학교를 대상으로 제도 도입
  - 학점제 본격 시행(2025~　　): 2025년에는 전국 고등학교에 완성된 형태의 고교학점제 본격 시행

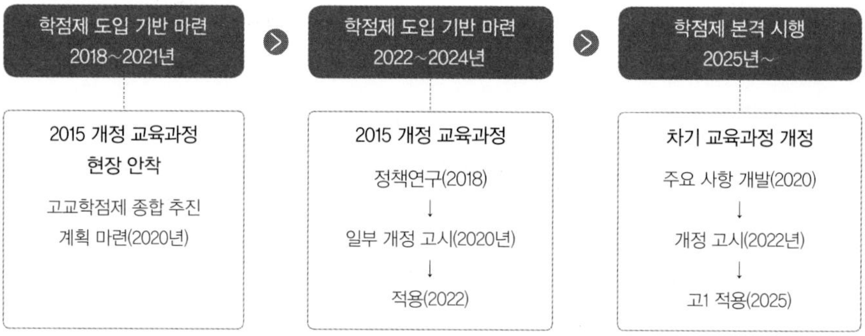

출처: 교육부 고교학점제 지원센터(http://www.hscredit.kr).

(1) 준비 단계

준비 단계 시기는 12~1월경이며, 학교 교육과정위원회 조직 · 운영과 기초조사 활동이 이루어진다.

① 학교 교육과정위원회 조직 · 운영

학교 교육과정위원회는 국가 수준의 교육과정에 명시된 조직으로 교원, 교육과정 전문가, 학부모 등이 참여하도록 규정하고 있으나, 일반적으로는 교장(위원장), 자문기관, 교감, 관련 부서 부장 및 기획 관련 업무 담당자, 관련 교과 대표 등으로 구성된다. 학교 교육과정위원회의 주요 역할은 다음과 같다.

- 학교 교육과정 편성 · 운영 계획 수립
- 학교 교육과정 편성 · 운영 방향 설정 및 방안 모색
- 학교 교육과정 편성 · 운영 지원 활동
- 학교 교육과정 편성 · 운영에 대한 평가
- 학교 교육과정 편성 · 운영 관련 연수

② 기초조사

기초조사는 학생, 학부모, 교원 등을 대상으로 설문조사 및 면담을 실시하여 학교 교육과정 운영 · 편성을 위한 시사점을 도출하는 기능을 한다. 조사 내용으로는 학생, 학부모, 교원의 교육적 요구와 교육과정 운영에 관한 내용, 교과 지도와 평가에 관한 내용, 지역 실정과 학교 특수성을 반영하는 내용, 학생 및 학교 실태, 지역 환경 및 특수성, 지난 학년도 교육과정 운영 평가 결과 분석 등이 해당된다. 이를 바탕으로 각 영역별 학교 교육과정 반영 사항 종합, 학교 교육과정에 관련 부분 반영 전략 설정, 교육과정위원회 검토, 반영 사항의 영역별 구체화, 학교 교육과정 특성화 방향 설정 등에 관한 시사점을 도출한다.

(2) 편성 단계

편성 단계 시기는 1~2월이며, 학교 교육과정 시안 작성과 시안 심의 및 확정 활동이 이루어진다.

① 학교 교육과정 시안 작성

학교 교육과정 시안은 학교가 추구하는 인간상과 교육목표를 바탕으로 작성되어야 하는데, 시안에 포함되어야 할 내용으로는 학교 특색을 살리는 창의적인 교육계획 수립, 편제와 시간 배당, 수업일수 및 수업시수 결정, 교과활동 편성 계획, 창의적 체험활동 편성 계획, 교육평가 계획 수립 등이다. 중학교와 고등학교의 교육과정 편성표 예시는 〈표 3-6〉, 〈표 3-7〉과 같다.

2019학년도 중학교 신입생 교육과정 편성 기준

- 2019학년도 1학년은 '2015 개정교육과정'을 적용하여 본교 교육과정을 편성한다.
- 교과(군)와 창의적 체험활동으로 편성하되, 2019학년도 교과 편제는 20% 증감을 적용하여 편성 · 운영한다.
- 교과(군)는 국어, 사회(역사, 도덕 포함), 수학, 과학/기술 · 가정/정보, 체육, 예술(음악/미술), 영어, 선택으로 한다. 선택과목은 한문, 진로와 직업, 중국어, 과제탐구로 한다.
- 창의적 체험활동은 자율 활동, 동아리 활동(일반, 학교스포츠클럽), 봉사활동, 진로 활동으로 1학년은 학기별 4단위로 편성하여 연간 136시간을 운영한다. 그러나 자유학기제의 경우에는 해당 학기에 자유학기활동을 170시간 이상 운영해야 하는데, 교과(군)별 20% 범위 내 및 창의적 체험활동 시수의 51시간 범위 내에서 자유학기활동을 편성할 수 있다. 자유학년제의 경우에는 1년간 221시간 이상 운영해야 하는데, 교과(군)별 20% 범위 내 및 창의적 체험활동 시수의 85시간 범위 내에서 자유학기활동을 편성할 수 있다.

2019학년도 일반고등학교 신입생 교육과정 편성 기준

- 고등학교 교육과정의 총 이수 단위는 204단위이며 교과(군) 180단위, 창의적 체험활동 24단위(408시간)로 나누어 편성한다.
- 교과(군)의 총 이수 단위 180단위 중 필수 이수 단위는 94단위 이상으로 하되, 학생의 자율 선택을 54단위 이상 제공하도록 한다.
- 학교는 학생이 이수하기를 희망하는 일반 선택 과목을 개설하도록 노력해야 하며, 모든 학생이 보통 교과의 진로 선택 과목에서 3개 과목 이상을 이수할 수 있도록 한다.

표 3-6 학교 교육과정 편성표 예시(중학교)

2019 신입생 3개년 교육과정 편성표

구분			기준시수	학기제		자유학년제		1학년 (2019년적용)										2학년 (2020년적용)				3학년 (2021년적용)			
				편성시수	20% 증감	편성시수	20% 증감	학기제				자유학년제													
								1학기	주당시수	2학기	주당시수	1학기	증감	주당시수	2학기	증감	주당시수	1학기	주당시수	2학기	주당시수	1학기	주당시수	2학기	주당시수
교과(군)	국어		442	408	−34	391	−51	68	4	68	4	68		4	51	−17	3	68	4	68	4	68	4	68	4
	사회	사회	510	510		476	−34	51	3	51	3	34	−17	2	34	−17	2					51	3	51	3
		역사																51	3	51	3	51	3	51	3
		도덕						17	1	17	1	17		1	17		1	34	2	34	2				
	수학		374	374		357	−17	68	4	68	4	51	−17	3	68		4	68	4	68	4	51	3	51	3
	과학/기술·가정/정보	과학	680	646	−34	646	−34	68	4	68	4	68		4	68		4	68	4	68	4	51	3	51	3
		기술·가정						34	2	34	2	34		2	34		2	34	2	34	2	34	2	34	2
		정보																34	2	34	2				
	체육		272	272		238	−34	51	3	51	3	34	−17	2	34	−17	2	51	3	51	3	34	2	34	2
	예술	음악	272	272		238	−34	17	1	17	1		−17			−17		17	1	17	1	34	2	34	2
		미술						17	1	17	1	17		1	17		1	17	1	17	1	34	2	34	2
	영어		340	340		340		68	4	68	4	68		4	68		4	51	3	51	3	51	3	51	3
	선택	한문	170	170		170		34	2	34	2	34		2	34		2					17	1	17	1
		진로와 직업						17	1	17	1	17		1	17		1					17	1	17	1
	자유학기 교과 시수 합계																								
	교과시수 합계		3060	2992	−68	2856	−204	510	30	510	30	442	−68	26	442	−68	26	493	29	493	29	493	29	493	29
창의적 체험활동	동아리(일반)		306	54	68	36	−17	9	0.5	9	0.5		−9			−9		9	0.5	9	0.5	9	0.5	9	0.5
	동아리(학교스포츠클럽)			136		102		17	1	17	1		−17			−17		17	1	17	1	34	2	34	2
	자율활동			184		151		12	0.7	12	0.7		−12		7	−5	0.4	29	1.7	29	1.7	12	0.7	12	0.7
	봉사활동							5	0.3	5	0.3	5		0.3	5		0.3	5	0.3	5	0.3	5	0.3	5	0.3
	진로활동							8	0.5	8	0.5		−8			−8		8	0.5	8	0.5	8	0.5	8	0.5
	창의적체험활동 시수 합계		306	374	68	289	−17	51	3	51	3	5	−46	0.3	12	−39	0.7	68	4	68	4	68	4	68	4
자유학기 활동	진로탐색활동					33	33					20	20	1.2	13	13	0.8								
	주제선택활동					68	68					34	34	2	34	34	2								
	예술·체육활동					68	68					34	34	2	34	34	2								
	동아리 활동					52	52					26	26	1.5	26	26	1.5								
	자유학기활동 시수 합계					221	221					114	114	6.7	107	107	6.3								
자유학기 시수 총계						221	221	0	0	0	0	114	114	6.7	107	107	6.3	0	0	0	0	0	0	0	0
3개년 시수 총계			3,366	3366	0	3366	0	561	33	561	33	561	0	33	561	0	33	561	33	561	33	561	33	561	33
학기당 수업 시수																									
학기당 과목 수								8(+4)		8(+4)		8(+3)			8(+3)			8(+3)		8(+3)		8(+4)		8(+4)	

출처: 연산중학교(2019), p. 6

표 3-7 학교 교육과정 편성표 예시(고등학교)

2019 신입생 3개년 교육과정 편성표

구분	교과 영역	교과(군)	분류	과목	기준 단위	편성 단위	계	학기별 배당 시수					
								1학년 (2019학년도적용)		2학년 (2020학년도적용)		3학년 (2021학년도적용)	
								1학기	2학기	1학기	2학기	1학기	2학기
필수	기초	국어	공통과목	국어	8	8	18	4	4				
			일반선택	독서	5	5				5			
			일반선택	문학	5	5					5		
		수학	공통과목	수학	8	8	18	4	4				
			일반선택	수학 I	5	5				5			
			일반선택	수학 II	5	5					5		
		영어	공통과목	영어	8	8	18	4	4				
			일반선택	영어 I	5	5				5			
			일반선택	영어 II	5	5					5		
		한국사	공통과목	한국사	6	6	6			2	2	1	1
		기초소계					60	12	12	17	17	1	1
	탐구	사회	공통과목	통합사회	8	6	12	3	3				
			일반선택	정치와법	5	6				3	3		
			일반선택	세계지리									
			일반선택	세계사									
			일반선택	경제									
			일반선택	윤리와사상									
		과학	공통과목	통합과학	8	8	16	4	4				
			공통과목	과학탐구실험	2	2		1	1				
			일반선택	물리학 I	5	6				3	3		
			일반선택	화학 I	5								
			일반선택	생명과학 I	5								
			일반선택	지구과학 I	5								
		탐구소계					28	8	8	6	6		
	체육 · 예술	체육	일반선택	체육	5	4	10	2	2				
			일반선택	운동과건강	5	4				2	2		
			진로선택	스포츠생활	5	2						1	1
		예술	일반선택	음악	5	3	10	2	1				
			일반선택	미술	5	3		1	2				
			진로선택	음악 비평과 감상	5	2						1	1
			진로선택	미술 비평과 감상	5	2						1	1
		체육 · 예술소계					20	5	5	2	2	3	3
	생활 · 교양	기술 · 가정	일반선택	기술 · 가정	5	4	8	2	2				
			진로선택	가정과학	5	4				2	2		
			진로선택	지식 재산 일반	5								
			진로선택	농업 생명 과학	5								
			진로선택	공학 일반	5								
			진로선택	창의 경영	5								
			진로선택	해양 문화와 기술	5								

필수	생활·교양	제2 외국어	일반선택	중국어 I [무학년]	5	4	4	2	2				
			일반선택	일본어 I [무학년]	5								
			일반선택	한문 I	5								
			진로선택	중국어 II [무학년]/중국어회화	5								
			진로선택	일본어 II [무학년]/일본어회화	5								
			진로선택	한문 II	5								
		교양	일반선택	진로와직업	5	2	4	1	1				
			일반선택	논술	5	2						1	1
			일반선택	철학	5								
			일반선택	논리학	5								
			일반선택	심리학	5								
			일반선택	교육학	5								
			일반선택	종교학	5								
			일반선택	보건	5								
			일반선택	환경	5								
			일반선택	실용 경제	5								
		생활·교양소계				16		5	5	2	2	1	1
필수소계						124		30	30	27	27	5	5
자율	기초	국어	일반선택	언어와매체	5	10	30					5	5
			일반선택	화법과작문	5	10						5	5
			진로선택	실용국어	5	10						5	5
			진로선택	고전읽기	5								
			진로선택	심화국어	5								
		수학	일반선택	확률과통계	5								
			일반선택	미적분	5								
			진로선택	기하	5								
			진로선택	심화수학 I	5								
			진로선택	경제수학	5								
			진로선택	실용수학	5								
			진로선택	수학 과제 탐구	5								
		영어	일반선택	영어회화	5								
			일반선택	영어독해와작문	5								
			진로선택	실용영어	5								
			진로선택	진로영어	5								
			진로선택	영어권문화	5								
			진로선택	영미문학읽기	5								
		기초소계				30						15	15
		필수·자율 기초 단위 계				90							
	탐구	사회	일반선택	정치와법	5	6	26			3	3		
			일반선택	세계지리	5								
			일반선택	세계사	5								
			일반선택	윤리와사상	5								
			일반선택	경제	5								
			일반선택	한국지리	5	10						5	5
			일반선택	사회·문화	5	10						5	5
			일반선택	생활과윤리	5								
			일반선택	동아시아사	5								
			진로선택	여행지리	5								

자율	탐구	사회	진로선택	사회문제탐구	5		26						
			진로선택	고전과윤리	5								
		과학	일반선택	물리학 I	5								
			일반선택	화학 I	5								
			일반선택	생명과학 I	5								
			일반선택	지구과학 I	5								
			진로선택	물리학 II	5								
			진로선택	화학 II	5								
			진로선택	생명과학 II	5								
			진로선택	지구과학 II	5								
			진로선택	과학사	5								
			진로선택	생활과과학	5								
			진로선택	융합과학	5								
	체육 · 예술	체육	진로선택	체육탐구[무학년]	5								
		예술	진로선택	음악연주	5								
			진로선택	미술창작	5								
	생활 · 교양	기술 · 가정	일반선택	정보	5								
		탐구 (예체) 소계				26				3	3	10	10
자율소계						56				3	3	25	25
창의적 체험활동				자율활동		6	24	1	1	1	1	1	1
				동아리활동		6		1	1	1	1	1	1
				봉사활동		6		1	1	1	1	1	1
				진로활동		6		1	1	1	1	1	1
창의적체험활동소계						24		4	4	4	4	4	4
교과이수단위계						180		30	30	30	30	30	30
창의적 체험활동(특별활동)						24		4	4	4	4	4	4
이수단위 계						204		34	34	34	34	34	34
학기당 이수 과목 수 (과학탐구실험, 체육예술교양, 진로선택, 실기실습 제외)								7	7	7	7	6	1
편성한 과목 수 (학생 입장에서 듣는 과목 수)								12	12	11	11	9	9

출처: 연제고등학교(2019), pp. 41-43.

- 학교가 제2외국어 과목을 개설할 경우, 2개 이상의 과목을 동시에 개설하도록 노력해야 한다.
- 특정 교과를 중심으로 중점 학교를 운영할 수 있으며, 이 경우 자율 편성 단위의 50% 이상을 해당 교과목으로 편성할 수 있다.
- 창의적 체험활동 교육과정은 3개년 동안 24단위(408시간) 이상 편성 · 운영해야 하는데, 특정 학년이나 학기에 편중하여 편성하지 않는다.
- 3개년 교육과정 중 창의적 체험활동 4개 영역의 특정 영역이 누락되지 않도록 유의하여 편성하고, 학년(군)별, 학기별로 영역과 활동을 선택하여 집중적으로 편성 · 운영할 수 있다.
- 창의적 체험활동 시수는 자율 활동, 동아리 활동, 봉사 활동, 진로 활동으로 나누어 영역별 특성과 학생의 요구, 학교의 실정에 기초하여 학년별, 학기별로 유연하게 배정한다.

그리고 교육과정 편성기준에 따른 수업일수 및 수업시수 확보계획을 담은 학사 일정은 〈부록 3-1〉과 같다.

② 학교 교육과정 시안 심의 및 확정

학교 교육과정 시안 심의 및 확정 단계에서는 학교 교육과정위원회의 심의 검토, 시안 수정 및 보완, 학교 교육과정 확정의 과정을 거친다. 심의 검토는 국가 수준 교육과정 및 시 · 도 교육청 교육과정 편성 지침 반영 여부, 학사 일정 편성의 적절성, 교과별 교육과정 편제의 적절성, 교과별 수업시수 확보의 적절성, 창의적 체험활동의 영역별 시수 배정의 적절성 등을 중심으로 검토한다. 시안 수정 및 보완은 심의 검토 내용에 따라 학교 교육과정을 수정 검토한다. 학교 교육과정 확정은 학교 교육과정위원회의 회의를 거쳐 이루어진다.

(3) 운영 단계

운영 단계 시기는 3월~다음 해 2월이며, 교과 및 창의적 체험활동 운영이 실질적으로 이루어진다.

① 교과 운영

교과 운영은 교과시수 증감 운영, 교과(군) 집중이수제 운영, 블록타임제 운영 등과 같은 활동이 이루어진다. 교과시수 증감 운영은 학교 특성에 따라 영어 교육, 수학 창의력, 과학 탐구학습, 독서 · 논술 교육, 자기주도적 교육, 예술적 표현력 신장 등과 같은 특정 교과 및 활동을 강화하기 위해 교과수업시수의 20% 범위 내에서 증감하여 운영할 수 있다. 집중이수제 운영은 집중이수제 도입으로 학습 부담, 시험 부담, 과제 부담 등이 줄어들게 되었고, 기존의 교과를 교과(군)로 유목화하게 되었다. 블록타임제 운영은 특정 과목의 수업을 1시간 단위로 분리하여 운영하지 않고 2시간 또는 3~4시간 연속하여 묶음으로써 심화된 수업이 가능하게 되었다.

② 창의적 체험활동 운영

창의적 체험활동 운영은 자율활동, 동아리활동, 봉사활동, 진로활동 등과 같은 영역에서 활동이 이루어진다.

- 자율활동은 자치 · 적응활동, 창의주제활동 등으로 이루어지며, 모든 구성원들이 소속감을 가지고 공동의 문제를 합리적이고 민주적인 협의 과정을 통해 해결하는 경험을 하게 하고 이를 일상생활에 적용할 수 있어야 한다.
- 동아리 활동은 예술 · 체육활동, 학술문화활동, 실습노작활동, 청소년 단체활동 등으로 이루어지며, 학생의 흥미와 적성에 맞는 취미 생활이나 특기를 기를 수 있도록 체험 중심으로 운영하되, 학생의 개별적 활동보다는 친구와 협력하여 공동으로 문제를 해결하는 경험을 제공한다.
- 봉사활동은 이웃돕기활동, 환경보호활동, 캠페인활동 등으로 이루어지며, 봉사의 진정한 의미를 인식하고 일상생활 속에서 봉사활동을 지속적으로 실천하는 데 중점을 두어야 한다.
- 진로활동은 자기이해활동, 진로탐색활동, 진로설계활동 등으로 이루어지며, 학생들이 자신에 대해 이해할 수 있는 기회와 자신에게 맞는 진로를 찾아가는 과정을 제공하는 데 중점을 두어야 한다.

(4) 평가 단계

평가 단계 시기는 12월~다음 해 1월이며, 학생평가, 학교 교육과정 평가 등이 이루어진다.

① 학생평가

학생평가는 교과학습발달상황 평가와 창의적 체험활동 평가로 나뉜다. 교과학습발달상황 평가는 일반적으로 중간 · 기말 고사의 정기고사와 수행평가가 있는데, 정기고사 일정은 교내 학업성적관리위원회의 심의를 거쳐 결정하며, 수행평가 실시는 교과협의를 거쳐 학기 중에 수시로 실시한다. 창의적 체험활동 평가는 4개 영역별 활동내용을 종합적으로 기록하는데, 기록은 공정성, 객관성, 투명성, 신뢰도, 타당도 등이 확보되어야 한다.

② 학교 교육과정 평가

학교 교육과정 평가는 교사, 학생, 학부모를 대상으로 설문지와 면담 등의 과정을 거쳐 이루어진다. 평가 영역으로는 학교교육과정 계획, 학교교육과정 운영, 학교교육과정 성과 등이며, 각 영역별 평가요소와 평가지표는 〈표 3-8〉과 같다(부산광역시교육청, 2020).

표 3-8 학교 교육과정 평가 기준 예시

평가 영역	평가 요소	평가지표
학교 교육과정 계획	계획 수립 과정	• 전년도 학교 교육과정 계획 · 운영실태 · 성과를 충실하게 분석하였는가? • 지역 사회 · 학교의 특성 및 학생 · 학부모 · 교사의 요구 사항을 충실하게 조사하였는가? • 학교 교육과정 계획 수립 과정에서 학교 구성원 간의 공식적인 협의체를 구성하여 논의하였는가? • 교사 · 학생 · 학부모는 학교 교육과정 계획 수립 과정에 만족하는가?
	계획 내용	• 국가 교육과정 기준 및 시 · 도 교육청의 편성 · 운영 지침을 학교 교육과정 계획에 반영하였는가? • 학교의 교육 중점 및 중장기 발전 계획, 운영 지원 계획 등을 학교 교육과정 계획에 반영하였는가? • 학교 특성과 학생의 요구 등을 고려하여 교과, 창의적 체험활동 영역을 계획하였는가? • 학생의 특성과 수준을 고려하여 영역별 평가 활동을 계획하였는가? • 교사 · 학생 · 학부모는 학교 교육과정 계획 내용에 만족하는가?

학교 교육과정 운영	교과 교육 활동	• 교과 교육 계획과 실제 운영은 일치하였는가? • 학교 여건 및 학생의 특성을 고려하여 교과별 수업을 실시하였는가? • 교과별 목표 및 내용에 적합한 평가를 실시하였는가? • 교사 · 학생 · 학부모는 교과 교육 활동 운영에 만족하는가?
	창의적 체험활동	• 창의적 체험활동 계획과 실제 운영은 일치하였는가? • 학교 여건 및 학생의 특성을 고려하여 창의적 체험활동을 실시하였는가? • 창의적 체험활동 목표 및 내용에 적합한 평가를 실시하였는가? • 교사 · 학생 · 학부모는 창의적 체험활동 운영에 만족하는가?
	지원 체제	• 교사의 전문성 신장을 위해 교사 연수 및 장학을 실시하였는가? • 학교 교육과정 운영을 위해 학부모, 지역 인사 등과 긴밀한 협조 체제를 유지하였는가? • 학교 교육과정 운영에 필요한 예산 및 교육시설, 설비 등을 효과적으로 지원하였는가? • 교사 · 학생 · 학부모는 학교 교육과정 운영을 위한 학교의 지원 내용과 방식에 만족하는가?
학교 교육과정 성과	교육 성과	• 학생은 영역별(교과, 창의적 체험활동) 성취 기준에 도달하였는가? • 학생의 영역별(교과, 창의적 체험활동) 학업 성취도는 향상되었는가? • 학생은 긍정적인 학습태도를 형성하였는가? • 학교 교육과정 운영의 결과, 학생의 바람직한 인성 형성에 도움이 되었는가? • 학생과 학부모는 학교에서 이루어진 교육성과에 만족하는가? • 교사는 교육과정 운영 지원 체제에 따른 학교 변화에 만족하는가?
	교육 성과 활용	• 학교 · 교사 · 학생은 교육과정 성과를 지속적으로 점검하고 평가하였는가? • 학교 · 교사는 교육과정 성과를 다음 학년도 교육과정 계획 · 운영에 활용하였는가?

출처: 부산광역시교육청(2020), p. 46.

- 학교 교육과정 계획 평가는 계획 수립 과정, 계획 내용 등을 중심으로 평가한다.
- 학교 교육과정 운영 평가는 교과 교육활동, 창의적 체험활동, 지원 체제 등을 중심으로 평가한다.
- 학교 교육과정 성과 평가는 교육 성과, 교육 성과 활용 등을 중심으로 평가한다.

2. 성적 및 평가 관리

1) 학교 학업성적관리 운영

학교는 학교생활기록 작성 및 관리 지침(교육부훈령 제331호, 2020. 4. 6.)에 의하여 학업성적 평가 및 관리의 객관성, 공정성, 투명성, 신뢰도 등을 높이기 위하여 학업성적관리위원회와 교과협의회를 구성하여야 한다. 학업성적관리위원회의 구성과 심의 내용, 학교급별 학업성적 평가결과 처리방법을 살펴보면 다음과 같다(교육부, 2020).

(1) 학업성적관리위원회의 구성 및 임무

- 위원장은 학교장으로 하며, 학업성적관리위원회의 업무를 총괄한다.
- 부위원장은 교감으로 하며, 위원장을 보좌하고 위원장 유고 시 위원장을 대행한다.
- 위원의 수는 학교 규모에 따라 정하며, 교직원 중에서 교무분장 업무를 고려하여 학교장이 임명하고, 위원은 당해 학교의 학업성적관리 관련 업무에 대하여 심의한다. 위원의 구성은 학교에 따라 차이는 있으나, 일반적으로 교육과정부장, 성적 관련업무 담당자, 관련 교과 대표 등은 필수적으로 포함된다.
- 학부모의 의견 수렴과 학업성적관리의 투명성 등을 확보하기 위하여 학교장은 약간 명의 학부모위원을 위촉할 수 있다.

(2) 학업성적관리위원회의 심의 내용

- 학교 학업성적관리규정 제정 및 개정
- 각 교과협의회(학년협의회)에서 제출한 지필평가 및 수행평가의 영역 · 방법 · 횟수 · 기준 · 반영비율 등과 성적처리 방법 및 결과의 활용
- 창의적 체험활동 상황의 평가 기준 및 방법
- 학업성적 평가 및 관리의 객관성 · 공정성 · 투명성과 신뢰도 제고 방안, 평가의 기준 · 방법 · 결과의 공개 및 홍보, 평가결과에 대한 후속 조치(이의 제기 등)
- 학교생활기록부의 기재 방법 및 기재 내용, 정정(증빙자료의 객관성 여부 포함) 등에 관한 사항

- 고등학교의 교과(과목)별 분할점수(고정, 단위학교 산출) 산출 방법에 관한 사항
- 기타 학교 학업성적관리 관련 업무

(3) 학교급별 학업성적 평가결과 처리 방법

① 중학교

- 과목별 성적일람표는 매 학기말 교과 담당교사가 작성하되, 지필평가(명칭, 반영비율 등 명기)와 수행평가(영역, 반영비율 등 명기)의 점수를 합산하고, 원점수/과목평균, 성취도(수강자 수)를 산출한다.(다만, 체육 · 음악 · 미술교과의 과목은 성취도만을 산출). 단, 전산처리할 경우 전산 입력하여 관리함을 원칙으로 한다.
- 원점수는 지필평가 및 수행평가의 반영비율 환산 점수 합계를 소수 첫째 자리에서 반올림하여 정수로 기록하며, 과목평균은 원점수를 사용하여 계산하여 소수 둘째 자리에서 반올림하여 소수 첫째 자리까지 기록한다.
- 성취도는 원점수에 따라 〈표 3-9〉와 같이 5단계 성취평가제, 즉 절대평가 방식으로 평정한다. 단, 체육 · 음악 · 미술교과의 과목의 성취도는 〈표 3-10〉과 같이 3단계 절대평가 방식으로 평정한다.
- 교과목별 성적일람표 작성 예시는 〈표 3-11〉과 같다.

표 3-9 성취도 표기 방법

성취율(원점수)	성취도
90% 이상	A
80% 이상 ~ 90% 미만	B
70% 이상 ~ 80% 미만	C
60% 이상 ~ 70% 미만	D
60% 미만	E

표 3-10 체육 · 음악 · 미술교과 성취도 표기 방법

성취율(원점수)	성취도
80% 이상 ~ 100%	A
60% 이상 ~ 80% 미만	B
60% 미만	C

표 3-11 교과목별 성적일람표 작성 예시

평가 방법 (반영 비율)		지필평가 (60%)		수행평가 (40%)				합계	원점수/과목평균(표준편차)	성취도(수강자 수)
번호, 성명 \ 명칭, 영역 (반영 비율)		1회 (30%)	2회 (30%)	독서 프로 젝트 (20%)	토론과 글쓰기 (5%)	고전 독서 읽기 (5%)	자서전 쓰기 (10%)			
1	홍길동	28.50	28.80	18.50	2.85	2.70	3.92	95.27	95/70.3(8.5)	A(432)

② 고등학교

• 과목별 성적일람표는 매 학기말 교과 담당교사가 작성하고, 전산처리할 경우 전산 입력하여 관리함을 원칙으로 한다. 과목별 성적일람표는 지필평가(명칭, 반영비율 등 명기)와 수행평가(영역, 반영비율 등 명기)의 점수를 합산하여 적용되는 교육과정에 따라 다음과 같이 성적을 산출한다.

※ 2020학년도에는 2015 개정 교육과정이 적용되나, 2018, 2019학년도 입학한 2020학년도 2, 3학년의 '한국사'는 2009 개정 교육과정(교육과학기술부 고시 제2012-14호)을 적용받는다. 각 학년에 대한 성적 산출법은 교육부훈령 제321호, 제243호의 '교과학습발달상황' 적용 일정에 각각 따른다.

㉠ ㉡~㉤호를 제외한 모든 과목은 원점수, 과목 평균, 과목 표준편차, 성취도(수강자 수), 석차(동석차 수), 석차등급을 산출한다.

㉡ 보통교과 공통과목의 '과학탐구실험'과 전문교과Ⅱ, Ⅲ는 원점수, 과목평균, 과목표준편차, 성취도(수강자 수)만 산출하고, 이 중 전문교과Ⅱ의 실무과목은 능력단위로 산출할 수 있으며, 능력단위 평가 시 이수시간, 원점수, 성취도만 산출한다(※2018학년도 신입생의 경우, '과학탐구실험'은 석차등급을 산출함).

㉢ 보통교과 체육 · 예술 교과(군)의 일반 선택 과목은 성취도만 산출한다.

㉣ 보통교과의 진로선택과목은 원점수, 과목평균, 성취도(수강자 수), 성취도별 분포비율을 산출한다(※2018학년도 신입생의 경우, 석차등급을 산출함).

㉤ 보통교과 중 교양 교과는 과목명 및 이수 단위를 입력하고 '성취도(수강자 수)'란과 '석차등급'란에는 'P'를 각각 입력한다.

ⓑ 고등학교에서 학교 간 통합 선택교과로 이수한 과목[보통교과 진로선택과목(진로선택으로 편성된 전문교과 포함(2019학년도 1학년부터 적용)) 제외, 체육·예술 교과(군)의 일반 선택 과목, 교양 교과(군)의 과목 제외]은 '교과' '과목' '단위수' '원점수/과목평균(표준편차)' '성취도(수강자 수)'를 입력한다.

ⓢ 전문교과 I 및 보통교과(일부 과목 제외)의 과목 수강자 수가 13명 이하인 경우 '교과' '과목' '단위수' '원점수/과목평균(표준편차)' '성취도(수강자 수)'를 입력하고, '석차등급'란에는 '석차등급'이나 '·'을 입력한다. 다만, 수강자 수가 13명 이하인 과목이 2과목 이상인 경우에 '석차등급'란에 '석차등급' 또는 '·' 표기 중 한 가지 방법으로 동일하게 입력한다.

ⓞ 보통교과(2009 개정 교육과정의 한국사 포함)는 '성취도(A-B-C-D-E)'와 '석차등급(1~9등급)'으로, 전문교과는 '성취도(A-B-C-D-E)'로 성적을 산출하는 것을 원칙으로 하되, 세부적인 사항은 다음을 참조한다.

앞의 ㉠~ⓞ 내용을 정리하면 〈표 3-12〉와 같다.

표 3-12 2015 개정 교육과정에 따른 학업성적 처리방식: 2019, 2020학년도 신입생 기준

<table>
<tr><th colspan="3" rowspan="2">구분</th><th colspan="3">원점수/과목평균 (표준편차)</th><th colspan="2">성취도
(수강자 수)</th><th rowspan="2">석차
등급</th><th rowspan="2">비고</th></tr>
<tr><th>원점수</th><th>과목
평균</th><th>표준
편차</th><th>성취도</th><th>수강자
수</th></tr>
<tr><td rowspan="3">보통교과</td><td colspan="2">공통 과목</td><td>○</td><td>○</td><td>○</td><td>5단계</td><td>○</td><td>○</td><td>• (성취도 3단계) 과학탐구실험
※과학탐구실험은 석차등급 미 산출</td></tr>
<tr><td rowspan="2">일반선택과목</td><td>기초/탐구/생활·교양</td><td>○</td><td>○</td><td>○</td><td>5단계</td><td>○</td><td>○</td><td>• 교양 교과(군) 제외</td></tr>
<tr><td>체육·예술</td><td>–</td><td>–</td><td>–</td><td>3단계</td><td>–</td><td>–</td><td>• 수강자 수 입력하지 않음</td></tr>
</table>

	진로 선택 과목 ※기초/탐구/ 생활 · 교양/ 체육 · 예술	○	○	– ※성취도별 분포비율 입력	3단계	○	–	• 진로선택으로 편성된 '전문교과 I · II' 포함 • 교양 교과(군) 제외 • 석차등급' 및 '표준편차' 삭제, '성취도별 분포비율' 입력
	교양 교과(군)	–	–	–	P	–	P	
전문교과 I		○	○	○	5단계	○	○	• (성취도 3단계) 융합과학 탐구, 과학과제 연구, 물리학 실험, 화학 실험, 생명과학 실험, 지구과학 실험, 사회 탐구 방법, 사회 과제 연구
전문교과 II		○	○	○	5단계	○	–	• 석차등급은 산출하지 않음
전문교과 III		○	○	○	5단계	○	–	• 석차등급은 산출하지 않음 • 특수교육 교육과정을 운영하는 학교에 한함
보통교과 및 전문교과 I 중 수강자 수 13명 이하인 과목		○	○	○	교과 (군)별 3단계 또는 5단계	○	'·' 또는 '○등급'	• 보통교과 공통과목 과학탐구실험, 진로선택과목(진로선택으로 편성된 전문교과포함), 체육 · 예술 교과(군)의 일반 선택 과목, 교양 교과(군)의 과목 제외
학교 간 통합 선택교과 (공동 교육과정) 과목		○	○	○	교과 (군)별 3단계 또는 5단계	○	–	• 보통교과 진로선택과목(진로선택으로 편성된 전문교과포함), 체육 · 예술 교과(군)의 일반 선택 과목, 교양 교과(군)의 과목 제외

출처: 만덕고등학교(2020), p. 19.

• 원점수는 지필평가 및 수행평가의 반영비율 환산 점수 합계를 소수 첫째 자리에서 반올림하여 정수로 기록하며, 과목평균, 과목표준편차는 원점수를 사용하여 계산하여 소수 둘째 자리에서 반올림하여 소수 첫째 자리까지 기록한다.

• 과목별 성취도는 성취율(원점수)에 따라 〈표 3-13〉과 같이 기본 5단계로 평정하되, 기준 성취율에 따른 분할점수는 과목별로 학교가 설정할 수 있다. 단, 보통 교과 공통 과목의 과학탐구 실험, 보통 교과 체육 · 예술 교과(군)의 일반 선택 과목, 보통 교과 진로 선택 과목(진로 선택으로 편성된 전문 교과 포함), 전문 교과 I 과학계열 교과(군)의 융합과학 탐구, 과학과제 연구, 물리학 실험, 화학 실험, 생명과학 실험, 지구과학 실험, 전문 교과 I 국제계열 교과(군)의 사회 탐구 방법, 사회과제 연구의 성취도는 원점수에 따라 〈표 3-14〉와 같이 3단계로 평정한다.

표 3-13 과목별 성취율에 따른 성취도 표기 방법(5단계)

성취율(원점수)	성취도
90% 이상	A
80% 이상 ~ 90% 미만	B
70% 이상 ~ 80% 미만	C
60% 이상 ~ 70% 미만	D
60% 미만	E

표 3-14 과목별 성취율에 따른 성취도 표기 방법(3단계)

성취율(원점수)	성취도
80% 이상 ~ 100%	A
60% 이상 ~ 80% 미만	B
60% 미만	C

• 과목별 석차등급은 지필평가 및 수행평가의 반영비율 환산 점수의 합계에 의한 석차 순에 따라 〈표 3-15〉와 같이 평정한다. 단, 등급별 누적 학생 수는 수강자 수와 누적 등급비율을 곱한 값을 반올림하여 계산한다.

표 3-15 과목별 석차등급 표기방법

석차등급	석차누적비율
1등급	~ 4% 이하
2등급	4% 초과~11% 이하
3등급	11% 초과~23% 이하
4등급	23% 초과~40% 이하
5등급	40% 초과~60% 이하
6등급	60% 초과~77% 이하
7등급	77% 초과~89% 이하
8등급	89% 초과~96% 이하
9등급	96% 초과~100% 이하

- 보통교과 중 5단계 성취도와 석차등급을 표기해야 하는 공통 과목(국어)의 성적일람표 예시는 〈표 3-16〉과 같다.

표 3-16 보통교과 중 공통 과목(국어) 성적일람표 예시

평가방법 (반영비율)		지필평가(60%)		수행평가(40%)				합계	원점수	성취도	석차 등급	석차 (동석차 수)/ 수강자 수
명칭,영역 (반영비율) 번호, 성명		1회 (30%)	2회 (30%)	○○○ (10%)	◇◇◇ (10%)	□□□ (10%)	△△△ (10%)					
1	김길동	28.50	29.40	8.80	9.60	8.80	10.00	95.10	95	A	1	4(15)/532
2	나민주	25.50	19.20	6.00	8.00	7.00	5.00	70.70	71	C	5	273/532
3												
수강자 최고점		30.00	30.00	10.00	10.00	10.00	10.00	100.00				
수강자 최저점		9.95	10.00	5.00	6.00	7.00	6.00	43.95				
수강자 평균		23.42	25.74	8.40	8.16	8.76	7.59	82.07				
학급 평균		21.24	24.43	8.50	7.52	8.91	7.35	77.95				
과목 평균									82.1			
과목 표준편차									10.1			

• 보통교과 중 3단계 성취도만 표기하는 진로 선택 과목(실용 국어) 성적일람표 예시는 〈표 3-17〉과 같다.

표 3-17 보통교과 중 진로 선택 과목(실용 국어) 성적일람표 예시

평가방법 (반영비율)		지필평가(60%)		수행평가(40%)				합계	원점수	성취도 (수강자 수)
명칭,영역 (반영비율) 번호, 성명		1회 (30%)	2회 (30%)	○○○ (10%)	◇◇◇ (10%)	□□□ (10%)	△△△ (10%)			
1/1	김길동	28.50	29.40	8.80	9.60	8.80	10.00	95.1	95	A(553)
1/2	나민주	25.50	19.20	6.00	8.00	7.00	5.00	70.7	71	B(553)
1/3										
수강자 최고점		30.00	30.00	10.00	10.00	10.00	10.00	100.0		
수강자 최저점		9.95	10.00	5.00	6.00	7.00	5.00	43.9		
수강자 평균		23.42	25.74	8.40	8.16	8.76	7.59	82.0		
강의실 평균		21.24	24.43	8.50	7.52	8.91	7.35	77.9		
과목 평균									82.1	
성취도별 분포비율								A(30.2) B(45.3) C(24.5)		

2) 교과 평가계획 수립

교과 교육활동에 대한 학생들의 성취 정도를 측정하기 위한 평가과정은 매우 중요하면서도 정교함을 요구하는 활동이다. 지필평가와 수행평가 시 고려사항, 교과별 평가계획의 실제 등을 중심으로 살펴보면 다음과 같다(교육부, 2020; 만덕고등학교, 2019).

(1) 지필평가 시 일반적 고려사항

• 평가 문제는 타당도, 신뢰도, 객관도 및 변별도를 높이도록 출제하고, 평가의 영역 및 내용 등을 포함한 이원목적분류표 등을 작성하여 활용하되 동일 교과 담당교사 간 공동출제로 학급 간의 성적차를 최소화한다.

• 모든 출제 원안에는 문항별 배점을 표시하되, 평가의 변별력을 최대한 높이기 위하여 동점자가 되도록 생기지 않도록 가급적 100점 만점으로 출제, 평가 문

항 수 증대, 문항 당 배점 다양화에 유의하며, 특히 수준별 난이도의 배열에 유념한다.

• 평가 문제는 출제 · 인쇄 및 평가의 전 과정에서 보안이 유지되도록 철저히 관리하고, 고사 감독을 엄정하게 하여 부정행위를 미연에 방지한다.

• 채점 등 평가 결과를 전산 처리할 경우, 교과 담당교사는 전산 처리 결과의 이상 유무를 철저히 대조 · 확인하고, 그 결과를 학생 본인에게 공개하여 확인시키며, 이의신청이 있을 때에는 면밀히 검토하여 적절한 조치를 취하여야 한다.

• 성적 처리 및 학생확인이 완료된 지필평가의 학생 답안지(서술형 · 논술형 평가 답안지 포함) '문항정보표'(〈부록 3-2〉 참조)와 '출제원안지' 등 성적 산출의 증빙 자료로 5년간 당해 학교에 보관한다.

지필평가 중 서술형 · 논술형 평가 관련 유의해야 할 사항

① 교과학습의 평가는 선다형 일변도의 객관식 평가를 지양하고 학생의 사고력, 문제해결력, 창의력 등 고등 사고 기능을 평가할 수 있는 서술형 · 논술형 평가는 전 교과에 걸쳐서 실시하되, 국어, 영어, 수학, 사회(역사, 윤리 포함), 과학 교과의 서술형 · 논술형 평가문항은 정기고사의 지필평가에 포함하여 출제하고, 배점은 매 정기고사 지필평가 만점의 30% 이상 의무 반영하며, 그 외 교과는 반영 여부를 교과협의회에서 결정한다.

② 서술형 · 논술형 평가를 포함하는 지필평가는 정기고사(중간고사 또는 기말고사) 기간에 실시하고, 평가 시간은 교과별 실정에 맞게 학교에서 조정할 수 있다.

③ 서술형 · 논술형 문항을 출제할 때는 반드시 채점기준표를 작성한다. 이 때 채점기준표에는 모범 답안, 유사 답안의 처리, 풀이 과정에 따른 부분 점수, 단계별 점수 등이 포함되어야 하며, 서술형 · 논술형 평가 답안지 채점 시에는 이미 제시한 문항별 배점과 채점기준표에 근거하여 채점한다.

④ 서술형 · 논술형 문항의 채점 시에는 이미 제시한 문항별 배점과 채점기준표에 근거하여 점수를 부여한 과정이 나타나도록 하며, 동교과, 동학년의 교사가 공동 채점하고 채점 및 점수 표기의 정확성 유무를 확인한다. 이 때 학년을 맡은 교사가 1인 이거나 교과별 1인으로 구성된 교과의 경우에는 교과 대표가 공동 점검한다.

⑤ 채점 과정에서 유사 정답이나 부분 점수를 부여해야 할 답안이 추가로 있을 경우에는 교과협의회를 통해 채점 기준을 수정 · 보완한 후 '문항정보표'와 '채점기준표'를 다시 결재 받아 적용한다.

⑥ 문항 출제의 오류로 인해 정답이 없을 경우, 채점이 끝난 후 기준에 없는 부분점수 부여, 정답 수정의 경우 등과 같은 특수한 상황(문제유출 포함)이 발생한 경우에는 출제 교사 임의로 처리할 수 없고, 반드시 교과협의회 협의와 학업성적관리위원회의 심의를 거쳐 처리한다.

⑦ 채점 결과를 학생 본인에게 공개하여 확인시키며, 이의 신청이 있을 때에는 면밀히 검토하여 적절한 조치를 하여야 한다.

출처: 만덕고등학교(2020), pp. 15-16.

(2) 수행평가 시 고려사항

- 수행평가(遂行評價, performance assessment)는 교과 담당교사가 학습자의 학습과제 수행과정 및 결과를 직접 관찰하고, 그 관찰 결과를 전문적으로 판단하는 평가 방법이다.
- 교과협의회에서는 각 과목의 교육과정 및 학교 · 교과의 특성을 감안하여 수행평가의 영역 · 방법 · 횟수 · 세부기준(배점) · 반영비율 등과 성적처리방법 및 결과의 활용 등에 관한 수행평가 계획을 수립하여 학교 학업성적관리위원회에 제출한다.
- 교과 담당교사는 학교 학업성적관리위원회의 심의를 거쳐 확정된 각 교과별 수행평가 계획과 평가 후 결과를 학생 본인에게 공개하여야 하며, 이의 신청이 있을 때에는 면밀히 검토하여 적절한 조치를 취하여야 한다.
- 성적 처리가 끝난 수행평가의 중요한 자료는 성적 산출의 증빙자료로 졸업 후 1년 이상 당해 학교에 보관하며, 상급학교 진학 시 입학전형권자의 요청이 있을 경우 이를 전형자료로 제공할 수 있다.
- 수행평가 결과물은 학생들의 이의신청 · 처리 · 확인 과정 등 적절한 조치가 완료되었을 경우, 학교장은 학업성적관리위원회의 심의를 거쳐 보관기간을 결정 · 시행한다. 단, 수행평가 성적을 기록한 성적일람표는 졸업 후 1년간 보관한다.
- 수행평가의 점수는 점수화가 가능한 영역의 점수만 반영하되, 기본점수의 부

여 여부, 부여 점수의 범위 등은 시 · 도 교육청의 학업성적관리 시행지침에 의거하여 당해 학교의 학업성적관리규정으로 정한다.

(3) 교과별 평가계획의 실제

교과별 평가계획의 예시는 〈표 3-18〉과 같다. 평가계획의 주요 특징은 다음과 같다. 첫째, 지필평가는 선택형과 서술형으로 이루어지는데 서술형을 30% 이상 반영하고 있다. 국어, 수학, 영어, 한국사, 통합사회, 통합과학, 정보 등과 같이 지필고사를 시행하는 교과는 서술형을 의무적으로 반영해야 한다. 둘째, 모든 교과는 수행평가를 40% 이상 반영해야 한다. 수행평가 반영 비율을 살펴보면, 국어는 65%, 수학은 40%, 영어는 40%, 한국사는 60%, 통합사회는 70%, 통합과학은 60% 등이다.

표 3-18 전체 교과별 평가계획 예시: 1학년 1학기(2015 개정 교육과정 적용)

과목	지필 평가		수행평가 (40% 이상)						소계 (%)
	중간 (비율) 선택/서술	기말 (비율) 선택/서술	항목1 (비율) 횟수	항목2 (비율) 횟수	항목3 (비율) 횟수	항목4 (비율) 횟수	항목5 (비율) 횟수	항목6 (비율) 횟수	
국어	중간 (15%) 70/30	기말 (20%) 70/30	한 권 읽기 보고서 (15%) 1회	한 권 읽기 구술 (10%) 1회	자료 수집과 정리 (10%) 수시	시 감상 (10%) 6회	추천도서 독후감 (10%) 1회	수업 중답변 질문, 발표 (10%) 수시	100
수학	중간 (30%) 70/30	기말 (30%) 70/30	포트 폴리오 (20%) 수시 4회	모둠활동 (20%) 수시 4회	·	·	·	·	100
영어	중간 (30%) 70/30	기말 (30%) 70/30	듣기 (10%) 4월 1회	프레젠 테이션 (10%) 수시 4회	북리포트 (10%) 수시 2회	포트 폴리오 (10%) 수시 4회	·	·	100
한국사	·	기말 (40%) 70/30	주제탐구 (30%) 수시 1회	역사글쓰 기 (20%) 수시 6회	모둠활동 (10%) 수시 10회	·	·	·	100

통합 사회	·	기말 (30%) 70/30	토의 · 토론 발표 (25%) 수시 3~4회	책대화 보고서 (25%) 수시 5회	수업 과제물 (20%) 수시 3~5 회	·	·	·	100
통합 과학	·	기말 (40%) 70/30	실험1 (10%) 수시	실험2 (10%) 수시	실험3 (10%) 수시	과정1 (10%) 수시	과정2 (10%) 수시	과정3 (10%) 수시	100
과학 탐구 실험	·	·	실험 보고서 (50%) 수시 2회	탐구발표 (50%) 수시 1회	·	·	·	·	100
체육	·	·	경쟁 배구 서비스 (40%) 4월 1회	경쟁 배구 토스 (40%) 5월 1회	보고서 (20%) 6월 1회	·	·	·	100
음악	·	·	창의성과 표현 (70%) 2회	수업참여 준비/ 태도 (20%) 수시 17회	과제 (10%) 17회	·	·	·	100
정보	중간 (40%) 70/30	·	프로젝트 (30%) 4 · 5월 1회	포트 폴리오 (30%) 수시	·	·	·	·	100

출처: 만덕고등학교(2019), p. 74.

3) 지필 및 수행평가 운영

평가는 학생들의 학습목표 달성 정도를 확인하는 과정으로 상당히 중요하면서도 민감하게 다루어야 하는 부분이다. 평가 과정에서 오류가 발생할 경우에는 교과 담당교사가 과실에 대한 책임을 지게 되므로, 교과 담당교사는 평가 계획이 이루어지는 '평가전' 단계에서부터 평가가 이루어지는 '평가중' 단계, 평가가 마무리되는 '평가후' 단계에 이르기까지 평가 운영의 전 단계의 흐름을 파악하고 있어야 한다. 학업성적 평가관리 단계별 업무 매뉴얼은 〈표 3-19〉~〈표 3-21〉과 같다(연산중학교, 2020).

• 평가전 단계에서의 주요 업무에는 학업성적관리규정 연수(학기당 1회 이상), 연간평가계획 수립(수행평가 포함), 학업성적관리위원회 심의 및 결재, 연간평가계획 학생 및 학부모 안내, 성적처리 선행작업, 출제 시 유의사항(공동출제 · 검토, 전년도 문항 재출제, 참고서 전재 여부 등 확인), 학생출입 통제구역 지정 및 홍보, 평가문항 출제 및 원안 제출, 단위학교 분할점수 산출, 인쇄 및 보안 관리, 교사 · 학생 대상 고사 안내 등이다.

표 3-19 중등학교 학업성적 평가관리 단계별 업무 매뉴얼: 평가전 단계

단계별 업무	세부추진내용	담당자
학업성적관리규정 연수 (학기당 1회 이상)	단위학교 학업성적관리규정, 평가방법 · 절차, 평가 공정성 · 투명성 · 전문성 확보를 위한 교원의 책무 등 포함 부정행위 유형에 따른 부정행위자 및 협조자 처리절차 명시	관리자, 평가계
연간평가계획 수립 (수행평가 포함)	고사일시, 기간, 과목, 횟수, 반영비율, 영역, 방법, 채점기준 등 포함 (교과협의회를 통해 계획 수립) ※수행평가 계획 수립 시 과도한 과제형 및 결과 중심 수행평가 지양, 교과별 평가 중복 기간 및 시기 조절 반영 권장	전 교사
학업성적관리위원회 심의 및 결재	연간(학기별)평가계획 학업성적관리위원회 심의 및 학교장 결재	평가계
연간평가계획 학생 및 학부모 안내	정보공시 및 학교홈페이지, 가정통신문 등 활용	평가계
성적처리 선행작업	NEIS 입력사항 선행처리	담당자
출제 시 유의사항	고사 유의사항 연수	평가계
	출제관련 교과협의회 실시-평가범위, 출제유형, 문항 수	교과담임
	평가범위 학생 안내(누락되는 학급 없도록 유의)	교과담임
	공동 출제 · 검토(교사 1인인 경우-교과 대표가 공동 검토함)	교과담임
	전년도(학기) 문항 재출제, 출판사 제공 교사용 교재(CD) 및 참고서 전재 여부 등 확인	교과담임 결재권자
	배점표시, 동점자 양산 방지, 평가문항 수 증대, 배점 다양화, 역배점 지양 등 평가관리 공정성 확보 ※필요시 서답형 문항은 선택형 문항과 별도 배점 가능하되, 이 경우에도 서답형 문항 내 역배점 지양	교과담임
	출제원안 서식 통일(출제학교, 출제자, 쪽수, 문항 수, 배점 등)	평가계

	출제원안 파일은 암호 넣어 보관(이동디스크 이용, 고정식 PC의 하드디스크 이용 금지), 파지 분쇄, 메신저, 이메일 전송 금지 ※출제 관련 문제지, 자료 등 교외 반출 금지	교과담임
	서술형 문항은 OMR 답안지 뒷면 활용 또는 별도 답지 제작(감독확인란 마련, 서술형 시험지와 답지 재질이나 크기 차별 등 구분 방안 마련)	교과담임
	서술형 채점 기준 작성(부분점수, 유사정답 포함)	교과담임
학생출입 통제구역 지정 및 홍보	인쇄실, 교무실, 고사원안 및 답안지 보관 장소 (분실 및 도난 유의, CCTV, 실 잠금장치 및 보관장 이중 잠금장치 설치 등)	평가계
평가문항 출제 및 원안 제출	문항정보표 작성(정답통과율 고려한 배점 부여, 평가내용 기재, 성취기준 표시)	교과담임
	계열 및 과목 코드, 총점 확인	교과담임
단위학교 분할점수 산출	해당 교과 단위학교 분할점수 산출, 결재 및 학생 공지 (중간고사, 기말고사, 수행평가)	교과담임
인쇄 및 보안 관리	평가관련실 보안 및 인쇄 관리 담당자 지정	학교장
	출제 기간 및 인쇄 기간 중 출제 · 인쇄 · 보관 장소 보안 유지 (CCTV, 이중 잠금장치, 비밀번호 재설정, 출입통제 등)	담당자 평가계
	출제 원안, 인쇄된 문제지(이중 잠금장치가 있는 보관장에 보관) 인쇄원지 및 파지(보안관리 철저, 평가 종료 후 파기)	담당자 평가계
	인쇄 상태 확인 및 수정 반별로 계수한 문제지 봉투에 넣어 봉인 답안지 준비(응시과목이 복수일 경우 유의) ※지정된 장소에서 처리하여 보안관리 철저	교과담임
	봉인된 문제지 보관(이중 잠금장치가 있는 보관장에 보관, 비밀번호 재설정 등)	교감 평가계
고사, 학생 대상 고사 안내	고사 시간표, 과목별 시험 범위, 부정행위 유형, 인정점 및 동점자 처리 규정, 지각생 처리규정, 고사에 따른 각종 유의사항 ※수행평가 관련 안내 포함	평가계 담임/교과

출처: 연산중학교(2020), pp. 38-40.

• 평가중 단계에서의 주요 업무에는 고사 관리 유의사항과 고사감독 배정이 해당된다. 고사 관리 주요 유의사항으로는 휴대폰 · MP3 · 웨어러블 기기 등 소지 금지 지도, 부정행위 사전 예방 철저, 실제 고사 시간 확보, 부정행위자 발생 시 처리 규정 준수, 회수 답안지 매수 확인 등이다. 고사감독 배정 업무의 세부 내용

으로는 교사 감독은 평가 당일 발표, 담임을 맡은 학급·교사의 자녀·친지 등이 속한 학급 시험 감독 배치 금지, 감독교사 임의 교체 금지, 2인 감독·복도감독제 등 학교 실정에 맞는 시험감독 강화 등이 해당된다.

표 3-20 중등학교 학업성적 평가관리 단계별 업무 매뉴얼: 평가중 단계

단계별 업무	세부추진내용	담당자
고사 관리 유의사항	고사 관리 유의사항 연수 및 매 고사 전 학생평가 시행관리 보안 자체 점검 실시 및 후속 조치 완료	평가계
	학급별 응시 현황 및 시간 운영 게시(칠판)	학급담임
	OMR 답지 유의사항 지도	학급담임
	휴대폰, MP3, 웨어러블 기기 등 소지 금지 지도	학급담임
	부정행위 사전 예방 철저	담임/감독
	문제지 인계·인수(문제지 봉투는 교실에서 개봉)	평가계/ 감독교사
	실제 고사 시간 확보(준비령 시행)	감독교사
	지각생 처리 기준 준수	감독교사
	결시생 답안 카드 작성	감독교사
	부정행위자 발생 시 처리 규정 준수	감독교사
	답안지 교체 가능 시점 기준 준수	감독교사
	회수 답안지 매수 확인	감독교사
	답안 봉투 및 답안지 감독관 확인란 동일한 날인	감독교사
	답안지 봉투의 기재 사항 누락 예방	감독교사
	교환·폐기·여분 답지 회수 및 보관	감독교사
고사감독 배정	평가 당일 발표(해당시간 담당교사는 시험시간 중 대기)	담당자
	담임을 맡은 학급, 교사의 자녀, 친지 등이 속한 학급 시험 감독 배치 금지	담당자
	감독교사 임의 교체 금지	감독교사
	2인 감독, 복도감독제 등 학교 실정에 맞는 시험감독 강화	담당자

출처: 연산중학교(2020), pp. 38-40.

- 평가후 단계에서의 주요 업무에는 고사 정답 공개, 답안 채점, 성적 최종 확인, 성적일람표 결재, 성적표 출력 · 발송, 답안지 보관, 교과별 평가결과 분석 및 환류, 시험문항 공개 등이 해당된다.

표 3-21 중등학교 학업성적 평가관리 단계별 업무 매뉴얼: 평가후 단계

<table>
<tr><th>단계별 업무</th><th>세부추진내용</th><th>담당자</th></tr>
<tr><td>고사정답 공개</td><td>공개 기간, 방법 등은 학업성적관리위원회에서 심의</td><td>평가계</td></tr>
<tr><td rowspan="8">답안 채점</td><td>정해진 문항별 배점과 채점 기준 및 방법에 따라 채점
※ 서술형 · 논술형 문항의 채점 시 점수를 부여한 과정이 나타나도록 채점하며 동교과 동학년의 교사가 공동 채점, 채점 및 점수 표기의 정확성 유무 확인 (교사 1인인 경우–교과대표가 공동 점검)</td><td>교과담임/평가계</td></tr>
<tr><td>답안지 인수 인계 및 보관 철저
(서술형 · 논술형 답안지는 채점 기간 중 보관)</td><td>교과담임</td></tr>
<tr><td>결시생 · 전입생 · 특기생 등 인정점 부여</td><td>교과/담당자</td></tr>
<tr><td>답안지철에 관련교사(감독교사, 채점교사, 재검교사 등)의 서명 누락 여부 확인</td><td>교과담임</td></tr>
<tr><td>유사답안 및 부분점수 추가 등의 경우 교과협의회(채점기준 수정 · 보완) 후 문항정보표 등 다시 결재 · 적용</td><td>교과담임
평가계</td></tr>
<tr><td>정답 없음, 정답 수정 등의 경우 발생 시 절차 준수(교과협의회 → 학업성적 관리위원회 심의 → 학교장 결재 → 수정사항 공지 → 문항정보표 등 다시 결재, 적용)
※정답이 없는 문항 발생시 '재시험'을 원칙으로 하되, 특별한 사정이 있을 경우 '모두 정답' 또는 '문항 삭제' 후 100점 환산 처리 가능</td><td>교과담임
평가계</td></tr>
<tr><td>수기 채점오류 정정 시 교사 날인 후 교감 결재</td><td>교과담임</td></tr>
<tr><td>이의신청 기회 부여(신청 기간 공지 및 절차에 따라 처리)</td><td>교과담임</td></tr>
<tr><td>성적 최종 확인</td><td>학생 개인 확인 후 날인
(개인정보 보호를 위해 '개인별 성적일람표' 활용 권장)</td><td>교과담임</td></tr>
<tr><td>성적일람표 결재</td><td>성적 최종 확인 완료 후</td><td>평가계</td></tr>
<tr><td>성적표 출력 · 발송</td><td>학부모에게 SMS 문자 서비스 발송</td><td>학급담임</td></tr>
</table>

답안지 보관	채점 중인 답안지는 잠금장치가 된 장소에 보관 성적 자료 보관 장소는 보안 장치가 설치 된 장소로 일원화 그 외 사항 학업성적관리규정에 의거 처리	평가계
교과별 평가 결과 분석 및 환류	학급편차, 정답율 분석 및 해결 방안 모색(교과협의록 작성) '성취수준별 평가결과 분석 프로그램'에 의한 문항 분석 권장(학생평가지원포털 → 고등학교 → 평가결과활용자료실 → 3번 자료)	교과담임
시험문항 공개	평가 종료 후 시험문항 공개 ※공개 기간, 방법 등은 학업성적관리위원회에서 심의	교과담임

출처: 연산중학교(2020), pp. 38-40.

토론 및 실습 과제

1. 2015 개정 교육과정의 기본방향을 설명하고, 의의와 한계에 대하여 토의해 보자.
2. 〈표 3-6〉과 〈표 3-7〉에서 알 수 있는 학교 교육과정 편성의 특징을 설명해 보자.
3. 2015 개정 교육과정에 따른 고등학교 학업성적 처리방식을 설명하고, 의의와 한계에 대하여 토의해 보자.
4. 자신이 전공하고 있는 교과의 평가계획서를 작성해 보자.

평가명 / 구분	1학기(100%)					
	지필평가		수행평가			
	중간	기말	수행1	수행2	수행3	수행4
반영비율(%)						
지필: 선택/서술 수행: 횟수						

부록 3-1 학사일정 예시

학기	월	주	요일 날짜	월		화		수		목		금		수업일수		
														1	2	3
1학기	3	1	28~1									1	삼일절	0	0	0
		2	4~8	월1	입학식 및 시업식	화1		수1		목1	학평 1·2·3	금1		5	5	5
		3	11~15	월2		화2		수2		목2		금2		5	5	5
		4	18~22	월3		화3		수3		목3		금3		5	5	5
		5	25~29	월4		화4		수4		목4		금4		5	5	5
	4	6	1~5	월5		화5		수5		목5		금5		5	5	5
		7	8~12	월6		화6		수6	학평 3	목6		금6		5	5	5
		8	15~19	월7		화7	영어듣기 1	수7	영어듣기 2	목7	영어듣기 3	금7		5	5	5
		9	22~26	월8		화8		수8		목8		금8	중간고사 1·2·3	5	5	5
	5	10	29~3	월9	중간고사 1·2·3	화9	중간고사 1·2·3	1	개교기념일	목9		금9		4	4	4
		11	6~10	6	대체 공휴일	화10		수9		목10		금10		4	4	4
		12	13~17	월10		화11		수10		목11		금11	체육축전	5	5	5
		13	20~24	월11		화12		수11		목12		금12		5	5	5
		14	27~31	월12		화13		수12		목13		금13		5	5	5
	6	15	3~7	월13		화14	학평 1·2 모의수능 3	수13		6	현충일	7	재량휴업일	3	3	3
		16	10~14	월14		화15		수14		목14		금14		5	5	5
		17	17~21	월15		화16		수15		목15		금15		5	5	5
		18	24~28	월16		화17		수16		목16		금16		5	5	5
	7	19	1~5	월17	기말고사 1·2·3	화18	기말고사 1·2·3	수17	기말고사 1·2·3	목17	기말고사 1·2·3	금17		5	5	5
		20	8~12	월18		화19		수18	학평 3	목18		금18		5	5	5
		21	15~19	월19		화20		수19		목19	행복캠프	금19	행복캠프/ 방학식	5	5	5
	소계			19/19/19		20/20/20		19/19/19		19/19/19		19/19/19		96	96	96

2 학 기	8	1	19~23	월1	개학식	화1		수1		목1		금1		5	5	5
		2	26~30	월2		화2		수2		목2		금2		5	5	5
	9	3	2~6	월3		화3		수3	학평 1 · 2 모의수능 3	목3		금3		5	5	5
		4	9~13	월4		화4		수4		12	추석연휴	13	추석	3	3	3
		5	16~20	월5		화5		수5		목4		금4		5	5	5
		6	23~27	월6		화6	영어듣기 1	수6	영어듣기 2	목5	영어듣기 3	금5		5	5	5
	10	7	30~4	월7	현장체험 1 · 2	화7	현장체험 1 · 2	수7	현장체험 1 · 2	3	개천절	4	재량휴업일	3	3	3
		8	7~11	월8		화8		9	한글날	목6		금6		4	4	4
		9	14~18	월9		화9	학평 3	수8		목7		금7		5	5	5
		10	21~25	수9		화10	중간고사 1 · 2 · 3	수10	중간고사 1 · 2 · 3	목8	중간고사 1 · 2 · 3	금8		5	5	5
		11	28~1	월10		화11		수11		목9		금9		5	5	5
	11	12	4~8	월11		화12		수12		목10		금10		5	5	5
		13	11~15	월12		화13		수13		14	대수능	목11		4	4	5
		14	18~22	수14	기말고사 3	화14	기말고사 3	수15	학평 1 · 2 기말고사3	목12	기말고사 3	금11		5	5	5
		15	25~29	월13		화15		수16		목13		금12		5	5	5
	12	16	2~6	월14		화16		수17		목14		금13		5	5	5
		17	9~13	월15		화17	기말고사 1 · 2	수18	기말고사 1 · 2	목15	기말고사 1 · 2	금14	기말고사 1 · 2	5	5	5
		18	16~20	월16		화18		수19		목16		금15		5	5	5
		19	23~27	월17	학술전	화19	학예전	25	성탄절	목17		금16	방학식	4	4	4
	2	20	3~7	월18	개학식	화20		수20		목18		금17		5	5	5
		21	10~14	월19		화21	졸업식	수21	종업식					3	3	2
		22	17~21	17	신학기 준비	18	신학기준비	19	신학기준비	20	신학기준비	21	신학기준비	0	0	0
	소계			19/19/19		21/21/21		21/21/20		18/18/19		17/17/17		96	96	96

방학	◆ 여름방학 : 2019. 7. 20.(토) ~ 2019. 8. 18(일) [30일], 방학식 : 2019. 7. 19.(금), 개학일 : 2019. 8. 19.(월)
	◆ 겨울방학 : 2019. 12. 28(토) ~ 2020. 2. 2.(일) [37일], 방학식 : 2019. 12. 27.(금) , 개학일 : 2020. 2. 3.(월)
	◆ 학기말 방학 : 2020. 2. 13(목) ~ 2020. 2.29.(일) [17일]
기타	◆ 개학일/입학식 : 2019. 3. 4.(월)
	◆ 졸업식 : 2020. 2. 11.(화)
	◆ 종업식 : 2020. 2. 12.(수)
	◆신학기 준비 : 2020. 2. 17.(월) ~ 2020. 2. 21.(금)

출처: 만덕고등학교(2019), p. 51.

부록 3-2 문항정보표 예시

2020년도 1학기 1학기 기말고사			2학년			총문항수 30문항	
고사일시 2020년 07월 22일 2교시			공동출제자: (인) (인)				
총점 100.00점			선택형 66.00점 서답형 34.00점				
선택형 문항							
문항 번호	내용영역	성취기준	난이도			배점	정답
			어려움	보통	쉬움		
1	시의 특성	자신의 가치 있는 경험을 개성적인 발상과 표현으로 형상화한다.		○		3	5
2	시의 운율 형성 방법	자신의 가치 있는 경험을 개성적인 발상과 표현으로 형상화한다.		○		3	3
3	시의 내용 이해	자신의 가치 있는 경험을 개성적인 발상과 표현으로 형상화한다.		○		3	5
4	고전 소설의 이해	자신의 가치 있는 경험을 개성적인 발상과 표현으로 형상화한다.			○	3	3
5	고전 소설의 내용 파악	자신의 가치 있는 경험을 개성적인 발상과 표현으로 형상화한다.			○	2	1
6	개성적인 발상과 표현 방법 이해	자신의 가치 있는 경험을 개성적인 발상과 표현으로 형상화한다.	○			4	4, 5
7	개성적인 발상과 표현 방법 이해	자신의 가치 있는 경험을 개성적인 발상과 표현으로 형상화한다.		○		3	3
8	개성적인 발상과 표현 방법 이해	자신의 가치 있는 경험을 개성적인 발상과 표현으로 형상화한다.	○			4	2, 4
9	어휘의 뜻 파악하기	자신의 가치 있는 경험을 개성적인 발상과 표현으로 형상화한다.		○		3	2
10	관용표현 알기	생각이나 느낌, 경험을 드러내는 다양한 표현을 활용하여 글을 쓴다.			○	3	4
11	설명문의 특징 알기	생각이나 느낌, 경험을 드러내는 다양한 표현을 활용하여 글을 쓴다.		○		3	2
12	관용표현 알기	생각이나 느낌, 경험을 드러내는 다양한 표현을 활용하여 글을 쓴다.			○	2	3
13	설명문의 특징 알기	글에 사용된 다양한 설명방법을 파악하며 읽는다.		○		3	4
14	설명 방법 파악하기	글에 사용된 다양한 설명방법을 파악하며 읽는다.		○		3	1
15	설명문 내용 파악하기	글에 사용된 다양한 설명방법을 파악하며 읽는다.		○		3	3
16	설명 방법 파악하기	글에 사용된 다양한 설명방법을 파악하며 읽는다.		○		3	5
17	설명 방법 파악하기	글에 사용된 다양한 설명방법을 파악하며 읽는다.			○	2	1
18	설명문 쓰는 순서 알기	대상의 특성에 맞는 설명 방법을 사용하여 글을 쓴다.	○			4	5

19	설명문 속 설명 방법 적용하기	대상의 특성에 맞는 설명 방법을 사용하여 글을 쓴다.	○			4	2
20	담화에서 맥락 이해하기	듣기 · 말하기는 의미 공유의 과정임을 이해하고 듣기 · 말하기 활동을 한다.		○		3	5
21	담화에서 듣는 이의 입장 이해하기	듣기 · 말하기는 의미 공유의 과정임을 이해하고 듣기 · 말하기 활동을 한다.			○	2	4
22	담화의 구성 알기	듣기 · 말하기는 의미 공유의 과정임을 이해하고 듣기 · 말하기 활동을 한다.		○		3	3
서답형문항							
1	역설의 특징과 예시 찾기	자신의 가치 있는 경험을 개성적인 발상과 표현으로 형상화한다.			○	3	별도 첨부
2	작품 속 시의 내용 파악하기	자신의 가치 있는 경험을 개성적인 발상과 표현으로 형상화한다.	○			6	별도 첨부
3	속담 재창조하기	생각이나 느낌, 경험을 드러내는 다양한 표현을 활용하여 글을 쓴다.			○	3	별도 첨부
4	속담의 뜻 파악하기	생각이나 느낌, 경험을 드러내는 다양한 표현을 활용하여 글을 쓴다.		○		4	별도 첨부
5	설명 방법 이해하기	글에 사용된 다양한 설명 방법을 파악하며 읽는다.		○		5	별도 첨부
6	비교와 대조 이해하기	글에 사용된 다양한 설명 방법을 파악하며 읽는다.		○		4	별도 첨부
7	인과 적용하기	대상의 특성에 맞는 설명 방법을 사용하여 글을 쓴다.			○	3	별도 첨부
8	발화의 의미 파악하기	듣기 · 말하기는 의미 공유의 과정임을 이해하고 듣기 · 말하기 활동을 한다.	○			6	별도 첨부
총합계			6	15	9	100	–
비율(%)			20	50	30	100	–

참고문헌

교육부(2015). 초 · 중등학교 교육과정 총론. 교육부 고시 제2015-74호[별책 1].

교육부(2020). 학교생활기록 작성 및 관리 지침(교육부훈령 제331호).

만덕고등학교(2019). 학교교육계획.

만덕고등학교(2020). 학교운영규정.

부산광역시교육청(2012). 학교 교육과정 편성 · 운영 디딤돌.

부산광역시교육청(2019). 2020학년도 중학교 신입생 교육과정 및 자유학기(년)제 운영을 위한 핵심교원 워크숍 자료집.

부산광역시교육청(2020). 2015 개정 교육과정 편성 · 운영의 길라잡이: 2020 고등학교 교육과정 업무 매뉴얼.
연산중학교(2019). 교육과정운영계획서.
연산중학교(2020). 학교운영규정.
연제고등학교(2019). 학교교육계획.
재송여자중학교(2019). 학교교육계획.

교육부 고교학점제 지원센터 http://www.hscredit.kr

제4장

수업경영

사례

김 교사는 임용시험을 합격하고 올해 3월 A 중학교에 발령받은 수학과 신임교사다. 김 교사는 교직생활에 있어서 첫 제자인 학생들에게 어려운 수학 과목을 보다 쉽고 재미있게 가르치기 위해 준비하는 교재연구가 즐겁기만 하였고, 학생들도 적극적으로 수업에 참여하여 가르치는 보람을 많이 느꼈다. 그런데 하루는 수업 중에 핸드폰 소리가 울리는 것이었다. 알아보니 민수의 핸드폰이었다. 아침에 핸드폰을 제출하지 않았느냐고 간단하게 야단친 다음 학교 규정대로 벌점을 부여하겠다고 하였다. 그런데 민수는 다른 학생들도 핸드폰을 제출하지 않고 몰래 사용하는데 자기만 벌점을 받는 것은 불공평하다고 항의하였다. 김 교사는 다른 학생들이 선생님 몰래 사용하는 것을 선생님들이 어떻게 알 수 있냐면서, 발각된 학생에게 벌점을 부여하는 것은 불공평한 것이 아니라고 설명해 주었다. 김 교사는 교무실로 돌아와서 옆자리에 앉은 선배교사 이 선생님께 이런 경우 어떻게 대처하느냐고 조언을 구하였다. 이 선생님은 우리 학교 학교생활 규정에 수업 중 핸드폰 사용 관련 문제행동에 대하여 규정하고 있으나, 벌점 부여 문제로 교사와 학생 간 갈등이 끊이지 않는다고 하였다. 교사와 학생, 학부모 등 학교 내 교육주체가 참여하는 대토론회 등을 통해 모두가 합의하고 지킬 수 있는 방안을 찾아낼 필요가 있다고 강조하였다.

이 장에서는 학생들의 효과적인 학습이 이루어지도록 학습과정과 교실환경을 계획하고, 수업 중 문제행동을 예방하고 대응하기 위한 교사의 행동과 전략을 주요 내용으로 하는 수업경영 또는 교실경영에 대하여 알아본다. 실제로 수업경영과 관련하여 신임교사가 받는 스트레스는 교직생활의 성패에 가장 큰 영향을 미치는 요인으로, 효과적인 수업경영은 교사와 학생 모두가 즐겁고 만족스러운 성공적인 수업으로 연결된다. 신임교사가 갖추고 있어야 할 효과적인 수업경영을 위한 교사의 권한과 전략, 학년 초 수업경영 준비와 활동, 수업단계별 주요 교수-학습 활동, 수업 중 학생의 문제행동 대처하기, 수업연구 및 협의회 등을 중심으로 살펴보도록 한다.

1. 수업경영의 기초

1) 수업경영의 개념과 특징

(1) 수업경영의 개념

수업경영(teaching management) 또는 교실경영(classroom management)은 효과적인 학습경험을 일으키고 유지하도록 학습과정과 교실환경을 계획하고, 교실 내 질서의 문제를 해결하기 위한 학습자 조직과 통제에 관한 교사의 행동과 전략을 의미한다(Doyle, 1986: 박병량, 2003, pp. 21-22에서 재인용). 학급경영(class management)은 담임교사가 담당하는 하나의 학급을 단위로 하는 데 비해, 수업경영은 교과교사가 담당하는 다수의 학급을 단위로 하므로 개념상의 구별이 필요하다. 특히, 수업을 진행할 학생의 학습동기 부여, 수업 문제행동 예방과 교정을 통해 학생의 적극적인 수업 참여를 이끌어내는 것이 수업경영의 목적이다.

(2) 수업교실의 특징

교사가 수업을 담당하는 학급마다 소속된 학급 구성원이 다르기 때문에 같은 수업내용을 가르치더라도 학생의 수업 참여도, 학습동기, 수업 이해도 등과 같은 수업 분위기에 차이가 있다. 수업교실이 공통적으로 가지고 있는 특성과 교사의 역할을 살펴보면 다음과 같다(Doyle, 1986; 박병량, 2003, pp. 114-116에서 재인용).

첫째, 다원성이다. 이는 수업교실에서 일어나는 일과 과업이 매우 다양하다는 것을 의미한다. 예를 들면, 교사는 다양한 학생의 개별 관심사를 충족시키고, 수업 진행 중 학생이 수행한 과제를 수집하고 평가해야 하며, 한 명의 교사와 다수의 학생 사이에서 상호작용 등이 이루어진다.

둘째, 동시성이다. 이는 수업교실에서는 많은 일이 동시에 일어난다는 것을 의미한다. 예를 들면, 교사는 한 학생의 학습을 도와주는 사이에도 다른 학생이 과제 수행을 제대로 하고 있는지 살펴야 하고, 모든 학생이 수업에 집중할 수 없기 때문에 수업을 진행하면서 다른 행동을 하는 학생을 지도하는 일 등을 동시에 수행하여야 한다.

셋째, 즉시성이다. 이는 수업교실에서는 많은 일이 빠른 속도로 진행된다는 것을 의미한다. 예를 들면, 교사는 하루의 수업을 진행하면서 학생과 수많은 상호작용을 하고 학생을 공개적으로 칭찬하거나 꾸짖는 횟수도 상당하기 때문에, 교사는 수업 중 자신의 행동을 하기 전에 성찰할 수 있는 여유시간을 갖기 어렵다.

넷째, 불예측성이다. 이는 수업교실에서 일어나는 일이 자주 예상하지 못한 방향으로 진행된다는 것을 의미한다. 예를 들면, 교실에 벌이 들어와 학생의 집중을 흩뜨리기도 하고, 특정 학생이 떠들어서 수업이 중단되기도 하며, 온라인 수업에서 인터넷이 연결되지 않아 학생의 수업 집중력이 저하되기도 한다.

다섯째, 공개성이다. 이는 수업교실에서 교사가 하는 모든 행동은 대부분의 학생이 목격한다는 것을 의미한다. 따라서 교사의 행동은 어항 속의 물고기와 같이 쉽게 관찰된다. 예를 들면, 교사가 잘못을 하지 않은 학생을 꾸짖게 되면 학생들은 그 학생의 억울함에 공감하고 교사를 불신하게 되며, 똑같은 잘못에 대해 일관성이 없는 벌(punishment)을 적용할 때 학생들은 불공평하다고 느끼며, 엎드려 자거나 수업에 참여하지 않는 학생을 방관할 때 학생들은 같은 행동을 따라 하게 되어 교사는 수업 진행에 어려움을 겪게 된다.

여섯째, 역사성이다. 이는 수업교실은 교과에 따라 일주일에 1시간에서 많게는 5~6시간까지 한 학기 또는 1년 동안 유지된다는 것을 의미한다. 예를 들면, 학년 초의 교사와 학생의 만남은 한 학기 또는 1년의 수업활동의 모습을 결정하고, 3월에 정한 수업 중에 지켜야 할 규칙과 규범 등으로 시간이 경과할수록 수업교실 내에서 교사-학생, 학생-학생 간에 공동체성이 축적되어 수업교실이 발전한다.

2) 효과적인 수업경영 전략

(1) 효과적인 수업경영을 위한 교사의 권한

효과적인 수업경영을 위해 교사가 활용할 수 있는 권력 기반으로 준거적 권력, 전문적 권력, 합법적 권력, 보상 · 강압적 권력이 있으며, 자신의 교육적 신념과 교실 상황을 고려하여 네 가지 권력 기반을 수업시간에 다양하게 활용함으로써 학생이 자발적으로 수업에 참여하게 하거나 수업 분위기를 관리할 수 있다(Levin & Nolan, 2008).

① 준거적 권력

준거적 권력, 즉 교사가 개인적으로 가지고 있는 매력, 언어구사 능력, 친화력, 성격, 외모 등을 가지고 있을 때, 학생은 교사를 개인으로서 좋아하기 때문에 적극적으로 수업에 참여한다. 준거적 권력을 가진 교사는 수업 안팎에서 학생에 대한 긍정적인 언어적 · 비언어적 표현, 학생의 아이디어와 수업활동에 대한 관심의 표현 등을 적절하게 활용하여야 한다. 준거적 권력이 있을 때 수업 중 가능한 표현의 예로, "내가 오늘 몸이 아픈데, 목소리 좀 낮춰 줄래?" "너에게 실망했다. 수업을 방해해서 화가 나려고 한다." 등의 호소로 수업 중 학생의 잘못된 행동을 교정할 수 있다. 반면, 준거적 권력의 영향이 미치지 못하는 학생, 예를 들면 교사를 싫어하거나 교사에게 전혀 관심이 없는 학생에게는 이와 같은 호소는 별다른 효과를 발휘하지 못할 것이다.

② 전문적 권력

전문적 권력, 즉 교사가 교과 전문성, 전문가적 학습자료, 학습동기를 부여하는 교수기법, 분명한 설명, 완벽한 수업준비 등과 같은 능력을 가지고 있을 때, 학생은 아는 것이 많은 교사를 자신의 배움에 도움이 될 것이라고 생각하여 적극적으로 수업에 참여한다. 전문적 권력을 가진 교사는 학생으로부터 "선생님 덕분에 국사 과목에 흥미를 갖게 되었어요." "선생님은 수학을 정말로 잘 가르치세요." 등과 같은 찬사를 듣게 된다. 전문적 권력이 있을 때 수업 중 가능한 표현의 예로, "한문 과목이 너무 어렵지? 내가 재미있고 쉽게 잘 가르쳐 줄게." "내 수업을 잘 들으면, 비싼 과외나 학원에 다닐 필요 없을 거야. 집중하자!" 등으로 수업 중 학생의 주의를 집중시키거나, 수업을 방해하는 행동을 예방하거나 교정할 수 있다. 반면, 전문적 권력의 영향을 미치지 못하는 학생, 예를 들면 교과나 성적에 대한 관심이 없는 학생에게는 이와 같은 표현의 효과는 적을 것이다.

③ 합법적 권력

합법적 권력, 즉 교사가 법적 · 공식적으로 해당 학급을 가르치는 교과교사로서 담당 시간의 교육활동을 진행할 수업권을 가지고 있을 때, 학생은 교사가 자신을 가르치는 교사라는 역할을 수행하기 때문에 적극적으로 수업에 참여한다. 합법적 권력을 인식하는 학생은 "학교에서는 선생님의 말씀을 잘 들어야 한다고 생각해요."와 같은 표현을 한다. 합법적 권력을 가졌을 때 수업 중 가능한 표현의 예로, "나는 너희를 가르칠 의무가 있고, 너희는 배울 의무가 있기 때문에, 수업 중에는 내 말을 잘 들어야 한다." "나는 다른 학생의 수업을 방해하는 학생을 벌줄 권리가 있어." 등과 같은 표현으로 학생의 주의를 집중시키거나 수업을 방해하는 행동을 교정할 수 있다. 그런데 현대사회의 변화에 따라 교사 권위가 하락하였으므로, 과거에 비해 합법적 권력의 영향을 받는 학생이 적기 때문에 효과적 활용에는 한계가 있다.

④ 보상 · 강압적 권력

보상 · 강압적 권력, 즉 교사가 성적 부여, 휴식시간 부여 또는 박탈, 방과 후 남기기 등에 관한 권한을 가지고 있을 때, 학생은 보상을 받거나 불이익을 피하기 위해 수업에 적극적으로 참여한다. 보상 · 강압적 권력을 인식하는 학생은 "수업을 방해하는 행동을 하면 방과 후에 30분 동안 학교에 남아야 하기 때문에 제대로 행동해요."와 같은 표현을 한다. 보상 · 강압적 권력을 가졌을 때 수업 중 가능한 표현의 예로, "수업 중에 엎드리기, 잡담하기 등과 같은 문제행동을 하지 않고 모두 수업을 잘 들으면, 5분 일찍 마치고 쉬는 시간을 줄게. 열심히 하자." "문제행동을 하는 학생은 쉬는 시간에 교무실로 데려갈 거야. 교무실 가는 것을 좋아하는 학생은 없겠지!" 등과 같은 표현으로 학생의 주의를 집중시키거나 수업 문제행동을 교정할 수 있다. 그런데 외적 보상 중에서 사탕이나 자유시간 등과 같은 유형보상은 학생들의 내재적 동기를 감소시키는 반면, 칭찬이나 격려 등과 같은 구두보상은 내재적 동기에 부정적인 영향을 미치지 않으므로, 유형보상과 같은 강력한 외적 보상을 사용하면 학생은 과제 수행의 이유로 외적 보상을 생각하기 때문에 배움의 즐거움을 평가절하할 수 있다. 따라서 교사는 교과에 대한 학생의 내재적 동기가 약화되지 않도록 유형보상보다 칭찬과 격려 등의 구두보상을 적절하게 활용하여야 한다.

교사의 권력 기반은 준거적 권력, 전문적 권력, 합법적 권력, 보상·강압적 권력의 순으로, 학생 자신이 행동을 통제하는 힘은 약해지는 반면에 교사의 통제력은 증가된다. 교사는 어느 하나의 권력 기반에 의존하기보다는 학생의 학습동기, 담당 학급의 전체적 특성 등을 종합적으로 고려하여, 수업 상황에 따라 학생들에게 영향을 미칠 수 있는 권력 기반을 활용해야 할 것이다. 학생들의 지적·정의적 수준을 고려할 때, 보통의 중고등학생들에게는 전문적 권력의 영향력이 가장 클 것이며, 준거적 권력과 합법적 권력도 어느 정도 영향력을 발휘할 수 있을 것이다.

(2) 효과적인 수업경영을 위한 교사의 전략

학생들이 수업에 적극적으로 참여하고 수업을 방해하는 행동을 미연에 방지하기 위해서는 교실 수업을 효과적으로 경영하는 전략이 요구된다. 그 전략에는 명백한 지시, 수업의 시작, 수업 진행, 효과적으로 과제하기 등이 해당되는데, 구체적으로 살펴보면 다음과 같다(Jones & Jones, 1990: 박병량, 2003, pp. 369-374에서 재인용).

① 명백한 지시

명백한 지시는 학생들의 수업 문제행동을 줄여 수업 참여도를 높인다.

- 학생들에게 무엇을, 왜, 어떻게 해야 하는지에 대한 구체적인 진술을 포함하는 정확한 지시를 한다.
- 학생들이 듣고 이해하는 기술을 향상시키는 게임을 한다.
- 교사의 지시에 대한 학생들의 질문을 긍정적으로 받아들인다.
- 칠판 등 학생들이 볼 수 있는 곳에 지시를 적어 둔다.
- 교육활동을 시작하기 전에 학생들에게 지시한 내용을 적도록 한다.

② 수업의 시작

수업 시작 5분을 잡아야 한다. 수업시작 5분은 학생들의 주의집중이 가장 어려운 시점으로, 1시간 교육활동의 성패를 좌우하는 중요한 시간이다.

- 박수, 인사, 좋은 글 등 수업 시작을 알리는 신호(cue, Q)를 정하여 사용한다.
- 모든 학생이 주의를 집중할 때까지 수업을 시작하지 않고 기다린다.
- 본 수업내용과 관련된 시사적인 이야기, 자극적인 질문, 학생들의 생활 주변 이야기, 전시 수업내용 등을 언급하며 학생들의 흥미를 자극한다.
- 수업 목표, 내용, 평가의 절차를 분명하게 말해 준다.

③ 수업 진행

20분 이상 계속하여 수업에 집중하는 것은 상당히 어렵기 때문에, 학생들이 주의집중을 유지할 수 있는 다양한 방법을 활용할 필요가 있다.

- 질문을 할 때는 학생들이 긴장감을 유지하도록 무작위로 선택한다. 일반적으로 질문을 먼저 한 다음에 답할 사람을 찾고, 답할 사람이 없는 경우에 지명을 한다. 지명을 먼저 하고 질문을 하면, 한 학생만 질문에 대하여 생각하고 다른 학생은 방관자가 되는 반면, 질문을 먼저 하고 지명을 하면 모든 학생이 질문에 대하여 생각한다(김은주, 2004).
- 질문에 대한 학생의 답변 준비 시간, 즉 사고할 시간을 5초 이상 준다.
- 눈 맞추기, 입장 바꾸어 보기, 의문점 질문하기 등 남의 말을 경청하는 습관을 향상시키는 수업기법을 활용한다.
- 활기차게 수업하고, 다양한 수업방법을 활용한다.
- 수업 중에 학생들이 산만할 때에는 침묵을 효과적으로 사용한다.
- 멍하게 쳐다보기, 하품, 고개 숙이기 등 학생들이 지루해하는 비언어적 단서들을 놓치지 않는다.
- 스트레칭 등 수업 중 짧은 휴식시간을 갖는다.

④ 효과적으로 과제하기

수업 중 과제를 수행할 때는 시간 때우기 등과 같은 학습오류를 방지하기 위해 과제수행 시간을 구조화할 필요가 있다.

- 퍼즐 맞추기, 마인드 맵 그리기 등 과제에 흥미 있는 것을 포함시킨다.
- 교실을 전체적으로 순회하면서 과제 수행을 점검한다.

- 모든 학생을 고르게 점검하며, 특정 학생에게 너무 많은 시간을 할애하지 않는다.
- 모둠학습 등 협동해서 과제를 해결하도록 수업을 구성한다.

(3) 효과적인 수업경영을 위한 교사의 피드백 전략

수업시간에 학생들의 학습동기를 유발하는 데 있어 칭찬의 중요성을 부정할 수 없다. '칭찬은 고래도 춤추게 한다.'라고 하지만, 긍정적 피드백으로서 칭찬을 효과적으로 활용하는 기술이 필요하다. 효과적인 칭찬과 비효과적인 칭찬, 그리고 격려와 꾸중을 적절하게 활용할 수 있어야 할 것이다(김유미 외, 2011; Broman & Shipley, 1976, Brophy, 1981, Tauber, 1995: 박병량, 2003, pp. 263-265에서 재인용).

① 효과적인 칭찬

- 칭찬은 구체적 행위에 근거하여 제공한다.
- 칭찬은 수행과정 전체보다 구체적 성취를 지적하여 제공한다.
- 칭찬은 학생의 성취에 관심이 있다는 것을 분명하게 보여 준다.
- 칭찬은 학생의 단순 참가보다 목표 달성에 대한 보상으로 제공된다.
- 칭찬은 학생의 능력이나 성취 가치에 대한 정보를 제공한다.
- 칭찬은 다른 학생과 비교하거나 경쟁하는 것보다 학생 자신의 과제 관련 행동에 관심을 갖도록 한다.
- 칭찬은 학생의 현재 성취 수준을 설명하기 위해 과거의 성취 수준을 이용한다.
- 칭찬은 학생이 어려운 과제에 집중했거나 성취했을 때 제공된다.
- 칭찬은 성공을 운 혹은 과제의 쉬움보다는 학생의 노력과 능력에 귀인한다.
- 칭찬은 학생들의 주의를 과제 관련 행동에 집중시킨다.

② 비효과적인 칭찬

- 칭찬을 임의대로 또는 원칙 없이 제공한다.
- 칭찬을 개별 학생의 성취에 대한 관심 없이 획일적으로 제공한다.
- 칭찬을 학생의 단순 참여에도 제공한다.
- 칭찬을 학생의 성취결과에 대한 정보 없이 제공한다.
- 칭찬을 동료학생과 비교하거나 경쟁을 유도하며 제공한다.
- 칭찬을 학생의 노력의 정도에 상관없이 제공한다.

• 칭찬을 과제 수행 도중에 제공하여 학생의 주의를 분산시킨다.

③ 격려

• 격려는 학생의 개인적 노력을 인정하는 것이다.
• 격려는 학생 자신의 능력을 인식하고 자신감을 가지도록 한다.
• 격려는 칭찬과 달리 조건 없이 자유롭게 줄 수 있다.
• 격려의 표현으로는, "다음번에는 더 좋아질 거야." "잘하고 있군." "한 번만 더 해 볼까." "바로 그거야." "오늘따라 정말 열심히 하는구나." "상당히 좋아졌는데." "그렇게 하는 거야." 등이 있다.

④ 효율적인 꾸중

꾸중은 교사의 중요한 훈육 수단으로, 잘못하면 교육적 효과도 적을 뿐 아니라 학생과의 관계도 나빠진다.

• 학생 자체를 꾸짖는 것이 아니라, 학생의 잘못된 구체적 행동을 꾸짖는다.
• 꾸중의 목적은 화풀이가 아니라 잘못된 행동의 교정이다.
• 학생의 잘못된 행동에 대하여 선부른 평가를 삼간다.

교사의 칭찬과 격려는 학생들에게 학습동기를 제고하는 역할을 하지만, 칭찬하는 언어, 예를 들면 "세희는 준비물을 잘 챙겨 왔구나." "찬호는 규칙을 잘 지키는구나." "은지는 공부하는 태도가 참 바르구나." 등과 같은 칭찬은 칭찬받은 학생의 동기를 유발시키거나 자신감을 갖게 하는 반면, 자만심과 우월감에 빠지게 할 수 있다. 또한 주변 학생들에게는 자극을 주어 경쟁심을 갖게 하는 반면, 상대적 열등감을 갖게 한다. 격려하는 언어, 예를 들면 "세희는 준비물을 빠짐없이 챙겨 왔구나. 친구들과 나누어 쓰면 좋겠다." "찬호는 규칙을 잘 알고 실천하는구나. 규칙을 지키면 편하지?" "은지는 공부할 때 태도가 바르니까 보기 좋구나. 바르게 앉으면 주의집중이 잘 되지?" 등과 같은 격려는 격려받은 학생과 주변 학생들 모두에게 학습동기를 유발하고 용기를 북돋워 주지만, 자극의 정도가 약하다는 단점이 있다(김선혜, 2007).

이와 같은 내용을 종합하여 교사의 효율적인 행동 특성과 비효율적인 행동 특성을 살펴보면 〈표 4-1〉과 같다.

표 4-1 효율적인 교육활동을 수행하는 교사의 행동 특성

효율적인 행동	비효율적인 행동
1. 정열적으로 가르친다.	1. 냉담하고 싫증난 듯이 가르친다.
2. 학생에게 관심이 많다.	2. 학생에게 관심이 없다.
3. 언제나 즐겁고 낙천적이다.	3. 침울해 보이고 염세적이다.
4. 교실에서 쉽게 화내지 않는다.	4. 교실에서 화를 잘낸다.
5. 학생과 함께 놀이를 즐기고, 유머를 발휘한다.	5. 지나치게 심각하고 진지하다.
6. 자신의 잘못을 학생들 앞에서 인정한다.	6. 자신의 잘못을 모르거나 인정하지 않는다.
7. 학생들에게 공정하고 객관적이다.	7. 학생들에게 불공정하고 편애한다.
8. 인내심이 있다.	8. 인내심이 약하다.
9. 학생들을 이해하고 노력한다.	9. 학생들을 이해하지 못하고 때때로 조롱한다.
10. 학생들을 다정하고 따뜻하게 대한다.	10. 학생들과 간격을 두고 대한다.
11. 교육적인 문제뿐만 아니라 학생들 개인의 신상문제도 도와준다.	11. 학생들 개인의 신상문제에는 관심이 없다.
12. 잘한 일에 대해서는 칭찬을 아끼지 않는다.	12. 학생들을 칭찬하는 경우가 없다.
13. 공부를 못하는 학생이라도 그의 성실한 노력을 인정한다.	13. 공부를 못하면 그의 성실성까지 의심한다.
14. 언제나 타인의 반응을 받아들인다.	14. 타인의 반응을 거부한다.
15. 학생들이 항상 최선을 다하도록 격려한다.	15. 학생들을 제대로 격려하지 못한다.
16. 수업준비를 철저히 한다.	16. 수업준비에 불성실하다.
17. 수업은 전체 계획 중에서 어느 정도 융통성이 있다.	17. 수업을 계획대로 철저하게 실시해 나간다.
18. 개개 학생의 요구가 다름을 인정한다.	18. 개인차를 인정하지 않는다.
19. 흥미롭고 새로운 수업자료와 방법을 연구한다.	19. 수업자료와 방법에 관심이 없다.
20. 시범과 설명은 분명하고 구체적이다.	20. 설명이 모호하고 시범이 불분명하다.
21. 방향제시가 분명하고 철저하다.	21. 방향제시가 불완전하고 모호하다.
22. 학생이 스스로 공부하고 평가하도록 한다.	22. 학생 개개인의 자율적인 학습을 인정하지 않는다.
23. 야단을 쳐도 조용히 위엄 있게 긍정적으로 친다.	23. 야단을 칠 때, 잔소리가 많고 조롱한다.
24. 기꺼이 도와준다.	24. 도와주는 데 인색하다.
25. 잠재적 어려움을 예측하고 사전에 막으려 한다.	25. 잠재적 어려움을 내다볼 줄 모른다.

출처: Ryans, D. G.(1960): 김은주(2004), pp. 76-77에서 재인용.

2. 수업경영의 실제

1) 학년 초 수업경영 활동

학년 초 교사와 학생 관계에서 가장 핵심적인 부분은 3월이 가지는 새 출발의 이미지로 인해 교사와 학생 모두가 긴장감을 느끼는 시기라는 것이다(이상철, 주철안, 2007). 교사는 새로운 학년에서 새로운 교과로 새로운 학생들을 만나며, 학생들도 새로운 학년에서 새로운 교과로 새로운 교사를 만나기 때문에 서로 불안감과 동시에 기대감을 가지고 있다. 따라서 교사는 1년간의 수업운영 계획을 철저히 준비하여 학생들이 안정감을 갖고 수업활동에 임할 수 있도록 도와야 할 것이다. 학년 초 수업경영 준비, 첫 시간 수업경영 활동 등을 중심으로 살펴본다.

(1) 학년 초 수업경영 준비

교사와 학생들이 한 학기 또는 1년간의 새로운 교육활동을 성공적으로 시작하기 위해 학년 초 수업경영 계획에 포함되어야 할 사항은 다음과 같다(박병량, 2003; Emmer & Evertson, 2009).

- 교실 준비: 교과교실, 컴퓨터실, 과학실험실 등에서 수업을 하는 교사는 좌석 배치, 게시판 배치, 교사 책상, 수업 자료 등의 교실환경을 배치하고 확인한다.
- 학생 확인: 학급별로 특수학생, 다문화가정 학생 등과 같은 도움을 필요로 하는 학생 유무를 확인한다.
- 행정사항 점검: 교과서, 교사용 지도서, 자습서, 수업보조자료, 출석부 등을 점검한다.
- 규칙 및 절차의 결정: 수업경영과 관련하여 모든 교사가 일반적으로 지켜야 하는 규칙을 확인하고, 학생들이 지켜야 할 규칙을 준비한다. 교사가 지켜야 하는 규칙으로는 수업이 시작되면 교실에 들어가기, 어떠한 경우라도 신체적 체벌은 하지 않기, 출석부에 학생들의 출석상황 기록하기 등이다. 학생들이 지켜야 할 규칙으로는 수업시간에 필요한 모든 준비물 준비하기, 종이 울리면 즉시 자리에 앉고 수업 준비하기, 다른 사람을 존중하고 예의 바르게 행동하기, 다른 사

람이 말하고 있는 동안에는 조용히 자리에 앉아서 듣기, 남의 물건 소중히 하기 등이다. 교사는 학생들이 지켜야 할 규칙을 체계적으로 가르칠 필요가 있다.

- 수업 중 문제행동 대응 전략 확인: 수업시간에 발생할 수 있는 다양한 수준의 방해행동을 어떻게 예방하고 처리할 것인지에 대한 전략을 수립하는데, 가능한 한 학교 내 모든 교사가 동일한 문제행동에는 같은 전략을 활용할 때 효과적이다. 예를 들면, 수업 중에 엎드려 자는 학생에 대한 교사의 반응이 그냥 자게 두는 교사, 교실 뒤에서 서 있게 하는 교사, 감점만 주는 교사, 의자를 들게 하는 교사 등과 같이 훈육방식에 일관성이 없다면, 학생들은 수업 중 자는 행위를 문제행동으로 인식하지 않을 수도 있으며, 교사도 학생들의 문제행동을 교정하는 데 상당한 어려움을 겪게 된다. 보다 자세한 내용은 다음에 나오는 '수업 중 학생 문제행동 대처하기'에서 설명하고 있다.

(2) 첫 시간 수업경영 활동

모든 교사에게 첫 수업시간을 어떻게 진행할 것인가는 커다란 숙제다. 첫인상이 중요한 것처럼, 수업교실에서의 교사와 학생의 첫 만남은 1년 동안의 수업경영에 상당히 중요한 역할을 한다. 즉, 한 시간 수업의 성패는 처음 5분이, 1년 수업의 성패는 첫 시간에 달려 있기 때문에, 교사는 첫 시간 수업경영에 관한 사전 준비를 철저히 하여야 한다. 첫 시간 수업활동에는 수업 시작 전, 활동 인사 및 과목 소개, 수업 규칙 설명, 본 수업, 정리 및 차시 안내 등이 포함된다(박병량, 2003).

- 수업 시작 전 활동: 교사는 교무실에서 해당 학반의 교실 위치를 확인하고 출석부, 교과서, 보조자료 등을 가지고 교실로 가게 되며, 학생들도 교과 담당교사를 처음 만나기 때문에 교실은 차분하면서도 무질서하게 느껴지는 가운데 긴장이 흐른다.
- 인사 및 과목 소개: 모든 인간관계에서 첫인상이 중요한 것처럼, 교사도 학생과의 첫 만남에서 어떠한 이미지를 심어 주느냐가 중요하다. 교사 자신에 대한 소개는 살아온 길, 청소년기 경험, 좌우명, 교육관 등을 자연스럽게 이야기하면서 학생들과 교감하고 도움을 줄 수 있는 내용으로 준비하는 것이 좋다. 그리고 출석을 부르면서 학생들의 이름과 얼굴을 확인하고 외우는 것은 수업경영의 핵심적인 활동에 해당되는 만큼 최대한 빨리 외우기 위해 노력해야 한다.

학생 이름 외우기

① 매 수업시간마다 출석을 부른다. 5분 내외의 시간이 소요되지만, 학생 이름을 외우는 데는 정도가 없으므로 교사의 꾸준한 노력을 요구한다. 학년이 시작되는 3월 또는 학기가 시작되는 9월 등 1개월간은 지속할 필요가 있다.

② 첫 시간에 학생들 자기소개를 하도록 한다.

③ 학급별 사진첩을 출력하여 수시로 외운다. 사진첩은 NEIS에서 출력할 수 있으나, 교복을 입었기 때문에 학생 개인의 특징을 파악하는 데는 한계가 있다. 수업시간 틈틈이 스마트폰으로 교사와 함께 찍거나, 칠판에 한 사람씩 학생 이름을 적고 사진을 찍는다.

④ 학생의 이름을 되도록 자주 부른다. 질의응답 등 학생과의 상호작용을 할 때는 항상 이름을 부르도록 한다.

출처: 김은주(2004), pp. 44-45.

- 수업 규칙 설명: 교사는 교과수업의 원활한 진행을 위해 수업시간에 지켜야 할 규칙을 전달해야 한다. 예를 들면, 수업시간에는 교과서, 공책, 학습지 등과 같은 자료를 준비해야 한다, 수업 시작종이 울리면 자리에 앉아서 조용히 교과서를 읽는다, 수업시간에 늦게 들어오는 학생은 수업태도 감점을 받는다, 수업을 방해하는 등 문제행동을 하는 학생은 방과 후에 남아서 상담을 한다 등과 같은 규칙을 안내한다.
- 본 수업: 교과서 차례나 주요 내용을 언급하면서, 학생들의 교과 흥미도와 중요도를 자극하여 한 학기 또는 1년간의 교과교육 활동이 성공적으로 이루어질 수 있도록 소개할 필요가 있다.
- 정리 및 차시 안내: 수업 중에 지켜야 할 규칙 등을 다시 한번 강조하고, 다음 시간에 다룰 학습내용을 안내하면서 첫 시간을 마무리한다.

내가 첫 수업시간에 들려 줬던 이야기

내가 재직시절 첫 수업에 들어가면 반드시 해 줬던 얘기가 있다. 먼저 나의 이름과 간단한 소개, 그리고 교과목의 특성과 공부하는 방법을 간단하게 소개한다. 그런 후 칠판에 크게 이렇게 쓴다.

"이 세상에서 가장 소중한 것은……?"

긴장해 있던 아이들이 갑자기 왁자해지면서 온갖 얘기들이 다 나온다.

"돈입니다."

"사랑입니다."

"건강입니다."

"가족입니다."

"권력입니다."

"다 필요하지요. 그런데 정작 필요한 것을 말하지 않았군요." 이렇게 말한 후 칠판에 쓴다.

"나."

갑자기 아이들은 뜻밖이라는 듯 "우~" 하는 소리와 함께 "맞아요." 하는 소리가 여기저기서 들린다.

〈중략〉

"나는 이 세상에서 가장 소중한 존재다."

"나는 이 세상에서 가장 귀한 존재다."

"성적보다, 돈보다, 세상의 지위보다, 명예보다, 나는 이 세상에서 가장 소중한 존재다."

"이제 여러분과 나는 약속하는 겁니다. 약속했습니다."

돈이며 권력이며 명예며…… 이 모든 게 살아가는 데 다 소중하고 필요하지만 내가 없으면 아무 소용이 없지요. 그렇게 소중한 나를 귀하게 대접할 줄 알아야 하는데 자신을 홀대하고 스스로 업신여기고, 열등의식에 빠지거나 해서는 안 되는 것입니다. 자신을 소중하게 생각할 줄 모르는 사람은 내 부모도 내 형제도 나의 친구도, 내 나라도 소중하게 생각할 줄 모릅니다. 자신을 소중하게 생각하는 사람은 내 아버지가 비록 못 배우고 못났어도, 내 나라가 비록 남의 나라의 지배를 받아 분단되어 있지만 내 나라 내 역사이기 때문에 소중한 것입니다.
나는 첫 수업시간에 이런 얘기로 한 시간을 다 보내곤 했다.

출처: 김용택의 참교육 이야기(http://chamstory.tistory.com/836).

2) 수업 중 학생 문제행동 대처하기

교사가 수업을 진행할 때 모든 학생이 수업에 진지하게 참여하는 것을 바라겠지만, 현실은 그렇지 못하다. 수업시간에 잠자기, 옆 사람과 소곤거리기, 쪽지 주고받기, 교실 돌아다니기, 과학 실험실에서 뛰기, 소리 지르기, 교사의 지시에 불응하기 등과 같이 과제에서 벗어난 행동을 하거나, 교사의 수업 방해 또는 다른 학생들의 학습권을 침해하기도 한다. 교사는 학생의 문제행동에 대하여 비언어적 · 언어적 개입, 결과 활용, 고질적인 행동문제 대처하기, 외부 지원 요청하기 등의 위계적 전략을 활용하여 적절하게 대응할 수 있어야 한다(박병량, 2001; Emmer & Evertson, 2009; Levin & Nolan, 2008).

(1) 수업 중 문제행동의 예

수업 중 문제행동은 교사에 의해 쉽게 관찰되기 때문에 표면적 문제행동으로 불린다. 이러한 행동은 모든 학생에게서 나타날 수 있는 정상적인 발달과정상의 행동이므로 부정적으로 생각할 필요는 없으며, 수업시간 중에 하지 않도록 지도하는 것이 필요하다.

- 언어적 침해: 잡담하기, 흥얼거리기, 웃기, 소리 지르기, 소곤거리기 등
- 과제에서 벗어난 행동: 몽상, 잠자기, 머리 빗기, 혼자서 장난치기, 낙서하기 등
- 방해행동: 자리에서 벗어나 다른 학생 찾아가기, 공책 돌리기, 책상 위에 앉거나 의자 위에 두 다리 올리기, 종이 던지기 등
- 교사에 대한 무례한 행동: 논쟁하기, 놀리기, 상스러운 말하기, 말대꾸하기 등

(2) 수업 중 문제행동 지도의 원칙

수업 중 문제행동 지도는 학생의 문제행동을 멈추게 하는 것에 그치지 않고, 학생이 수업 중에 적절한 행동을 하도록 이끄는 데 목적이 있다. 즉, 잘못된 행동을 통해 학생이 같은 실수를 반복하지 않도록 배울 기회를 주는 것이다. 수업 중 문제행동을 지도하기 위하여 교사가 지켜야 할 원칙은 다음과 같다(Levin & Nolan, 2008).

- 교사의 개입은 학생이 문제행동을 스스로 통제할 수 있는 능력을 발달시킬 수 있도록 기회를 제공해야 한다.
- 교사의 개입이 학생의 문제행동보다 교수–학습 활동에 더 방해가 되어서는 안 된다.
- 교사의 개입은 학생의 문제행동과 교사와의 대립을 줄일 수 있어야 한다.
- 교사의 개입은 학생이 신체적 · 정신적으로 손상을 입지 않도록 보호해야 한다.
- 교사는 필요하다면 독특한 개입 방법을 선택할 수 있어야 한다.

(3) 수업 중 문제행동을 지도하기 위한 단계적 전략

① 비언어적 개입기술

학생의 수업 중 문제행동을 관리하기 위한 첫 번째 단계인 비언어적 개입기술은 계획된 무시하기, 신호 간섭, 근접 간섭, 접촉 간섭의 순으로 위계화된다.

- 계획된 무시하기: 무시된 행동은 감소하고 결국에는 사라질 것이라는 강화이론에 기초하고 있다. 예를 들면, 큰 소리로 답을 외치기, 엉뚱한 질문하기 등과 같은 행동에는 적절한 대처 방법이지만, 손 들기, 휘파람 불기, 교사 방해하기, 공상에 잠기기 등과 같은 방해행동에는 비효과적이다. 계획된 무시하기로 문제행동이 감소하지 않으면 다음 단계인 신호 간섭을 적용해야 한다.
- 신호 간섭: 다른 학생을 방해하지 않고 해당 학생에게 그 행동이 적절하지 않다는 것을 전달하는 것이다. 예를 들면, 옆의 학생과 이야기하는 학생과 눈 마주치기, 학생이 돌아다닐 때 의자 가리키기, 큰 소리로 소리치는 것을 방지하기 위해 손 들기 등이 있다.
- 근접 간섭: 신호 간섭이 효과가 없거나 학생이 문제행동에 너무 열중해 있어 학

생의 주의를 끌 수 없을 때 활용할 수 있다. 예를 들면, 학생 가까이 자연스럽게 다가가기, 수업 중에 학생의 뒤나 옆에 서 있기 등이 있다.

- 접촉 간섭: 교사가 학생의 손을 잡아 자기 자리로 돌아가게 하거나, 학생의 어깨에 손을 얹는 행동 등이 해당된다. 주의할 점은 화가 나 있거나 흥분해 있는 학생, 고학년 학생, 성별이 다른 학생에게의 활용은 자제해야 한다.

이러한 비언어적 개입기술을 사용한 교사는 수업의 중단 없이 한 마디의 말도 하지 않고 학생의 문제행동 중에서 40%를 제한할 수 있는데, 계획된 무시하기로 5%, 신호 간섭으로 14%, 근접 간섭으로 12%, 그리고 접촉 간섭으로 9%를 교정할 수 있다. 비언어적 개입의 효과로는 교수–학습 과정을 덜 방해하고, 학생과의 적대적 대립이 적으며, 학생 스스로 자신의 행동을 교정할 기회를 제공한다는 점이다.

② 언어적 개입기술

언어적 개입기술은 학생의 수업 중 문제행동을 교정하기 위해 활용할 수 있는 가장 강력하고 융통성 있는 도구다. 암시, 질문, 요구 순으로 위계화된다.

- 암시: 학생의 문제행동을 직접 언급하지 않고 우회적으로 지도하려는 방법으로, 근접(동료) 강화, 학생 이름 부르기 및 이름 끼워 넣기, 유머가 있다.
  - 근접(동료) 강화: 적합하게 행동하는 학생을 찾아 공개적으로 칭찬하는 것이다. 예를 들면, "정훈이와 주형아, 질문할 때 손을 드는 규칙을 알고 있구나!"와 같이 말할 수 있는데, 교사의 공개적이고 개별적인 칭찬이 중등학교 단계의 학생들에게는 효과가 적을 수 있으므로, 전체 집단에 대한 공개적인 강화가 적절하다.
  - 학생 이름 부르기 및 학생 이름 끼워 넣기: 수업내용이나 예를 들 때 학생의 이름을 언급함으로써 학생이 수업에 집중해야 한다고 깨닫도록 하는 기법이다.
  - 유머: 교실의 긴장을 완화할 수 있는 방법으로, 예를 들면, 큰 소리로 말하는 희준이라는 학생에게 "내게 환청이 들려. 희준이의 이름을 부르지도 않았는데 말을 하고 있어."와 같이 말할 수 있다. 이러한 유머가 비꼬는 말이 되지 않도록 유의해야 한다.

- 질문: 학생의 문제행동이 다른 학생에게 미치는 영향을 인식하도록 하는 방법으로 '영향 인식에 대한 질문하기'가 있다. 영향 인식에 대한 질문하기는 고질적인 문제행동을 하는 학생도 자신의 행동이 미치는 긍정적 영향과 부정적 영향을 알게 되면 자신의 행동을 통제하는 법을 배우게 될 것이라는 기법이다. 예를 들면, "민수야, 네가 동욱이에게 말을 걸면 동욱이가 수업에 집중하지 못한다는 것을 알고 있니?"와 같이 말할 수 있다.
- 요구: 문제행동을 그만둘 것을 학생에게 직접적으로 말하는 것으로, '나 메시지' 보내기, 직접적 호소, 긍정적 어법, 규칙 상기, Glasser의 세 가지 묶음 질문, 명확한 행동 수정 지시, Canter의 '고장난 음반' 등이 있다.
  - '나 메시지' 보내기: 방해 학생이 자신의 행동이 다른 사람에게 부정적 영향을 준다는 것을 인식하면 문제행동을 그만둘 것이라는 가정에서 출발한다. '나 메시지'는 다음과 같은 세 부분으로 구성되는데, ① 문제행동에 대한 간단한 표현, ② 교사 또는 다른 학생에게 미치는 영향에 대한 구체적 표현, ③ 문제행동의 영향에 대한 교사의 감정 표현 등이다. 예를 들면, "재훈아, 네가 종석이에게 자꾸 말을 걸면(①), 종석이가 수업에 집중하지 못하겠지?(②) 선생님은 재훈이와 종석이가 수업에 집중하는 것이 좋은데, 네가 말을 걸면 선생님이 좋은 수업을 할 수가 없어(③)."라고 표현할 수 있다.
  - 직접적 호소: 친절하고 자상하게 학생이 문제행동을 그만두도록 요청하는 것을 의미한다. 예를 들면, "재훈아, 주변 친구들에게 말을 걸지 말아 줘. 부탁이야."라고 할 수 있으나, 이를 간청하거나 비는 방식으로 표현해서는 안 된다.
  - 긍정적 어법: 일반적으로 교사가 문제행동의 부정적인 결과를 강조하는 경향에서 벗어나, 학생의 적합한 행동이 긍정적인 결과를 쉽게 확인할 수 있을 때 적절하게 활용할 수 있는 기법이다. 예를 들면, "재훈아, 옆 사람에게 자꾸 말을 걸면 쉬는 시간에 교무실로 데려갈 거야."와 같이 부정적인 결과를 강조하는 것보다, "재훈아, 옆 사람에게 말을 걸지 않고 수업에 집중하면 쉬는 시간을 보장해 줄게."라고 표현할 수 있다.
  - 규칙 상기: 교사가 학년 초에 학생들과 약속한 지침이나 규칙을 언급함으로써 문제행동을 억제할 수 있는 기법으로, "재훈아, 우리 영어 수업 규칙에는 옆 사람에게 말을 걸지 않는다고 되어 있단다."와 같이 표현할 수 있다.

– Glasser의 세 가지 묶음 질문: 학생이 적합한 행동을 하도록 Glasser가 제안한 세 가지 질문은 ① 너는 무엇을 하고 있는가, ② 너의 행동이 규칙에 어긋나는 것 아닌가, ③ 너는 무엇을 해야 하는가 등이며, 질문은 공개적인 것보다 사적으로 행해져야 한다. 예를 들면, "재훈아, 옆 사람에게 말을 걸고 있니? 그것을 수업 규칙에 어긋난단다. 말을 하고 싶으면 쉬는 시간에 하도록 해라."라고 표현할 수 있다.
– 명확한 행동 수정 지시: 문제행동을 중단하고 수용할 만한 행동을 하게 하는 분명한 명령이다. 예를 들어, "재훈아, 옆 사람에게 말을 걸지 말고 수업에 집중해!"라고 지시할 수 있다. 장점은 단순성, 명료성, 학생의 반박을 허용하지 않는 폐쇄성이 있다는 점이다. 반면, 단점은 동급생들 앞에서 교사에게 공공연히 도전하는 학생과 공개적으로 대립할 수 있기 때문에, 교사의 지시는 되도록 개별적으로 이루어져야 한다.
– Canter의 '고장난 음반': 학생에게 분명하게 전달하기 위한 전략으로, 교사의 행동 수정 지시에 대하여 학생이 방어하거나 변명하려고 할 때 행동지시를 반복하는 것이다. 예를 들면, (교사) "재훈아, 옆 사람에게 말을 걸지 말고 수업에 집중해라.", (재훈) "수업내용이 이해가 되지 않아 잠시 물어보는 것인데요.", (교사) "모르는 것이 있으면 선생님에게 질문해야지, 옆 사람에게 물어보지 말고 수업에 집중해라.", (재훈) "선생님은 바빠서 제게 답해 줄 시간이 없잖아요.", (교사) "너한테 대답할 시간은 있다. 옆 사람에게 말 걸지 말고, 수업에 집중해라."와 같이 같은 표현을 두세 번 반복한다. 유의할 점은 학생과의 말다툼을 피해야 한다는 점이다.

③ 결과 활용

비언어적 · 언어적 개입으로 문제행동이 중단되지 않고 지속될 때, 행동 뒤에 따를 것으로 예상되는 결과를 활용하여 문제행동을 억제할 수 있다. 일반적으로 결과는 긍정적 결과와 부정적 결과가 있는데, 긍정적 결과는 행동을 강화시키는 반면에 부정적 결과는 행동을 억제하므로, 문제행동을 억제하기 위한 결과 활용은 부정적 결과의 활용을 뜻한다(박병량, 2001). 결과에는 자연적 결과, 논리적 결과, 인위적 결과를 활용할 수 있다.

- 자연적 결과: 학생의 문제행동에 교사가 개입하지 않고 학생이 문제행동의 결과를 직접 경험하는 것이다. 예를 들면, 미술 시간에 교사의 조각칼 다루는 설명을 듣지 않다가 손을 다치는 것, 수업시간에 졸다가 수업내용을 이해하지 못하는 것 등과 같다. 자연적 결과는 학생이 직접 경험에 의해 교훈을 얻는다는 효과가 있지만, 교사의 비개입으로 인한 모든 피해가 학생에게 돌아가기 때문에 권장할 만한 방법은 아니다.
- 논리적 결과: 학생의 문제행동과 밀접하게 관련되는 교사의 개입이 적용되는데, 예를 들면 수업에 10분 늦게 들어오는 학생은 보충을 위해 방과 후에 10분 남는 것과 같다. 그런데 10분 지각한 학생을 2주 동안 벌 당번을 시키거나 방과 후에 남기는 교사의 개입은 학생의 문제행동과 관련이 없거나 지나친 처벌이다. 따라서 학생은 문제행동과 논리적 결과 사이의 연계성을 이해하지 못하고 교사를 처벌자로 인식하기 때문에 비효과적이다. 논리적 결과의 방법에는 학생에게 선택권을 주는 '네가 선택할 수 있어' 등이 있다. '네가 선택할 수 있어'는 학생의 문제행동을 중단시키기 위해, 학생에게 교사의 요청을 따를 것인지 행동 결과에 직면할 것인지를 선택하게 하는 기법으로, 예를 들면, "재훈아, 네가 선택할 수 있어. 옆 사람에게 말을 걸지 않거나 교실 뒤로 가서 서 있어. 네가 선택해."라고 단호하게 표현해야 하며, 공격적으로 표현해서는 안 된다. 단호한 유형과 공격적인 유형의 차이는 〈표 4-2〉와 같다. 이 기법은 학생이 자신의 행동에 책임을 지고, 선택은 자신이 한다는 것을 깨닫게 하며, 교사를 처

표 4-2 단호한 유형과 공격적인 유형의 비교

	단호한	공격적인
청중	한 학생에게만 개인적인	전체 학급에 공개적인
학생을 부르는 방법	학생의 이름	"너!" "야, 너!"
목소리	확고하고, 중립적이고, 부드럽고, 느린	긴장되고, 크고, 빠른
눈	눈 접촉만	가늘고 찌푸린 눈
자세	개인공간을 침해하지 않고 학생에게 가까운	엉덩이에 손을 올려 두기, 개인 공간을 침해하기
손	학생이나 책상을 부드럽게 접촉	재빠르고 갑작스러운 움직임

출처: Levin & Nolan (2008), p. 302.

벌자보다 중립자의 위치에 있게 한다.

- 인위적 결과: 학생의 문제행동과 관련이 없거나 넘어서는 결과를 교사가 부과하는 것이다. 예를 들면, 수업시간에 5분 지각한 학생에게 방과 후에 남아서 1시간 동안 교내 봉사활동으로 쓰레기를 줍게 하는 것, 수업시간에 떠든 학생에게 점심시간 동안 교무실에 서 있게 하는 것 등과 같다. 인위적 결과는 체벌(corporal punishment)과 구별되는 벌(罰)에 해당되는 것으로, 학생의 문제행동 교정에 매우 효과적이지만, 교사는 처벌자의 관점에서 접근하기 때문에 정도가 지나치지 않도록 신중하게 활용할 필요가 있다. 인위적 결과의 방법에는 격리시키기, 방과 후 학교에 남기, 개인적 권리 박탈하기 등이 있다.
  - 격리시키기(time out): 수업 중 문제행동을 하는 학생을 교실 내외의 다른 곳에 보내어 학생 집단에서 떼어 놓는 것이다. 격리 장소는 다른 학생들의 시선이 가지 않는 교실 뒤편 게시판 아래, 뒷문 앞, 교실 밖 복도 등이 있으나, 일반적으로는 교실 뒤편에 의자를 준비하여 학생이 앉거나 서 있을 위치를 지정해 두는 것이 좋다. 격리 시간은 학생이 자신의 행동을 반성할 수 있을 정도의 시간인 5~10분 정도가 적당하며, 교사가 학생의 반성 여부를 확인하고 제자리에 돌아가도록 하는 것도 한 방법이 된다. 격리시키기는 특정 학생에 대한 낙인 효과를 가져오거나, 격리를 학습 참여보다 즐기는 학생에게는 효과가 없다는 한계가 있다.
  - 방과 후 학교에 남기: 학생을 방과 후에 학교에 남기는 경우는 수업 중에 게으름을 피우는 등 과제를 끝마치지 못했을 경우에 사용하는 방법이다. 학교에 남아서 과제를 수행하는 시간은 30분 내외가 적당하며, 늦어지는 시간을 학부모에게 반드시 알려야 한다. 이 방법은 학생과의 개인적인 상담도 가능할 뿐 아니라 평소 학생들이 방과 후에 학교에 남는 것을 싫어하기 때문에 효과적이지만, 교사가 개인적으로 시간을 내어서 학생을 감독해야 하는 한계가 있다.
  - 개인적 권리 박탈하기: 문제행동을 하는 학생에게 그들이 좋아하는 스포츠, 놀이, 컴퓨터 게임, 자유활동 등과 같은 시간에 참여를 제한하는 방법이다. 권리 박탈하기는 평소 학생이 해당 활동에 가치를 부여하는 정도에 비례하여 효과가 있으나, 수업이나 식사 시간을 제한하는 것은 교육적으로 바람직하지 못하다.

④ 고질적인 문제행동 대처하기

고질적인 문제행동은 비언어적·언어적 기법, 논리적 결과로 교정되지 않고 계속되는 약 3%의 수업 중 문제행동으로, 다른 학생의 교육활동에 지장을 주고, 교사의 권위에 도전하며, 다른 학생이 문제행동을 하도록 유인한다. 일반적으로 고질적인 문제행동을 하는 학생들은 가정 내 긍정적인 성인 역할 모델이 없거나, 자신을 학교에서 성공할 수 없는 패배자로 간주하고 자신의 좌절을 교실에서 행동으로 표현하려는 특징을 가지고 있다. 이와 같은 학생을 다룰 때 교사가 빠지기 쉬운 함정은, 고함을 지르거나 벌을 주는 등과 같은 복수를 하거나 생활지도부로 보내어 징계를 받게 하는 것이다. 학생 징계는 잠시 동안 문제행동을 중단할 수 있지만, 다시 교실로 오게 되면 교실을 혼란스럽게 하는 단기적 해결책이므로, 보다 근본적으로 학생의 수업 중 문제행동을 교정하려는 노력이 필요하다. 고질적인 문제행동을 다루는 방법에는 장기적 문제해결 전략, 학생과 문제해결을 위한 대화, 단기적 문제해결 전략이 있다.

- 장기적 문제해결 전략
  - 관계 형성: 고질적인 문제행동을 가진 학생을 지도하는 가장 효과적인 전략은 긍정적인 관계 형성으로, 학생을 적이 아니라 동맹자, 즉 학생의 입장에서 바라보기를 할 필요가 있다. 학생의 입장에서 바라보기 단계는 ① 왜 그럴까를 궁금해하기, ② 학생에 대한 감정이입과 친밀감 개발하기, ③ 학생의 인성을 드러낼 단서와 행동 주의하기, ④ 학생과 상호작용하는 교사 자신의 행동 모니터하기 등이다. 그리고 학생을 갈등의 상대방으로 볼 것이 아니라 학생의 입장에서 문제행동을 교정하기 위해 노력할 필요가 있다.
  - 낙담의 악순환 끊기: 낙담의 악순환은 낮은 성공 비율, 부정적인 행동, 부정적인 교사의 반응이라는 세 요소가 악순환적으로 반복되기 때문에, 교사는 무조건적인 수용과 칭찬을 함으로써 악순환을 끊고, 높은 성공 비율, 긍정적인 행동, 긍정적인 교사의 반응이라는 격려의 선순환으로 옮겨 갈 수 있도록 학생을 도울 필요가 있다.
- 문제해결을 위한 대화
  - 수신기술: 고질적인 문제행동을 해결하기 위해 학생과 개별적인 대화를 가지는 것이 요구되며, 대화를 하면서 학생의 인식과 감정을 파악한다. 학생이

보내는 메시지를 정확하게 파악하기 위한 수신기술에는 침묵과 비언어적 주의집중 단서 활용, 엄밀한 조사, 인식 및 감정 체크 등이 있다.

– 발신기술: 발신기술을 활용하여 교사의 생각을 표현하는 것은 학생이 교사의 관점에서 자신의 수업 중 문제행동을 바라보는 기회가 된다. 구체적인 발신기술로는, 학생과 눈을 마주치고 비언어적 표현 사용, 간략한 표현, 학생에게 직접적으로 말함, 학생이 수업 중 문제행동을 교정할 수 있도록 방향 제시 등이 있다.

• 단기적 문제해결 전략

– 자기관찰: 수업에 집중하기 위해 노력하지만 마음대로 되지 않는 학생에게 도움을 줄 수 있는 기법으로, 효과를 얻기 위해서는 관찰방법이 행동을 명확하게 기술해야 하며 활용하기에 쉬워야 한다. 자기관찰 측정의 예를 살펴보면 〈표 4-3〉과 같다.

표 4-3 학생 자기관찰 측정 질문지

		← 부정									긍정 →
		1	2	3	4	5	6	7	8	9	10
1	나는 수업시간에 선생님 설명을 잘 듣는가?										
2	나는 수업시간에 옆 사람에게 말을 걸지 않는가?										
3	나는 수업시간에 공상을 하지 않는가?										
4	나는 수업 중 조별활동에 적극적으로 참여하는가?										

– 사례 기록: 중고등학생에게 적절한 방법으로, 교사는 고질적인 문제행동을 하는 학생의 긍정적 · 부정적 행동을 모두 기록해야 하며, 기록된 자료는 학생 상담의 근거로 활용된다. 사례 기록의 지침으로는, 긍정적인 기록으로 시작할 것, 학생의 과거 문제행동을 보여 줌으로써 그 부정적인 영향을 인식하게 함, 교사는 변화되어야 하는 행동을 설명해야 함, 학생이 직접 매일매일 작성하고 교사의 사인을 받음, 학생은 행동 개선을 위해 노력해야 함 등이다. 〈표 4-4〉는 사례 기록의 예이며, 학생의 문제행동이 많이 개선되었을 때 기록은 중단된다.

표 4-4 학생 사례 기록 예시

사례 기록지

학생 성명: 홍길동

부모님 전화번호:

날짜	학생행동	교사 조치	학생 서명
3/20	현석이에게 말 걸기 책상에 엎드리기 노래 흥얼거리기	무시하기 교실 뒤에 가서 있게 하기 말로 야단치기	
3/22	개별 상담 시작 수업집중 약속함	사례기록 방법 설명함 칭찬함	
3/27	진수에게 말 걸기 책상에 엎드리기 교과서 준비 안 하기	말로 야단치기 교실 뒤에 가서 있게 하기 수업태도 감점함	
3/29	수업에 늦음 수업에 집중함	수업준비자세 감점함 칭찬함	
4/3	방해행동 없음 수업에 집중함	칭찬함 칭찬함	
4/5	현철이에게 말 걸기 수업에 집중함	말로 야단치기 칭찬함	
4/10	방해행동 없음 수업에 집중함	칭찬함 칭찬함	
4/12	수업에 집중함 학습지 열심히 작성함	칭찬함 창찬함	
4/17	수업에 늦음	수업준비자세 감점함	
4/19	방해행동 없음	칭찬함	
4/24	책상에 엎드리기 수업에 집중함	교실 뒤에 가서 있게 하기 칭찬함	
4/26	사례 기록 중단 상담		

⑤ 외부 지원 요청하기

학생의 수업 중 문제행동을 교정하기 위해 앞에서 살펴본 비언어적 · 언어적 기법, 논리적 결과, 고질적인 행동문제 대처하기 등과 같은 모든 전략을 활용해도 개선되지 않는 학생은 교사와 다른 학생들 모두를 좌절하게 하고 힘들게 한다. 이러한 경우에는 학교 내 전문가, 부모 등과 같은 외부 지원을 요청해야 한다.

- 학교 내 전문가 지원 요청하기: 교내에 있는 전문가는 전문상담교사, 생활교육부 소속 교사, 학교행정가 등이 해당된다. 전문상담교사는 교사와 학생을 동시에 지원함으로써 갈등관계에 있는 교사와 학생 사이를 개선하는 데 도움을 줄 수 있으며, 교사 지도방식에 대한 중립적인 관찰자로서 학생의 문제행동을 교정할 수 있는 다양한 접근 방식을 제시할 수 있다. 생활교육부 소속 교사는 학생의 문제행동을 엄격하게 지도할 수 있는 역량을 갖추고 있으므로, 학생의 행동을 교정할 수 있는 가능성이 상당히 높다. 학교행정가는 고질적인 문제행동을 하는 학생을 징계하는 데 영향을 줄 수 있는 학교 내에서 가장 영향력 있는 권위와 행정적 권한을 가지고 있으므로, 학생의 문제행동을 교정하는 데 큰 도움을 줄 수 있다.
- 학부모와 협력하기: 학부모와의 의사소통은 교사와 부모의 관계를 협력적인 관계로 유지하게 해 줌으로써 학생의 문제행동을 교정하는 데 효과적이다. 학부모와의 협력이 필요한 시기는, 교사와 학교가 학생의 문제행동을 교정하기 위한 모든 방법을 적용했음에도 그 문제행동이 지속될 때, 교사와 학교가 학생을 수업에서 배제할 필요가 있다고 판단될 때, 학생의 주의력결핍 과잉행동장애(ADHD), 학습장애, 정서장애 등에 대한 검사가 필요하다고 판단될 때 등이다. 학부모와의 긍정적 협력관계를 형성하기 위해서는 학생의 문제행동을 교정하는 데 학부모의 협력이 필수적이라는 것을 강조할 필요가 있다.

학생의 수업 중 문제행동에 대처하는 전략을 정리하면 〈표 4-5〉와 같다.

표 4-5 학생의 수업 중 문제행동에 대처하는 전략 종합

단계	주요 전략	통제 정도
단계 I	비언어적 개입기술 • 계획된 무시하기 • 신호 간섭 • 근접 간섭 • 접촉 간섭	학생 통제 ↕ 교사 통제

단계 II	언어적 개입기술 암시 • 근접(동료) 강화 • 학생 이름부르기 및 이름 끼워 넣기 • 유머 질문 • 영향 인식에 대한 질문하기 요구 • '나 메시지' 보내기 • 직접적 호소 • 긍정적 어법 • 규칙 상기 • Glasser의 세 가지 묶음 질문 • 명확한 행동 수정 지시 • Canter의 '고장난 음반'	학생 통제 ↕ 교사 통제
단계 III	자연적 결과 논리적 결과 • 네가 선택할 수 있어 인위적 결과 • 격리시키기, 방과 후 학교에 남기, 개인적 권리 박탈하기 고질적인 행동 문제 대처하기 • 장기적 문제해결 전략 : 관계 형성, 낙담의 악순환 끊기 • 문제해결을 위한 대화 : 수신기술, 발신 기술 • 단기적 문제해결 전략 : 자기관찰, 사례 기록, 행동계약 외부지원 요청하기 • 학교내 전문가 지원 요청하기 • 학부모와 협력하기	학생 통제 ↕ 교사 통제

출처: 박병량(2001), p. 381을 수정 및 보완함.

지금까지 살펴본 학생의 수업 중 문제행동을 지도하는 방법을 다음과 같은 5단계의 절차로 살펴볼 수 있다(Jones & Jones, 2001: Emmer & Evertson, 2009, pp. 184-185에서 재인용).

• 1단계: 문제행동을 멈추도록 학생에게 비언어적 신호를 보낸다.
• 2단계: 학생의 문제행동이 지속될 경우, 정해진 규칙을 따르도록 말한다.

- 3단계: 그럼에도 문제행동이 계속될 경우, 학생에게 행동을 멈추거나 행동계약서 작성 중 하나를 선택하게 한다.
- 4단계: 그래도 계속될 경우, 지정된 장소로 가서 행동계약서를 작성하게 한다. 행동계약서는 학년 초에 학생들과 약속했던 수업규칙, 학생의 구체적인 문제행동, 문제행동을 줄이기 위한 앞으로의 계획 등을 포함함으로써 학생의 잘못된 행동의 인정과 행동의 바람직한 변화를 목적으로 한다.
- 5단계: 학생이 행동계약서 작성을 거부한다면, 학생을 다른 장소(교장실, 교무실, 인성교육부실, 상담실 등)로 보낸다.

(4) 수업 중 문제행동 예방과 대응을 위한 교사의 수업경영 전략

학생의 수업시간 문제행동을 예방하고 효과적으로 지도하기 위한 교사의 수업경영 전략을 예방과 대응 영역으로 구분하여 살펴보면 다음과 같다.

먼저, 문제행동 예방 전략이다. 첫째, 수업 준비 및 실행 영역이다. 이 영역에서 교사가 관심을 갖고 수행해야 할 구체적 내용으로는 수업준비 잘하기, 좌석 배치하기, 매력적인 교실환경 만들기, 다양한 교수전략 활용하기, 학생 참여중심의 수업하기, 학생 이해 확인하기, 학습동기 부여하기, 학습시간 준수하기 등이 해당된다. 둘째, 훈육 및 규칙 제정 영역이다. 이 영역에서 교사가 관심을 갖고 수행해야 할 구체적 내용으로는 교실규칙 만들기, 일관성 있게 규칙 적용하기, 규칙 위반시 불이익 개발하기, 학생 책임감 강조하기, 교사의 모범 보이기 등이 해당된다. 셋째, 라포 형성 영역이다. 이 영역에서 교사가 관심을 갖고 수행해야 할 구체적 내용으로는 학생 존중하기, 학생과의 상호작용 활발히 하기, 학생에게 진실된 모습 보이기, 유머 사용하기, 학생들과 취미 이야기하기, 학생들의 변화된 모습 칭찬하기, 학생 행사 참여하기 등이 해당된다.

다음으로, 문제행동 대응 전략이다. 대응 영역에서 교사가 관심을 갖고 수행해야 할 구체적 내용으로는 심각성 수준에 따라 차별화된 대응하기, 문제행동의 원인 파악하기, 학생과 논쟁하지 않기, 비언어적 · 언어적 개입기술 활용하기, 장기적 문제해결 전략 활용하기, 학부모 상담하기, 전문상담교사 도움 받기 등이 해당된다.

표 4-6 학생의 수업시간 문제행동 예방과 대응을 위한 교사의 수업경영 전략

구분	영역	구체적 내용
예방	수업준비 및 실행	수업준비 잘하기, 좌석 배치하기, 매력적인 교실환경 만들기, 다양한 교수전략 활용하기, 학생 참여중심의 수업하기, 학생 이해 확인하기, 학습동기 부여하기, 학습시간 준수하기 등
	훈육 및 규칙 제정	교실규칙 만들기, 일관성 있게 규칙 적용하기, 규칙 위반시 불이익 개발하기, 학생 책임감 강조하기, 교사의 모범 보이기 등
	라포 형성	학생 존중하기, 학생과의 상호작용 활발히 하기, 학생에게 진실된 모습 보이기, 유머 사용하기, 학생들과 취미 이야기하기, 학생들의 변화된 모습 칭찬하기, 학생 행사 참여하기 등
대응	문제행동 대응	심각성 수준에 따라 차별화된 대응하기, 문제행동의 원인 파악하기, 학생과 논쟁하지 않기, 비언어적 개입기술 활용하기, 언어적 개입기술 활용하기, 장기적 문제해결 전략 활용하기, 학부모 상담하기, 전문상담교사 도움받기 등

출처: 이상철(2016), pp. 6-7.

3. 수업연구

1) 수업연구의 개념

수업연구는 교내에서 이루어지는 동료장학의 한 유형으로, 학습지도 방법의 개선을 위해 동 교과 또는 동 학년 교사들이 공동으로 수업공개를 계획하고, 수업을 관찰하며, 수업 후 협의회를 통해 의견을 교환하는 활동으로 정의할 수 있다(변영계, 김경현, 2010). 학교현장에서 수업연구와 유사한 의미로 사용되고 있는 명칭으로는 수업공개, 공개수업, 연구수업, 수업장학, 수업컨설팅, 시범수업, 수업시연 등이 있는데, 이 중에서 연구수업은 수업연구와 같은 의미로 사용되지만 교육청에 따라 수업연구 또는 연구수업이라는 명칭을 사용한다. 수업연구와 유사한 의미로 사용되는 명칭의 의미를 살펴보면 다음과 같다.

- 공개수업 또는 수업공개: 학부모, 외부 교원, 장학사 등이 참관할 수 있도록 교내 일부 학급 또는 전체 학급의 수업을 공개하는 활동이다. 일반적으로 학습지

도안은 공개수업을 하게 되는 차시의 주요 교수–학습 활동을 1~2페이지 정도로 간략하게 요약하여 제시하는 약안으로 작성한다.

- 수업장학: 교사의 수업방법과 수업기술을 개선시킴으로써 학생의 학습효과를 높이려는 활동이다. 하위 유형으로는 임상장학, 동료장학, 자기장학, 약식장학, 자체연수 등이 있다(변영계, 김경현, 2010).
- 수업컨설팅: 수업 관련 문제를 해결하기 위해 자발적으로 도움을 요청한 교원에게 교내외의 수업컨설턴트들이 학교컨설팅의 방법과 원리에 따라 제공하는 자문활동이다(진동섭, 홍창남, 김도기, 2009).
- 시범수업: 교수법에 능숙한 교사가 미숙한 초임교사 또는 장차 교사가 되려는 사람들에게 학습지도의 방법을 실제로 참관시켜 이해시키기 위한 수업을 말한다(송기창 외, 2010).
- 수업시연: 교원 임용시험에서 응시자의 학습지도안 작성과 수업진행 능력을 시험하는 과정으로, 1시간 정도의 학습지도안 작성 시간을 부여한 다음 작성한 학습지도안을 바탕으로 10~20분 정도 도입, 전개, 정리의 수업 단계를 축소하여 진행한다.

2) 수업연구의 실제

수업연구는 교내 동 교과 교사들을 중심으로 이루어지는 동료장학 활동으로, 일

표 4-7 수업연구 추진 절차 예시

수업 전 계획		수업연구의 실행		수업연구 협의회
• 수업 전 계획: – 수업연구주제 선정 및 검토 – 수업연구 지도안 작성 – 사전 실태조사	⇒	• 교실 입실 • 수업의 실행 • 도입–전개–정리 및 차시안내	⇒	• 수업연구 협의회 개최, 회의록 작성 후 전자문서 처리 • 순서: 수업자 소감, 질의 · 응답, 동교과 교사 협의(논의)
• 수업연구를 위한 준비: – 교실환경 조성 – 수업참관 시 주의사항 안내		• 수업연구 지도안 • 수석교사, 교과부장 및 동 교과 교사 참관, 체크리스트 준비		• 강평의 순서 – 수업 교사 자평 → 수석교사 컨설팅 → 동교과 교사 평가

출처: 연제고등학교(2019), p. 172.

반적인 수업장학의 절차에 해당되는 관찰 전 협의회, 수업의 관찰 및 분석, 관찰 후 협의회와 같은 과정을 엄격하게 따르기보다는, 보다 자유로운 분위기에서 교실 수업 개선을 위하여 상호 간에 의견을 교환하는 과정으로 볼 수 있다. 수업연구의 절차를 살펴보면 〈표 4-7〉과 같다(변영계, 김경현, 2010).

(1) 수업연구자 선정하기

수업연구자 선정은 단위학교의 연간 수업연구 계획에 따라 이루어지는데, 일반적으로 학년 초에 동 교과 교사모임에서 결정된다. 선정 원칙은 교육경력이나 전입년도 등을 기준으로 하여 교과별로 1명을 선정하며, 최근에는 교원능력개발평가 실시와 수업공개 활성화로 인하여 교과별 1명의 수업연구자와 함께 모든 교사가 공개수업을 하는 것을 원칙으로 하는 학교들이 증가하고 있다. 〈표 4-8〉은 수업연구 운영 계획 예시이다.

표 4-8 수업연구 운영 계획 예시

구분	대상	교과	횟수	교사	기간	의의
수업연구(수업공개)	동료교원	6개 교과군	6회	교과별 희망·추천교사	3월, 4월, 5월, 6월, 9월, 10월	• 전체 또는 학년별 수업 공개 및 협의회 실시 • 전시 위주의 연구수업이 아닌 일상의 수업공개로 학생의 배움 중심 수업에 대한 실질적인 협의문화 조성 • 다른 사람의 수업을 통해 자신의 수업을 성찰하는 과정에서 교사의 성장이 이루어짐 • 함께 성장하는 교사 전문적 학습공동체 형성 목적
학부모 수업공개	학부모	전 교과군	2회	모든 교사	5월, 10월	• 학부모들의 수업혁신 이해 및 학교교육에 대한 신뢰도 제고 • 학교와 학부모간 건강한 교육공동체 구축

출처: 만덕고등학교(2019), pp. 204-205를 재구성함.

(2) 수업연구의 준비

수업연구를 하게 된 교사는 수업연구 시기, 학반, 단원 등을 선정하는 준비과정을 거친다. 수업연구 시기는 타 교과 수업교사들과 의논하여 조정하게 되는데, 피해야 하는 시기는 학년 초와 학년 말 그리고 시험기간이며, 적절한 시기는 중간고사 이후인 5월과 10월, 1학기 기말고사 이후인 7월 등이다. 수업연구 학반은 일반적으로 담임교사인 경우에는 담임 학급을, 비담임 교사인 경우에는 특별히 다른 반에 비해 수업이 잘되는 학급이나 학생들이 적극적으로 수업에 참여하는 학급이 주로 선정되며, 수업지도안을 작성하기 이전에 학급 학생들의 해당 교과에 대한 학습능력, 학습태도, 선호하는 수업방식 등과 같은 실태조사를 실시한다. 수업연구 단원은 수업 개선이 필요하거나 평소 관심을 가지고 있던 교과내용을 중심으로 선정한다.

(3) 수업지도안 작성하기

수업지도안은 한 시간 단위의 수업목표를 달성하기 위하여 어떻게 수업을 전개할 것인가에 관한 구체적인 계획으로, 포함되어야 할 내용으로는 단원명, 단원 설정의 이유, 단원의 학습목표, 단원의 내용구조, 차시별 지도계획, 지도상의 유의점, 본시 교수-학습 계획안 등으로 구성된다. 교내 수업연구는 이러한 내용을 모두 포함하는 수업지도안, 즉 세안을 작성하며, 학부모나 외부 교원 등의 수업참관을 목적으로 하는 수업공개는 본시 교수-학습 계획안을 2~3페이지로 정리한 약안을 작성한다. 약안은 교수-학습 활동과 학습지, 모둠활동지, 형성평가지 등을 포함한다.

(4) 수업연구 실시 및 참관하기

수업연구자는 수업 실시에 앞서 수업 녹화 계획, 교실환경 정리 등 각종 유의사항들을 확인해야 하며, 구체적인 내용은 다음과 같다(송기창 외, 2010).

- 수업연구 관련 인쇄물은 준비하였는가?
- 수업에 활용할 컴퓨터, PPT, 각종 보조자료 등은 정상적으로 작동하고 있는가?
- 학생들이 긴장하지 않게 자연스러운 분위기를 조성하고 있는가?
- 학생들은 교과서 등 학습준비물을 갖추고 있는가?
- 참관자에 대한 예의가 잘 지도되어 있는가?
- 복도, 벽면 등이 학습자에 의해 잘 이용되고 있는가?

• 교실 내외 환경은 정리되어 있는가?

수업참관자는 가급적이면 수업이 시작되기 전에 수업지도안을 충분히 검토한 후 늦지 않게 교실에 도착하여야 하고, 수업에 방해되지 않는 범위 내에서 적극적으로 수업을 관찰하며, 그 결과를 수업참관록에 기록한다. 수업참관록 예시는 〈부록 4-1〉에 제시하였다.

(5) 수업연구 협의회 하기

수업연구 협의회는 수업관찰 결과를 토대로 교실 수업을 개선하기 위한 방법을 모색하기 위하여 수업연구자와 수업참관자의 참여하에 이루어진다. 협의회는 일반적으로 수업자의 반성, 참관자의 피드백, 수업 협의 등의 내용을 포함하며, 심도 있는 협의회를 위한 요령은 다음에서 다룬다.

3) 수업연구 협의회

수업연구 협의회는 공개수업 및 수업연구를 실시하고 난 다음에 이루어지는 수업 피드백 단계다. 참관자로는 수업자, 동 교과 참관자, 타 교과 참관자, 수업연구 담당자, 수석교사, 교감, 교장 등이며, 수업관찰 결과를 중심으로 논의하는 과정을 거쳐 수업자뿐 아니라 협의회에 참여한 모든 교사의 수업 개선을 목적으로 한다. 수업 후 협의회의 단계를 살펴보면 다음과 같다(천호성, 2010).

(1) 수업의 특성 분류하기

수업참관자는 관찰 내용을 바탕으로 수업의 특성을 분류할 수 있다. 예를 들면, 좋은 점, 공감되는 점, 의심스러운 점, 미흡하다고 느껴지는 점, 논의하고 싶은 점 등으로 수업참관록(〈부록 4-1〉 참조)을 작성할 수 있다.

(2) 수업의 좋은 점 먼저 이야기하기

수업참관자는 관찰한 내용 중에서 먼저 긍정적인 면, 즉 좋은 점, 공감하는 점, 만족스러운 점 등에 대하여 이야기한다. 이때 "좌석표에 표시한 것과 같이 발언 기회를 다양하게 부여하여 학생들의 적극적인 수업 참여를 이끌어 내는 것이 돋보였다."와 같이 구체적인 예를 들어 가며 이야기하는 것이 수업자를 위해 바람직하다. 수업자에 대한 긍정적인 피드백은 수업자로 하여금 자신의 수업에 대하여 자신감을 갖게 하고, 나아가 수업 전문성을 신장할 수 있는 계기가 될 수 있다.

(3) 학생의 발언, 행동, 반응에 대해 이야기하기

수업참관자는 수업 중 또는 수업 후 학생들의 반응, 예를 들면 "국어 선생님 수업은 항상 재미있어서 시간 가는 줄 모르겠어요." "수학 선생님 수업은 어렵게 설명하셔서 이해가 잘 안 돼요." 등과 같은 소감을 바탕으로 수업의 좋은 점과 개선해야 할 점에 대하여 언급하는 것도 필요하다. 수업은 참관자나 수업자의 관점보다 학생의 입장에서 바라보는 것이 가장 정확하기 때문이다.

(4) 수업에서 의심스러운 점 질문하기

수업참관자는 수업자의 의도나 수업내용에 대하여 궁금한 점, 예를 들면 "한 학생이 발표를 하려고 손을 몇 번이나 들었는데 시키지 않는 이유가 무엇인지 알 수 있을까요?" "학생 활동을 모둠으로 진행하였는데 특별한 의도가 있습니까?" 등과 같은 질문을 통해 의문을 해소할 수 있다. 이러한 과정은 수업 이해도를 높여 보다 발전적 논의가 가능한 수업 후 협의회가 될 수 있게 하는 바탕이 된다.

(5) 수업에서 논의하고 싶은 점 제안하기

일반적으로 수업 후 협의회는 해당 공개수업에 대한 평가에 그치는 경우가 많으나, 수업자와 관찰자 모두의 수업 개선을 위해서는 "좋은 수업이란 어떤 수업일까?" "보여 주기식 공개 수업보다 평소에 수업을 공개하고 협의회를 가져보는 것이 어떨까?" 등과 같은 제안을 통해 깊이 있는 토론과 논의가 이루어지는 기회를 가지는 것도 필요하다. 논의 과정은 수업을 체계적이고 비판적으로 바라볼 수 있게 하고, 나아가 수업 전문성을 신장시킬 수 있는 시간이 될 수 있다.

(6) 수업에서 보완할 점 조언하기

수업의 좋은 점과 부족한 점에 대한 생각은 수업자와 참관자 모두 같을 수 없으므로, 특히 수업참관자는 수업에 대하여 미흡하다고 생각되는 것을 부드럽게 표현하여 수업자의 감정이 상하지 않도록 배려할 필요가 있다. 예를 들면, "가끔씩 선생님

목소리가 뒤에서는 잘 들리지 않던데 혹시 목이 많이 아픈가요?" "엎드린 학생을 지적하지 않던데 혹시 다른 이유라도 있나요?" 등과 같이 표현할 수 있다. 특히 수업관찰의 초점을 교사 개인의 수업기술 역량에 맞추어 평가하는 경향이 있는데, 이러한 관점은 교사들이 수업 공개에 강한 거부감을 갖게 하므로, 관찰의 초점을 학생으로 이동하여 학생들이 얼마나 열심히 수업에 참여하고 학습내용을 이해하고 있는가에 관심을 가지는 것도 요구된다.

(7) 개선사항 정리하여 자신의 수업에 반영하기

수업자 및 참관자는 수업 후 협의회에서 논의된 내용을 정리하여 자신의 수업을 개선하고 발전하는 데 반영할 수 있어야 한다. 구체적으로는 논의사항 정리하기, 개선사항 확인 및 실천방법 모색하기, 개선된 방식으로 수업 실천하기의 단계를 거치게 된다.

수업 녹화 분석

필요성

수업녹화 분석은 교사의 수업능력 개선을 위해 실제 수업장면을 녹화한 다음 이를 바탕으로 피드백을 받는 과정이라고 볼 수 있으며, 짧은 시간에 자신의 수업능력의 장단점을 확인할 수 있는 방법이다.

수업 녹화 절차

- 촬영 시간 예약: 동영상 촬영을 담당하는 교직원에게 연락하여 원하는 시간을 예약한다.
- 촬영 대상 수업 선택: 강의나 토론 등 두 가지 이상의 수업모형을 적용할 수 있고, 다양한 교수매체를 활용할 수 있는 수업을 선정해야 폭넓은 수업 분석이 가능하다.
- 학습자에게 수업 촬영 사전 안내: 수업능력 개선을 목적으로 하는 촬영이므로 긴장하지 말고 자연스럽게 수업에 참여하도록 지도한다.
- 교수활동에 초점을 두고 촬영: 촬영을 담당하는 교직원에게 교사와 학생 중 어느 한쪽에만 집중하여 촬영하지 않고, 교사와 학생 간의 상호작용, 즉 교수활동에 중점을 두고 촬영하도록 요청한다.

수업 녹화 분석

- 수업 촬영을 한 날 또는 다음날과 같이 가능한 빨리 동영상을 본다.
- 수업 촬영 동영상을 두 번 이상 보고 분석한다.
- 수업 동영상을 혼자 보지 말고 동료교사 또는 교수법 전문가와 함께 시청한다.
- 수업 분석시 중점을 둘 부분은, 교사가 잘 하고 있는 점, 개선이 필요한 점, 학생들이 좋아하거나 싫어하는 점, 다시 수업을 한다면 바꾸고 싶은 세 가지 등이다.
- 수업에서 교사와 학생간의 질문, 응답, 침묵 등과 같은 상호작용 언어와 횟수를 기록한다.
- 수업참관록 등과 같은 수업 분석에 필요한 체크리스트를 활용한다. 체크리스트에는 수업조직과 준비, 표현의 명확성, 질문 기법, 학생 관심과 참여, 학습 풍토 등이 포함된다.

출처: 이지연(2008), pp. 176-182.

토론 및 실습 과제

1. 칭찬언어와 격려언어를 구별하고, 예시문을 각각 10개 이상 작성해 보자.
2. 첫 수업시간을 어떻게 진행할 것인지 1페이지 정도로 구체적으로 작성해 보자.
3. 수업 중 문제행동(예: 잠자기, 핸드폰 만지기, 집단으로 떠들기, 교사에게 대들기 등)에 관한 학생 지도방안에 대하여 생각(토론)해 보자.
4. 교육청 홈페이지, 유튜브 등을 통해 접할 수 있는 우수수업 동영상을 감상하고, 수업참관록을 작성해 보자.

부록 4-1 **수업참관록 예시**

교과 공개수업 참관 성찰록 및 학생좌석표

수업일	2020년 월 일 요일 교시			
수업 개요	학년	교과	해당 학반(수업장소)	수업자
수업 개요				
참관 관점	교수 · 학습 전략			
	학생 관찰	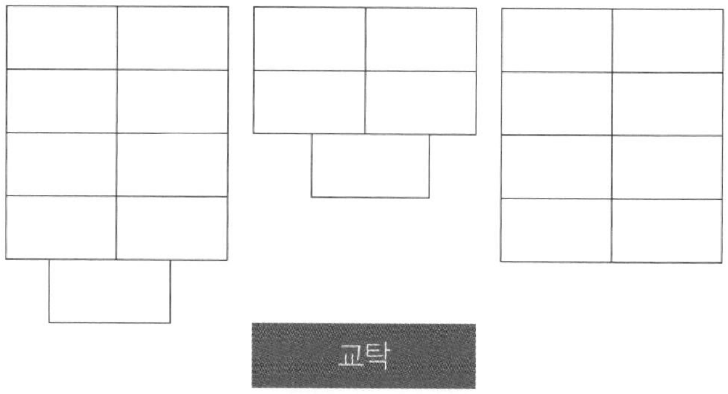 가. 나.		
수업 참관 성찰록				
배운 점 느낀 점 실천할점				

수업참관자 교사 (인)

참고문헌

김선혜(2007). 교사의 '칭찬' 언어와 '격려' 언어의 차이. **초등교육연구, 20**(3), 377-399.

김유미, 남미애, 조현희, 권인숙, 안미화, 이선미, 고정자(2011). **수업 노하우 발견**. 서울: 학지사.

김은주(2004). **명강의 핵심전략**. 서울: 연세대학교 출판부.

만덕고등학교(2019). 학교교육계획.

박병량(2001). **훈육**. 서울: 학지사.

박병량(2003). **학급경영**. 서울: 학지사.

변영계, 김경현(2010). **수업장학과 수업분석**. 서울: 학지사.

송기창 외(2010). **중등 교직실무**. 서울: 학지사.

연제고등학교(2019). 학교교육계획.

이상철(2016). 학생의 수업시간 문제행동 예방과 대응을 위한 중학교 교사의 교실관리 매뉴얼 개발. **교육혁신연구, 26**(2), 1-23.

이상철, 주철안(2007). 실업계 고등학교 교사의 '3월의 교직문화'에 대한 질적 연구. **아시아교육연구, 8**(3), 137-158.

이지연(2008). **교육방법 및 교육공학**. 경기: 서현사.

조용개, 신재한(2007). **교실수업전략**. 서울: 학지사.

진동섭, 홍창남, 김도기(2009). **학교경영컨설팅과 수업컨설팅**. 경기: 교육과학사.

천호성(2010). **수업 분석의 방법과 실제**. 서울: 학지사.

Broman, B., & Shipley, S. (1976). Very good: 68 ways to say it. Instructor, April, 118ff.

Brophy, J. E. (1981). Teacher Praise: A functional analysis. *Review of Educational Research, 51*, 5-32.

Emmer, E. T., & Evertson, C. M. (2009). *Classroom Management for Middle and High School Teachers* (6th ed.). Upper Saddle River, NJ: Pearson.

Levin, J., & Nolan, J. F. (2008). **학급경영의 원리** [*Principles of Classroom Management: A Professional Decision-Making Model* (5th ed.)]. (한유경, 박상완 역). 서울: 아카데미프레스. (원저는 2007년에 출판).

Jones, V. F., & Jones, L. S. (1990). *Comprehensive classroom management: Motivating and managing student* (3rd ed.). Boston: Allyn and Bacon.

Ryans, D. G. (1960). Characteristics of teachers. *Washington, D.C.: American Council on Education, 82*, Reprinted with permission.

Tauber, R. T. (1995). *Classroom management: Theory and practice* (2nd ed.). New York:

Holt, Rinehart.

교육부 우수수업동영상 http://good.edunet4u.net
김용택의 참교육 이야기 http://chamstory.tistory.com
부산광역시미래교육원 부산교수학습샘터 http://westudy.busanedu.net

제 3 부

담임교사로서의 삶

제5장

학급경영

사례

김 교사는 올해 새 학교로 부임하여 신 학년 담임으로 선정되었다. 김 교사는 마음이 무거웠다. 학생들의 학교생활이 예전과 달리 자유분방해지고 학교규칙과 질서를 소홀히 하는 경향이 있음을 익히 보아 왔기 때문이다. 특히 학교폭력이 사회적인 이슈로 부각되어 교사들 간에도 학급담임 맡는 것을 꺼리고, 학년 초에 학교마다 담임선정에 애를 먹고 있다. 그러나 교사 중 누군가는 학급담임을 맡아야 한다. 담임교사를 '교사 중의 교사'라 부르는데, 부모처럼 학생들의 성장과 발달을 돕는 데 가장 영향력이 큰 사람이기 때문이다. 그래서 학생의 '멘토(mentor)'의 역할을 하는 존재이기도 하다. 요즘에는 '담임선택제' '담임실명제' '복수담임제' 등 다양한 형태의 정책이 등장했다. 학부모들의 요구도 다양하고 강렬하다. 자기 자식에게 조금이라도 불이익이라 생각되면 전화로 항의하거나 심지어 학교로 찾아와 학교경영자에게 담임을 교체해 달라고 요구하는 학부모도 일부 있는 것이 현실이다. 담임교사에는 두 부류가 있다. 학급을 전통적으로 강압적인 방식으로 관리하는 교사와 학생과 눈높이를 맞추며 편하게 지내는 교사이다. 대부분의 담임교사는 학생과 소통하는 즐거운 교실을 꿈꾼다. 그러나 현실에서의 교사는 상처를 받고 결국에는 학생과의 관계가 악화되는 경우가 허다하다. 김 교사는 고민이다. 올해는 어떻게 학급을 이끌어가야 할 것인가?

이 장에서는 먼저 학급담임교사로서 일 년 동안 학급을 지도하는 기본적인 토대인 학급경영계획을 수립하는 방법을 살펴보고자 한다. 학급경영계획의 수립과정에서 목표와 방침을 설정하고 학급활동계획을 수립하며 경영활동을 평가하고 구체적인 학급경영안을 작성해 볼 수 있다. 또한 학급담임의 역할과 임무를 통해 다양한 영역에서 담임교사가 해야 할 주요 업무를 익힐 수 있다. 담임교사가 갖추어야 할 자질과 능력을 익힘으로써 성공적인 학급경영을 수행할 수 있을 것이다. 학급경영의 실제에서는 학급규칙을 제정하는 절차를 익혀 민주적인 학급운영과 공동체 사고를 배울 수 있고 준법정신을 함양할 수 있다. 또한 인성 위주의 생활지도를 통해 친절하면서도 단호하게 지도할 수 있는 감정코칭 전략도 알아본다. 월별 지도계획에서는 인성지도의 덕목을 월별로 설정하고 월별 교육활동을 학생들과 공유함으로써 참여하는 학급경영을 만들 수 있다. 다음으로 학급환경을 구성하는 방법과 내용을 익혀 특색 있는 학급환경을 조성할 수 있을 것이다. 또한 성공하는 담임의 학급경영 노하우를 통해 선배교사의 경험을 제공하여 학급경영의 사례를 접할 수 있다. 마지막으로 담임교사로서 가장 중요한 임무인 학교생활기록부 작성에 대한 상세한 기재요령을 소개하고 있다.

1. 학급경영계획

학교교육은 학급을 기본 단위로 하여 전개된다. 학생은 학급교실에서 배우고 경험하면서 성장·발달한다. 따라서 학급을 어떻게 운영할 것인가를 주 내용으로 하는 학급경영은 학교교육의 성과를 결정하는 중요한 경영활동이다. 이 장에서는 박병량과 주철안의 『교육행정 및 교육경영』(2012)을 토대로 하여 효율적인 학급경영을 살펴보고자 한다.

학급은 학교의 교수학습조직의 기본 단위 조직이다. 학급은 학교의 교육목적을 수행하기 위해 교육과정, 학생, 교사, 물적 조건으로 구성된 학교의 기본 교수학습조직이다. 학교의 교육(교육과정)은 학급의 교수와 학습활동을 통해서 달성된다. 학급은 또한 학생에게 있어 생활의 장이다. 학생은 하루의 대부분을 그리고 인생의 많은 시간을 학급 교실에서 보내면서 학생과 교사 그리고 학급환경 속에서 배우고 경험하고 느끼고 생각하면서 성장·발달한다. 이러한 학급의 교육과 생활경험을 계획하고 조직하고 지도하는 학급경영은 학교교육의 성과는 물론 학생 개개인의 삶의 질을 결정하는 데 중요한 역할을 한다.

1) 학급경영계획의 의의

학급담임이 수행할 학급경영상의 과제는 학급경영계획을 세우는 일이다. 학급경영계획은 앞으로의 학급활동을 구상하고 준비하는 활동이다. 따라서 학년 초가 되면 교사는 새 학급의 실태를 파악하여 일정기간 동안에 학급이 성취할 목표를 세우고, 이를 달성하기 위한 여러 가지 조건과 활동방안을 구안하고, 그것을 실천할 구체적인 방법을 학급경영계획안으로 작성하게 된다. 잘 짜여진 학급경영계획은 학급을 합리적이고 효율적으로 운영하는 데 길잡이 역할을 한다.

2) 학급경영계획의 수립과정

학급경영계획은 학급교육목표의 설정, 학급경영목표의 설정, 학급경영방침의 설정, 학급활동계획, 학급경영평가 계획, 학급경영안 작성 등의 절차를 거쳐 수립된다. 각 단계별 주요 내용을 살펴보면 다음과 같다.

(1) 학급교육목표의 설정

학급교육목표는 학교-학년-학급으로 이어지는 교육목표의 연계체제 속에서 학급을 단위로 하여 전개되는 교육활동의 목표다. 따라서 학급교육목표는 학급단위에서의 교육과정 운영, 학생실태 및 경영실태를 고려하여 학급에서 성취할 수 있는 교육목표로 구체화된다. 학급교육목표는 지적 · 정의적 · 사회적 영역 등에서 학생들이 성취해야 할 행동이나 행동특성으로 구체적으로 진술한다.

(2) 학급경영목표의 설정

학급경영목표는 교육목표를 효과적으로 달성하기 위해 전개해야 할 경영상의 목표로, 학급의 교육목적 달성을 위해서 마련되어야 할 조건과 수행되어야 할 활동에 관련된 것이다. 학급경영목표에는 교육목적 달성과 관련된 학급의 제반 경영활동이 포함된다. 학급경영목표는 각 영역별로 보다 구체적으로 진술하되, 가능한 한 성과기준을 계량화하여 정하고 평가의 지표로 삼도록 한다.

(3) 학급경영방침의 설정

학급경영방침은 학급경영목표를 달성하기 위한 행동전략으로 경영목표를 달성하기 위한 구체적인 경영활동 또는 행동노선으로 진술한다. 학급경영계획을 수립하기 위해서는 학생들에 대한 실태를 다각적으로 조사할 필요가 있다. 그러므로 학급담임교사는 이러한 자료를 조사하기 위해 필요한 제반 기초 조사를 실시하고 전(前) 학년까지의 담임교사가 갖고 있는 학생이해 자료를 광범위하게 수집하여 학급

표 5-1 학급실태조사

영역	조사내용
1. 학생 조사	생년월일, 연령지능 · 성격 · 적성 · 주소, 성장한 곳 · 종교 · 출신교 또는 입학 이전의 생활 · 전년도까지의 성적 · 취미, 특기, 기호물 · 좋아하는 교과, 싫어하는 교과 · 교우관계 · 통학관계 · 방과후 학원 및 과외 수강 여부 · 신체발달상황(체격, 체력) · 학생건강상태 · 장래희망 · 동아리활동부서 · 과거 학교생활태도, 생활지도 경력, 벌점누가기록 등

2. 학급 조사	성적분포 · 신체적 경향 · 학급풍토, 교우관계 · 과거 반장, 부반장, 임원경험자 · 학생출석 경향 · 소집단 및 보스파악 · 출신학교 조사 · 거주지상황 · 가족상황 · 통학 거리, 시간, 수단 · 교실기자재 등
3. 가정 조사	가족관계 · 부모의 연령, 교육정도, 직업, 연락처 등 · 생활정도 · 종교 · 자녀교육에 대한 부모의 관심 · 자녀에 대한 부모의 장래희망 · 가정 내 학습환경(공부방) · 가정의 문화시설 등
4. 지역사회 조사	문화시설 · 산업시설 · 생활여건 · 자연조건 · 주민생활상 · 지역역사 · 문화유적 · 거주여건(주택, 아파트, 다세대주택 등) · 주요 기관 · 지역인사 등

자료: 박병량(2003), pp. 290-291을 참고로 재구성.

경영계획 수립 시 활용해야 한다. 학급경영에 필요한 조사 자료를 개략적으로 살펴보면 〈표 5-1〉과 같다(김종철, 진동섭, 허병기, 1993, pp. 267-268).

(4) 학급활동계획

학급활동계획은 경영방침을 실천하기 위한 세부 실천계획으로 누가, 무엇을, 언제 수행할 것인가를 정확하게, 상세하게 기술한다. 세부 실천계획을 구체화하는 데 포함되는 주요 사항에는 활동의 대상, 동원될 사람, 필요한 물적 자원, 소요비용과 같은 투입될 자원, 실시 시기와 같은 시간계획, 담당자(부서)와 그들의 권한, 의사소통과 같은 운영체제 등이 있다.

(5) 학급경영평가 계획

학급경영평가 계획에서는 학급경영의 성과를 진단 · 평가할 수 있는 평가방법을 구체화한다. 계획과 실천은 연속적 순환과정으로 상호보완적 관계에 있으므로 경영평가 자료는 계획의 수정과 보완 및 차기(次期)의 학급경영계획에 활용한다. 학급경영평가 계획은 학급경영영역 또는 활동별로 작성하여 구체화한다.

(6) 학급경영안 작성

학급경영안 작성은 학급경영계획 단계별로 구상되고 구체화된 학급경영계획을 일정한 양식에 따라 기록 · 작성하는 일이다. 양식은 학교의 통일된 것이 있고 교사 개인이 개발할 수도 있다. 학급경영안에 포함되는 주요 내용은 학급교육목표, 학급경영목표, 학급경영방침, 학급활동계획(활동영역, 대상, 필요한 자원, 시간계획, 운영계

표 5-2 학급경영계획서(예시)

급훈	경청(敬聽)	평가
경영 방침	1. 항상 긍정적인 사고를 가지도록 한다. 2. 배려하는 마음을 가지도록 한다. 3. 자율적, 능동적인 행동을 하도록 한다.	
학급경영 중점 사항	1. 항상 긍정적인 사고를 가지도록 한다. – 자신의 잘못을 변명하기보다 솔직하게 인정하고 개선하도록 한다. – 합리적인 규칙과 질서를 존중하고 수용하는 태도를 함양하도록 한다. – 타인에게 밝고 친절한 모습으로 대하는 태도를 함양하도록 한다. – 서로 간에 인사를 잘하고 상냥한 언어를 사용하도록 한다.	
	2. 배려하는 마음을 가지도록 한다. – 역지사지(易地思之)를 생활화하도록 한다. – 나의 작은 수고가 많은 사람에게 큰 이로움을 준다는 것을 알게 한다. – 많이 말하기보다 많이 듣는 경청의 태도를 함양하도록 한다.	
	3. 자율적, 능동적인 행동을 하도록 한다. – 학급에 필요한 것을 찾아서 하며, 화합과 협동의 필요성을 알도록 한다. – 스스로 학습계획을 수립하여, 자기주도적인 학습을 하도록 한다. – 자신의 부족함을 인정하고 자율적으로 개선해나가는 의지를 함양하도록 한다. – 자신의 미래에 대한 비전을 분명히 세우도록 한다.	

출처: 경혜여자고등학교(2020), 2020학년도 교육계획서.

획 등), 학급경영평가 계획 등이다. 이러한 계획 내용들을 학기별, 월별, 주별, 일별로 학급경영안으로 작성하여 실천한다.

2. 학급담임의 역할과 임무

1) 학급담임의 역할과 임무

학급담임은 교실에서 학생을 매일 접하면서 교육활동을 전개하는 교사라는 점에서 그의 역할은 다른 어떤 교무분장 직무 중에서도 가장 중요한 의미를 가진다. 또한 학생들에게 가장 영향력이 큰 존재이며 삶의 멘토로서 역할을 한다. 학급담임의 일차적 임무는 학급경영을 구상하고 전개하는 학급경영의 담당자로서 역할을 수행하는 것이다. 그것은 학급목적을 달성하기 위하여 경영목표를 세우고 학급이 수행할 제반 과업을 계획하고 지도·전개하고 평가하면서 학급을 충실히 발전시키는 것이다. 또한 학급의 질서를 유지하면서 학습을 촉진하는 활동이다. 학급담임의 임무를 학급경영 실제와 관련하여 열거하면 다음과 같다.

학급담임의 임무	• 학급경영의 목표수립 • 학급경영계획의 수립–학급경영안의 작성 • 학급 교육과정의 구성과 운영 • 학생 생활지도 및 인성지도 • 학생 진로진학 지도 및 상담지도 • 학교폭력 예방지도 • 특수학생 지도 • 학생 평가 • 과외활동과 여가지도 • 교실의 환경 구성 • 학급 사무처리 • 학급경영 평가 • 학부모 상담 및 지역사회관계

이러한 활동을 효율적으로 수행하기 위해서 학급담임은 다음과 같은 역할을 수행한다(新谷民夫, 1983, pp. 132-133).

첫째, 학급담임으로서의 역할을 자각하고 그에 따른 책임을 수행하도록 노력해야 한다. 학급담임은 교육자로서, 학교 조직의 일원임을 자각하고 다음과 같은 점을 고려해야 한다.

둘째, 학생을 깊이 이해하고 그들을 사랑해야 한다. 이해는 객관적·발달적으로 이루어져야 하며, 애정은 차별적 사랑과 평등적 사랑이 모두 필요하다.

셋째, 자기 자신의 인격과 식견을 높이고 항상 연수에 힘써야 한다. 학급담임은 다양한 특징을 지닌 개성 있는 학생을 지도하기 때문에 일방적인 주장에 치우치지 않고 넓은 교양과 인간성을 가지는 것이 필요하다.

표 5-3 학급담임의 역할

학급경영 관리 책임	학급경영에 대해 구상한 내용을 책임 있게 전개하도록 요청된다. 인적으로는 학생의 관리와 지도를, 물적으로는 교실환경에 관련된 조건정비를, 방법적으로는 이러한 인적·물적 요인의 전개와 교과, 창의적 체험활동, 도덕적 측면과의 관련을 충실히 하는 것이다.
학생 지도 책임	학생의 자주성, 주체성을 존중하면서 학급담임의 지도성을 충분히 발휘해야 한다. 학급담임은 학생들에게 때로는 엄격하게, 때로는 따뜻하게 아버지와 어머니와 같은 역할을 수행해야 한다.
학년 간 연계 책임	독창적인 학급경영이 독선적이고 폐쇄적으로 이루어지는 것을 막고, 학교교육 목표의 구체화와 실천, 학년 전체의 노력과 목표달성 추진이라는 입장에서 그 연계와 조정이 이루어지도록 해야 한다.
부모와 연계 책임	위와 같은 학급경영 책임, 학생 지도 책임, 학년 간 연계 책임의 성과를 높이기 위해서는 가정에서의 책임, 학교-가정의 협력 체제를 확립하여 그 연계협동을 긴밀히 해야 한다.

2) 학급담임교사의 업무

학급담임교사는 학급경영자로서 매우 광범위하고 다양한 업무를 수행한다. 일반적으로 담임교사는 교과지도, 생활지도, 진로진학지도, 창의적체험활동지도, 교실환경 정리, 사무관리, 학부모와 지역사회와의 관계 관리 등 광범위한 활동을 통해서 학생들을 교육한다.

학급담임교사가 수행하는 업무와 담임의 일과를 정리하면 다음과 같다.

표 5-4 학급담임교사의 업무

영역	담임교사 주요 업무
1. 학급운영	• 급훈의 선정과 실천지도 · 학급경영안 작성 및 활용 • 조례 · 종례지도 · 학생 실태조사 분석 및 기록유지 • 학생 생활지도 내용의 기록과 활용 • 가정환경 파악과 가정과의 연락 유지
2. 교육과정	• 학습태도 분석 및 학습방법 지도 · 독서지도 • 교육평가의 집계, 통계, 통지표 작성

3. 진로진학 지도	• 진로 적성 검사 활용 · 학업성취도평가 지도 • 학력평가 지도 · 희망 직업 조사지도 • 희망 학과 및 희망 대학 조사 · 진로 상담활동
4. 학급관리	• 환경미화 및 청소지도 · 교실비품 관리지도 • 학급정숙지도 · 학급문고 관리 · 교우관계 지도 • 학교 일과운영 지도 · 중식지도
5. 생활지도	• 학생 안전지도 · 보건 위생지도 · 용의 및 복장 지도 • 학교폭력 예방지도 · 학생 인권보호 지도 • 학생 개인정보 보호지도
6. 창의적 체험활동 지도	• 학급회 운영지도 · 학급임원 선출지도 · 자기계발 활동지도 • 자치활동지도 · 동아리활동지도 · 봉사활동지도 • 학교행사 활동지도
7. 학급 사무관리	• 학교생활기록부 기록 및 관리 · 학급경영안 · 건강기록부 • 출석부 · 학생환경조사서 · 제 학생 통계표

표 5-5 학급담임의 일과

구분	업무
아침 자습	• 학생 등교 확인 · 지각학생 지도 · 아침자습 정숙지도 · 독서지도 • 듣기방송 지도 · 주번활동 지도 · 교실소독 및 환경정리
조례	• 교실 및 복도 정리정돈 · 학생 출결 확인 · 건강상태 확인 · 전달사항 지도 • 용의 복장 지도 · 수업 준비 상태 점검
정규 시간	• 외출, 결과, 조퇴학생 지도 · 학생안전 지도 · 학교폭력 예방지도 • 실내 정숙지도 · 사고학생 조치 · 중식지도
종례	• 청소지도 · 훈화 및 귀가시 안전지도 · 교실정리정돈 및 문단속지도 • 출석부 정리 · 내일의 결 · 보강 교과 안내 · 가정통신문 전달 · 교외생활 지도 · 학교폭력 예방지도 · 기타 전달사항 지도
방과후	• 방과후 보충수업 지도 · 석식지도 · 야간자습지도 · 안전 귀가지도

출처: 박병량(2003), p. 58에서 재구성함.

3) 학급담임의 능력

(1) 교사의 일반적인 자질

여러 학자들의 선행연구를 바탕으로 교사에게 요구되는 일반적인 자질을 정리하면 다음과 같다(Fullan, 2001; Muijs & Harris, 2002; York-Barr & Duke, 2004; Danielson, 2006).

첫째, 교육에 헌신하고자 하는 마음이다(Danielson, 2006). 특히 교육활동, 학생들과의 교수-학습과정에 헌신하고자 하는 마음이 중요하다. 교사는 학교행정가와는 달리 교수-학습활동에 전문성을 발휘하여 교수-학습활동의 질을 개선하고 향상을 도모하여 무엇보다 가르치는 활동 그 자체에 의미를 부여하고 헌신하려는 마음을 가져야 한다.

둘째, 긍정적인 사고방식을 가져야 한다(Crowther et al., 2002). 교사는 동료교사와 협력하여 학생들의 교육을 이끌어 가는 사람이다. 새로운 시도나 도전, 변화와 개혁을 추구하게 되는데(Danielson, 2006), 이 과정에서 장애나 어려움을 겪을 수 있으며, 단기적으로 성과가 나타나지 않았을 경우 부정적인 인식을 가질 수 있다. 따라서 이것을 극복하기 위해서는 분명한 비전을 제시하고, 결과에 대한 확신을 갖고 구성원을 설득할 수 있어야 하며, 어려운 상황에서도 긍정적 · 적극적인 자세를 가질 수 있어야 한다.

셋째, 열린 마음과 인간애가 필요하다. 교사는 동료교사 및 학생과 협력하여 교육활동을 이끌어 가는 위치에 있다. 이들과 협력하고 이들을 이끌기 위해서는 열린 마음이 필요하다. 자신의 가치나 신념만을 중시하고 강요하는 교사는 성공적으로 교육활동을 할 수 없다. 자율성과 전문성을 중시하는 교사에게는 존중하는 마음과 자율성을 발휘하도록 하는 배려가 필요하다. 그러므로 동료교사나 학생에 대한 열린 마음이 필수적이다.

넷째, 불굴의 용기와 의지가 필요하다. 교사들이 추진하는 일은 대체로 기존 체제에 대한 새로운 도전들이다(Harris, 2003). 따라서 기존의 관념이나 관행, 장벽 등을 뛰어넘을 수 있어야 한다. 특히 보수적 성격이 강한 학교문화 속에서(York-Barr & Duke, 2004) 새로운 개혁이나 시도를 위해서는 용기와 의지가 더욱 필요하다.

다섯째, 자신이 하는 일에 대한 확신과 판단력을 갖추어야 한다. 교육활동의 성과는 비가시적이고 장기적인 특성을 갖고 있기 때문에, 단기적으로 가시적인 성과가 나타나지 않으면 활동에 대한 회의를 갖고 소극적인 태도를 가지기 쉽다. 철저한 분석과 계획을 바탕으로 수행한 활동이라면 당장의 효과가 나타나지 않더라도 궁극적인 효과에 대한 확신을 가지고 추진해야 한다. 또한 과업 수행 과정에서 대립이나 갈등, 환경과 상황 변화 등에서 교사는 명확한 판단과 결정을 내릴 수 있어야 한다.

여섯째, 인내력 또한 교사에게 필요한 자질이다. 교사는 교육에 대한 다양한 요구와 필요를 인내심을 가지고 살피고 교육활동으로 유도할 수 있어야 한다. 교육활동의 성과나 변화가 쉽게 나타나지 않기 때문에 조급함을 이겨내고 인내심을 가지고 대할 필요가 있다. 학교 내외의 요구에 조바심을 낼 수 있는데, 교육 효과는 장기적이므로 교사는 인내심을 갖고 기다릴 줄 알아야 한다.

일곱째, 교사에게는 창의성과 유연성이 필요하다. 교육활동은 고도로 전문적이고 복잡한 활동이다. 따라서 이론적, 실제적으로 정형화된 틀을 갖기 어렵다. 사람과 환경 등에 따라 유연하게 대처해야 하는 것이 교육활동이다. 이를 위해서는 교사는 창의성과 유연성이 필요하다. 특히 지식의 생명주기가 짧아지고 있는 현대사회에서 교사가 자신이 배웠던 것과 다른 내용이나 새로운 내용을 받아들이고 탐구할 수 있어야 하며, 학생의 변화에 대해서도 유연하게 대처할 수 있어야 한다(이윤식 외, 2007, pp. 282-285).

(2) 학급담임의 능력

학급담임은 학급경영자이다. 학급담임은 성공적으로 담임 업무를 수행하기 위해서 교사의 일반적인 자질과 더불어 경영자로서의 자질이 요청된다. 또한 김명환(1998)은 담임교사에게 요구되는 자질을 전문적인 측면과 인간적인 측면으로 구분하여 기술하고 있다.

① 인간적인 측면에서 요구되는 자질

- 인도주의적인 인간애로 사람을 사랑하는 교육애의 소유자
- 교직원, 학생, 학부모, 지역사회 주민, 교육행정가 등과 원만한 대인관계를 유지하는 인간관계 소유자
- 학생들에 대하여 다양한 관심과 흥미를 가져야 함
- 사회발전을 유도하고 선도할 수 있는 역군으로 강한 신념을 가져야 함
- 건전한 정신과 건강한 신체를 갖추어야 함

- 직무에 열의와 최선을 다하는 협동적이고 민주적인 태도의 소유자
- 진취적이며 긍정적이며 학생들에게 공평무사해야 함

② **전문적인 측면에서 요구되는 자질**

- 투철한 교육관으로 국가, 사회, 인간과 시대적 가치의 인식, 교육이념과 철학을 지녀야 함
- 교직수행에 전문적인 소양, 교수-학습지도, 교육과정계획 및 운영, 교육평가, 학생 상담, 사무처리, 학부모와 지역사회와의 관계에서 전문적인 능력을 갖추어야 함
- 교육활동에 중요한 수단인 설명력, 분석력, 종합력 등의 고등정신 기능의 소유자(노민구, 2017, pp. 385-386)

3. 민주적인 학급경영의 실제

1) 학급규칙 제정

(1) 학급규칙의 필요성과 조건

규칙은 공동체의 질서를 유지하고 함께 어우러져 살아가는 데 필요한 지침을 제공하기 위한 것이다. 그러므로 규칙은 공동체에서 사람 사이에 발생하는 갈등과 분쟁을 원만하게 해결하는 역할을 한다. 그렇다면 규칙이 제 역할을 잘하기 위해서는 어떤 조건이 필요할까? 먼저, 사람들이 지켜야 할 규칙의 내용이 명확해야 한다. 규칙의 내용이 모호하다면 규칙을 서로 다르게 이해하게 되고, 분쟁을 초래할 수 있다. 또한, 규칙은 모든 사람에게 일관되게 적용해야 한다. 특별한 이유 없이 어떤 사람을 봐주거나 더 크게 처벌한다면 사람들은 규칙을 믿고 따를 수 없다. 마지막으로, 사람들이 규칙의 중요성을 이해하고, 이를 존중하며 따르려는 자세를 가져야 한다. 아무리 좋은 규칙이라도 규칙을 존중하고 적극적으로 준수하려는 태도가 뒷받침되지 않는다면, 무용지물이 될 수밖에 없다. 이는 공동체가 커질수록 더욱 중요하다. '나 하나쯤이야.'라는 생각으로 빠져나가려는 사람이 생기면 이에 동조하는 사람이 생겨 결국 공동체 전체가 흔들리게 된다.

(2) 학급규칙의 개념

학급규칙은 학급의 질서를 유지하고, 학급이 추구하는 공동의 목표를 달성할 수 있도록 학급 구성원들이 함께 지켜야 할 약속이다. 학급규칙에 어떤 내용이 포함되어야 할지에 대하여 충분히 논의한 후, 합의한 내용을 문서로 만들어 공유하고, 서로 지키도록 노력한다.

학급규칙은 '제정 – 시행 – 개정'의 단계를 거쳐 만들어진다. 원만한 학급 운영을 위해 어떤 학급규칙이 필요한지에 대해 깊이 고민하고, 적극적으로 참여하여 학급규칙을 만든다.

(3) 학급규칙의 제정

① 교사 · 학생 의견 수렴

학급규칙을 제정하는 학급회의가 열리기 전, 학급규칙을 제정한다는 것을 공지하고 학생들이 자유롭게 의견을 개진하도록 한다. 최소 일주일 전에 학급규칙 제정에 관한 학급회의가 있음을 공지하고, 학생들이 이에 대해 충분히 고민하고 의견을 나눌 수 있도록 한다.

표 5-6 학급규칙 제정 공고문(예)

공고문
아래와 같이 학급규칙을 제정하는 학급회의가 열릴 예정입니다. ○학년 ○반 학생 여러분께서는 학급규칙에 포함되었으면 좋겠다고 생각하는 내용에 대해 적극적으로 안건을 제안해 주십시오. 앞으로 1년간 우리 학급의 구성원이 지켜야 할 학급규칙에 대해 많은 관심 바랍니다. • 일시: ○월 ○일 ○요일 ○시 • 장소: ○학년 ○반 교실 • 참석자: ○학년 ○반 학생 모두 • 참석 전 공지 사항: 제안할 안건이 있는 경우에 교실 뒤편에 비치된 제안서를 작성하여 제안함에 넣어주시기 바랍니다. • 제안 내용은 아래의 영역을 모두 포함합니다. –등교 및 학교 관련 · 수업 시간 관련 · 점심 시간 관련 · 조종례 시간 관련 –쉬는 시간 관련 · 청소 시간 관련 · 기타

출처: 교육과학기술부(2012), p. 18.

② 안건 제안

제안할 규칙의 내용을 제안서에 적어 제출한다. 제출된 제안서의 내용을 토대로 심의할 내용을 확정하게 되는데, 제안서는 단독으로 제출할 수도 있고, 여러 명이 공동으로 제출할 수도 있다. 공동으로 제출할 경우, 제안에 동의하는 사람의 이름을 모두 적는다. 제안서를 미리 제출하지 않았더라도 학급회의 때 의견을 제안할 수 있다. 단, 제안을 할 때에는 그렇게 제안한 이유까지 함께 발표하도록 한다.

③ 내용 심의

동일한 주제에 대해 여러 건의 제안이 있을 경우, 각각 제시한 후 선택하도록 한다. 이때, 제안된 의견을 절충한 제3의 의견을 제안하는 것도 가능하다. 다양한 의견이 제시되면, 학생 간에 자유롭게 의견을 교환하는 시간을 갖는다. 단, 의견을 발표할 때에 소란하지 않도록 학급 회장의 지명에 따라 차례로 의견을 발표하도록 한다.

④ 의결

학급에서 미리 정한 인원(과반수, 2/3 이상 등)이 동의한 내용을 채택하고, 이를 정리해 최종적으로 동의를 구하는 과정을 거친다. 학생들의 동의를 거치면, 학급 회장이 학급규칙이 제정되었음을 선언한다.

⑤ 공포

학급 내에 새롭게 제정된 학급규칙을 잘 보이게 게시하고, 학생에게도 인쇄물을 배포한다. 학생이 함께 학급규칙 지키기 선서(또는 서명)를 한다면, 스스로 만든 학급규칙을 준수하는 것에 대한 책임감을 높일 수 있다. 학부모에게 가정통신문의 형태로 학급규칙의 제정과 그 내용에 대해 알려주면 학부모도 함께 내용을 숙지하게 되어 학급 운영에 도움이 된다.

(4) 학급규칙의 실행

① 사안 발생 및 벌점 누적

학급규칙을 위반하는 사안이 발생하면, 교사는 해당 학생에게 벌점을 부여한다. 부여된 벌점 카드의 내역은 학급 회장과 부회장이 기록해 정리한다.

② 학급 자치 법정 개최

일정 기간 학급규칙을 위반해 벌점이 누적된 과벌점자를 대상으로 학급 자치 법정을 연다. 학급 자치 법정을 언제, 어떻게 개최할 것인지에 대해 담임교사 및 학급 급우들과 함께 논의한다.

③ 긍정적 처벌 이행

학급 자치 벌점에 참여한 과벌점자 학생은 법정에서 부여받은 긍정적 처벌을 성실히 이행하도록 노력해야 한다. 그리고 학생 자치 법정에서 배심원으로 참여하여 법을 적용받는 입장과 법을 적용하는 입장을 골고루 경험할 기회를 갖는다.

긍정적 처벌

규칙 위반에 대하여 즉각적이고 일관성 있게 대응하는 방법으로 학생의 인격을 존중하며 잘못된 행동에 대한 개선임을 친절하게 설명한다.

① 주의: 단순한 주의만으로 잘못된 행동을 중지시킬 수 있다.
② 경고: 매우 확실하게 주의를 준다.
③ 선택: 학생의 행동을 개선하기 위해 몇 가지 대안을 제시하고 한 가지를 선택하도록 한다.
④ 계획: 문제행동의 재발 방지를 위해 해결책을 계획하도록 요구한다.

(5) 학급규칙의 개정

① 교사 · 학생 의견 수렴

학급 자치 법정을 진행하는 과정에서 규칙 내용을 개정할 필요가 있다고 생각되는 것이 있을 경우, 이에 대한 의견을 수렴한다. 예를 들어, 규칙의 내용이 불충분한 경우, 규칙의 내용이 부적절한 경우, 규칙의 내용에 오류가 있는 경우에 학급규칙을 개정할 필요가 있다. 학급규칙의 어느 부분을 어떻게 개정할 것인지 담임교사와 학생들의 의견을 모은다.

② 안건 제안

일정 수(5명) 이상의 동의를 받은 안건의 경우에 학급회의의 정식 안건으로 상정될 수 있다. 5명 이상의 동의를 받아서 제출한 제안서의 경우에 학급회의에서 주요 안건으로 다루어진다. 제안서를 제출하지 않았더라도 학급회의에서 의견을 제시하고, 5명 이상이 동의하면 특별 안건으로 다룰 수 있다.

③ 내용 심의

학급회의에서 학급규칙 수정안에 대해 심의를 하게 된다. 심의 과정은 학급규칙을 처음 만들 때의 과정과 같다. 동일한 주제에 대해 여러 건의 제안이 있을 경우, 각각을 모두 제시한 후 선택을 하도록 한다. 이때, 제안된 의견을 절충한 제3의 의견을 제안하는 것도 가능하다. 제안된 의견에 대해 학생 간에 자유롭게 의견을 교환하는 시간을 갖는다. 이때 소란하지 않도록 학급 회장의 지명에 따라 차례로 의견을 발표한다.

④ 의결

학급에서 미리 정한 인원(과반수, 2/3 이상 등)이 동의할 경우에 수정안을 채택하고, 그렇지 못할 경우에 기각하게 된다. 수정된 내용이 있을 경우에 이를 정리해 최종적으로 동의를 구하는 과정을 거쳐, 학급 회장이 학급규칙이 개정되었음을 선언한다.

⑤ 공포

학급 내에 새롭게 개정된 학급규칙을 모두가 잘 보이게 게시하고, 학생들에게 인쇄물로 배포한다. 새롭게 개정된 규칙에 대해 잘 알고, 적극적으로 지키는 태도가 중요하다(교육과학기술부, 2012, pp. 15-25).

2) 인성 중심 생활교육

(1) 삼율(三律)과 육행(六行)의 인성교육

2015 개정 교육과정에서 요구하는 인재상은 미래사회가 요구하는 핵심역량을 갖춘 창의융합형 인재를 양성하는 것이다. 여기서 창의융합형 인재란, 인문학적 상상력, 과학기술 창조력을 갖추고 바른 인성을 겸비하여 새로운 지식을 창조하고 다양

한 지식을 융합하여 새로운 가치를 창출할 수 있는 사람이라 할 수 있다. 그러므로 학교에서 인성교육을 실천하는 학급에서 담임교사의 지도 역량이 매우 중요하다. 2015년 7월에 시행된 「인성교육진흥법」은 '건전하고 올바른 인성(人性)을 갖춘 국민을 육성하여 국가 사회의 발전에 이바지함을 목적으로 하는' 법이다. 인성교육이란 '자신의 내면을 바르고 건전하게 가꾸고 타인, 공동체, 자연과 더불어 살아가는 데 필요한 인간다운 성품과 역량을 기르는 것을 목적으로 하는 교육'이다. 조벽(2016) 교수는 인성교육을 개인차원에서는 자기를 조율해 나가는 법, 관계 속에서 다른 사람들과 조율해 나가는 법, 공익을 위해 조율해 나가는 법을 가르치고 배우는 것이라 했다. 인성교육진흥법에 명시된 인성교육에서 '자신의 내면을 바르고 건전하게 가꾸는 것'은 '자기조율'이다. '타인과 더불어 살아가는 것'은 '관계조율'이다. '공동체와 자연과 더불어 살아가는 것'은 '공익조율'이다. 따라서 인성교육의 목적은 이 세 가지 조율을 할 수 있는 사람을 길러내는 것이다.

인간은 심리적으로 또는 신체적으로 감당하기 어려운 상황에 처하면 위협을 느끼고 불안감과 공포감에 휩싸인다. 이것이 스트레스(stress)이고, 이를 유발하는 요인이 스트레스 요인이다. 즉, 신체적인 안전감과 심리적인 안정감을 확보하지 못했을 때 우리는 스트레스를 느낀다. 인간은 안전감과 안정감이 없으면 도덕적인 생각을 할 수 없다. 생리적이고 본능적인 욕구가 충족되어야만 존중, 사랑, 소속감 등의

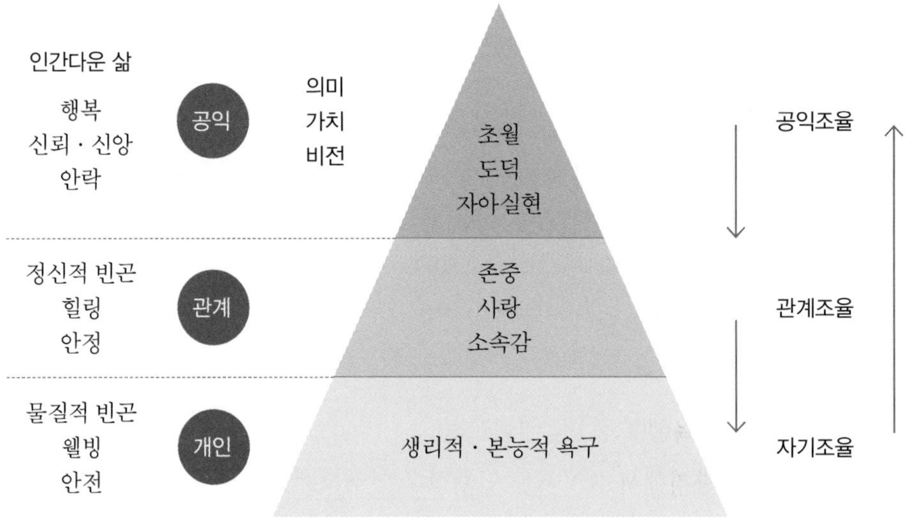

[그림 5-1] 자기조율 · 관계조율 · 공익조율

출처: 조벽(2016), p. 52.

심리적 욕구를 갖게 되고, 이 욕구가 충족되어야만 자아실현과 초월, 도덕을 추구하는 단계로 나아갈 수 있다. 따라서 인성교육이 효과를 얻기 위해서는 학생들이 먼저 신체적인 안전함을 느껴야 한다. 그리고 심리적으로 안정돼야 한다.

미국의 하버드 대학교에서 1940년대 학교를 다녔던 학생들을 75년 동안 추적한 종단연구인 '그랜트 연구'가 있다. 이 연구의 세 번째 책임연구자인 조지 베일런트 박사가 방대한 연구 결과를 다음과 같이 요약했다. "장기 성공(행복)에 유일하게 중요한 것은 관계조율 능력이다." 그랜트 연구 외에도 대규모의 과학적 연구들을 종합하여 여섯 가지로 요약한 것이 인성의 육행(六行), 즉 여섯 가지 실천방법이다.

첫째, 자기 자신을 알고, 객관적인 시각으로 상황을 보며, 외부 자극에 대한 자신의 반응을 선택하는 것이다. 인간은 자극에 대해 정서, 감정, 욕구의 단계를 거쳐 반응을 하고, 매 단계에 선택의 여지가 존재한다. 이렇게 주어진 선택권을 누릴 수 있는 사람은 '자율인'이다.

둘째, 선택의 여지를 지니고 감정과 이성의 조화를 이루는 것을 '합리'라 할 수 있다. 자신이 원하는 것(감정)과 바람직함(생각)을 일치시켜 나가야 올바르고 적절한 행동을 하게 된다.

셋째, 긍정적인 요인과 결과를 내다보는 시각을 지니고 그 결과를 창조할 수 있는 마음의 에너지를 발휘하는 것이 '긍정심'이다. 외부 상황과 조건이 부정적이어도 그럼에도 불구하고 긍정성을 잃지 않을 수 있는 능력이고 실력이다.

표 5-7 인성의 삼율(三律)과 육행(六行)

삼율	육행	
자기조율	자율인	자신을 알고, 상황을 객관적 시각으로 보며, 외부 자극에 대한 본인의 반응(행동)을 선택한다.
	합리	선택의 여지를 지니고 감성과 이성의 조화를 이룬다.
관계조율	긍정심	긍정적 요인과 결과를 보는 시각을 지니고 그 결과를 창조하는 심적 에너지를 발휘한다.
	감정코칭	본인의 감정을 잘 표출하고 표현하며, 타인의 감정에 공감하고 긍정 감정을 타인에게 긍정적으로 이동한다.
공익조율	입지	의기(意氣)를 자신보다 더 큰 곳에 두고 혁신(革新)한다.
	어른십	타인의 행복에 기여하고, 나눔과 베풂의 리더십을 발휘한다.

출처: 최성애, 조벽(2013), 청소년 감정코칭을 바탕으로 재구성함.

넷째, 본인의 감정을 잘 표출하고 표현하며, 타인의 감정에 공감하고, 그 감정을 이동시키는 능력, 즉 '감정코칭'이다.

다섯째, 매력과 품격을 갖추어 영향력을 발휘하는 이유를 자신보다 더 큰 곳에 두고 혁신하는 것을 '입지(立志)'라고 한다.

여섯째, 타인의 행복에 기여하고 나눔과 베풂의 리더십을 발휘하는 것을 '어른십'이라 한다.

(2) 감정코칭을 통한 생활교육

인간의 감정은 자연스러운 삶의 일부다. 추운 날도 있고, 더운 날도 있고, 비가 오는 날도 있고, 해가 쨍쨍한 날도 있듯이, 감정은 삶의 일부다. 다양한 감정이 있고, 어느 감정이 좋고 나쁜 게 아니다. 감정은 자연스러운 현상으로 있는 그대로 받아들여야 하지만, 감정과 행동은 다르다. 화가 난다고 해서 누구를 때리거나 물건을 던지거나 욕을 하는 것은 행동이다. 감정 자체는 자연스러운 현상이지만 아무렇게나 행동해도 되는 건 아니다. 특히 청소년 시기에는 감정변화가 심하고 감정을 조절하기 어려운 경우가 많다. 최성애와 조벽(2013)은 감정코칭은 감정을 있는 그대로 자연스럽게 이해하고 받아들이되, 감정을 표현하는 방식인 행동에는 명확한 한계를 두고, 그 안에서 좀 더 바람직한 방향으로 이끌어주는 것이라고 했다.

감정코칭은 학생들이 마음의 문을 열게 해 주고, 선생님이나 부모님과 신뢰감, 친밀감, 유대감을 쌓게 해 준다. 아이와 어른이 적이 아닌 한편이 되도록 해 준다. 감정코칭은 일방적으로 어른의 말을 따르게 하는 것이 아니라 아이 스스로 문제 상황을 좀 더 넓게 보고 더 바람직하게 대처할 수 있도록 이끌어 준다. 특히 감정적 상황에서 자신과 타인의 감정을 잘 이해할 수 있게 해 주고, 이후 비슷한 상황이 벌어졌을 때 적절하고 현명하게 대처할 수 있는 능력을 키워준다.

감정코칭은 다섯 단계로 나눌 수 있다. 1단계는 '감정 포착하기'로, 화를 낸다든지, 억울하다든지, 슬프다든지, 놀랐다든지, 무섭다든지, 아이들의 감정을 알아차리는 것이다. 2단계는 '좋은 기회로 여기기'로, 아이가 강한 감정을 보일 때 아이의 감정을 모른 척 하거나 야단치지 않고 아이와 유대감을 쌓고 신뢰감을 형성할 수 있는 기회로 여기는 것이다. 3단계는 '감정을 경청하고 수용하기'로, 아이의 감정을 잘 들어주고, 수용하고, 공감하면서 아이와 심리적으로 연결하는 것이다. 제4단계는 '감정에 이름 붙이기'로, 아이의 감정을 듣고 공감하다가 여러 가지 감정을 좀 더 명료하게 인

표 5-8 감정코칭 단계별 포인트

감정코칭 단계	단계별 포인트
1단계 감정 포착하기	1. 아이의 행동보다 감정을 먼저 읽어야 한다. 2. 학생의 표정을 보고 다양한 감정을 읽는 연습을 한다. 3. 학생의 감정을 단정 짓기 전에 탐색하고 대화를 통해 확인하는 과정이 중요하다.
2단계 좋은 기회로 여기기	1. 학생이 감정을 보일 때가 학생과 심리적으로 연결하고 성장하도록 도울 수 있는 기회다. 2. 학생이 보이는 감정이 강할수록 좋은 기회다. 3. 부드럽게 반응하여 학생이 안전감을 느끼게 해야 하며, 학생 편이 되어주는 변호사 역할을 한다.
3단계 감정을 경청하고 수용하기	1. 학생의 이야기를 잘 들어 주고, 수용해 주고, 감정에 공감해 주는 것이 핵심이다. 2. 다가가는 대화를 해야 스트레스를 낮추고 대화를 나눌 여지가 생긴다. 3. 교사 자신의 감정과 생각을 먼저 알아차려야 한다. 문제해결에 급급하지 말고, 학생의 감정을 이해하며, 열린 질문으로 탐색한다.
4단계 감정에 이름 붙이기	1. 감정에 이름을 붙이면 불확실한 감정이 명료화되어 논의하기가 쉬워지고 대처법을 찾기 쉽다. 2. 감정에 이름을 붙이려면 충분히 이야기를 듣고 공감한다. 성급하게 학생의 감정을 단정 지어서는 안 된다.
5단계 바람직한 행동으로 이끌어 주기	1. 학생 스스로가 해결책을 찾도록 이끌어 주는 것이다. 2. 부모나 교사가 나서서 해결책을 제시하지 않고 질문을 해서 학생 스스로 해결책을 찾도록 이끄는 것이 중요하다. 3. 학생이 해결책을 생각해 내지 못하는 경우라면 조심스럽게 제안해도 된다.

출처: 최성애, 조벽(2013), pp. 154-211을 바탕으로 재구성함.

식할 수 있도록 감정에 이름을 붙인다. 제5단계는 '바람직한 행동으로 이끌어 주기'로, 아이 스스로가 더 바람직한 방향으로 행동이나 문제의 해결책을 생각할 수 있게 이끌어 주는 것이다.

사례로 배우는 감정코칭 1~5단계

다음은 선생님이 고등학교 1학년 여학생에게 감정코칭을 해 주는 사례다.

선생님: 은혜야, 요즘 기운이 없어 보이고 수업시간에 잘 때가 많던데?(1단계: 감정을 포착함)

은 혜: (눈물을 글썽거리며) 선생님, 저 학교 그만둘래요.(2단계: 좋은 기회로 여김)

선생님: 학교를 그만두겠다는 말이구나.(3단계: 감정 들어주기, 거울식 반영법) 언제부터 그런 생각을 하게 되었니?

은 혜: 원래 고등학교를 인문계가 아니라 미용이나 요리를 배울 수 있는 특성화고에 가고 싶었어요. 그런데 엄마가 특성화고는 분위기가 안 좋다면서 인문계로 가라고 해서 억지로 온 거예요.

선생님: 그랬구나. 인문계에 오니까 기분이 어땠어?(3단계: 감정 들어주기)

은 혜: 뭐랄까. 물 위에 뜬 기름 같고 저랑은 안 맞는 것 같았어요. 친구들도 잘 사는 애들이 많고 저처럼 가난한 애들은 별로 없었어요.

선생님: 물 위에 뜬 기름 같다니, 어울리기 쉽지 않다는 말이네.(3단계: 감정 들어주기, 거울식 반영법) 그래, 이 동네에 경제적으로 부유한 학생들이 많은 것은 사실이지만, 알고 보면 학생들의 경제적 형편은 다양해.

은 혜: 그래도 우리 반에서 반지하 열 평짜리 빌라에 사는 애는 저뿐이에요. 다른 애들은 최소한 30~40평에 살고, 50평 넘는 아파트에 사는 애들도 많아요.

선생님: 그래, 은혜보다 경제적으로 풍족한 친구들이 많다는 거구나. 그래서 물 위에 뜬 기름 같이 느껴졌다는 거지?(3단계: 감정 들어주기)

은 혜: 한 달에 수강료가 30만 원이 넘는 학원을 두세 개씩 다니고, 여름방학에는 해외 연수도 다녀오고… 그런데 저는 공부도 못하고, 가난하고, 대학도 어려우니 포기하겠다는 거죠.

선생님: 은혜 말을 듣고 보니 선생님 초등학교 시절이 생각나네. 가정 형편이 어렵지만 사립학교에 보내 주셨어. 우리 반 학생 중에서 내가 가장 못사는 것 같았어. 우리 반 아이들 아빠가 사장, 의사, 변호사, 교수 그런 분이었어. 그때는 도시락을 싸서 다녔는데, 도시락 뚜껑을 열기가 창피했어. 반찬 때문에 다른 친구들에 비해 가난하고 못난 것 같은 기분이 들었어. 너도 그런 기분이 든다는 거니?(3단계: 감정을 들어주고 공감함)

은 혜: 네, 맞아요. 다들 저보다 잘나고 잘사는 것 같아요.

선생님: 그런 기분을 열등감이라고 해. 내가 다른 사람보다 못한 것 같으니까 쉽게 어울리지 못하는 기분이랄까?(4단계: 감정의 명료화)

은 혜: 맞아요. 우리 집이 가난하고 제가 공부도 못하니까 친구들하고 어울리기가 어렵고 제가 못난 느낌이 들어요.

선생님: 전에 오프라 윈프리 자서전을 보니까 어릴 때 되게 가난했대. 백인학교에 다니면서 열등감을 많이 느꼈고, 잘사는 백인들 사이에서 못사는 흑인으로 물 위에 뜬 기분 같은 걸 느꼈다더라.

은 혜: 그런데 그 사람은 어떻게 토크쇼의 여왕이 될 수 있었던 거예요?

선생님: 우선 책을 많이 읽었고, 공부도 열심히 해서 대학에 갔지. 자신의 역경을 바탕으로 다양한 사람들의 고충에 진심으로 공감해 주면서 토크쇼를 성공시켰다고 하더라. 남보다 일찍 어려움을 겪었던 사람이 남의 어려움을 더 잘 이해하고 공감하는 경우가 많은 것 같아. 네 생각은 어때?

은 혜: 선생님 말씀을 듣고 보니 저는 오프라 윈프리처럼 피부색이 다르거나 인종차별을 당하지 않아서 다행이네요. 저도 좋은 일 하면서 돈도 잘 벌고 부모님도 호강시켜 드리고 싶어요.

선생님: 좋은 생각이네. 은혜가 아까 학교를 그만두고 싶다고 했는데, 학교를 그만둔다면 무엇을 하고 싶어?(5단계: 바람직한 행동으로 이끌어주기 위한 질문)

은 혜: 부모님이 하시는 장사를 거들면서 돈을 벌려고요.

선생님: 아, 부모님이 하시는 붕어빵 장사를 도와드리면서 돈을 벌려는 생각을 했구나. 돈을 얼마나 벌 수 있을까?(5단계: 바람직한 행동으로 이끌어주기 위한 질문)

은 혜: 사실 얼마 못 벌어요. 그리고 제가 장사를 한다면 부모님께서 오히려 더 걱정하실 거예요.

선생님: 그래. 내 생각에도 너희 부모님께서 네가 장사해서 돈 번다고 기뻐하실 것 같지는 않아. 어쩌면 더 걱정하실 것 같은데….

은 혜: 맞아요. 부모님은 시골에서 올라와서 돈도 없고 배운 게 없으니 막노동과 장사를 하실 수밖에 없었죠. 저는 좋은 대학에 가서 안정된 직장에 다니기를 바라셨어요. 사실 제가 장사한다고 하면 부모님은 더 절망하실 것 같아요.

선생님: 그럼, 부모님께 희망을 드리고 너도 네가 하고 싶은 일을 할 수 있으려면 어떻게 하면 좋을까?(5단계: 바람직한 행동으로 이끌어주기 위한 질문. 해결책을

주지 않고 의견을 물음)

은 혜: 사실 제가 다 포기하고 싶은 기분으로 한동안 공부를 전혀 하지 않았는데요, 이제부터라도 정신 차려서 공부한다면 다른 건 몰라도 국어, 한문, 사회 과목은 성적을 잘 낼 수 있을 것 같아요. 기술, 가정도 좋아해요. 만드는 것, 요리하는 것, 꽃 가꾸는 건 잘하거든요.

선생님: 그래, 선생님 생각에도 은혜가 평소에 착실했고 기초 실력이 쌓여 있으니까, 시험 한 번 잘못 봤다고 포기할 필요는 없을 것 같아. 아직 고1이니까 적성과 소질에 맞는 진로를 탐색해 보면서 공부하면 부모님께서 시름을 좀 더실 것 같은데.(5단계: 바람직한 행동으로 이끌어 주기 위한 공감과 지지)

은 혜: (얼굴이 환해지며) 네. 선생님과 말씀을 나누고 나니까 희망이 생겨요. 사실 자퇴는 도피일 뿐이란 걸 잘 알아요. 피하지 않고 다시 도전해 볼래요.(스스로 해결책을 찾은 것에 대해 뿌듯해 함)

선생님: 그래. 날 믿고 솔직히 얘기해 줘서 고맙다. 선생님도 널 믿어. 또 힘들 땐 언제든지 찾아오렴.

출처: 최성애, 조벽(2013), pp. 207-211.

3) 친절하며 단호한 교사

(1) 교사의 리더십 유형

교사는 자신과 자신의 리더십 스타일을 아는 것이 중요하며, 이는 어떤 부분을 변화시켜야 하는지 아는 데 큰 도움이 된다. 다음은 바람직하지 않은 리더십 유형 3가지다.

표 5-9 바람직하지 않은 리더십 유형

유형	특징
1. 보스형	교사가 주도적, 학생은 수동적
2. 하인형	학생은 편안하고 원하는 것을 다 해 줌
3. 유령형	아무것도 하지 않음. 몸은 있지만 마음은 사라짐

출처: Nelsen, J. et al. (2019), pp. 58-59를 참고로 재구성함.

표 5-10 교사의 리더십 유형

유형	피하고 깊은 것	특징	개선 방법
1. 거북이형	고통, 스트레스	허용적, 스트레스받으면 숨는다	학급절차, 의사소통
2. 카멜레온형	거절, 귀찮음	사람에 따라 변화, 친절하지만 상처받음	행동의 경계 분명히, NO라고 말함
3. 사자형	의미 없음, 중요하지 않음	솔선수범, 능력과신, 타인 과소평가, 타인 압박	완벽주의 경계, 인내심 필요
4. 독수리형	비판과 조롱	체계적, 산만함, 미룸, 스트레스받으면 두려움과 소외감을 줌. 소리치거나 공격적임	권한 위임, 선택권 부여

출처: Nelsen, J. et al. (2019), pp. 60-62를 참고로 재구성함.

또한 학급은 학생과 교사가 서로 존중하는 교실, 배움에 대한 열정과 용기로 가득 찬 교실, 성공적인 삶에 필요한 기술을 배우는 교실을 만든다. 학생들이 실패했다고 비난하는 대신 학급이라는 안전한 공간에서 실수를 통해 배울 수 있다고 가르친다. 그렇다면 담임교사가 기본적으로 갖춰야 할 관점과 기술을 살펴보자.

표 5-11 담임교사의 기본 관점과 기술

기본 관점과 기술	내용
1. 학생은 경험에서 배운다	자연적인 결과를 경험하게 하는 것. 비가 오는데 비옷을 챙기지 않았다면 젖게 된다. 참견하지 않고 기다리며 어떤 일이 벌어지는지 관찰하라.
2. 실수는 배움의 기회다	모든 사람은 실수한다. 실수를 숨기면 고립될 뿐 만회할 기회를 잃는다. 실수한 일에 책임지는 것이 자랑스러운 일임을 배운다.
3. 칭찬과 보상 대신 격려하기	사람은 동일하지 않다. 고유성을 인정하고 소중한 존재로 받아들인다. 좌절의 경험에 이겨내도록 돕는다.
4. 학생들과 함께 학급일정 만들기	교사가 무언가를 하라고 하면 반항하는 학생이 생기지만 교사가 존중하는 태도로 무엇을 해야 하는지 묻는다면 대부분 기꺼이 받아들인다. 제한적인 선택을 허용하는 질문을 사용한다.
5. 학급 역할 나누기	학생들의 행동으로 학급에 기여하게 하여 소속감과 자존감을 느끼게 한다.

6. 교사와 부모, 학생이 간담회에 함께 참여하기	간담회의 목적은 학생을 격려하는 것이다. 학생들에게 약점을 관리하고 강점을 키우도록 가르친다. 학생들은 자신감을 얻게 된다.

출처: Nelsen, J. et al. (2019), pp. 63-76를 참고로 재구성함.

연구 결과에 따르면 학생은 학교(혹은 교사)와 좋은 관계를 유지할 때 성공적인 학교생활을 할 수 있다고 한다. 학교와 관계가 원만해지면 장기결석, 놀림, 싸움, 기물파손과 같은 문제행동이 줄어들고 학습 의욕과 수업집중력, 학업성취, 출석률, 과제 완성도 등이 높아진다. 교사와 학생이 '관계를 형성한다는 것'은 배움의 과정뿐만 아니라 개개인에게도 관심을 가져야 한다는 뜻이다. 학생들이 학교에서 성과를 얻기 위해서는 학교에 소속되어 있다고 느껴야 한다. 학생이 학교와 긍정적인 관계를 맺는 데 영향을 미치는 요인에는 7가지가 있는데, 첫째, 학교에 대한 소속감과 자신이 학교의 일부라는 느낌. 둘째, 학교와 연결되기. 셋째, 교사로부터 지원과 보호를 받고 있다는 느낌. 넷째, 학교에서 좋은 친구들과 함께하는 것. 다섯째, 현재와 미래의 수업과정에 참여. 여섯째, 훈육법이 공평하고 효과적이라는 믿음. 일곱째, 방과 후 활동 참여이다.

(2) 친절한 문제해결 기술

학생에게 상과 벌 대신 해결방법에 초점을 둔다면 교실에는 평화가 올 것이다. 학생이 처벌을 받게 되면 기분이 상할 것이다. 기분이 상해야 더 잘할 수 있다는 터무니없는 생각을 어떻게 갖게 된 것일까? 사람들은 기분이 좋아야 더 잘할 수 있다. 벌을 받지 않으면서 존중을 바탕으로 행동을 개선시키는 방법을 배울 의사가 있는지 물어본다. 학생들은 제안을 거부하지 않을 것이다. 학생들은 처벌이나 처벌과 유사한 논리적 결과가 아닌 해결방법을 찾기 위해 브레인스토밍(brainstorming)하는 법을 알게 될 것이다. 학생들이 해결방법에 초점을 두게 할수록 이 새로운 방법에 더욱 흥미를 갖게 될 것이다. 이와 같은 관점으로 부드럽고 친절하게 접근해서 문제를 해결하는 방법으로 7가지를 소개한다.

표 5-12 친절한 문제해결기술 7가지

문제해결방법	내용
1. 문제해결을 위한 '3R1H'	연관성(Related), 존중(Respectful), 합리성(Reasonable), 도움(Helpful)
2. 문제해결 4단계	(1) 문제에서 물러나기 (2) 문제에 대해 정중히 이야기하기 (3) 해결방법에 대해 의논 (4) 함께 해결할 수 없다면 도움 요청
3. 문제해결 카드상자	문제해결의 대안적 방법이 적힌 카드를 상자에 넣어 둔다. 학생들이 무작위로 뽑는다.
4. 선택 돌림판	돌림판에는 문제해결 방법이 적혀 있음
5. 화해 테이블	갈등상황에서 의견 차이가 있어도 함께 앉는다. 서로 존중하는 유익한 방법, 화해할 방법 찾기
6. 긍정적 타임아웃	모든 감정은 수용될 수 있지만 행동이 수용될 수 없음을 가르친다. 감정을 조절하고, 진정하며, 감정을 전환할 수 있는 공간 설치, 이성 되찾기
7. 학급회의	학생에게 문제를 학급의제로 올리게 한다. 교실공동체의 일원으로 문제해결에 적극적으로 참여

출처: Nelsen, J. et al. (2019), pp. 146-167을 참고로 재구성함.

〈3R1H로 문제해결방법 찾기〉 예시

1. 지금부터 처벌 대신 문제를 해결하는 방법을 찾아낼 것이라고 안내한다.
2. 한 학생이 다른 학생의 책상 위에 낙서하는 장면을 떠올린다. 칠판에 이 문제를 해결하기 위한 방법 5가지를 적는다.
   - 일주일 동안 바닥에 앉는다.
   - 교실의 모든 책상을 청소한다.
   - 모든 사람이 보는 앞에서 낙서한 책상을 청소한다.
   - 사과한다.
   - 낙서한 책상을 지금 청소할 것인지 그날 돌아가기 전에 할 것인지 물어본다.
3. 학생들에게 3R1H 해결방법에 대해 알려준다. 연관성, 존중, 합리성, 도움
4. 3R1H에 대해 자세하게 이야기를 나눈다.
   ① 연관성(Related): 해결방법이 그 행동과 명확히 연관성이 있어야 한다. 예를 들어, 숙제를 하지 않은 학생들을 교무실로 보내는 것은 숙제와 관련이 없다. 숙제를 하게 하거나 과제에 점수를 주지 않는 것이 해결방안이다.

② 존중(Respectful): 어떤 해결방법을 활용하든지 교사와 학생은 정중한 태도와 목소리로 해야 한다. 교사도 해결법을 인정하고 존중해야 한다. "점심시간이나 방과 후에 숙제를 하는 것이 어떨까" 학생이 선택하게 한다.

③ 합리성(Reasonable): 해결방법은 합리적이며 처벌을 더하지 않아야 한다. "지금 2번 이상 써야만 해." "부모님께 알려서 혼나게 하겠어."와 같은 표현은 합리적이지 않다.

④ 도움(Helpful): 해결방법을 통해 학생들이 더 나은 행동을 하고 문제를 해결하는 데 도움이 되어야 한다.

5. 낙서한 학생에게 한 제안을 검토한다. 이 제안들이 연관성이 있고 존중하는 표현이며 합리적이고 도움이 되는지 물어본다. 3R1H에 적합하지 않은 것은 지운다. 4가지 기준을 모두 만족하는 해결법을 찾는다면 아마 처벌이 아니라 좋은 대안이 될 것이다.

※ 학생들이 자신에게 가장 도움이 될 것 같은 해결책을 스스로 고르도록 하는 것이 중요하다. 어떤 선택이라도 존중받는 안전한 환경에서 이런 방법은 학생들의 책임감을 더욱 성장시킨다.

출처: Nelsen, J. et al. (2019), pp. 149-151를 참고로 재구성함.

(3) 단호한 문제해결 기술

학생들은 상호존중이 바탕이 된 교실에서 학습능력과 사회적 기술, 정서적 기술 모두를 잘 배울 수 있다. 그럼에도 문제가 생길 경우에는 존중하면서 보다 단호하게 문제를 해결하는 기술을 배울 수 있다. 교사로서 만나게 될 여러 상황에서 학생을 존중하면서도 단호하게 사용할 수 있는 다양한 기술이 담겨 있는 민주적이고 효과적인 문제해결 도구상자를 소개한다.

표 5-13 단호한 문제해결 기술

문제해결 방법	내용
1. 제한적 선택	해결책 두 가지 제시 후 선택하기, 교사 적절성과 수용 가능성
2. 말 대신 행동하기	말을 줄이고 행동으로 보여주기로 결심하고 실천. 관철하기(follow-through), 학생들의 편의와 존중하기 위해 해야 할 일이 무엇인지 알려주는 부드러운 방법

3. What & How 호기심 질문법	지시하지 말고 질문하라. 존중하는 태도로 질문하면 학생들은 협력한다. "무슨 일이니?" "어떤 느낌이 드니?" "이유가 뭐라고 생각하니?" "어떤 관계가 있니?" "해결하려면 어떻게 해야 할까?"
4. 행동변화 질문법	바꾸고 싶은 행동과 관련된 질문하기. "교실이 소란스럽다고 생각하는 학생 손 들어 볼래요? 괜찮다고 생각하는 사람은?"
5. 자연적 결과 경험하기	아무것도 하지 않고 무슨 일이 일어나는지 지켜보는 것. 학생들은 스스로 방해되는 행동을 자제한다.
6. 스스로 할 일 정하기	자신의 행동을 조절하고 존중하는 것. 행동 통제의 권리가 스스로에게 있다. 친절하지만 단호한 태도로 관철하기
7. 존중하는 태도로 거절	무시하지 않는 태도로 "안 돼."라고, 친절하지만 단호한 태도로 거절하기
8. 모두 한배 태우기	개인의 문제가 아니라 학급 전체의 일로 해결책을 찾도록 유도하기

출처: Nelsen, J. et al. (2019), pp. 149-151을 참고로 재구성함.

〈관철하기(follow-through)〉 예시

1. 관철하기 4단계
   ① 문제에 대한 학생의 감정과 생각을 편안하게 표현하도록 친절한 태도로 토론한다.
   ② 실천 가능한 해결방법에 대하여 브레인스토밍하고 교사와 학생 모두 동의하는 방법을 선택한다.
   ③ 마치는 시간은 분 단위까지 구체적으로 정한다.
   ④ 정해진 시각 안에 끝내지 못할 수도 있다는 것을 알고 있어야 한다. 학생들과 합의한 일에 대해서는 책임감을 가지고 끝까지 해내게 한다.
2. 관철하기 예시
   고등학교 무용교사인 김 선생은 첫 수업에서 앞으로 수업시간에 춤을 출 때는 무용신발을 신거나 신발이 없으면 맨발로 해야 한다고 이야기했다. 이에 대해 열띤 토론이 벌어졌다. 여학생들은 스타킹이나 테니스화를 신고서는 왜 춤을 출 수 없는지 물었고 김 교사는 안전을 위해서는 그렇게 해야만 한다고 설명했다. 맨발로는 무용을 하고 싶지 않다는 것과 무용 신발이 너무 비싸다는 것을 이해하지만, 수업에 맞는 차림새를 하지 않는다면 수업을 할 수 없다고 말했다.

당연히 수업 첫 주에 몇몇 학생이 무용 신발을 가져오지 않았다. 그 학생들은 맨발로 수업해야 하는 것을 불평했다. 하지만 김 교사는 친절하게 미소 지으며 "우리가 합의한 것이 뭐지?"라는 물음으로 '관철하기'를 실천했다. 여학생들은 테니스화를 신고 수업할 수 있게 해 달라고 떼를 쓰고 간청했지만, 김 교사는 말없이 미소만 지었다. 교사가 반응을 보이지 않자 학생들은 어쩔 수 없이 불평을 멈추고 신발과 양말을 벗고 맨발로 수업에 참여했다.

출처: Nelsen, J. et al. (2019), p. 174를 참고로 재구성함.

4) 월별 지도계획

학생들이 좋은 생활습관을 갖도록 가정과 함께 지속적으로 지도해야 할 책임이 담임교사에게는 있다. 따라서 인성교육 10대 실천덕목과 행동목표를 월별 지도계획으로 설정하여 중점적으로 지도함으로써, 바람직한 인성의 함양과 올바른 태도를 익힐 수 있고, 몸과 마음이 조화롭고 자아실현을 위한 목표의식을 지닌 교양 있는 민주시민으로 양성하는 것을 목표로 삼아야 한다. 그래서 담임교사는 학생들이 우리 사회가 요구하는 국제화시대에 맞는·바람직한 세계인으로 성장하도록 돕는 것이다.

(1) 인성교육 10대 실천덕목 및 행동목표

표 5-14 인성교육 10대 실천덕목과 행동목표

인성 덕목	행동 목표
존중	나는 자신에 대한 자긍심을 가지고, 타인의 개성과 다양성을 인정하며 배려하는 마음으로 생활한다.
질서	나는 규칙과 질서를 잘 지키며, 바른생활습관 정착을 위해 노력한다.
협동	나는 친구들과 서로 도우며 과업을 해결하는 태도를 지닌다.
예의	나는 부모님께 효도하고, 선생님께는 공손한 태도를 지니며, 친구들에게는 바른 말을 사용하여 친절하게 대한다.
자주	나는 해야 할 일을 스스로 찾아서 실천한다.
책임	나는 나의 행동에 대해 책임을 지며, 나와 타인과의 약속을 지키기 위해 노력한다.
끈기	나는 주어진 과제를 성실히 수행하며, 목표 달성을 위해 최선을 다한다.
도전	나는 조금 힘이 들더라도, 미래에 대한 희망을 가지고 목표한 일은 실천에 옮긴다.

성실	나는 말과 행동에 일관성이 있으며, 타인에게 믿음을 주는 사람이 되려고 노력한다.
공정	나는 편견 없이 상대방을 대하며, 양심에 거리낌 없이 정직한 태도로 일을 추진한다.

(2) 인성교육 월별 추진 계획

표 5-15 인성교육 월별 추진 계획

월별	인성교육	실천 내용
3	• 인사예절의 생활화(예의) • 목표 세우기(도전)	먼저 인사하기, 고운 말로 칭찬하기, 서로 이름 불러 주기, 새 학년 목표 세우고 계획
4	• 정숙한 실내생활(질서) • 공중도덕 지키기(질서)	수업시간, 자습시간 정숙하기, 교통질서 지키기, 쓰레기 함부로 버리지 않기
5	• 감사하는 마음(예의) • 서로 돕는 태도(협동)	부모님 · 선생님께 감사하기, 친구들과 함께하기, 왕따 없는 교실
6	• 호국보훈의 마음(존중) • 위생 관리(성실)	호국보훈의 달 행사, 여름철 개인위생 관리
7	• 정리정돈의 생활(책임)	한 학기의 마무리, 방학계획 세우기
8	• 끈기 있는 태도(끈기) • 안전사고 예방(질서)	방학계획 실천하기, 체험학습, 안전사고 예방
9	• 자기주도학습(자주)	자기주도학습의 생활화, 목표-계획-실천-평가
10	• 배려와 봉사(성실) • 문화적인 삶(존중)	남을 배려하고 봉사하는 생활, 우리말, 우리문화 바로 알기
11	• 공정한 태도(공정) • 미래 진로 개척(도전)	대학입시 준비, 편견 없이 바라보기
12	• 반성하는 삶(성실)	한 해의 반성, 방학계획 세우기
1	• 새해 설계(도전)	새해 설계와 학습계획, 성숙한 인격 갖추기
2	• 책임감 갖기(책임) • 감사하는 마음(예의)	학년의 정리와 결과에 대한 책임 갖기, 부모님 · 선생님 · 친구들께 감사 표현하기

(3) 월별 교육활동 지도계획

표 5-16 월별 교육활동 지도계획

[1학기]

월	주	학교 및 학급 행사/평가계획/창의적 체험활동/규칙 및 환경
3	1	입학식, 임시반장 및 청소당번 선정, 자리배치, 신입생 방향지도, 비대면 온라인 수업 안내
	2	학급임원 선출 및 조직, 학습플래너 배부, 방과후학교 프로그램 시작
	3	희망 동아리 조직 및 선정, 토요스쿨 조사 및 운영계획, 자율학습 · 특강 시행 정독실 운영, 영어 · 수학 수준별 반편성, 학급규칙 제정
	4	1, 2학년 학력평가, 창의적 체험활동 종합지원시스템
	5	학생간부수련회, EBS 교육방송 · 영어듣기 지도계획, 학생 상담
4	1	수학여행 및 체험학습, 학교정보공시(1차)
	2	개인별 진학지도 자료 구축, 과학 관련 초청강연
	3	과제연구 연구계획서 제출, 봉사활동 실시
	4	수학 · 과학 경시대회, 학업성적관리 규정 안내, 학교폭력 설문조사
	5	문화기행, 영어듣기평가, 창의적 체험활동
5	1	1학기 중간고사, 교내 체육대회
	2	어버이날, 건강한 성 윤리관 교육, 양성평등 교육
	3	스승의 날, 체험학습, 진로 멘토링 실시, 모범학생 표창
	4	예술가 초청 특강, 방과후학교 만족도 조사, 창의적 체험활동
6	1	수능모의고사, 자기소개서 작성 연습, 호국보훈의 달 행사 안내
	2	통일 계기교육, 교육과정 안내 및 희망 조사, 현충일, 학력평가
	3	과제연구 중간보고서 제출, 실용영어능력평가
	4	진로 및 학업 상담, 창의적 체험활동
	5	국가수준학업성취도 평가, 학교폭력 설문조사
7	1	1학기 기말고사
	2	여름방학 보충수업 계획 안내, 희망조사
	3	초청음악회, 합창 발표대회, 안전교육 실시, 제헌절, 방학식
	4	여름방학 보충수업 실시, 창의적 체험활동 승인, 성적통지표 발송

[2학기]

월	주	학교 및 학급 행사/평가계획/창의적 체험활동/규칙 및 환경
8	1	여름방학 보충수업 실시, 여름방학 체험학습 실시, 수도권 대학 탐방, 해외 대학 및 유적지 탐방, 방학 중 과제 실천 확인
	2	
	3	
	4	
	5	개학, 3학년 2학기 중간고사, 수시모집 원서 작성, 비대면 온라인수업 안내
9	1	1학년 공동체 생활체험과정, 교내 영어에세이 대회, 2학기 학습계획
	2	수능모의고사, 학력평가, 체험학습
	3	진로체험활동, 영어듣기평가, 학생상담
	4	수시모집 담임 워크숍 , 창의적 체험활동
	5	학교폭력 설문조사, 식중독 예방 교육
10	1	추석 계기 교육, 과제연구 보고서 제출, 개천절
	2	한글날 교내 백일장
	3	2학기 1 · 2학년 중간고사 및 3학년 기말고사
	4	모범학생 표창, 창의적 체험활동
11	1	개교기념일, 대학수학능력시험
	2	학력평가, 불우이웃돕기
	3	학교폭력 설문조사
	4	창의적 체험활동, 방과후학교 만족도 조사
	5	학예전, 동아리 활동보고회
12	1	1 · 2학년 기말고사
	2	영남지역 학력평가, 학습플래너 후기 에세이 공모 및 시상
	3	겨울방학 보충수업 안내 및 희망 조사
	4	겨울방학식, 학교생활기록부 기록 및 확인
1	1	겨울방학 보충수업, 방학 중 생활안전지도, 방학과제 확인 점검 요 관심 학생 상담, 진로체험학습요 관심 학생 상담, 진로체험학습
	2	
	3	
	4	
	5	

2	1	개학, 졸업식 및 종업식, 신 학년도 안내, 학년말 방학 특강 안내, 학년말 방학, 방학 중 생활안전지도, 학교생활기록부 기록 및 확인, 새 학년도 준비
	2	
	3	
	4	
	5	

5) 학급환경

학급환경은 학급에서 개인 외부에 있는 모든 것을 지칭한다. 한 학생의 주위에 있는 교실 공간, 책상과 걸상, 교사와 학생들, 전시와 게시물, 창밖의 전망, 분위기 등이 학급환경이 된다. 환경은 의식할 수도 있고 의식하지 못할 수도 있으나, 그것이 학생에게 자극을 주고 영향을 미치게 되므로 매우 중요하다. 교사는 학생을 직접 지도하는 일뿐만 아니라, 학생에게 긍정적인 영향을 미칠 수 있는 학급환경을 정비하고 조성하는 일에 특별한 관심을 가져야 한다.

(1) 물리적 환경정비

학급의 물리적 환경정비는 물적 요소인 학급시설, 설비 및 자료를 구비하여 그것을 구성 · 배치하는 활동이다. 학급의 물적 요소를 어떻게 구성 · 배치하고 활용하느냐에 따라 학생의 교육적 경험, 학습의 역동성 및 학급 분위기가 달라질 수 있으므로 물리적 환경정비의 교육적 의의는 매우 크다.

① 물리적 환경요소

학급의 물리적 환경 구성 요소에는 건축환경, 구성환경, 제공환경의 세 가지가 있다(Charbonneau & Reider, 1996, p. 60). 건축환경(architectural environment)은 건축물과 건축물의 구조를 말한다. 교실의 건축환경에는 교실의 형태, 크기, 창문의 위치와 수, 전기시설, 냉 · 난방 시설, 부속실 등이 포함된다. 구성환경(arranged environment)은 각종 설비물과 그것들의 기능적 배치를 말한다. 설비에는 책상과 걸상을 포함하여 크기 · 형태 · 높이 등을 달리하는 여러 종류의 테이블과 의자, 이동용 선반, 보관함 등이 있다. 제공환경(provisional environment)은 학급활동에 제공되

표 5-17 학급의 물리적 요소

분류	용도
일반 교육용 시설물	교실, 책상과 걸상, 교단과 교탁, 칠판, 전등, 냉 · 난방기 등
교실 부대시설	부속실(예: 휴게실, 공동작업실 등), 방음시설, 방송시설 등
일반 교수-학습용 교구	도서, 컴퓨터, 지도, 지구본, 지시봉, 마이크, 스피커 등
시청각 교구	전자칠판, 환등기, TV, PDP, 비디오, 녹음기, CD플레이어, OHP, 빔프로젝트, 실물화상기, 실물표본기, 북리더기 등
실험 · 실습용 교구	과학기자재, 약품, 재봉틀 등
공작용 교구	공작 도구, 공작 원료, 벽돌 등
보관물 상자 혹은 함	사물함, 휴대폰 보관함 등
음료용구	음료통, 주전자, 컵 등
위생용구	빗자루, 걸레, 먼지떨이, 재활용함 등
관찰용 용기	곤충상자, 화분 등
장식용구	거울, 그림, 꽃병 등
그 외 전시와 게시물	태극기, 교훈, 급훈, 일과 시간표, 학급조직표, 공지 · 전달사항, 진로진학 안내란, 학생 작품 등

출처: 박병량(2003), p. 312에서 내용 재구성.

는 각종 자료와 재료이다. 여기에는 각종 교수자료, 교재, 학용품, 실험 및 공작 재료 등이 포함된다. 일반적으로 학급의 물리적 요소는 〈표 5-16〉과 같이 용도별로 분류된다.

② 물리적 환경정비의 기본 개념 및 원칙

- 물리적 환경정비의 기본 개념: 물리적 환경을 계획함에 있어서 기본적으로 고려해야 할 개념은 적절성, 효율성, 경제성 그리고 건강과 미(美)다(Castaldi, 1987, p. 176; 정식영, 1965, pp. 150-153). 적절성은 시설, 설비, 자료와 같은 물적 조건이 교육 프로그램의 양적 · 질적 요구를 충족시켜주는 정도를 의미한다. 이는 교육을 수행하는 데 요구되는 시설, 설비 및 자료가 그 수량, 크기, 형태 및 절적인 면에서 충실히 갖추어져야 한다는 것이다. 효율성은 물적 조건의 기능적인 측면과 관련된 것으로 물적 조건의 교육적 기능과 그것의 기능적 특성을 중

대시키는 것을 의미한다. 경제성은 시설물의 비용에 대한 교육적 가치와 실용적 가치로 정의된다. 필요한 시설과 자료는 적은 비용으로 갖추어지고 최대의 효과를 거두어야 한다. 건강과 미(美)는 물리적 조건이 학생의 건강을 도모할 수 있도록 안전하고 위생적이어야 하며 아름다워야 한다는 것이다. 미(美)는 장식적인 것과 관련이 있다.

- 물리적 환경정비의 일반적 원칙: 물리적 환경정비의 기본 개념에 기초하여 학급의 물리적 환경 정비의 원칙 내지 방침을 간략하게 정리하면 다음과 같다.

  첫째, 학급의 물리적 환경은 교육활동에 필요한 시설, 설비, 자료가 충분히 갖추어져야 한다. 둘째, 학급의 물리적 환경은 교수-학습활동이 촉진될 수 있도록 정비되어야 한다. 셋째, 학급환경은 아름답고 명랑한 생활공간이 되도록 정비되어야 한다. 넷째, 학급환경은 학생의 보건과 위생 및 안전에 적합해야 한다.

- 교실 구성: 교실 구성은 교실 공간 구성과 시설물의 배치를 의미한다. 교실 구성은 무엇보다도 교수-학습활동에 맞도록 설계되어야 한다. 교사가 어떠한 형태의 수업을 하든 간에 교실 공간은 교수-학습형태에 적합하게 구성하는 것이 매우 중요하다.

  교실 구성의 일반적인 지침으로 학급의 물리적 환경은 교육활동에 필요한 시설 · 설비 · 자료가 충분히 갖추어져야 하고, 그것들은 교수-학습활동을 촉진하여야 하며, 아름답고 명랑하여야 하고 보건과 위생 및 안전에 적합하게 정비되어야 한다.

  Lemlech(1979)는 교실 구성은 다음과 같이 다섯 가지가 계획되어야 한다고 하였다. 첫째, 학생의 흥미를 자극할 수 있어야 하며, 둘째, 학습 의욕을 북돋울 수 있어야 하며, 셋째, 비형식적인 환경을 형성할 수 있어야 하며, 넷째, 학생의 욕구변화에 따라 변화될 수 있어야 하며, 다섯째, 교구 자료를 보관할 수 있는 공간이 확보될 수 있도록 계획되어야 한다.

- 전시와 게시: 전시와 게시는 교육활동의 수단인 동시에 학급환경 조성의 수단이기도 하여 교실환경정비에 있어 중요한 역할을 한다. 전시 또는 게시의 목적은 어떤 내용을 명확하고 간결하게 시각화하여 게시함으로써 학생들로 하여금 관심을 갖게 하여 전달 내용에 대한 지식을 부여하고 적극적인 흥미와 아울러 태도의 변화를 가져오게 하는 데 있다.

전시와 게시는 학습자의 흥미를 자아내기 위한 새로운 학습내용의 소개, 학급활동이나 학교활동에 관한 전달사항 및 학생들의 작품 등이 주된 내용으로 이룬다. 구체적인 학급의 전시 또는 게시물로는 다음과 같은 것이 있다(김봉수, 1983, pp. 292-293).

표 5-18 학급의 전시 및 게시물 예시

구분	전시 및 게시물
1. 항상 게시하는 것	국기, 교훈과 급훈, 주훈 또는 일훈, 학년에 맞는 지도, 연대표, 문자표, 수식, 그림
2. 학습자료적인 것	참고서, 사전류, 신문, 잡지, 각종 포스터, 그림, 사진, 표본, 모형 각종 설계도, 지도, 지구본
3. 감상적인 것	그림, 공작, 작문 등의 성적물, 교과 성적물, 그래프, 도표, 지도, 학급신문, 학생 작품
4. 기록적인 것	학급일지, 주번일지, 관찰일지, 학급회의록
5. 연락 및 장식적인 것	판화, 그림, 사진, 포스터, 팜플렛, 전달 및 공지사항

출처: 박병량(2003), p. 320.

(2) 교과 특성에 맞는 교실환경 구성(예시):

[선진형 교과교실제 연구학교(경북 칠곡군 북삼고등학교)]

① 환경구성의 원칙 및 시설 구축 현황

일반(학급) 교실을 교과목별 특색에 따른 교과교실별로 전환	교과목별로 동일한 층과 동일한 위치에 배치하는 구성
교무실은 교무지원센터와 교과별 교사연구실로 구성	학습 집단 규모에 따라 다양한 크기(대, 중, 소규모 교실 등)의 교과교실 구성
시설 및 기자재 구축 방향	시설구축

• 교과교실, 교과미디어 센터, 교과연수실의 유기적 연결을 위한 블록화 • 홈베이스(락커룸) 증축 • 전 교과교실에 전자칠판, 전자교탁, 빔프로젝트 설치, 교과별 실물화상기 구비 • 학생 휴게 공간 및 교사 휴게 공간 구성 • 교과연구실 구성, 교사용 사물함, 세면대 및 정수기 구비 • 종합정보전달 지원시스템 구비	전면 재배치	교과교실	27실
	증축	공용교실	1
	유휴교실 활용	자기주도적 대학습실	1.5
	리모델링	기술 · 가정실	1.5
		음악실	1.5
		미술실	1.5
		과학실	3
		도서실	2
		홈베이스(학생휴게실)	6
		학생야외휴게공간	1
		학생동아리실	1.5
		창의적체험활동 공간(야외)	1
		교과연구실	1.5
		학생휴게실	4
		학생상담실	3

② 학생 편의공간

종류	홈베이스	도서관	대강의실	상담실	보건실	인터넷카페
수량	6	1	1	3	1	1
종류	대학습실	소학습실	동아리실	야외 창체공간	식당	
수량	1	2	3	1	1	

③ 자연친화적인 환경 조성

외부 휴게공간

그린 커튼

연꽃과 벼

실내조경

운동장 파고라

도서관 앞 휴게공간

2층 현관 앞 휴게공간

통로 휴게공간

④ 특성화된 교실환경 조성

수학교실

국어교실

영어전용교실

과학교실

수학 소강의실

공용교실

영어 소강의실

사회교실

교과교실 명패

미술교실

음악교실

기술가정교실

출처: 선진형 교과교실제 연구학교 경북 칠곡군 북삼고등학교 연구보고서(2011).

6) 성공하는 담임의 학급경영 노하우

〈학급긍정훈육법 교사의 10계명〉

1. 감정에 친절하고 행동에 단호하라.
2. 보상과 처벌보다는 격려와 규칙으로 훈육하라.
3. 드러난 문제행동보다는 아이의 숨겨진 의도를 해독해라.
4. 아이들의 싸움에 편을 들거나 재판관이 되지 마라.
5. 아이들에게 언제나 일관성 있는 태도를 유지하라.
6. 결과에 대한 칭찬보다는 태도와 노력, 과정, 독창성을 격려하라.
7. 지시와 설명보다는 질문과 선택을 활용하라.
8. 실수한 아이를 격려하고 배움의 기회로 삼아라.
9. 감사, 격려하기를 일상화하여 아이들이 긍정적인 말에 익숙해지게 하라.
10. 지켜야 할 규칙과 원칙은 끝까지 관철시켜라.

출처: Nelsen, J. et al. (2019), 학급긍정훈육법에서 발췌.

원칙을 '바르게' 세우고 '일관되게' 지켜나가라

교직생활 처음에는 아이들의 마음을 잘 헤아리는 친구 같은 선생님, 인기 있는 선생님이 되고 싶었다. 그러나 교직 경력 8년이 지나서야 학급경영에 눈을 뜨게 되었고, 나만의 학급경영 노하우가 생겼다. 내가 터득한 학급경영의 성공 비결은 의외로 단순했다. 학급경영 원칙이 합리적이고 교육적이며 일관적, 지속적으로 유지된다면 어떠한 방식이든 반드시 성공할 수 있다는 것이었다. 그리고 학급경영 방법을 학생들에게 설득시키는 가장 효과적인 방법은 말에 앞서 내가 먼저 몸으로 보여주는 것과 아이들이 내 학급경영 방식에 익숙해질 때까지 기다려 주는 것임을 알았다.

우리 반의 일상적 학급활동의 가장 큰 축은 아침독서활동이다. 나는 아침에 출근하게 되면 바로 교실에 들어가 교실 책꽂이에서 책을 꺼내 읽는다. 언제부턴가 등교하는 아이들이 자연스럽게 나를 따라한다는 것을 알았다. 그래서 아침독서활동을 시작하게 되었고 아침독서활동이 빨리 정착될 수 있도록 아이들을 끊임없이 설득했다.

아침독서활동을 하게 되면서 가장 크게 달라진 점은 나의 잔소리가 줄었다는 것이다. 잔소리가 줄게 되니, 아이들과 함께 웃는 얼굴로 하루를 시작할 수 있게 되었다. 아침독서활동을 행복한 시간으로 만들기 위해 학급경영계획서를 통해 학생과 학부모에게 공지하였다. 학생들의 흥미를 갖고 읽을 수 있는 청소년 대상 도서를 수준별, 분야별로 40권 정도를 구입하여 학급에 기증했다. 교내외 각종 대회에 학생들이 참가하고 받은 시상금으로 도서를 구입하고, 아침독서 관련 공모전에 참여하여 학급문고를 기증받는 등 4년 동안 약 300권의 신간도서를 모았다.

아침독서활동이 활성화되면서 책을 통해 아이들과 소통하는 방법을 알게 되었다. 집안 문제로 고민하는 학생에게 그 학생이 공감할 수 있는 청소년 소설을 권해 주기도 하고, 진로 문제로 고민하는 학생에게 진로 관련 책을 소개해 주기도 했다. 때론 학생이 감명 깊게 읽은 책을 내게 권해 줘서 재미있게 읽었던 적도 있었다.

아침독서활동과 연관된 학급 활동도 많이 하였다. '나만의 책갈피 만들기' '한여름 밤 독서캠프' '책 딱지 붙이기' '읽은 책 자취 남기기' '친구들에게 권하고 싶은 이 한권의 책' 등 학생들이 부담을 갖지 않고 재미있게 참여할 수 있는 활동들을 중심으로 하였다. 이를 통해 아침독서활동에 대한 집중력을 높이고 활동 결과물을 만들어내고자 하였다.

1년 동안의 아침독서활동을 통해 아이들이 갑자기 변화한다고 생각하지는 않는다. 그러나 학교에서 배워야 하는 다양한 가치들을 학생들이 독서를 통해 보다 쉽게 배울 수 있다고 확신한다. 이것이 내가 학급경영에서 아침독서를 가장 중요하게 생각하는 이유다.

출처: 교육과학기술부(2010), 꿈나래21 3월호.

4. 학교생활기록부 작성

1) 학교생활기록부 영역

학교생활기록은 「초 · 중등교육법」 제15961조(시행 2019. 6. 19.)에 따라 학교의 장이 학생의 학업성취도 및 인성 등을 종합적으로 관찰 · 평가하여 학생지도 및 상급학교(「고등교육법」 제2조 각 호의 규정에 의한 학교를 포함한다)의 학생선발에 활용할 수 있는 학생의 인적사항, 학적사항, 출결상황, 자격증 및 인증취득상황, 교과학습

발달상황, 행동특성 및 종합의견, 그 밖의 교육목적에 필요한 범위 안에서 교육부령이 정하는 사항과 기준에 따라 작성 · 관리하도록 하고 있다.

학교생활기록의 작성 및 관리에 관한 규칙(교육부령 제82호)은「초 · 중등교육법」 제25조의 규정에 의한 학교생활기록의 작성 및 관리에 관하여 동법에서 위임된 사항과 그 시행에 관하여 필요한 사항을 규정하고 있다. 또한 학교생활기록 작성 및 관리지침(교육부 훈령 제239호)은 학교생활기록의 작성 및 관리에 관한 규칙에 의한 학교생활기록의 작성 및 관리에 관하여 필요한 사항을 규정하고 있다(교육부, 2020).

「학교생활기록 작성 및 관리지침(교육부 훈령 제239호)」에는 훈령 제1조 목적부터 제21조 재검토기한 및 부칙까지로 구성되어 있다. 학교생활기록부 영역별 내용을 살펴보면 다음과 같다. 제1조 목적, 제2조 적용범위, 제3조 용어의 정의, 제4조 처리요령, 제5조 자료입력항목 및 출력서식, 제6조 인적사항, 제7조 학적사항, 제8조 출결상항, 제9조 수상경력, 제10조 자격증 및 인증 취득상황, 제11조 진로희망사항, 제12조 창의적 체험활동상황, 제13조 교과학습발달상황, 제14조 치료교육활동, 제15조 독서활동상황, 제16조 행동특성 및 종합의견, 제17조 기타사항, 제18조 자료의 보존, 제19조 자료의 정정, 제20조 준용 등, 제21조 재검토기한, 제22조 부칙으로 되어 있다.

2) 학교생활기록부 기재 예시

졸업대장번호				
구분 / 학년	학과	반	번호	담임성명
1	○○과	5	25	정○○
2				
3				

사진
3.5 × 4.5cm

전공 · 과정 / 학년	1학기	2학기	비고
1			
2			
3			

3) 인적사항

학생	성명: 이○○ 성별: 남 주민등록번호: 040925-1XXXXXX 주소: ○○시 ○○구 ○○번길 ○ 101동 503호
가족 부 상황 모	성명: 이○○ 생년월일: 1973년 07월 20일 성명: 김○○ 생년월일: 1975년 08월 02일
특기사항	

4) 학적사항

2020년 02월 15일 ○○중학교 제3학년 졸업 2020년 03월 02일 ○○고등학교 제1학년 입학	
특기사항	

5) 출결상황

학년	수업일수	결석일수			지각			조퇴			결과			특기사항
		질병	무단	기타	질병	무단	기타	질병	무단	기타	질병	무단	기타	
1	207	•	•	•	•	•	•	•	•	•	•	•	•	개근
2	207	15	•	•	1	•	•	2	•	•	•	•	•	다리수술(10일) 감기(5일)
3	208	•	•	3	•	•	•	•	•	•	1	•	•	부모간병(3일)

※ 학교폭력대책자치위원회에서 결정한 「학교폭력예방 및 대책에 관한 법률」 제17조(가해학생에 대한 조치사항) 제1항 제4호 내지 제6호(2012.04.01 이전은 제1항 제6호 내지 제8호)에 따른 조치사항, 「소년법」 제32조(보호처분의 결정) 제1항 제6호 내지 제8호에 따른 학교 폭력 관련 보호처분 내용을 입력한다.

법령	징계 양정		비고
「학교폭력예방 및 대책에 관한 법률」 제17조 제1항	2012. 03. 01~ 03. 31.	제6호(사회봉사) 제7호(특별교육이수 또는 심리치료)	출석인정
		제8호(10일 이내의 출석정지)	무단결석
	2012. 04. 01.~	제4호(사회봉사) 제5호(특별교육이수 또는 심리치료)	출석인정
		제6호(출석정지)	무단결석

「소년법」 제32조 제1항	제6호(「아동복지법」에 따른 아동복지시설이나 그 밖의 소년 보호시설에 감호 위탁) 제7호(병원, 요양소 또는 「보호소년 등의 처우에 관한 법률」에 따른 소년의료보호시설에 위탁) 제8호(1개월 이내의 소년원 송치)	출석인정 학교폭력관련

6) 수상경력

구분	수상명	등급(위)	수상연월일	수여기관	참가대상
교내상	자연탐구대회(공동수상, 3명)	은상(3위)	2020. 05. 04.	○○학교장	전교생
	교과우수상(수학, 사회, 과학)		2020. 06. 30.	○○학교장	1학년
	독서기록장쓰기대회	장려상(3위)	2020. 11. 05.	○○학교장	1, 2학년
	과학탐구대회(물로켓부문)	최우수상(1위)	2020. 12. 10.	○○학교장	1학년

7) 자격증 및 인증 취득상황

구분	명칭 또는 종류	번호 또는 내용	취득연월일	발급기관
자격증	워드프로세스 1급	18-12-031206	2018. 03. 13.	대한상공회의소
	인터넷정보관리사 2급	IIS-1202-001858	2018. 06. 18.	한국정보통신 진흥협회
	문서실무사 2급	071PT51-20000713	2019. 08. 04.	한국정보관리협회

8) 진로희망사항

학년	진로희망	희망사유
1	진로탐색 중	
2	경찰공무원	국민의 생명과 재산을 지키는 지팡이
3	경찰공무원	국민의 생명과 재산을 지키는 지팡이

9) 창의적 체험활동상황

학년	창의적 체험활동상황		
	영역	시간	특기사항
1	자율활동	26	1학기 학급 부회장(2020. 03. 02.~2020. 08. 21.)으로 학생자치회 임원수련회(2020. 05. 11.~2020. 05. 13.)에 참가하여 리더십, 예절교육, 봉사 체험활동을 하였으며, '미래의 나'를 주제로 UCC만들기 모둠활동(2020. 03. 31.)에 참여하여 참신한 아이디어를 내고 다양한 자료를 수집하여 적극적으로 활동함. 또래상담학생들의 학교지킴이 집단상담교육에 참여(6회)하고, 신체발달 상황검사(2020. 10. 16.) 시 선생님을 도와 원활한 운영에 기여함. 학교축제(2020. 12. 27.)에 진행요원으로 참여하고 행사의 원활한 진행에 이바지하며 건전한 학생자치문화를 체험하고 미래의 비전을 공유함. 특히, 환경사랑 다짐의 글을 낭독하여 전교생이 녹색성장에 대하여 생각해 볼 수 있는 시간을 갖는 데 도움을 줌.
	동아리활동	224	(멀티미디어제작반)영상관련 분야에서 자신의 능력과 역량을 충분히 발휘하며, 특히 UCC제작과 동영상 편집능력이 탁월함.
	봉사활동		○○시의 '성 지킴이'로 격주 토요일마다 성곽 주변 쓰레기 줍기, 관람객 안내하기 등의 활동을 하였고, 2020 ○○문화제(2020. 10. 06.~2020. 10. 10.)에서는 행사진행 보조요원으로 활동함(2020. 03. 21.~2020. 12. 18./56시간). 월 1회 정기적으로 ○○도서관을 방문하여 도서관 홍보전단 발송, 열람실 도서 정리, 열람실 청소, 책·걸상 닦기, 도서 대출 및 반납 보조, 어린이 도서 찾아주기 등의 활동을 함(2020. 04. 01.~2020. 11. 30./32시간).
	진로활동	34	월 1회 '진로의 날' 행사를 통하여 진로 선택에 대한 안내를 받고 각종 서적이나 참고문헌, 인터넷 사이트를 통한 직업 탐색 및 적성에 맞는 직업 탐색군 조사 등의 활동을 함. 2학기 진로활동 시간에 아로 플러스 검사를 실시함. 본인의 적성에 적합한 직업 분야(중등학교 교사, 기자, 상담전문가 분야)에 대하여 진로탐색 및 진로계획서를 작성하였음.
2	자율활동		
	동아리활동		
	봉사활동		
	진로활동		
3	자율활동		
	동아리활동		
	봉사활동		
	진로활동		

학년	봉사활동실적				
	일자 또는 기간	장소 또는 주관기관명	활동내용	시간	누계
1	2019. 03. 07.	(학교)○○학교	봉사활동 소양교육	2	2
	2019. 03. 15.~ 2019. 03. 16.	(개인)○○양로원	목욕 및 청소	6	8
	2019. 09. 12.	(개인)월드비전	기아체험행사 참가	4	12
	2019. 10. 01.~ 2019. 12. 30.	(개인)○○사회복지관	교통안전 캠페인 참여, 장애아동 돌보기 및 대청소	60	72
2					
3					

10) 교과학습발달상황

교과	과목	1학기				2학기				비고
		단위수	원점수/ 과목평균 (표준편차)	성취도 (수강자 수)	석차 등급	단위 수	원점수/ 과목평균 (표준편차)	성취도 (수강자 수)	석차 등급	
국어	국어	4	80/75 (7.9)	B (240)	3	4	75/72(7.3)	C (241)	4	
상업 정보	상업 경제	3	93/82.1 (10.1)	A (240)		3	92/86.3 (12.7)	A (241)		
이수단위 합계										

※ '석차등급'란의 'A, B, C, D, E'는 성취도를 나타냄.

과목	세부능력 및 특기사항
사회	안락사를 주제로 한 모의재판에서 안락사를 반대하는 검사부 대표로 활약하였음. 현지답사와 인터뷰 등을 통해 '○○지역 도시빈민의 주거환경'이라는 제목으로 지역 조사 보고서를 제출하였고, 사형제도 관련 모의국회에 사형제도를 반대하는 폐지당 국회의원으로 참가하는 등 다양한 활동을 열심히 하였음.
상업경제	생산, 분배, 지출의 경제 순환 및 소득 재분배 과정과 경제주체들의 합리적인 경제적 의사결정이 자유시장 경제에 미치는 영향, 환율 변동이 경제에 미치는 영향, 국제수지 분류 등의 어려운 개념을 정확하게 이해함.
영어	영어 일기쓰기 수행과제 기록장을 분석해 본 결과, 영어 쓰기능력이 점진적으로 신장되고 있음. 방과후학교 프로그램 원어민 영어회화(40시간)를 수강함.

〈체육 · 예술(음악/미술)〉

교과	과목	1학기		2학기		비고
		단위수	성취도	단위수	성취도	
체육	체육	1	A	1	B	
음악	음악	2	B	2	A	
미술	미술	1	A	1	A	
이수단위 합계						

과목	세부능력 및 특기사항
체육	근지구력과 심폐지구력이 남달라 트랙경기 중장거리 달리기에 능숙함(1600m, 5분 8초). 장거리달리기에 맞는 호흡방법을 익히면 기록 단축이 예상됨.
음악	대중음악에 관심이 많고 특히 랩 실력이 뛰어나 음악 시간에 랩송을 작곡하여 연주함.
미술	사물과 인체의 동작 묘사 능력이 우수할 뿐 아니라 애니메이션의 스토리전개 능력이 남다르고 카툰의 기본 흐름을 잘 이해하여 만화가로서의 기본 소양을 충분히 지님.

11) 독서활동상황

학년	과목 또는 영역	독서 활동 상황
1	국어	(1학기) 문학 · 인문과학 분야 서적에 관심이 많고, 독서활동 시간을 활용하여 한 달에 두 권 정도 책을 꾸준히 읽고 있으며, 저자가 전달하고자 하는 주제의 핵심을 파악하여 독서활동 시간에 발표함. '내 영혼이 따뜻했던 날들(포레스트 카터)' '10년 후, 나(타테미야 츠토무)' '성공한 사람들의 독서습관(시미즈 가쓰요시)' 등의 책을 감명 깊게 읽음.
	음악	(2학기) 예술 관련 서적을 즐겨 읽으며 특히, 국악에 관심이 많음. '판소리 이야기(최동현)' '우리 소리 우습게 보지 말라(김준호, 손심심)' '재미있는 국악 길라잡이(이성재)' 등을 통해 우리 음악에 흥미를 느꼈으며, 국악의 넓이와 깊이를 헤아릴 수 있는 계기를 마련함.
2		
3		

12) 행동특성 및 종합의견

학년	행동특성 및 종합의견
1	풍물반 동아리 기장으로 활동할 만큼 사람들을 잘 이끌며 행사 기획과 운영 능력이 뛰어난 학생임. 학업 면에서는 내신 성적에 비해 학력평가 성적이 다소 낮은 편이어서 앞으로의 발전을 위해서 자기주도적으로 좀 더 폭넓고 깊게 공부하는 습관을 기를 필요가 있음. (배려) 친절하며 이해심이 많아 친구들과 어울려 공부하기를 좋아하며 남을 도와주려고 하는 마음이 커 여러 번의 교내외 모범학생 표창을 수상한 학생임. (갈등관리) 교우관계의 균형을 유지하며 친구들 사이의 갈등을 원만하게 조율하는 능력이 있음.
2	
3	

토론 및 실습 과제

1. 담임교사의 유형과 각 특징을 정리해 보자.
2. 학급담임교사의 학급경영계획서를 작성해 보자.
3. 학급환경구성 및 설계도를 작성해 보자.
4. 한 학생의 학교생활기록부 내용을 토대로 정량적 평가와 정성적 평가를 시도해 보자.

참고문헌

경남여자고등학교(2020). 2020학년도 교육계획서.

경혜여자고등학교(2020). 2020학년도 교육계획서.

교육과학기술부(2012). 함께 만드는 행복한 교실. 서울: 교학사.

교육과학기술부(2012). 학교규칙 운영매뉴얼(중등용).

교육과학기술부(2020). 학교생활기록부 기재요령.

교육과학기술부(2010). 성공하는 담임의 노하우. 꿈나래21. 2010년 3월호.

김명환 외(1998). 교육행정 및 경영. 서울: 형설출판사.

김봉수(1983). 학교와 학급경영. 서울: 형설출판사.

김종철, 진동섭, 허병기(1993). **학교학급경영론**. 서울: 한국방송통신대학 출판부.

노민구(2017). **학교장의 역할과 지도성**. 부산: 육일문화사.

박병량(2003). **학급경영**. 서울: 학지사.

박병량(2006). **학교발전과 변화**. 서울: 학지사.

박병량, 주철안(2012). **교육행정 및 교육경영**. 서울: 학지사.

부산광역시교육연구정보원(2010). 교육실무매뉴얼.

북삼고등학교(2011). 선진형 교과교실제 연구학교 보고서.

우리교육(2008). **빛깔이 있는 학급운영 1 · 2 · 3권**. 서울: 우리교육.

이윤식 외(2007). **교직과 교사**. 서울: 학지사.

조벽(2016). **인성이 실력이다**. 서울: (주)해냄출판사.

최성애, 조벽(2013). **청소년 감정코칭**. 서울: (주)해냄출판사.

新谷民夫(1983). 學校. 學校經營と 學校經營. 永岡順(編). 學校經營. 東京: 有信堂.

Castaldi, B. (1987). *Educational Facilities: Planning, Modernization, and Management* (3rd ed.). Boston: Allyn and Bacon.

Charbonneau, M. P., & Reider, B. E. (1996). *The Integrated Elementary Classroom*. Boston: Allyn and Bacon.

Crowther, F. et al. (2002). *Developing teacher leadership: How teacher leadership enhances school success*. Thousand Oaks, CA: Corwin Press.

Danielson, C. (2006). *Teacher leadership that strenthens professional practice*. Virginia ASCD.

Fullan, M. (2001). *Leading in a culture of change*. Snd Francisco. CA: Jossey-Bass.

Harris, A. (2003). Teacher leadership as distributed leadership: heresy, fantasy or possibility? *School leadership & Management, 23*(3), 313-324.

Lemlech, J. K. (1979). *Classroom management: Methods and techniques for elementary and secondary teachers*. New York: Harper and Row.

Muijs, D., & Harris, A. (2002). Teacher leadership: principles and practice. GTC and NUT websites www.gtc.org.uk, www.nut.org.uk.

Nelsen, J., Lott, L., & Glenn, H, S, (2019). **학급긍정훈육법**. (김성환, 강소현, 정유진 역). 서울: (주)에듀니티.

York-Barr, J., & Duke, K. (2004). What do we know about teacher leadership? Findings from two decades of leadership. *Review of Educational Research, 74*(3), 255-316. ERIC FJ727488.

제6장

학생의 삶과 문화

사례

박 교사는 처음 부임한 중학교에서 예상하지 못한 학생들의 말과 행동에 어떻게 대응해야 할지 몰라 힘든 경험이 있다. 교실이나 복도에서 남학생들이 우르르 몰려다니면서 선생님에게 아무렇지 않게 장난치듯 농담의 말을 걸고, 자신보다 큰 체격을 가진 남학생이 교실문에 팔을 올리고 기대어 서서 나가지 못하게 길을 가로막을 때, 큰 목소리로 호통을 치며 겁을 주면 못이기는 척 물러나지만 계속되는 학생 행동에 어떻게 대응해야 할지 몰라 힘들었다. 눈에 힘을 주고 무서운 말투로 지도를 하면서도 일부 학생들에게는 신체적 위협을 느낄 때도 많았다. '이 학생이 나에게 신체적 위협을 가하면 어떻게 하지?'하는 생각이 든 적도 한두 번이 아니다. 수업 시간에는 무기력하게 앉아 공부에 집중하지 못하고, 이생망, 헬조선, 흙수저와 같은 부정적인 말들을 쏟아내며 세상을 포기한 듯 삶을 대하는 학생도 많다. 요즘에는 모든 대화에 욕을 섞어 말하는 학생, 습관적으로 자해를 하는 학생을 맞닥트리게 되면 교사로서 이런 학생을 어떻게 이해해야 할지, 교육적으로 언제 어떻게 개입해야 학생 성장에 도움을 줄 수 있을지 판단이 되지 않을 때가 많다. 대학시절 교육실습 때는 마냥 아이들이 좋아서 교사가 되기만을 바라 왔음에도 불구하고, 교사가 된 지금 학생을 대하는 것이 가장 어렵다는 생각이 부쩍 들어 고민이 많은 요즘이다.

경제협력개발기구(Organization for Economic Cooperation and Development, 이하 OECD)에서 2018년에 소속 국가별 만 15세 학생을 대상으로 학업성취도를 비교·분석한 결과, 우리나라 학생은 읽기, 수학, 과학의 전 영역에서 OECD 평균보다 높은 점수를 획득한 것으로 나타났다. 37개의 OECD 소속 국가 중에서 읽기는 2~7위, 수학은 1~4위, 과학은 3~5위에 해당하는 점수로 이 연구에 참여한 이래 계속 상위권을 유지하고 있다. 이와는 달리 정의적인 영역인 '요즘 자신의 전반적인 삶에 얼마나 만족합니까?'라는 질문에 우리나라 학생들이 만족함으로 응답한 비율은 56.7%로 OECD 평균 비율인 66.9%보다 낮은 것으로 나타났다. 이를 지수로 표현하면 6.5점으로 OECD 평균 지수인 7.04보다 낮은 수준이며, 연구에 참여한 전체 71개국 중에서 65위에 해당한다. 세계적으로 학업성취는 높으나 삶에 대한 만족과 행복감은 최하위인 우리나라 학생들은 어떤 삶을 살고 있는가? 학업 스트레스, 입시를 위한 성적 경쟁, 과도한 학습노동 등 엄청난 아픔과 마음고생의 고통을 견디는 것이 학생 삶의 현실임을 모두가 잘 알고 있다. 학교에서 의미 있는 배움이나 경험을 갖지 못한 채 졸업장과 친구관계 유지 등을 위해 학교생활을 해 나가는, 즉 학교 교육에서 얻고자 하는 자신의 목적이 무엇인지를 상실한 채, 수업과 교육활동을 그럭저럭 따라가거나 포기하는 '버티고 견디는 학생' 또는 '무기력한 학생'도 대다수이다(김현수, 2019; 류방란, 신희경, 2011).

지적으로는 탁월하나 학교, 가정, 사회에서 행복감을 느끼지 못하는 우리나라 대다수의 학생. 디지털 세대라고 불리며 인터넷상의 혐오와 차별을 학교생활에 그대로 투영해 말하고 행동함으로써 형성된 또 다른 차원의 새로운 학생 문화. 예비교사로서 학생의 삶과 문화를 어떻게 이해하고 대응할 것인가? 이러한 문제의식에 대하여 이 장에서는 우리나라 학생의 삶을 구체적으로 들여다보고 그러한 삶에 영향을 미치는 환경적 요인을 확인한다. 이때, 가능한 학생들의 목소리를 담고자 하였다. 나아가 예전과는 다르게 요즘 세대의 학생들이 가지는 문화적 특징을 살펴봄으로써 예비교사들이 학교 현장에서 직면하게 될 학생 이해의 지평을 넓혀 교육적인 개입의 방향을 수립하는 데 실질적인 도움을 주고자 하였다.

1. 학생 삶의 이해

1) 학교 생활 및 일상 경험의 특성

학생의 삶을 이해하기 위해서는 학생이 하루 동안 가장 오래 머물러 생활하는 학교와 가정에서의 경험을 살피는 것이 중요하다. 이하에서는 중학교와 고등학교 학생을 중심으로 학교와 가정에서의 다양한 생활 경험의 주요한 특징을 제시하고, 학생의 정체성과 학업적 유형을 이해하고자 한다. 본 절에서 다루는 내용은 특정 지역의 일부 학생을 대상으로 연구한 결과를 정리한 것으로 학생에 대한 전반적인 이해를 돕고자 하는 것이지, 우리나라의 모든 중·고등학생의 특성을 대표하는 것은 아니다. 교직에 진입하여 실제의 학교 현장에서 만나게 될 학생들은 훨씬 더 다양한 삶의 경험을 지닌 존재들이므로, 개별 학생들과의 관계 맺음을 통해 학생 삶에 대한 이해가 확장될 것을 기대한다.

(1) 학교생활과 경험

정미경 외(2019)는 우리나라 중학생이 학교생활에서 느끼는 공통적인 경험의 특징을 다음과 같이 분석하였다. 먼저, 중학교 1학년은 '낯선 환경과 제도에 대한 적응'의 시기이다. 중학교 입학은 초등학교 시기와 일종의 단절을 경험하게 되는데, 초등학교와 달리 교복을 입고, 급식실에서 단체로 식사하며, 교과별로 서로 다른 교사가 수업을 진행하는 등 학생들은 새로운 교육 상황에 놓이게 된다. 새로운 환경에서 새로운 친구들과 중학교 생활을 시작함에 따라 학생들은 개인별로 정도의 차이는 있으나 일정 정도의 긴장감과 기대감, 불안감을 동시에 경험하게 된다. 그리고 학생들은 학교를 지켜야 할 것이 많은 곳으로 인식하고 학생을 통제와 규제의 대상으로 인식하기 시작한다. 특히 초등학교에서 경험하지 못했던 새로운 제도인 벌점제도에 대해 불만을 가지기도 한다. 벌점제도는 학생들의 문제행동에 대해 벌점을 부과함으로써 행동의 교정을 유도하는 것이지만, 학생들은 벌점의 부과가 공정하거나 정당하다고 느껴지지 않을 때는 문제가 있다고 본다.

유사한 맥락에서 고등학생들 또한 학교의 학생에 대한 일방적인 규제에 대해 많은 불만을 가지고 있다. 신철균 등(2018)의 연구에 의하면 고등학생들은 스스로 동의하기 어려운 규정을 어떠한 이유로 지켜야 하는지 그 필요성에 대해 알지도 못한 상태로, 자신의 의사가 반영되지 않는 상황에서 학교 생활을 하고 있다고 인식한다. 학생들은 학교생활 가운데 자신들은 이미 정해져있는 교칙을 그대로 따르도록 가정되어 있다고 느낀다. 즉, 학생들은 나이가 어린 고등학생이라는 이유로 일방적으로 규제당할 수밖에 없는 현실에 대한 문제의식을 가지고 있다. 이처럼 학생들은 규제의 필요성에 대해 동의하지 못하거나 부당하다는 인식을 갖는다고 해도 어른들이 규정한 교칙과 지도에 순응하고 따를 수밖에 없는 것으로 나타났다. 결과적으로 학생들은 실생활에 있어서 불편함이 있거나 반드시 필요할 것으로 인정되는 규범이 아님에도 불구하고 이러한 규정에 대해 함께 토의할 기회도 없이 일방적으로 따를 수밖에 없는 상황에 놓여 있다고 볼 수 있다. 이후의 절에서 학생 문화에 관하여 논의하겠지만 이와 같은 학생들의 문제의식은 학생자치 문화가 확대되면서 점차 해소되는 변화 · 개선의 과정에 있다.

정미경 외(2019)의 분석에 의하면 중학교 2학년 학교생활 경험의 특징은 '중2병의 고삐 풀린 학생들'로 표현된다. 이 연구에 의하면 중2는 중1과 중3 사이에 '끼인' 시기로 학생들에게 마음껏 놀고 방황할 수 있는 유일한 시기로 인식된다. 중1을 통해 중학교에 충분히 적응했고 고입의 압박에도 조금 멀어져 있기 때문에 이러한 중2의 시기적 특성은 학생들에게 빠르게 체화되면서 '고삐 풀린 학생들'이 늘어나게 되는 것이다. 중2병의 증상으로는 다른 사람을 배려하지 않고 자신의 감정과 생각을 직설적으로 말하고 행동하는 방식으로 표면화되는데, 이러한 과정에서 교사와의 갈등, 친구 간의 갈등, 부모와의 갈등이 문제로 부각되고 있다.

연구에 의하면 중학교 3학년이 된 학생들은 이제 '공부하는 시기'로 '학업적 부담'을 경험하게 된다. 3학년이 되면 학생들이 조금이라도 성적을 올리기 위해 열심히 공부하기 시작하면서 학급 분위기가 바뀐다. 3학년은 온통 '고등학교 진학'에 대한 관심으로 하루하루를 보내는 학년이 된다. 이로 인해 학업에 대한 스트레스가 쌓이게 되면서 학생들의 학교생활은 두 가지 양상으로 나타나는데, 하나는 생활 전반에 대한 의욕을 점점 잃어 가는 무기력한 모습이고, 다른 하나는 별일 아닌 일에도 화를 내면서 폭력적인 행동을 하는 것이다.

학업에 대한 부담은 고등학교에 오면서 학생 간 경쟁의 일상화를 경험하게 하는 기재가 된다. 성적으로 인한 경쟁이 깊게 파고들어 있는 고등학교에서의 삶과 문화 속에서, 학생들은 스스로의 의지와는 반대로 그토록 유의미하게 인식하고 있는 관계적 측면조차 포기하고 공부와 친구 관계 중 하나를 선택해야 하는 상황을 맞이하는 양상을 보이기도 한다. 또한 학업에 대한 부담으로 서로 예민한 상태에서 교우관계를 유지하다 보니 관계적 측면에서의 어려움이 있으며, 육체적 · 정신적으로 심각한 고통을 경험하기도 한다. 또한 학교에서 마치 타인을 멀리하는 능력을 배우게 되는 것처럼 인식할 정도로 친구관계에 어려움이 있으며, 고교생활과 수업에 있어서의 무력감과 나태함을 느끼기도 한다(신철균 외, 2018).

표 6-1 학생의 학교생활과 경험

학년	학교생활 경험의 주요 특징
1학년	• '낯선 환경과 제도에 대한 적응' – 새로운 교육 환경: 교복과 급식, 등하교 시간의 변화, 교과별 교사 → 긴장감, 기대감, 불안감 – 통제와 규제의 대상: 해서는 안 되는 것, 하지 말아야 할 것들에 대한 인식, 벌점제도 정당성 의문 – 자유학기제에 대한 긍정적 · 부정적 경험 (긍정 경험) 친구와 함께하는 시간 확보, 시험 부담 축소, 진로 고민, 다양한 교육 체험의 기회 등 (부정 경험) 진로탐색 프로그램의 형식적 운영, 2학년 이후의 시험 부담, 성적 고민 등
2학년	• '중2병의 고삐 풀린 학생들' – 마음껏 놀고 방황할 수 있는 유일한 시기 – 다른 사람을 배려하지 않고 자신의 감정과 생각을 직설적으로 말하고 행동하는 방식 – 교사와의 갈등, 친구 간의 갈등, 부모와의 갈등이 나타남
3학년/ 고등학교	• '공부하는 시기' – 전반적으로 학생들이 '공부 좀 해야겠다.'는 생각을 가지게 됨 – 성적을 올리기 위해 열심히 공부하기 시작하면서 학급분위기가 바뀜 • '학업적 부담으로 인한 스트레스와 무력감' – 학교 숙제와 사교육 기관에서의 학업에 대한 스트레스 가중 – 생활 전반에 대한 의욕의 상실과 무기력, 폭력적 행동 – 학생 간 경쟁의 일상화, 육체적 · 정신적 고통, 친구관계의 갈등 등

출처: 정미경 외(2019), 신철균 외(2018).

학생의 학교생활 경험에 가장 큰 영향을 미치는 부분은 친구, 선후배, 교사와 맺는 관계라고 볼 수 있다. 학생들은 주로 또래 친구와의 관계 맺음을 근간으로 학교생활의 희로애락이 좌우되는 경향이 있다. 그리고 초등학교와는 달리, 선후배라는 새로운 관계 지평이 열리고 담임교사, 교과전담교사, 진로진학상담교사 등 다양한 교사들과 만나게 되는 과정에서 학교생활에서 중요한 관계를 형성하게 된다. 정미경 외(2019, pp. 221-234)의 연구에서도 학교 구성원과의 관계 맺음을 통해 학생의 성장이 일어나고 있음을 확인하고, 친구, 선후배, 교사와의 관계 특성을 다음과 같이 제시하고 있다.

• 친구와의 관계

중학생들에게 친구는 가장 중요한 관계맺음 대상이고 학교는 친구가 있어 좋은 곳이다. 친구는 무엇인가를 함께 하는 존재이며, 친구 관계를 통해 인간관계에 대한 깨달음을 얻게 된다. 학생들에게 학교는 '친구가 있어서 좋은 곳'으로 인식된다. 다만, 소규모 지역사회에서 성장한 학생들에게 익숙하고 확대된 유대감이 학생들에게 항상 긍정적인 영향을 미치는 것은 아니다. 익숙한 친구들 간의 새로운 탐색보다는 이미 서열화된 학교 성적과 학급 내 역할 기대, 과거에 받았던 심리적 상처나 사생활이 너무 공개된다는 점에서 불편함을 느끼기도 한다. 그럼에도 불구하고 친구 관계는 서로 배려하고 안정적인 관계를 유지하는 데 긍정적으로 기여한다. 학생들에게 학교는 '친구'라는 단어와 결합되었을 때 비로소 의미가 생긴다. 친구들이 없는 곳은 학교가 아니고 만일 친구가 없다면 학교는 다닐 맛이 나지 않는다고 생각한다. 학생들에게 '학교는 노는 곳, 쉬는 곳, 스트레스 푸는 곳'으로 여겨지고 있는데, 학교는 공부를 하는 목적보다도 친구들과 어울릴 수 있는 유일한 공간으로서 가치가 부각된다. 학교는 학원보다 덜 힘든 곳이자 친구들과 관계를 맺을 수 있는 중요한 공간이다. 학생들에게 친하게 지내는 친구의 유무는 학교생활 전체의 명암을 좌우했고 친구와 어떻게 잘 지낼지는 가장 중요한 관심사가 된다. 학생들은 학교의 학급 안에서 친구 관계를 적절히 형성하지 못하면 학교생활 전반에 어려움을 겪을 수 있기 때문에 교사와의 관계보다 친구와의 관계를 더 중요시 여기는 경향이 있다(정미경 외, 2019).

이처럼 학생들에게 학교는 친구가 있어 좋은 곳이라는 인식은 다음의 김현수의 글을 통해서 다시 한번 확인할 수 있다.

학교를 가는 이유(김현수, 2019: 138)

학교는 친구 만나러 간다. / 학교는 부모님들이 가라고 해서 간다.
학교는 그냥 특별히 갈 곳이 없어서 간다. / 학교는 공부하러 간다.
학교는 밥 먹으러 간다. / 학교는 작업(돈 뺏기)하러 간다.

학교에 공부만 하러 가는 아이들은 없다.
공부는 학원에서 하면 되고 / 학교는 친구를 만날 수 있어 좋은 곳이다.

어른들은 모른다. / 우리가 학교에 공부하러 가지 않는다는 사실을
알면서 모르는 척하는 것일까? / 착각에서 깨어나지 않는 것인가?

학교는 한 가지 이유로 가는 곳이 아니다.
한 가지 가장 중요한 이유를 말하라고 하면 / 친구들이 거기 있다는 사실이다. / 그뿐이다.

- 선후배와의 관계

학생들이 중학교에 들어오면서 겪은 큰 변화 중 하나는 선후배라는 관계 맺음이다. 학생들은 중학교에 입학하면서 가졌던 걱정이나 우려 중 하나로 선배의 존재를 인지하고 있다. 초등학교 때까지만 해도 선배랑 그냥 반말로 대화하는 동네 언니 오빠 같은 존재들이었는데, 중학교 입학과 동시에 깍듯하게 인사하고 존댓말을 써야 하는 존재가 된다. 실제로 학생들 사이에는 선배들과 문제적 상황에 놓이는 경험을 하기도 한다. 2학년이 되면서 학생들 사이에는 선배들 눈치를 덜 보게 되어 좋다는 인식이 확산되기도 한다. 다만 선배들에게 존댓말을 쓰고 깍듯하게 해야 한다는 것은 중학생들에게 전반적으로 형성되어 있는 암묵적인 규범 같은 것이다(정미경 외, 2019).

- 교사와의 관계

학생들은 대체로 교사의 권위를 인정하고 편안하며 자연스러운 관계를 유지하지만 부모나 또래 관계에 비교할 때 가장 낮은 관심을 보인다. 학년별로 교사와의 관계적 특성을 제시하면 다음과 같다(정미경 외, 2019).

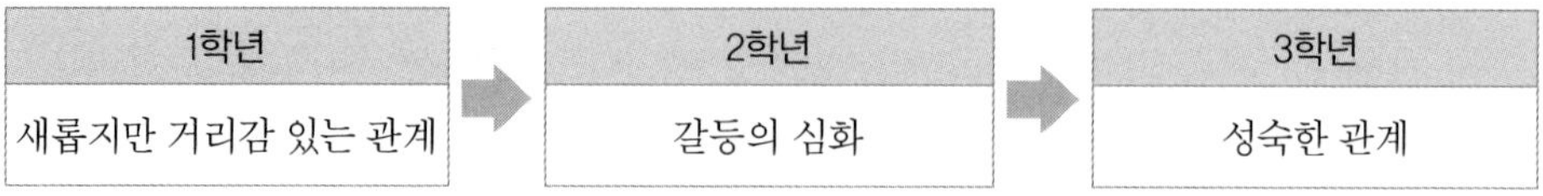

[그림 6-1] 학년별 교사와의 관계 변화

중학교에 와서는 담임교사와의 친밀도가 떨어지고 영향력도 상당히 줄어드는 경향이 있다. 오히려 주당 시수가 많은 과목 선생님을 만나는 시간이 더 길다. 학생들은 학교 선생님과 자신과의 관계를 일대일의 관계라기보다는 담임 대 학급 전체의 관점으로 바라본다. 선생님이 학급의 모든 학생들에게 세세하게 개별적인 관심을 가져주고 모든 질문에 상세하게 응대할 수 없는 것을 당연하다고 생각한다. 중학교 생활에서 당황스럽거나 어떻게 해야 할지 모를 때 친절하게 구체적으로 설명해 주거나 도움을 청할 '초등학교 담임교사와 같은 교사'가 없는 것이 중학교 담임교사에 대한 거리감을 느끼게 만든다.

중학교 2학년에 오면 전반적으로 교사와의 관계의 틀은 유지되지만 조금씩 적정 거리의 사회적 관계가 깨지는 모습도 나타난다. 1학년 때보다 학교생활 전반에 대해서 재미없어 하면서 교사와의 관계도 더 멀어진다. 선생님이 자신을 진심으로 걱정하고 있다고 믿을 정도로 학생–교사와의 관계를 친밀하게 인식하지는 않는다. 2학년이 되면서 과목별 담당교사가 달라지는 것도 더 이상 새롭지 않고 기존 1학년 때 교과를 담당하던 교사가 그대로 2학년에도 이어지면서 학생들은 수업에 흥미를 느끼지 못하고 교사들과의 관계도 더욱 부정적으로 평가하기 시작한다.

3학년이 되면서 2학년 때보다 교사와의 갈등은 줄어드는 모습을 보인다. 3학년 1학기에는 고입에 대한 준비 등으로 학생들의 생활 모습이 다양해지고, 2학기에는 교육과정 공백기가 발생하면서 실제적인 수업이 이루어지지 않기 때문에 교사 차원에서도 학생들을 관리하기보다 자유를 주는 경향이 있다. 이렇듯 학생들은 학교와 교사의 줄어든 관심 속에서 학교생활의 여유를 갖게 되면서 교사와 부딪히는 상황이 줄어들면서 갈등 상황 자체가 감소한 것으로 보인다.

학생들 중에는 학교의 교사들과 친밀한 관계를 맺기도 한다. 이와는 다르게, 학생에게 학교는 '평가하는 곳', 선생님은 '평가하는 사람'이라는 인식도 강하다. 학교 선생님을 상점이나 벌점을 주고, 학교생활기록부에 평가 기록을 작성하고, 수행평가와 지필고사 등을 통해 성적을 평가하는 사람으로 인식한다. 그렇기 때문에 학생들에게 교사들은 쉽게 가까워지기 어려운 대상이다. 하지만 어려운 대상이라고 조심스럽고 예의 바르게 교사를 대하는 것만은 아니다. 중2병과 관련된 현상들에서 나타난 것처럼, 학생들은 교사들의 말을 듣지 않고 친구들의 말에 더 귀를 기울였으며, 교사들의 수업지도와 생활지도에 순응하기보다 반박하고 반발하는 모습을 많이 보이기도 한다(정미경 외, 2019).

(2) 가정생활 경험의 특성

거주하는 지역이 어디든 부모의 직업이 무엇이든 학생들은 가정을 가장 편안한 곳으로 인식하고 있다(정미경 외, 2019; 임수연, 손영우, 2019). 전반적으로 학생들에게 가족은 '정서적 · 육체적 휴식의 공간'이자 '터놓고 말하는 곳' '든든한 후원자' '안식처, 쉼터'와 같이 긍정적인 곳으로 받아들이는 경향이 있다. 학년이 올라가면서 가정생활의 비중이 줄고, 가족과의 공유시간이 절대적으로 감소해도 학생에게 가정은 여전히 편안한 곳이지만(정미경 외, 2019), 학생 개인이 처한 가정환경에 따라 인식에 차이가 나타날 수 있다.

이러한 차이가 발생하는 이유는 학생의 가정생활 경험에 가장 큰 영향을 미치는 부분인 부모와의 관계적 특성이 다양하기 때문이다. 학생들이 그들 부모 세대의 삶을 어떻게 인식하고 있느냐에 따라 학생 자녀-부모의 관계 양상이 달라진다. 학생이 인식하는 부모의 이미지는 다음의 네 유형으로 구분해 볼 수 있다(임수연, 손영우, 2019).

① 신념을 가진 현실적인 부모

학생의 눈에 비친 이 유형의 부모들은 잔소리가 너무 많기는 하지만, 자식을 진심으로 걱정하고, 정치적 · 사회적 문제에 관심이 많으며, 자신의 삶에 신념이 있는 성공한 사람으로 보인다. 친척들과도 잘 어울리고 어렸을 때 행복했을 것 같은 자기 색깔이 뚜렷한 사람들로, 현재의 삶을 성공적으로 살고 있는 부모들의 모습으로 그려지고 있다.

② 가족을 지키는 따뜻한 부모

대부분의 학생들은 자신의 부모에 대해 자식을 진심으로 걱정하며, 이야기를 잘 들어주고, 시험을 못 봐도 괜찮다고 위로해 주는 전형적인 자상한 어머니의 모습으로 그리고 있다. 남을 돕는 일에 적극적이고, 다른 사람들도 모두 좋아하는 존경스러운 부모 세대의 모습이다. 이 유형의 부모들은 일반적으로 사람들이 생각하는 가장 이상적인 모습을 하고 있다.

③ 자신의 삶을 찾고 싶은 부모

이 유형의 부모는 어머니에 대한 이미지를 대표한다. 사람들과 어울리는 것을 좋아하고, 자신의 부모에게는 좋은 딸이자 자식들을 진심으로 걱정하는, 가족을 위해 고생하는 어머니로 그려지는 동시에 자식들이 다 크면 자신의 삶을 찾아 떠나고 싶다는 현대적인 부모이다. 이 유형의 부모들은 자식에게 친구 같은 이미지를 가지고 있으며, 기회가 생기면 서로에게 솔직한 심정을 이야기한다.

④ 자식 또는 일에 전념하는 부모

앞의 유형들이 가족, 일, 자신의 삶, 자식 등의 요소들이 전체적이고 조화롭게 얽혀진 구조의 양상이라면, 이 4유형은 가정이 주는 긍정적인 모습보다 부정적인 현실을 토대로 한다. 즉 어머니에게는 '자식에 전념하는 부모'의 모습을, 아버지에게는 '일에 전념하는 부모'의 모습을 강하게 그려내고 있다. 자식과 일에 전념하는 이 유형에서도 학생들은 존경할 만한 부모의 모습을 찾고자 노력한다.

(3) 학생의 정체성

청소년기의 자아인식은 기본적으로 자신의 능력이나 태도, 특성 및 성향(dispositions)에 대한 인식과 결부되어 나타난다. 소극적이거나 적극적인 성격, 외향적이거나 내성적인 기질 등에 대한 자기인식은 자아를 타자와 구별되는 존재로, 또한 안정적으로 지속되는 특질을 가진 존재로 파악하는데 있어 중요한 요소가 된다. 자기 자신이 어떤 존재인가에 대한 인식이 얼마나 일관되고 통합적이며 안정적인가 역시 중요한 문제라고 할 수 있다. 일관되고 통합적이며 안정적인 자아정체성은 타인과의 관계형성에도 중요한 영향을 미치며, 청소년기에 미래에 대해 사고하는 데에도 긍정적인 영향을 미친다(정미경 외, 2019). 이하에서는 학생의 정체성에 대하여 살펴본다(임수연, 손영우, 2019; 정미경 외, 2019).

① 색채가 없는 평범한 학생

한국의 높은 중 · 고등학교 취학률을 고려할 때 한국의 십대 청소년이 '학생' 정체성을 가지는 것은 자연스러운 일이다. 학생들이 스스로 직업을 '학생'으로 여기기 때문이다. 학생이라는 정체성은 '미래를 위해 현재를 유보해야 하는 존재'로서 학교나 사회가 요구하는 순종적이고 학업지향적인 가치를 우선시하는 것으로 이해되기도 하지만(조용환, 1995, p. 83; 김은정, 2009, p. 86; 정미경 외, 2019 재인용), 대체로 한국의 청소년들이 느끼는 학생의 의미는 '남들이랑 비슷하게 생활'하는 존재라고 해석할 수 있다. '특별히 사고 같은 건 안 치고', 물론 공부를 주로 해야 하지만 딴짓을 하기도 하는 것이 '평범한 학생'이라는 것이다. 즉, '학생' 또는 '평범한 학생'의 의미는 자기 또래의 아이들이 하는 것과 비슷한 행위를 하고 비슷하게 살아가는 존재이다. 이때 초점은 '학생' 그 자체에 있다기보다는 '평범한' 삶을 강조하는 데 있다(정미경 외, 2019).

② 공부하는 사람, 고입 · 대입 준비생

중학생이 되면서부터 본격적으로 시작된 공부와 관련된 정체성이 시간이 갈수록 강해진다. 즉, 대체로 자기 정체성 중 핵심이 '공부하는 사람'에 있다. '어린이'를 넘어서서 어른에 다가가고 있기에 커지는 책임에 대해서 학생들이 의식하는 중요한 축은 미래를 위한 대입, 그리고 대입을 위한 공부와 관련되어 있다. 학생들에게 중학교는 대학입시를 준비하는 고등학교의 전 단계이니만큼 입시 경쟁을 본격적으로 시작하는 시기로 주입된다. 학생들의 성공방정식은 '높은 성적–명문고–명문대–좋은 직장–좋은 직업–행복'으로 연결될 미래의 삶을 그린다. 종착지인 '미래의 행복'에서 출발하여 그 전 단계를 타고 오다 보면 연결고리의 끝에 있는 가장 첫 단추는 '높은 성적'이 자리하고 있다. 성적이 자신의 미래를 가늠하게 해 줄 지표가 된다고 생각한다. 물론 공부와 거리가 점점 멀어지면서 실제로 공부를 어떻게 해야 하는지 잘 모르는 것 같았던 학생도 있으며, 고등학교가 될수록 공부를 포기하는 학생 비율이 늘어난다. 고등학교 유형에 조금씩 차이가 있기는 하지만, 국내 고등학교 교육의 초점이 대학진학과 대학입시 성과에 맞추어져 있는 것은 부인할 수 없다(정미경 외, 2019).

대학진학은 고등학교 교육의 최우선 목표 중 하나로 설정되어 교육과정과 수업을 비롯한 여러 측면에 강한 영향을 미치고 있으며, 학생들 또한 이러한 상황 속에서 마치 대학 진학과 대학입시를 위해 살아가는 것과 같은 현상이 나타나고 있다. 즉, 학생들은 학벌이 가장 중요하다는 사회적 관념과 학교문화 속에서 대입을 고등학교

교육의 1차 목표로 인식하고 있으며, 수업이나 교육활동에 대해서도 대학입시에 도움이 될 수 있는지를 판단하며 참여하는 모습을 보이기도 한다(신철균 외, 2018).

한편, 임수연과 손영우(2019)는 중학생들이 인식하는 자기의 모습인 자아상을 네 유형으로 제시한다. 학생의 자아상을 구분하는 기준은 혁신, 재미, 만족, 순응의 네 가지 요인으로, 구체적인 유형은 다음과 같다.

③ 혁신형: '기성세대와는 다른 존재로서의 나'

이 유형에 속한 학생들은 지금의 성인 세대와는 다른 세상을 만들 수 있다고 믿기 때문에, 굳이 공부가 아닌 좋아하는 일을 하며 행복하게 살고 싶다고 말한다. 끊임없이 변하고 있는 세상에서 공부만 해야 한다고 생각하는 어른들이 답답하다며 빨리 사회에 진출하여 쓸모 있는 존재가 되기를 희망한다. 하지만 공부를 왜 해야 하는지에 대해서도 분명히 알고 있으며, 가출을 하거나 이에 대한 계획을 세운 적은 없는 학생들이다. 이들은 자신에 대해 매우 긍정적인 모습과 지금의 어른들과는 다른 새로운 가치를 추구할 수 있는 자신감을 가지고 있다.

④ 재미형: '재미있게 살고 싶은 나'

이 유형의 학생들은 학습 자체에 대한 거부감을 보인다. 이들은 학교나 결혼과 같은 사회 제도나 일상의 재미없음에서 탈출하여 무엇인가 특별한 일이 일어날 것 같은 자유로운 대학 생활과 더 넓은 세계를 꿈꾸며, 당장의 행복감을 누리고 싶어 한다. 이를 위해 돈이 중요하다는 사실도 이들은 잘 알고 있다. 자기가 결정하는 일을 할 때 재미를 느끼기 때문에 지금 해야 하는 것들을 본인이 선택할 수 없는 현실에 답답함을 느낀다. 이들은 철저히 지금 어른들의 세상을 즐기고 싶어 한다. 학생 신분으로서 한계가 많은 현재의 자기 모습을 부정적으로 인식하고, 어른 세상을 긍정적으로 본다.

⑤ 만족형: '삶에 만족하는 나'

자신과 세상에 대해 가장 긍정적이고 안정적인 모습을 보이는 유형이다. 자신이 좋아하는 일을 하며 행복하게 살고 싶다는 이들은 부모에 대한 고마움과 미래에 대한 확신, 이를 위한 학습의 필요성을 인정하며 최선을 다하는 모습으로 자신을 그리고 있다. 친구들에 대한 관계도 매우 자신감 있게 표현하며, 자신과 세계에 대한 강한 긍정성을 보이고 있다. 이 유형의 학생들은 '내가 좋아하는 일'은 사회에 쓸모 있는 일, 가족들이 좋다고 생각하는 일, 자신의 재능과 특출함이 드러나는 일이라고 생각한다. 다만, 굳이 어렵고 힘든 삶을 살 이유는 없다고 보고 쉽고 편안한 삶을 사는 것을 목표로 둔다. 어려움을 이겨내고 더 나은 삶을 성취하는 것에는 관심이 없다.

⑥ 순응형: '부모의 기준에 순응하는 나'

이 유형은 기성세대의 입장에서 보면 세상을 살아가는 데 있어 가장 적합한 유형이라고 볼 수 있다. 이들 역시 쉽고 편안하게 살고 싶다고 말하지만, '만족형'과는 달리 이들이 말하는 쉽고 편안한 삶은 현재가 아니라 미래이다. 이들이 말하는 '좋아하는 일을 하며 행복하게 산다.'는 것은 부모가 만족할 수 있는 결과를 얻는 것이 행복이고, 그 결과를 내는 사람이 되는 것이 좋아하는 일이라고 본다. 따라서 이 유형의 학생들은 지금은 힘들지만, 안정된 미래를 위해 지금 열심히 살아야 한다고 본다. 만족형과 닮은 듯하지만, 이 유형에 속하는 학생들은 때로는 자신이 아닌 다른 사람이 되고 싶다고 말함으로써 지금 자신의 모습을 부정하는 면도 보인다. 이들에게 미래는 지금의 숙제를 다 풀면 맞게 되는 약속된 해방과도 같고, 거기에는 반드시 자신을 이해해 주는 사람과 보장된 생활이 있을 것이라 믿고 있다.

(4) 학생의 학업 특성

학생의 학습 태도(학업성취도, 수업태도, 학업의욕 혹은 학교생활 만족)를 기준으로 학생의 학업 유형을 네 가지로 분류하면, '무기력 · 말썽형' '관계 · 적응형' '분발 · 불안형' '성과 · 인정형'으로 구분할 수 있다. 네 가지 학생 특성 유형의 세부적인 특성은 다음과 같다(류방란 외, 2014). 학생 배경에는 성별, 지역, 가정 배경(가정의 소득, 부모와의 관계)을 포함한다.

① '무기력 · 말썽'형: 학생의 학습태도 수준이 모두 낮은 집단

배경, 심리정서, 경험, 관계 등 모든 면에서 뒤처져 있거나 어려움을 겪고 있는 집단이다. 이들 집단은 '관계 · 적응'형과 유사한 모습을 보이지만, 몇 가지 측면에서 구분된다. 이들 집단은 남학생에게서 특히 많이 나타나고 있고, 컴퓨터 게임과 채팅 시간, 학교에서의 친구 관계, 교사와의 관계 등은 다른 집단에 비추어 보아도 그 수준이 뒤처져 있다. 이렇게 보면 이 집단은 학교에서 학업 면에서 무기력한 모습을 보이거나 혹은 학업에 관심을 두지 않고 관계 면에서도 교사나 친구들과 마찰을 빚

는 말썽을 부리는 모습으로 나타난다고 볼 수 있다.

② '관계 · 적응'형: 성취도와 수업태도는 낮지만 학업의욕은 높은 집단

이 집단은 성적은 별로 좋지 못하지만 그런대로 학교생활의 의미를 찾고 있는 특성을 보인다. 이들 집단은 부모 교육수준과 소득 등 배경 면에서는 '무기력 · 말썽' 집단과 다를 바 없지만 지역적으로 서울 지역에 좀 더 많이 분포하고 있다는 점이 다르다. 심리정서적 측면에서는 가장 높은 '성과 · 인정'형에 비할 수는 없지만 '무기력 · 말썽' 집단보다는 높고, 경우에 따라서는 '분별 · 불안' 집단보다 높은 중간정도의 위치에 있다고 할 수 있다. 공부 이유로서 외적 동기 정도, 입시 스트레스, 자기존중감 등은 '성과 · 인정' 집단보다도 통계적으로 유의하게 높은 수준을 보인다. 특히, 학교폭력 노출 정도나 학교에서의 친구, 교사와의 관계에서 '성과 · 인정' 집단보다는 낮지만 '분발 · 불안' 집단이나 '무기력 · 말썽' 집단보다 높게 나타나고 있는 점은 주목할 만하다고 할 수 있다. 학업성취면에서는 뒤처지는 편이지만 또래나 교사와의 관계는 상대적으로 좋으며, 학교생활에 만족하는 모습이 특징이다.

③ '분발 · 불안'형: 성취도와 수업태도는 높은 편(중간 이상)이지만 학업의욕은 낮은 집단

이 집단 학생들은 대체로 '성과 · 인정'형과 '관계 · 적응'형 또는 '무기력 · 말썽'형의 학생들 사이에 존재한다. 특히, 부모 교육수준, 가구 소득, 부모와의 활동 정도 등 가정 배경의 측면에서 중간 위치에 있다. 예컨대, 이들은 외적 동기에 의해서 공부를 하며, 입시 스트레스를 가장 많이 받고 있다. 구체적으로 공부가 재미있어서 한다는 문항에 대해서는 '무기력 · 말썽'형이나 '관계 · 적응'형과 별 차이가 없지만, 부모님이 화를 내기 때문에 공부를 한다는 응답이 다른 어떤 집단보다도 높게 나타난다. 또한 입시 사교육을 하지 않으면 불안하고, 공부한 만큼 성적이 오르지 않는 정도가 가장 높은 집단이기도 하다. 뿐만 아니라, 일상생활 측면에서 학교폭력 노출빈도가 가장 높았고, 학교에서의 친구과 교사와의 관계, 진로성숙도 등이 '무기력 · 말썽' 집단보다는 높지만, '관계 · 적응' 집단보다는 낮거나 비슷하게 나타나고 있다는 것도 특기할 만한 점이다. 다른 사람들보다 앞서나가지 못하고 있지만 '무기력 · 말썽' 집단처럼 포기하거나 배제되어 있는 상태도 아니기 때문에 스트레스를 받고, 관계적 측면에서도 불만의 요소가 있는 집단이라고 할 수 있다. 이러한 특성을 종합

하여 학업 성취를 더 높여야 한다는 압박을 받고 있으나 원하는 만큼 성취를 거두지 못한 채, 친구나 교사와의 관계도 다른 집단보다 낮은 특성을 보인다.

④ '성과 · 인정'형: 학생의 학습태도 수준이 모두 높은 집단

이 집단 학생들은 여학생에게서 많고, 도시 지역에 많다. 또한 가정배경 수준이 가장 높으며 부모와의 활동 수준도 다른 집단에 비해서 많은 편이다. 학습 성향과 전략 면에서 다른 집단보다 높은 수준을 보인다. 심리 · 정서적 특성에서도 다른 유형의 학생들보다 높은 수준을 보인다. 자아존중감이 높고 기대하는 교육수준이 대학원 이상으로 높다. 이들은 내적 동기에서 주로 공부를 하며, 입시 사교육을 받지 않으면 불안감을 느끼지만 높은 성적을 실제 성취하면서 심적 보상을 받고 있다. 일상생활과 경험 측면에서 학교폭력이나 컴퓨터 게임, 채팅 등의 노출이 적고 학습을 위한 컴퓨터 사용과 사교육 참여도는 높은 편이다. 학교에서 방과후학교의 참여 비율이 높고, 도움을 받을 수 있는 친구와 선생님이 존재한다고 느끼고 있으며, 진로성숙도 수준 역시 가장 높다. 이 모든 특성을 종합하면 이 집단의 학생들은 학교에서 성과를 거두고 있으며 자존감이 높고 다른 집단과의 관계도 좋으며 인정을 받는 집단으로 이해된다.

2. 학생을 둘러싼 환경적 요소

학생을 둘러싸고 있으면서 학생의 삶과 학습에 영향을 미치는 환경 혹은 학습환경에 대해서는 기본적으로 학교뿐 아니라 가정과 사회 전반에서의 생활환경을 범위로 삼을 수 있다. 브론펜브레너(Bronfenbrenner)가 생태체계이론(1989)에서 생태계를 미시체계, 중간체계, 외체계, 거시체계로 구분한 것을 참조하여 이를 중학생을 위한 성장환경의 측면에서 해석하면 다음과 같다(김경애 외, 2016, 2017, 2018; 정미경 외, 2019). 미시체계는 중학생들이 자신에게 영향을 주는 개개인들과 직접적 접촉을 하는 상황들, 중간체계는 미시체계간의 관계, 외체계는 중학생들이 직접 참여하지 않지만 중학생이나 중학생들과 상호작용하는 성인에게 큰 영향을 미치는 중요한 결정이 이루어지는 환경, 거시체계는 사회 속의 제도적 삶을 정의 내리고 조직화하기 위한 청사진이다(〈표 6-2〉 참고).

표 6-2 청소년의 생활세계 구성

영역	예시
〈**미시체계**〉 중학생이 자신에게 영향을 주는 개개인들과 직접적 접촉을 하는 상황들	• 가족 관계 강화 • 학교의 취약집단에 대한 민감성 제고 및 맞춤형 운영 • 또래 관계 진작 가능한 공간 마련 • 지역사회 아동 · 청소년을 위한 공간과 기능 구축(교육, 돌봄, 문화, 진로 등) • 학교에서 모든 학생의 눈높이에 맞는 참여형 수업 실현 • 다양한 소질을 개발할 수 있는 동아리 활성화 • 또래 멘토링, 또래 상담, 또래 협의체 등 운영 활성화 • 다양한 집단의 아동 · 청소년 간 교류 활성화(다문화, 탈북, 장애 등) • 다양한 집단 출신 교사 할당제
〈**중간체계**〉 미시체계 간의 관계	• 학교급별 연계 • 학교에서 학부모와 의사소통할 수 있는 방식 구안 • 미시체계들 간의 연계를 담당하는 교육지원청의 허브 역할 강화 • 가정으로 찾아가는 돌봄과 교육 프로그램 확대 • 다양한 가족형태를 배려한 정책 • 각 단위별 협의 구조 구축 및 활성화 • 지역 내 청소년을 위한 네트워크 강화 • 저소득, 다문화, 탈북, 장애 등 취약집단별 특화된 기능들의 연계 • 아동 · 청소년을 위한 지역사회 공간을 주민이 직접 운영할 수 있는 방안 마련 • 아동 · 청소년 교육을 위한 소액 기부 운동 활성화 • 주민의 기부, 후원체계 마련 • 가족품앗이 활성화 • 공동육아나눔터
〈**외체계**〉 중학생이 직접 참여하지 않지만 중학생이나 중학생들과 상호작용하는 성인에게 큰 영향을 미치는 중요한 결정이 이루어지는 환경	• 지자체에서 취약집단 아동 · 청소년의 정책 우선순위예산 책정 • 학교운영위원회에 계층별, 직업별 할당제 • 학부모를 위한 직업훈련 체제 강화 • 다양한 집단별 특성을 고려한 의료, 보건, 주거 등 복지체제 점검 및 과제 도출 • 교육의 측면에서 대중매체 영향력 평가 및 활용방안 구안 • 학부모의 자녀교육 관여를 위한 배려 • 지역 교육네트워크의 현안 제기와 해결책 모색 • 정책 개발에 다양한 집단의 고른 참여 진작 • 사회 각 부문별 의사결정기구에 다양한 계층 참여 진작(직장평의회 등)

〈거시체계〉 사회 속의 제도적 삶을 정의 내리고 조직화하기 위한 청사진	• 교육정책 기조에서 모든 학생을 위한 질 높은 교육에 초점 • 공동체적 가치 확산 • 시민사회 역할 강화

출처: 김경애 외(2016), p. 27.

이상의 논의를 간결하게 정리하면 미시적 수준은 개인과 가정을 범위로 한 것이며, 중시적 수준은 친척, 지역사회, 이웃, 학교 또래 집단과 같은 근접 사회적 맥락을 범위로 한다고 볼 수 있다. 마지막으로 거시적 수준은 보다 광범위한 사회구조, 전지구적 사회 · 경제적 변화 그리고 이와 밀접하게 관련이 있는 권력이나 불평등 등을 범위로 하는데, 이상의 구분을 참조로 한다면 중학생의 성장에 영향을 미치는 요인들을 미시 · 중시 · 거시적 수준으로 나누어 볼 수 있다(김경애, 2016).

표 6-3 학생 성장과정에 영향을 미치는 요인

수준	대상	성장과정에 영향을 미치는 요인
미시적	개인과 가족	• 발달심리학적, 생애 과정 차원의 개인/가족의 강점, 문제, 결함(심리적 · 신체적 · 행동적) • 빈곤으로 인한 위험 요인과 보호 요인, 회복탄력성 등 • 정체성 형성 • 우월성과 낙인의 내면화 과정 • 가족관계의 특징 • 가족 지원 • 가족 내 양육방식과 양육 철학
중시적	지역사회, 이웃, 학교, 또래집단	• 지역별 계층화 및 차이(사회적 · 문화적 자본의 차이) • 지역사회 인프라 차이 • 지역별 학교의 특징과 차이 • 학교 커리큘럼이 집단별로 미치는 영향 • 학교 거버넌스의 차별 • 교사-학생관계 • 학교선택제의 영향 • 특정 학교와 지역이 분리되고 격리되는 기제

거시적	국가 및 지방 경제, 사회 구조, 교육 체제	• 전지구화로 인한 사회 경제의 재구조화 • 사회 · 경제적 구조가 교육기회와 교육결과를 결정하게 되는 과정 및 기제 • 교육정책이 교육과 학습경험에 있어서의 유 · 불리를 일으키는 과정

출처: 김경애 외(2016). p. 28.

학생 성장과정에 직접적인 영향을 미치는 요인은 주로 미시적 수준일 가능성이 크다. 미시적 수준의 다양한 요인 중 학부모의 교육관이 학생의 삶에 주는 영향력은 매우 클 것이다. 2019년도 한국교육개발원의 교육여론조사를 통해 우리나라 학부모의 교육관을 살펴보면 다음과 같다. 먼저, 우리 사회에서 자녀교육에 성공했다는 의미로는 자녀가 하고 싶은 일, 좋아하는 일을 하게 된 경우(25.1%)를 1순위로 꼽았으며, 자녀가 인격을 갖춘 사람으로 크는 것(22.4%)과 좋은 직장에 취직한 경우(21.3%)가 유사한 수준에서 2, 3순위에 꼽히고 있었다. 한국의 부모들은 자녀의 앞으로의 삶에 대해 장차 가족이나 주위 사람들과 원만하게 지내는 삶을 살아가기를 가장 많이 바라는 것(26.3%)으로 나타났으며, 경제적으로 윤택한 삶을 살기를 바라는 경우(21.9%)는 그 뒤를 이었다. 특히 전체 8개의 선택지 중에 가족이나 주위 사람들과 원만하게 지내는 삶, 경제적으로 윤택한 삶, 본인의 개성을 살리는 삶, 건강한 삶 등 4개의 삶의 모습에 전체 응답의 80% 이상이 몰려 있는 것으로 확인되었다(임소현 외, 2019).

3. 학생문화의 특징

학생 또래문화를 이해하는 주요 키워드는 성적 및 입시위주의 경쟁 문화, 학교 폭력 및 왕따 문화로 대표된다. 이러한 문화는 학교생활의 무력감이나 상대적 박탈감, 욕구불만, 소외 현상으로 확대 · 재생산되면서 지금까지도 학생문화의 핵심적인 현상으로 거론되고 있다. 최근에는 세대 차이를 근거로 청소년 문화의 특징을 구별짓는다. 예컨대, 디지털미디어 환경에서 태어나고 자란 세대를 'Z세대' '알파세대' '유튜브세대' '앱세대' 등으로 지칭하면서 청소년 세대의 새로운 문화가 나타나고 있다. 이처럼 디지털미디어 환경에서 나타난 청소년 문화의 특징은 스마트폰 의존 문화(황은희, 양현경, 2020), SNS 보편화(이성회 외, 2016), 온라인 중심의 관계 문화(이성회 외, 2016), 혐오문화(경기도교육연구원, 2019) 등으로 구체화된다. 한편, 전국적으로 혁신학교 정책이 도입·확산되고 민주시민교육이 강화되면서 학교 내 학생자치 문화가 새롭게 등장하는 추세이다. 최근에는 2020년부터 18세 미만의 학생에게 선거권이 부여, '교복 입은 시민'이 등장하였다. 이에 본 절에서는 전통적인 학생문화와 함께 새롭게 등장한 청소년 문화의 특징을 살펴보고자 한다.

2008년부터 현재까지 디지털 네이티브 세대로서 학생의 삶을 살았던 시대적 특징은 다음의 〈표 6-4〉와 같다(김창환, 2020). 경제적으로는 선진국 대열에 진입하였고, 가정에서는 핵가족화와 저출산 현상이 두드러졌으며, 교육에서는 자율성이 강화되는 특징을 보인다. 이러한 시대의 영향을 받은 학생들은 물질적 풍요, 디지털 세대, 자율 및 다양성 추구, 개인주의 성향 강화, 학생인권 중시의 경향이 있다.

표 6-4 Z세대 시대 및 학생 특징

<table>
<tr><th>연도</th><th>정부</th><th>시대 특징</th><th>학생 특징</th></tr>
<tr><td>2008</td><td rowspan="5">이명박
정부</td><td rowspan="12">• 정치: 민주주의
• 경제: 선진화, 정보화, 국민소득 대폭 개선(선진국 진입)
• 사회: 공동체의식 약화, 자유화 자율 강화, 글로벌화
• 가정: 핵가족화, 저출산
• 교육: 자율강화, 교육열(사교육), 입시중심교육</td><td rowspan="12">• 물질적 풍요
• 디지털 세대
• 평균 1~2자녀
• 자율/다양성 추구
• 개인주의 강화
• 합리적 사고 중시
• 인권 중시</td></tr>
<tr><td>2009</td></tr>
<tr><td>2010</td></tr>
<tr><td>2011</td></tr>
<tr><td>2012</td></tr>
<tr><td>2013</td><td rowspan="4">박근혜
정부</td></tr>
<tr><td>2014</td></tr>
<tr><td>2015</td></tr>
<tr><td>2016</td></tr>
<tr><td>2017</td><td rowspan="3">문재인
정부</td></tr>
<tr><td>2018</td></tr>
<tr><td>2019</td></tr>
</table>

1) 입시 위주의 경쟁 문화

우리나라와 같은 학력사회에서 학생은 공부하는 것이 가장 중요한 임무이다. 우리나라 학생에게 있어서 배움은 곧 입시공부이다. 학생은 학교학습, 학원학습, 자율학습을 하며 하루를 보내게 된다. 이러한 생활은 배움의 기회가 모든 사람에게 열린 이후 대부분의 학교와 가정에서 발견되는 현상이며, 이러한 학생의 학업 경쟁 문화는 해방 직후부터 시작되었고(김창환, 2020), 여전히 잔존하는 학생문화의 주된 현상이다. 학업 경쟁 문화로 인해 우리나라 학생의 하루 평균 학습시간은 OECD 국가 가운데에서도 최다의 시간을 기록하고 있다. 이에 더하여 우리나라 학생의 학업·경쟁 스트레스 정도는 매우 심각한 수준인 것으로 났는데, 2014년 한국교육개발원 교육여론조사에 따르면, 일반 국민과 초·중·고 학부모가 생각하는 학생의 학업·경쟁 스트레스 정도는 매우 높은 수준을 보였다. 2014년 기준, '매우 심각하다'라는 응답이 각각 26.7%, 27.6%로 나타났으며, '심각한 편이다'라는 응답도 각각 54.8%, 55.6%로 나타나, 학생의 학업·경쟁 스트레스 정도가 꽤 심각한 수준인 것으로 이해할 수 있다. 다른 나라와 비교할 때에도, 우리나라 아동들이 공부 때문에 받는 스트레스는 세계 최고 수준인 것으로 조사되었는데, 한국보건사회연구원에서 분석한 결과, 우리나라 아동 두 명 중 한 명(50.5%)이 "학업으로 인해 스트레스를 받는다."고 답했으며, 이는 비교 조사 대상 30개국 중 가장 높은 수치이다(조선일보, 2015. 03. 12.; 김창환, 2020 재인용).

전술하였듯이, 고등학교로 올수록 성적 중심의 경쟁적 문화는 심각한 수준으로 전개된다. 고등학교에서 형성된 학업 경쟁 문화는 학생들의 교우관계뿐 아니라 개별 학생의 몸과 마음에 여러 부정적 영향을 미치고 있다. 즉, 상대평가를 통해 대학 진학을 위한 우수한 성적은 얻는 것이 목표가 되어 있는 고등학교 생활에서 학생들은 스스로의 의지와는 반대로 옆에 있는 친구와의 경쟁을 통해 승리자가 되어야 하는 상황에 놓여 있다. 이러한 상황은 학생들 간에 부정적인 관계를 조성하게 되는 요인으로 작용하고 있으며, 학생들에게 교우관계의 단절을 불어오고 성적중심의 개인주의를 부추기게 되는 것으로 나타났다. 결국 학생들은 친구마저 승리를 쟁취해야 하는 대상이자 적으로 인식해야 하는 고등학교의 문화를 경험하고 있으며, 이 가운데 심각한 고통과 스트레스를 경험하고 있는 것이다(신철균 외, 2018).

2) 학교폭력 및 왕따 문화

학교폭력이 사회적으로 큰 문제가 되기 시작한 것은 1990년대 중반부터이다(엄기호, 2013). 흔히 '왕따'라고 알려진 집단따돌림 현상이 학생들 사이에서 "급속도로 확산"되고, "따돌림"당하던 아이가 자살이라는 극단적인 방법을 선택, 급우를 괴롭힌 고등학생이 검찰에 구속되고, 피해 학생 부모가 학교와 교육청에 따돌림의 책임을 물어 손해배상을 청구"(가우디, 1999, p. 15: 엄기호, 2013 재인용)하는 일이 벌어지면서 학교 폭력은 학교 문제가 아닌 사회 문제가 된다. 특히, 문제가 되고 있는 것은 '왕따'와 약자들에 대한 강자의 공격인데, 학교 폭력이 과거와 달라진 것이 있다면 위계에 따른 신분적 폭력이라는 점이다(조용선, 2012). 중 · 고등학교에서 학교 폭력을 경험한 학생들을 대상으로 심층면담을 수행하여 학교폭력의 특징을 분석한 이희연(2013)의 연구를 참고하여 학교 폭력 및 왕따 문화의 구체적인 양상을 살펴보면 다음과 같다.

학교폭력 경험의 의미구조에서 눈여겨 볼 점은 학교폭력이 '피라미드 구조'로 이루어지며, 이러한 힘의 위계에 따라 '서열화된 몰인격적 또래관계'를 특징으로 한다는 것이다. 피라미드의 가장 상층은 소위 '잘나가는 애들' 또는 '일진'이라고 불리는 비행또래집단이 위치해 있는데, 이 '잘나가는 애들'은 '얼짱'으로 불리는 외모 또는 인기나 힘이 있는 아이들로서 대부분 '노는 선배들'과 연결되어 있으며, 이 선배들과의 인맥과 노는 집단 그 자체가 '힘의 뿌리이자 권력'으로 작동되고 있다. 비행또래집단 바로 아래는 '좀 잘나가는 애들' 또는 '노는 흉내를 내는 애들'이 위치해 있었는데, 이 아이들은 잘나가는 애들에게 잘 보여서 그들과 인맥을 맺고 그 그룹에 끼어들고 싶어하는 아이들이 있다. 그 아래 중간층에는 평범한 애들 또는 일반 애들이라고 불리는 대부분의 학생들이 위치해 있었고, 가장 아래층에는 '찐따' '찌질이'라고 불리는 가장 힘이 약하거나 자기표현을 잘 하지 못하는 다소 소심하고 조용한 아이들이 위치하고 있다. 이렇게 형성된 위계구조는 어느 정도 견고하지만 때론 각 계층의 구성원이 변경되기도 한다. 그러나 구성원의 변화나 계층간 이동이 있더라도 그 구조는 그대로 존속되기 때문에, 그 구조가 해체되지 않는 이상 학교폭력은 사라지지 않을 것으로 생각하고 있었으며, 대부분의 아이들이 이 힘이 지배하는 폭력위계 구조에 적응하는 방식으로 생존하고 있다. 이처럼 학생들은 학교에서 친구관계를 형성할 때 다소간 힘의 위계에 따른 불평등한 관계를 경험하고 있었다. 약자에 대한 집단적 혐오를 조장하는 폭력적 또래관계가 형성되었고 집단적 힘의 압력에 굴종하는 분위기에 '왕따'를 시키거나 당하는 경험을 겪는다. 전술한 내용을 포함하여 학교폭력 경험의 이론적 모형을 제시하면 다음의 [그림 6-2]와 같다(이희연, 2013, p. 299).

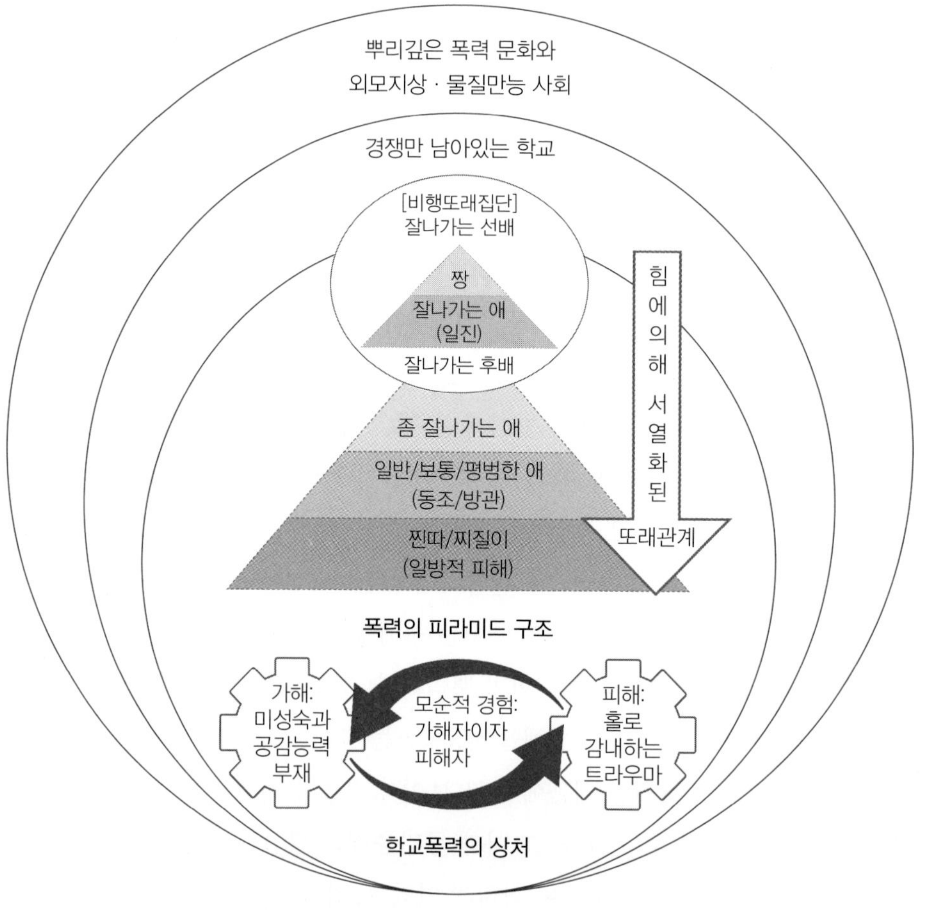

[그림 6-2] 학교폭력 경험의 이론적 모형

출처: 이희연(2013). p. 299.

3) 욕설, 자해, 자살

학생들에게 욕이나 비속어는 일상적인 표현이자 일종의 또래 문화이다. 우울할 때, 재미있을 때, 다쳤을 때, 넘어졌을 때, 무의식적이고 자연스럽게 튀어나오는 말이 욕설이며, 이는 일종의 언어 습관이다(경기도교육연구원, 2019, p. 43). 학생들은 초등학교 고학년 때부터 '자연스럽게' 욕을 배우는데 남학생들은 온라인게임을 통해 욕을 배우는 경우가 많다. 욕설의 대부분은 성기나 성관계를 의미하거나 장애인을 비하하는 내용으로 학생들은 이를 대수롭게 여기지 않을 뿐만 아니라 빈번하게 사용한다.

학교폭력, 왕따, 욕설 등 비속어 사용 외에도 최근 청소년의 비자살적 자해 문제가 심각하게 대두되고 있다. 비자살적 자해란 의도적이고, 고의적으로 덜 치명적인 방법을 사용하여 자신의 신체를 손상시키는 행위로 자신의 심리적 고통을 알리거나 줄이기 위해 행해진다(권경인, 김지영, 2020). 비자살적 자해는 삶을 유지하기 위해, 정신적 고통을 신체적 고통으로 전환함으로 고통을 회피하고, 불쾌한 감정 상태를 해소하기 위한 의도를 가지고, 여러 번, 보다 덜 치명적이지만 만성적으로, 감정 상태에 따라 다양한 방법으로 시도되는 반면, 자살은 죽고자 하는 의도를 가지고, 정신적 고통이나 의식으로부터 벗어나기 위해 목매달기, 높은 곳에서 뛰어내리기 등의 극단적인 방법으로 평생에 한두 번 행해진다. 자살의도가 없는 비자살적 자해라 하더라도 자해를 반복하는 과정을 통해 죽음에 대한 두려움이 낮아지고, 통증 감내력이 높아지게 되면 자살을 실행할 수 있는 능력이 높아져 자살 위험성이 증가할 수 있다(권경인, 김지영, 2020).

청소년건강행태온라인조사 결과에 따르면, 자살생각률은 2017년 12.1%에서 2018년은 13.3%, 자살계획률은 3.9%에서 4.4%, 자살시도율은 2.6%에서 3.1%로 각각 전년도에 비해 높아진 것으로 나타났다(교육부, 보건복지부, 질병관리본부, 2018; 김준범, 홍성희, 홍현주, 2019, 재인용). 청소년 자살사망 및 정신건강의 문제는 우리나라에 국한된 얘기는 아니며, 세계보건기구(WTO)는 정신건강 실행계획(2013~2020년)에서 자살을 우선적으로 해결해야 할 문제로 정하였으며 특히 청소년과 같이 자살사고와 자해에 가장 민감한 연령층과 자살 취약군 관리에 역점을 두고 국가 차원의 종합적 자살예방 전략이 개발되고 시행되어야 한다고 권고하고 있다(김준범 외, 2019).

4) 스마트폰 의존 문화

2018년 한국미디어패널조사 결과에 따르면, 2018년 기준 우리나라 중학생의 스마트폰 보유율은 95.9%에 달하여, 초등고학년 학생(81.2%)은 물론 고등학생(95.2%)보다도 미세하게 높은 이용률을 보였다(김윤화, 2019). 우리나라 대부분의 중학생이 개인 스마트폰을 소유하고 있으며, 스마트폰을 삶의 일부처럼 다양한 형태로 익숙하게 확장하여 활용하고 있어 스마트폰에 대한 과도한 의존 현상이 나타나고 있다. 학생들에게 스마트폰은 삶의 일부이며, 디지털 기기가 없이는 거의 살 수 없을 정도로 그 의존도가 높았다(이성회 외, 2016). 한국정보화진흥원의 '2018 스마트폰 과의존 실태조사 보고서'에 따르면, 스마트폰 과의존위험군은 2011년 조사 시작 시점부터 꾸준히 증가하여, 2018년 기준 잠재적위험 16.4%, 고위험 2.7%로 총 19.1%가 스마트폰 과의존위험군으로 나타났으며, 이 중 청소년(10~19세)은 29.3%(잠재적위험 25.7%, 고위험 3.6%)로 전체 스마트폰 과의존위험군보다 비율이 높은 것으로 나타났고, 특히 청소년 중에서도 중학생(34.1%)이 초등학생(23.5%), 고등학생(28.3)보다 스마트폰 과의존위험군 비율이 높은 것으로 나타났다(황은희, 양현경, 2020). 이와 같은 스마트폰 과의존은 스마트폰 중독과 동일하게 사용되기도 하는데, 스마트폰에 집착하거나 스마트폰의 이용 빈도가 높아지고 이용 시간을 관리하지 못하게 되어, 신체적 곤란을 겪거나 정서적으로 과도하게 스마트폰에 의존하게 되는 부정적인 현상이 발생하게 된다(신하나, 정세훈, 2018). 디지털 기기의 의존도의 증가에 따라 필연적으로 제어 불가능의 문제로 이어지게 되는 것이다.

5) 일상화된 SNS 문화

이성회 외(2016)의 연구에 의하면, 디지털 네이티브 세대의 학생들은 디지털 기기 사용 면에서 SNS 사용의 보편화를 주요한 특징으로 보이고 있었다. 자주 사용하는 앱에 대한 응답에서 학생들은 SNS(페이스북 등)가 65.6%, 인스턴트 메시지(카카오톡 등)가 51.6%, 음악이 44.3%, 책/만화(웹툰)가 34.7% 등으로 나타나는 데 반해, 학부모는 인스턴트 메시지(카카오톡 등)가 49.2%, 포털이 42.7%로 높게 나타났으며, 교사의 경우도 인스턴트 메시지와 포털이 모두 51.3%로 높게 나타났다. 학부모의 경우 SNS는 17.2%에 불과했고, 교사의 경우도 15.4%로 나타났다. 이처럼 성인들은 인터넷 활용이 익숙한 세대인 만큼 포털 사이트를 통한 정보의 검색과 활용이 두드러진 특성을 보인 데 반해, 학생들은 인스타그램이나 페이스북 등을 중심으로 한 SNS의 사용 문화가 정착되는 특징을 보인다.

SNS의 특징은 자신의 일상을 끊임없이 온라인에 공개하는 것에서 시작하는데, 디지털 기기를 통해 고백해 본 경험이 있는 학생이 60%나 되는 것, 프로필 사진 등에 연애 중 상태를 올려본 경험이 있는 학생이 40%나 되는 것이 이러한 특징을 잘 반영하는 현상이라고 할 수 있다. 또한 학생들은 뉴스의 청취 등도 포털이나 뉴스 사이트가 아니라 다른 사람의 페이스북을 통해서 정보를 얻는 경향이 높은 것으로 나타났다. 이는 인터넷상에 개인이 소화할 수 있는 양보다 훨씬 많은 양의 정보가 존재하는 현실에 적응하는 하나의 전략일 수 있지만, 추가 검증 없이 하나의 정보원에서 얻는 정보가 편향되었을 가능성에 대한 인지가 없다면 위험할 수 있다(이성회 외, 2016). 최근 SNS와 유튜브 등을 중심으로 '가짜뉴스'가 만연함으로 인해 발생하는 사회문제가 심각하다는 점에서 이에 대한 교육적 대응이 필요하다.

6) 온라인 중심의 관계 문화

디지털 세대의 문화 특성 중 하나는 온라인 중심의 관계 문화와 빠른 즉답 문화를 들 수 있는데, 청소년층의 SNS나 인스턴트 메시지의 활용도가 성인보다 높아진 것이 그 대표적인 예가 될 수 있다. 온라인상에서 친구와 다투었던 경험이 있는 학생이 30.5%일 정도로 이미 온라인상에서의 관계는 디지털 네이티브 세대 학생들의 관계적 특징을 대표하는 문화라고 볼 수 있다. 온라인상에서 관계를 맺고, 관계에서 오는 갈등을 실생활로 가져오기보다는 온라인상에서 해결하는 경향이 있으며, 성인에 비해 온라인상에서 잘 모르는 사람을 만나는 것을 긍정적으로 인식하고 있었다. 학생들은 타인과 관계를 맺기 위해 디지털 기기를 적극 활용하며 이전 세대와는 다른 양상을 보인다(이성회, 2016).

SNS가 중심이 된 온라인 관계 문화는 즉시 답하는 문화를 형성한다. 학생들은 SNS상의 메시지에 대해서 비교적 수시로 확인했으며, 확인과 동시에 즉각적으로 회신을 하기도 한다. 이러한 즉각적인 답은 대부분 일종의 습관적인 행위로 특별히 소외에 대한 걱정이라기보다는 수시 확인과 빠른 즉답이 이들의 생활 문화로 자리잡고 있는 것으로 보인다(이성회, 2016).

7) 차별 및 혐오 문화

혐오 현상은 소수자들에 대한 강한 증오의 감정을 드러냄으로써 그들에 대한 차별과 배제를 공고하게 만든다는 점에서 사회적 문제이다. 특히 학교 안에서 혐오 현상이 발견된다는 것은 소수자에 대한 혐오의 감정을 표출하는 사람과 혐오의 대상이 되는 사람이 학교라는 공간에서 함께 생활하고 배우며 상호작용하고 있음을 의미한다. 혐오 문화로 인해 학교는 평등한 교육과 안전한 학습의 공간이 아니라 차별과 배제, 폭력의 공간이 될 가능성이 높다(경기도교육연구원, 2019). 심각한 사회문제인 혐오가 학교 안으로 들어와 청소년들의 또래 문화가 되어가는 현실을 분석한 경기도교육연구원(2019)의 연구를 통해 학생 혐오문화의 실태를 살펴본다.

남녀혼성 학급의 학생을 대상으로 면담을 실시하고 혐오 현상을 분석한 결과, 가장 두드러지는 혐오 현상은 '여성혐오'로 '예쁘지 않거나' 몸에 살집이 많다는 이유로 혐오의 대상이 되고 있었다. 여학생의 외모를 비하하고 여성의 외모에 대한 혐오 표현을 쓰는 것은 일부 남학생이다. 일부 남학생들에 의해서 주도되는, 여학생의 외모를 둘러싼 혐오 표현은 다음의 〈표 6-5〉와 같다(경기도교육연구원, 2019, p. 58).

몇몇 남학생의 경우, 여학생을 대상으로 '섹드립'을 일삼기도 했는데, '섹드립'이란 성(性, sex)과 관련된 말로 상대방을 비하할 때 쓰인다. 남학생들은 자기들끼리 있을 때도 '섹드립'을 하지만, 교실이나 복도처럼 모두에게 공개된 공간에서도 이런 말들을 하는데, '섹드립'에는 성교를 의미하는 '섹스' 말고도 '걸레' 'fuck you' 등의 표현이 주를 이룬다. 이러한 단어를 일상적으로 사용하면서 여학생에게 모욕을 주는 것이다.

여성혐오 외에도 다른 사람과 다르다는 이유로 혐오의 대상이 되기도 한다. 다수

표 6-5 여학생의 외모를 둘러싼 혐오 표현

혐오 대상 여학생	혐오 표현
살집이 있는 학생	뚱뚱하다, 돼지, 돼지새끼
체격이 크며 힘이 센 학생	큰형님
못생긴 외모를 가진 학생	얼굴 빻았냐
화장을 진하게 한 학생	가부키
화장을 하지 않은 학생	시궁창, 멧돼지

의 학생들이 볼 때, 이해하기 어려운 말이나 행동을 '특이한' 것으로 여기며 해당 학생을 혐오 표현의 대상으로 삼기도 했다. 학생들이 생각하는 특이한 행동에는 더럽다고 여겨지는 행동, 진지하게 자신의 감정과 입장을 이야기하는 행동 등이며, 이러한 행동을 하는 사람에게는 '지랄' '병신'과 같은 비속어를 주로 사용한다. 학업성취를 중요하시는 학급 분위기로 인해 성적이 낮은 학생이나 온라인게임에 있어 무능한 것, 능숙하지 않은 것 등도 혐오의 대상이 되고 있었다. 이처럼 성차별, 소수자 및 장애에 대한 차별, 또래 문화에 적응하지 못하는 친구에 대한 차별 등 학생의 혐오 문화가 일상적으로 깊숙한 곳까지 침투해 있다. 이는 유튜브 BJ, 온라인 게임 문화, SNS의 일상화 등 디지털 문화 확산과 관련이 깊을 것으로 보인다.

8) 학생자치 문화

2010년을 기점으로 최근 교육현장에서 학교혁신, 혁신학교, 민주시민교육과 관련된 정책이 추진되면서 학생 인권에 대한 관심과 더불어 학생자치 문화가 중요하게 대두되고 있다. 학생자치 활동은 학교에서 학생 스스로 자율과 참여를 통하여 학교조직을 구성하여 주도적인 활동을 전개하며, 이를 통하여 학생의 권리를 옹호하고 민주시민으로 성장하기 위한 자질을 키워나가서 건강한 성원으로 성장해 나가는 활동 전체를 말한다(이병환, 2012). 학교 현장에서 학교자치에 문화가 확산되고 있다는 것은 수동적인 존재로 간주했던 학생들을 능동적이고 자주적 관점에서 바라보기 시작하고 있으며, 학생들을 배움과 삶의 주인이자 교육공동체의 구성원으로서 학교 문제에 주체적으로 참여하는 존재로 인식하는 경향이 확산되고 있음을 알게 해 준다(정구영, 김대식, 2020). 2005년 두발 자유화 쟁점을 시작으로 학생들이 자신의 권리를 찾으려는 움직임을 보였고 2010년 경기도교육청에서 학생인권조례를 공포하면서 전국적으로 학생자치의 문화가 급속도로 확산되는 양상이 나타났다(정구영, 김대식, 2020). 경기도 학생인권 조례에는 학생의 인권으로 제1절 차별받지 않을 권리, 제2절 폭력 및 위험으로부터의 자유, 제3절 교육에 관한 권리, 제4절 사생활의 비밀과 자유 및 정보에 관한 권리, 제5절 양심 · 종교의 자유 및 표현의 자유, 제6절 자치 및 참여의 권리, 제7절 복지에 관한 권리, 제8절 징계 및 절차에서의 권리, 제9절 권리침해로부터 보호받을 권리, 제10절 소수 학생의 권리 보장 등의 내용이 담겨 있다. 이 중 제6절 자치 및 참여의 권리 내용은 다음과 같다.

제6절 자치 및 참여의 권리

제17조(자치활동의 권리) ① 학생은 동아리, 학생회 및 학생자치 조직의 구성, 소집, 운영, 활동 등 자치적인 활동을 할 권리를 가진다. 〈개정 2019. 8. 6.〉

② 교장 등은 학생자치기구의 구성과 소집 및 운영 등 활동에서 자율과 독립을 보장하고 성적 등을 이유로 구성된 자격을 제한하여서는 아니 된다. 〈개정 2019. 8. 6.〉

제18조(학칙 등 학교 규정의 제·개정에 참여할 권리) ① 학생은 학칙 등 학교 규정의 제·개정에 참여할 권리를 가진다.

② 학교는 학생의 인권을 존중하여 학칙 등 학교 규정을 제·개정하고, 이를 학교 홈페이지에 게시하여야 한다.

③ 학교의 장은 학칙 등 학교 규정의 제·개정 과정에서 학생들의 의견을 수렴하여야 하며, 학생회 등 학생자치기구의 의견제출권을 보장해야 한다. 〈개정 2019. 8. 6.〉

제19조(정책결정에 참여할 권리) ① 학생은 학교 운영 및 교육청의 교육정책결정과정에 참여할 권리를 가진다.

② 학생회 등 학생자치기구 및 학생들의 자발적 결사는 학생의 권리와 관련된 사항에 대한 의견을 밝힐 수 있는 권리를 가진다.

③ 교장 등은 학생대표와의 면담 등을 통하여 정기적으로 의견을 청취하도록 노력하여야 한다. 〈개정 2019. 8. 6.〉

④ 학생대표는 학생에 영향을 미치는 사안에 관하여 학교운영위원회에 참석하여 발언할 수 있다.

⑤ 교육감과 교장 등은 학생에게 영향을 미치는 사항을 결정할 때에는 학생의 참여를 보장하여야 한다. 〈개정 2019. 8. 6.〉

학생자치 문화는 학생들의 교육정책 참여 기회 마련과 민주시민교육과 연계 등을 통해 학생 중심의 학교문화를 구현하는 데 공헌하고 있다. 특히 혁신학교 재학생들을 중심으로 학생자치 활동에 참여한 학생들의 민주시민 역량은 물론 사회참여도가 높았으며, 학교생활에 대한 만족도가 높게 나타나는 경향을 보이고 있어 긍정적으로 평가되고 있다.

4. 교육적 대응 및 접근

한국교원단체총연합회는 매년 스승의 날을 기념하여 교원들의 의식을 조사하여 그 결과를 발표하는데, 이 조사에서 교사들은 교직 생활에서 가장 큰 어려움을 겪는 원인을 '학생 이해 부족'이라고 답하고 있다(김창환, 2020). 교육실습을 경험한 예비교사들 또한 학생 생활지도 및 관계 형성에 상당한 어려움을 겪고 있는 것으로 확인된다(남윤경 외, 2019). 교사가 학생 이해에 어려움을 겪는 현상은 전술한 학생 문화의 주요한 특징을 통해 쉽게 예측해 볼 수 있다. 디지털 네이티브 세대로 대표되는 학생과 이전의 세대와 그 이전의 세대를 살아온 교사가 가진 인식의 차이는 매우 클 것이며, 이와 같은 학생의 삶과 문화를 이해하기 위해서는 많은 시간과 노력이 필요할 것이다. 이에 이 절에서는 학생 이해를 위한 교사의 교육적 대응 및 접근에 대한 최근의 논의를 살펴보고, 교직 입문을 앞둔 예비교사들에게 도움을 주고자 한다.

1) 학생을 이해하고 지지하는 마음의 기술

『더 힘들어 하고 더 많이 포기하고 더 안 하려고 하는 요즘 아이들 마음고생의 비밀』(2019)의 저자 김현수는 중학생들과의 상담작업을 통해 학생을 이해하고 지지하는 마음의 기술을 다음과 같이 정리했다. 첫째, 마음의 만남부터 시작하기, 둘째, 세대 간 차이 이해하기, 셋째, 호감과 관심으로 학생들과 연결하기, 넷째, 지적하지 않고 염원해 주기, 다섯째, 학생의 긍정성을 발견해 주기 등이다. 특히, 요즘 아이들은 과거에 비해 관계를 훨씬 더 중요하게 생각하기 때문에, 존재감을 인정받고 싶어하는 경향이 있음을 강조하면서, 아이들을 인정하고 아이들과 호감을 나누고 유대를 맺을 줄 아는 것이 중요하다고 말한다. 다음은 아이들이 바라는 만남의 구체적인 방식이며(김현수, 2019, p. 203), 이는 교사가 학생들을 대하는 데 많은 도움이 될 것이다.

"우리들의 새로운 문화를 이해해 주세요."

- 십대의 문화, 언어, 스타일을 이해한다면 아이들을 조금 더 편안하게 만날 수 있음
- 십대의 문화에 대해 바꾸라고 한다면 아이들은 자신이 거부당했다고 생각할 수 있음
- 십대 문화 중 호감이 있는 부분을 함께 이야기 나누면 좋을 것임

"만남에 집중해 주세요."

- 아이들이 어른과의 만남에서 그동안 상처받은 이유는 어른들이 신중하지 않게, 바쁘게 지나가듯이, 형식을 무시하고 만나려 하기 때문임
- 하던 일을 중단하고 학생에게 전적으로 집중해서 만나기. 온전히 아이에게만 관심을 쏟고 있다는 느낌으로 만나 주기. 엉터리로 만나고 있다는 사실, 무시하고 만난다는 느낌은 학생을 상당히 기분 상하게 함

"존중하며 잘 들어주세요."

- 많은 어른들은 듣기를 힘들어 함. 하지만 듣지 않게 되면 어른들의 자기중심적 생각을 아이들에게 훈계하는 일이 되기 쉬움
- 그러므로 아이들의 이야기를 그들의 입장에서 열심히 들어서 그들의 심정을 이해하고 스스로 이야기하도록 노력해 주어야 함. 어른의 공감은 아이들에게 존중받는다는 느낌을 주게 됨

"일단 한 편이 되어주세요."

- 아이들 세대와 다름을 이해하고, 학생들이 그럴수도 있다는 것을 인정하면서 아이들 편이 되어 생각해 주어야 함. 그래야 공감이 더 잘 일어날 수 있음
- 가장 억울하고 화가 나는 것이 가장 가까운 어른, 아이들의 이야기를 들어준 어른이 상대방 입장에서 말하는 것임. 그때의 배신감은 사실 여부와는 무관함
- 일단 한편이 되어서 호응을 보여준 다음에 다른 입장을 생각해보는 것은 괜찮지만 처음부터 그렇게 말하는 것은 옳지 않음

"압박하거나 채근하지 마세요."

- 모두 듣고 나서 무엇을 해야 하거나 혹은 어떤 변화가 필요하다고 할 때, 채근하거나 압박하지 말고 여유 있게 이야기를 나누어 주어야 함

- 차근차근히 해 나갈 수 있도록 도와주고 성급하게 바로 해결해야 할 것처럼, 아니면 큰일 날 것처럼 말하지 않아야 함
- 부정적이고 비관적인 입장은 익숙하기 때문에, 어른들까지 그것을 보태줄 필요는 없음. 지나치게 과도한 것은 오글거리니까, 적당하게 낙관적이고 긍정적으로 이야기해 주기

"함께 도와줄 사람을 찾아 주세요."

- 아이들이 혼자 할 수 없는 일이 너무도 많으므로 대화의 주제에 따른 도움을 받기 위해 누구를 만나거나 누구의 도움을 더 받을 수 있는지 친절히 이야기해 주기
- 친구도 좋고, 다른 어른도 좋고, 또 도움받을 기관도 좋음. 자료를 찾아보는 것도 좋음
- 어렵지 않게 친구들의 도움으로 어떤 일이 잘 이루어질 수 있는 방향으로 이야기해 준다면 때로는 시키지 않아도 자발적으로 무언가를 해내는 힘을 발휘할 수 있음
- 의존적이라거나 독립적이지 않다고 말하거나 비난하지 말고, 또 힘들어져도 주변에 도와줄 사람이 많다고 안심시키는 것도 중요함

2) 학생 존재감을 인정하는 교사와 학교문화

지속적으로 언급한 바, 학생들은 하나의 인격체로 그 존재감을 확인받을 때 개인은 물론 교사와 학교에 대해 긍정적인 감정을 가지게 된다. 혁신학교를 중심으로 학교생활에 대한 경험을 통한 학생들의 긍정적인 정서를 밝힌 최근의 연구(강혜영, 2018; 김혜영, 2019)는 이를 증명한다. 학교 구성원인 관리자, 교사, 친구 및 선배와 친밀한 관계를 체감하고, 학생 중심의 교육과정, 즉 학생 중심 수업, 성장을 위한 평가, 회복적 생활교육 등을 경험한 학생들은 학교 구성원과 교육활동 그리고 학교에 대해 만족감을 보이는 긍정적인 정서를 가지는 것으로 확인되었다. 나아가 학교생활에 대한 긍정적인 정서는 학생이 학교활동에 적극적으로 참여하게 하고, 배움을 자발적으로 실천하고자 하는 의지를 길러주었으며 결과적으로 인성과 역량의 성장을 이끌고 있었다(강혜영, 2018).

부산형 혁신학교인 부산다행복학교를 경험한 학생의 주요 감정을 밝히고, 그러한 감정이 형성되는 데 영향을 미치는 요인을 분석한 김혜영(2019)의 연구에서도 이와 유사한 결과가 나타났다. 부산다행복학교 학생들이 느끼는 긍정적인 감정은 '존

재감' '성취감' '확신감'이었다. 그 중에서도 특히 이전의 학교에서는 느껴보지 못한 교육 주체로서 학생이 존중받고 있다는 느낌의 '존재감'은 또 다른 긍정적인 감정을 파생시키는 핵심적인 감정인 것으로 확인되었다. 이러한 존재감을 형성시키는 주요한 요인으로는 ① 학생 의견을 존중하는 학교 문화, ② 학생 중심의 진로 탐색 독려, ③ 교사로부터의 무한 신뢰이다. 실제 학생의 발화를 통해, 학교가 학생을 위한다는 느낌, 성적의 높고 낮음과 상관없이 모든 학생이 각자의 삶에서 주체로 인정받고 있다는 느낌을 확인해 보자(김혜영, 2019, p. 9).

> "저는 중학교 때 선생님이 무슨 지시를 내리면 저희는 그 지시에 따라서 하는 사람? 이라고 생각했었는데, ○○고에 와서는 '선생님들은 조언을 해 주시는 분들로 바뀌고 그 조언에 맞게 생각을 해서 실행하는 것은 학생이다.'라는 인식이 강해진 것 같아요. 그래서 선생님들이 마냥 뭘 하라는 게 아니라 저희에게 조언을 해 주시고, 그래서 저희는 어려울 때 조언을 구하러 갈 수 있는 그런 분들이 선생님이고, 학생들이 뭔가를 주체적으로 하는 게 아닌가 하는 생각이 요즘 부쩍 드는 것 같아요."

3) 혐오 현상에 대처하는 학급 운영과 생활지도

경기도교육연구원(2019)은 학교 안 혐오 현상을 극복하기 위한 방법으로 혐오 현상에 대처하는 학급 운영과 생활지도 방법을 제안한 바 있다. 혐오의 표현과 현상의 종류에 따라 학교와 교사가 어떻게 대응하고 지도해야 하는지 그 구체적인 전략은 다음의 〈표 6-6〉과 같다.

표 6-6 혐오 표현의 특성에 따른 지도 방법

<table>
<tr><th colspan="2">혐오 표현</th><th>지도 방법</th></tr>
<tr><td colspan="2">소수자와 약자에 대한 혐오 표현</td><td>– 무엇보다 예방 조치가 중요함
– 대체로 BJ, 개그맨 등 성인이 만들어 낸 혐오 표현이 학생문화로 옮겨온 것임
– 그러므로 학생이 의도적으로 차별적 사고를 한 뒤 혐오 표현을 사용한 것이 아니라, 혐오 표현을 사용함으로써 약자를 혐오하는 사고를 가지게 된 것임
– 언어가 사고를 형성하기 전에 개인의 정체성은 비난 대상이 될 수 없음을 주지시키고, 무엇이 차별인지에 대한 인식을 명확하게 해 주어야 함
– 콘텐츠에 대한 무조건적인 차단이 아닌 좋은 콘텐츠 찾기 활동을 통해 교사가 학생의 문화를 이해하려고 노력하고 있음을 보여 주고 학생들 문화에 공감해야 함
→ 혐오를 놀이문화로 받아들이기 이전에 바로잡아야 함</td></tr>
<tr><td rowspan="2">여성혐오 표현</td><td>특정 여성상 강요</td><td>– 부정적인 여성상을 만들어 집단화하고 혐오를 합리화하는 현상을 인지하게 되었을 때 교사는 그러한 현상에서 파생된 단어의 뜻을 정확하게 알고 있는지 확인해야 함
– 개인의 특징을 집단의 특징으로 도출하지 않도록 지도하는 것이 필요함
– 학생, 연소자로서 겪는 본인의 약자성과 그에 따른 일반화의 경험을 돌아보게 함으로써 약자에 대한 낙인에 관해 고민하는 계기를 만들어 줄 수 있음
– 그러나 이러한 방식은 소수자에 대한 범위를 보는 시각차가 있어 한계가 있으므로, 혐오 표현 지도가 이루어지고 있는 교실 현장의 양상을 정확하게 인지할 필요가 있음
– 교실 내에서 사회의 약자와 소수자가 무엇을 의미하는지에 대한 합의를 도출한 뒤에야 실질적으로 가능함</td></tr>
<tr><td>외모 (화장과 몸매) 평가</td><td>– 여학생과 남학생 모두에게 외모에 대한 칭찬도 일종의 평가임을 인식하도록 지도해야 함
– 타인의 신체에 대해 함부로 언급하는 것 자체가 무례한 것임을 인식하고, 일상 대화에서 body talk 자체를 하지 않는 방법을 알려주는 것이 필요함
– 대화 주제가 자연스럽게 외모로 흘러가면 학생 서로가 서로를 압박하는 방향으로 가닿게 될 가능성이 높음
– 학생들이 외모 칭찬, 평가가 가져오는 사회적 압박을 고민할 수 있도록 안내가 필요함</td></tr>
</table>

	성행위 또는 음란물을 연상시키는 말과 행동	– 교사가 당황하지 않는 것이 무엇보다 가장 중요함 – 교사 앞에서 이러한 발언이나 행동을 하는 것은 대체로 교사를 당황하게 만드는 것이 그 목적인 경우가 많음 – 교사나 여학생에게 무례하게 굴거나 성적 수치심을 유발하는 행동을 또래 집단 앞에서 보임으로써 자신의 남성성을 확인받고자 할 때, 학생의 발언이 교사에게 별로 영향을 주지 않음을 보여 주는 것임. 학생이 사용한 단어를 그대로 되풀이하며 지도하여 학생의 의도가 실패했음을 보여주는 것이 효과적임 – 그러나 교사가 당황하지 않는 것과는 별개로 이것이 처벌을 받을 수 있는 성희롱, 성추행 발언과 행동임을 인지시켜야 함
	성별 고정관념에 의한 말	– 흔히 말하는 여성성, 남성성 중 많은 것들이 사회적으로 만들어진 고정관념임을 알려주어야 함 – 성별 고정관념이 강력한 사회와 그렇지 않은 사회 중 어느 쪽이 더 좋은 사회인지 고민해 보게 하는 것이 더 효과적임

이상의 다양한 혐오 표현의 특성에 대한 교사 대처방안 외에도, 학급 혹은 학교 내에서 민주적인 의사결정제도를 운영함으로써 학교 안 혐오와 차별 현상을 학생들 스스로 공론화할 수 있는 계기를 마련해 주는 것도 하나의 방법이다. 예컨대, 혁신학교에서 운영되는 개최권, 의제선정권, 진행권 등이 학생들에게 있는 민주적인 의사결정기구인 '다모임'과 같은 체제를 운영할 때 학생들에게 민주적 의사결정을 경험할 기회를 제공할 수 있다. 이러한 다모임 형태의 의사결정기구에서 학교 안의 혐오 현상과 학생들의 혐오 표현을 어떻게 다룰 것인가를 논의하고 학생 스스로 자정 작용을 모색할 수 있을 것이다(경기도교육연구원, 2019).

학생의 혐오 표현과 함께 교사 스스로가 차별에 민감하게 반응하고, 혐오의 주체가 되지 않도록 주의를 기울이는 것 역시 매우 중요하다. 기존의 관습대로 성별이분법을 강화하거나 직업 편견을 드러내거나 소위 정상가족이 기본형이라 생각하고 발언했을 때 곧바로 정정하고 사과할 수 있어야 한다. 학생보다 오랜 기간 동안 차별을 강화하는 관습과 다양한 소수자 혐오에 대해 무디게 반응하는 사회를 겪은 시민으로서 교사 스스로 이를 개선하려고 노력하는 태도 없이는 학교 안 혐오 현상을 해결할 수 없다. 예컨대, ① 정상가족을 기본으로 생각하는 발화("엄마한테 사인 받아와"와 같은 주 양육자를 여성으로만 가정하는 발언 유의), ② 이성애 중심 발화("너 그렇게 하면 여자애들(남자애들)이 싫어해" "그러다 시집 못 간다"등의 성소수자 배제 발언), ③ 성별 고정관념에 대한 발화("여자애가 ~~" "남자애가 ~~"로 시작하는 발언 유의), ④ 연령주에 대한 발언("너희가 아직 어려서 잘 모르는 거야"와 같은 말은 교사의 조언이 아니라 학생의 의견을 존중하지 않는 것임), 급식충, 등골브레이커 등 청소년 혐오 발언 등을 유의해야 한다.

토론 및 실습 과제

1. 우리나라 중 · 고등학생의 하루 일상을 상상해 보고, 학생으로서 느끼는 감정을 이해해 보자.
2. 학생의 삶에 영향을 미치는 미시적 · 중시적 · 거시적 수준의 다양한 요인의 구체적인 사례를 제시하고 어떠한 요인이 가장 큰 영향을 미치는지 논의해 보자.
3. 이전 세대와 다르게 새롭게 논의되는 요즘 학생문화 중 하나를 골라 그 특징을 밝히고, 그러한 문화가 형성된 요인에 대해 깊이 생각해 보자.
4. 무기력한 학생, 욕설이 일상인 학생, 학급 및 학교에서 차별과 혐오 발언을 일삼는 학생 이 있을 때 교사로서 어떻게 대응해야 하는지 역할극(학생역할, 교사역할, 교장역할 등)을 통해 각자의 입장에서 이야기해 보자.

참고문헌

강혜영(2018). 혁신학교 학생의 긍정적 변화과정 탐색: 근거이론에 기초한 사례분석을 중심으로. **교육문화연구**, 24(5), 471-498.

권경인, 김지영(2020). 청소년 비자살적 자해상담 경험에 관한 현상학 연구: 상담자의 어려움과 대처방안을 중심으로. **청소년상담연구**, 28(1). 269-291.

경기도교육연구원(2019). **혐오, 교실에 들어오다: 학교 안 혐오 현상의 실태와 대책**. 서울: 살림터.

김경애 외(2016). 중학생의 성장과정 분석: 학교, 가정, 지역사회를 중심으로(I). 한국교육개발원.

김경애 외(2017). 중학생의 성장과정 분석: 학교, 가정, 지역사회를 중심으로(II). 한국교육개발원.

김경애 외(2018). 중학생의 성장과정 분석: 학교, 가정, 지역사회를 중심으로(III). 한국교육개발원.

김윤화(2019). 어린이와 청소년의 휴대폰 보유 및 이용행태 분석. 정보통신정책연구원 STAT Report 제18호.

김은정(2009). 한국 청소년들의 '학생으로서의 정체성'수용과정. 한국사회학, 43(2), 85-129.

김준범, 홍성희, 홍현주(2019). 교육부의 학교기반 자살예방정책에 대한 현장전문가의 요구 탐색 및 향후 방향성 모색. 교육문화연구, 25(5), 5-31.

김창환(2020). "학생 관점에서 돌아본 한국교육 75년". 2020 한국교육학회 연차학술대회. 「광복 75년 · 교육법 70년, 한국 교육이 걸어온 길과 남겨진 과제」. 발표문.

김현수(2019). 요즘 아이들 마음고생의 비밀. 서울: 해냄.

김혜영(2019). 부산다행복학교 학생 경험에 대한 질적 분석: 학생 감정을 중심으로. 부산시교육청 교육정책연구소 이슈페이퍼, 제36호.

남윤경, 이효진, 김혜영, 정주훈(2019). 예비교사들의 교육실습경험에 근거한 교원양성 교육과정 개선 방안 탐색. 교육혁신연구, 29(1), 65-89.

류방란, 신희경(2011). 학교부적응 학생의 학교 다니기: 전문계 여자 고등학교 학생을 중심으로. 한국교육학회, 49(2), 41-72.

류방란, 김경애, 장성태, 정광희, 김성식, 이지영(2014). 중학교 학생의 학업 유형과 실태 분석. 한국교육개발원.

신철균 외(2018). 고교 교육 환경 변화 전만과 과제: 학생들의 시선으로. 한국교육개발원.

신하나, 정세훈(2018). 아동 · 청소년의 스마트폰 중독 수준에 영향을 미치는 개인적 사회환경적 예측요인에 관한 연구. 사이버커뮤티케이션학보, 35(3), 5-50.

엄기호(2013). 교사도 학교가 두렵다. 서울: 따비.

이병환(2012). 학생자치활동 활성화 방안. 한국교육개발원 이슈페이퍼, 제6호.

이성회 외(2016). 디지털 세대의 학생 문화 연구. 한국교육개발원.

이희연(2013). 학교폭력 경험에 관한 문화기술지. 한국학교사회복지학회, 25, 275-309.

임소현 외(2019). 한국교육개발원 교육여론조사(KEDI POLL 2019). 한국교육개발원.

정구영, 김대식(2020). 초 · 중등학교 학생 자치활동의 변천 과정. 교육사학연구, 30(1), 59-98.

정미경 외(2019). 중학생의 성장과정 분석: 학교, 가정, 지역사회를 중심으로(IV). 한국교육개발원.

조용선(2012). 평화로운 학교는 없다. 오늘의 교육 3 · 4월호.

조용환(1995). 학교 구성원의 삶과 문화: 교사와 학생, 그들은 행복한가?. 교육학연구, 3(4), 77-91.

황은희, 양현경(2020). 중학생의 스마트폰 사용 유형 결정요인과 유형별 스마트폰 의존도 분석. **한국청소년연구**, 31(3), 151-177.

Bronfenbrenner, U. (199). Ecological system theory. In R. Vasta (Ed.), *Annals of child development* (Vol. 6, pp. 187-249).

제7장

학생안전생활

사례

이런 사건도 학교안전사고로 처리가 되나요? ○○고등학교 체육 시간에 한 학생이 축구 중 축구공을 발로 찼는데 그 공이 펜스를 넘어 주차장에 주차되어 있던 어떤 선생님의 차에 떨어져 차 백미러 등 이곳저곳에 흔적이 생기는 사건이 생겼다. 차주인 선생님은 이 문제를 해결해 달라고 체육교사에게 요청했고, 학생은 학생대로 의도했던 바도 아니고 열심히 운동하다가 생긴 일인지라…… 체육교사가 학교 안전사고 담당 교사에게 이런 문제는 어떻게 처리하는지, 안전공제회에서 처리해 주는지를 물어 왔다. 담당 교사 역시도 대인 간 사고도 아니고 해서 학교안전공제회에 문의해 본 결과, 학교안전공제회에서는 처리하지 않고 있다며, 중앙회에 연락해 보라고 했다. 그 결과, 중앙회에서 처리가 가능하다 하여 처리를 하는 과정에서 문제가 생겼다. 사고 발생 처리를 누가 하느냐는 것이었다. 차주인 본인이 해야 한다, 체육시간에 일어난 일이므로 체육교사가 해야 한다, 담당 교사가 해야 한다 등, 결국은 학교 안전공제회 사고발생 통지는 사고 현장에 있었던 임장지도교사나 담임교사가 하는 것으로 되어 있었기 때문에 그런 차원에서 체육교사가 하였다. 그 후로 보상금 확정 통보서에 따른 보상금 청구는 학교 안전공제회 담당교사의 지원을 받아 차주인 교사가 처리하게 되면서 일단락되었으나…… 학교 안전사고 시 그 사건유형에 따라 중앙회에서 하는지 학교안전공제회에서 하는지와, 관련 관계자들의 역할에 대해 정확한 오리엔테이션이 요구되는 사건이었다는 아쉬움이 남았다.

학교현장에서는 수업 활동 포함, 어떤 학생활동에서나 비일비재하게 안전사고가 일어나곤 한다. 학교나 교사들은 대부분 학생들의 이러한 예기치 않은 행동으로 인한 돌발적인 사고로 인해 사고를 미리 예측하기 쉽지 않다. 물론 활동량이 많거나 실험을 하는 수업시간에 사고가 지속적으로 발생할 확률이 높기는 하다. 따라서 안전사고에 관한 대책과 예방에 관한 내용은 교직업무수행에서 특히 신규교사의 교직업무 수행에서 가장 현실적인 영역이라고 할 수 있다. 이에, 교사는 안전사고에 대한 사전 예방 교육과 함께 사고 처리 및 보상에 관한 내용을 숙지하고 있어야 한다.

이 장에서는 학생들의 학교생활의 안전과 사고의 예방 및 대책에 관한 내용들을 검토하였다. 학교안전사고에 대한 예방 교육뿐만 아니라 사고 발생 후 이에 관한 대처를 위한 내용들을 전달하고자 하였다. 이 장은 크게 세 절로 구성되었다. 제1절에서는 학생 안전생활을 위해서 교사들의 생활지도가 중요한 역할을 담당하고 있기도 하므로, 생활지도에 대한 의미, 원리, 주요 활동 등에 대해 간략하게 언급하면서 안전사고 관련, 학교폭력 발생 시의 대책에 대해서도 다루고 있다. 또한 보통 학교 내 생활지도부에서 담당하고 있는 안전교육 7대 표준안에 따른 학교 안전교육 계획에 대해 서술하였다. 제2절에서는 학생안전사고의 이해의 측면에서 학생안전사고, 안전사고의 유형 및 사례, 안전사고 바르게 대처하기 등에 대해 다루고 있으며, 제3절에서는 학교에서 일어나고 있는 학생 안전사고의 대책 시 치료비 지급 등과 밀접하게 연계되어 있는 기관인 학교안전공제회의 역할 및 기능과 그에 따른 교사들의 행정업무 처리를 다루었다. 다시 말해, 안전공제 대상 및 보상 범위, 안전사고 처리 및 보상청구 절차 등 예비교사가 실제 학교 현장에서 안전사고 및 사건 발생 시 대처할 수 있는 사고발생 처리, 공제급여 청구 방법 등을 이해하는 데 도움이 되는 내용을 제시하고 있다.

1. 학생 생활지도 및 안전교육

1) 생활지도의 이해

(1) 생활지도의 의미

생활지도라는 용어는 크게 두 가지 경로에 의해 만들어졌다. 첫째는, 미국의 가이던스(guidance)에 대한 번역어로서(이영덕, 정원식, 1962)—미국의 학교에서 의미하는 가이던스는 학생들의 학업, 진로, 인성 등의 영역에서 발달, 의사결정, 문제해결 등의 과정을 돕는 활동이다—우리나라가 1945년 이후 미국의 영향을 크게 받아 당시 미국학교에서 많이 유행하던 가이던스 활동이 우리의 교육계에 수입되면서 생활지도라는 용어를 사용하게 되었다. 둘째는, 학생의 생활 및 행동지도 등을 총칭하는 의미로서, 학교교육을 크게 교과지도(학업지도)와 생활지도로 양분하는 학자들에 의해 교과지도 이외의 모든 교육활동이 생활지도로 지칭되었다(김계현 외, 2020). 여기서 생활지도라는 용어는 앞에서 서술한 둘 다의 의미가 있지만 맥락에 따라 때로는 전자, 때로는 후자로서 사용된다. 담임교사의 입장에서는 대체적으로 후자로서 사용한다.

생활지도를 대학의 정규 교과목으로 강의하고『생활지도의 원리와 실제』라는 교과서를 우리나라에서 최초로 저술한 학자는 정원식이라고 볼 수 있다. 그는 생활지도를 "사람이 일상생활에서 당면하고 여러 가지 문제를 자력으로 해결함으로써 건전하게 성장 발달할 수 있도록 도와주는 봉사활동의 과정"이라고 하였다(이영덕, 정원식, 1962). 생활지도는 한마디로 학생의 바람직한 성장을 돕기 위한 교육활동이다. 생활지도는 학생의 발달 단계에 따라 체계적, 종합적으로 제공되는 교육 영역으로 일생을 살아갈 독립된 인간으로서 필요한 자질이 갖추어지도록 지원하는 일련의 교육활동을 의미한다. 또한 생활지도는 원만한 인성이 청소년의 신체적 성장과 더불어 함양되도록 계획되고 시행되는 활동이다(박주성 외, 2016).

교사에게 생활지도는 학생 개개인이 지닌 능력과 홍미, 잠재력을 발견하여 이를 최대한으로 개발해 가도록 돕는 전문기술이다. 실제로 학교에서 교사는 일상적으로 생활지도 문제에 봉착하게 된다. 교과지도와 함께 학교 업무의 양대 산맥이라 하여도 틀림이 없을 것이다. 교단에서는 흔히 학습지도에 성공하고 생활지도에서 실패하면 실패한 것이라고 말하기도 한다. 그만큼 생활지도가 중요하다는 의미일 것이다(박주성 외, 2016). 따라서 생활지도란 학생 개개인으로 하여금 자기 자신과 현실에 대한 정확한 이해를 통한 자기이해와 무한한 가능성의 계발을 통한 자아실현을 돕는 과정이다. 즉, 생활지도는 학생으로 하여금 자신을 긍정적으로 이해하게 하고 행복한 인간으로서의 실현을 돕는 과정인 것이다.

(2) 생활지도의 필요성 및 목적

청소년기는 2차 성징이 나타나면서 신체적 발달이 급격하게 이루어지는 시기다. 청소년 초기에 나타나는 사춘기는 특히 이러한 신체적 성장과 함께 성적 성숙의 지표들도 나타나는 시기로 청소년에게 있어 정체성의 혼란을 경험할 수 있는 때이다. 청소년들은 자신이 어디로부터 왔고 누구이며 어디로 가게 되는지에 관한 문제에 직면하면서 삶의 경험을 통해 정체성을 서서히 확립해 나가게 된다. 또한 부모의 영향력이 줄어들고 또래들과의 관계가 대폭 확대되는 시기이기도 하다. 이런 시기에, 생활지도의 주된 주제는 청소년이 자신의 정체성을 잘 형성해 나가고 가족 및 또래와의 안정성을 추구할 수 있도록 돕는 데 있다(박성수 외, 2019).

또한 김계현 등(2020)은 생활지도의 목적을 전인적 세계시민으로서의 성장, 예방, 문제해결력의 신장, 미래의 준비라 규정한다. 전인적 세계시민으로서의 성장은 생활지도가 학생 개개인이 신체적 · 지적 · 정서적 그리고 사회적인 모든 면에서 조화롭고 통합된 인생을 즐길 수 있도록 지도해야 하는 것이다. 예방은 학생 각 개인이 주변 환경 속에서 발생하는 수시로 부딪히는 문제와 사태를 정확하게 파악해서 스스로의 힘으로 해결하도록 돕는 것이다. 비행의 예를 들면, 비행 학생의 주변에 있는 '더 나쁜 친구들'과의 접촉을 차단한다든지, 비행 학생을 다른 학교로 전학시키는 조치 등이 이에 해당된다. 또한 문제해결력은 예방을 위해서 학생들에게 가장 필요한 능력 중의 하나이다. 문제가 심각해지기 이전에 문제를 조기에 발견하는 능력, 발견된 문제를 조기에 해결하려는 의지, 문제해결을 위해 필요한 자원을 인식하고 활용할 수 있는 능력 등이다.

(3) 생활지도의 역할

생활지도의 역할을 전통적 역할과 중핵적 역할로 나눈 박성수 등(2019)의 생활지도 역할에서 전통적 역할은 개인위생, 식사, 인사, 언어, 보행 등에 관련된 생활 규범을 가리키는 전통적 규범의 준수, 폭력, 성희롱 등 현실 생활과 관련된 법령 준수, 교칙 준수 등을 가리키는 생활법규의 시행, 입학·전학·진급 등의 변화된 환경에 대한 소개와 안내를 가리키는 오리엔테이션으로 구성되어 있다. 여기서는 중핵적 역할 위주로 살펴보고자 한다.

개인의 인권이 고도로 신장되고 남녀 간 평등이 이루어지고 풍요로운 사회가 되면서 20세기에는 상상하기도 어려웠던 문제가 21세기에 등장하고 있다. 생활지도의 핵심적 역할도 더 복잡해지고 더 깊은 생각과 과정을 요구한다. 21세기 생활지도는 개개인의 자아개발과 자아실현을 위한 역할을 그 핵심에 두고 있다. 중핵적 역할은 상담, 검사, 자아개발을 위한 교육, 정보의 제공, 배치, 조정과 자문 그리고 추수지도 등으로 구성되어 있다.

① 상담은 생활지도의 핵심적 역할로서 무엇보다도 더 중시되고 있다. 상담을 학교생활과 학업문제를 중심으로 하는 진로상담, 가족 발달과 가족관계를 중심으로 하는 가족상담, 그리고 성격발달과 심리적 문제를 중심으로 하는 성격상담 등과 같이 내용에 따라 분류할 수도 있다. 그러나 대체로 성격, 학업, 직업, 가족 등의 문제가 얽혀 있어서 분리하여 상담하기가 어려운 경우도 많다.

② 검사는 객관적 기준을 설정하여 그에 따라 개인과 집단의 여러 가지 인간적 특성을 이해하는 데 과학적 자료를 제공한다. 생활지도에서 요구되는 검사는 거의 모든 인간 특성에 관련되어 있고, 일반적으로 지적능력 검사, 학업성취 검사, 직업능력 검사, 성격 검사 등이 있다.

③ 자아개발교육은 자기 자신을 이해하도록 도와주는 것으로서, 특히 개인이 스스로의 내면세계를 지각하고 이해한 후 분석하고 평가하여 숨어 있는 자신을 계속 성숙시키도록 노력하는 것을 가리킨다. 결국 자아개발교육은 인간이 자신의 몸과 행동, 영혼을 인류 세계와 자연, 무한 속에서 방위를 정하고 우주를 가슴에 품으며 만물의 영장으로서 자라도록 하는 교육이라고 하겠다.

④ 생활지도에서 제공하는 정보는 인간의 삶에 관련된 모든 것이 포함될 수 있다. 대학 입학 정보, 교육과정, 학교의 교칙, 교육시설, 장학금 등 학교나 교육에 관한 정보 제공뿐만이 아니라 직장과 직업에 관한 지식과 정보의 제공이 생활지도에서 수행하는 역할이다. 또한 성격발달, 대인관계, 의사소통, 건강, 재정과 금융, 개인경제생활, 개인의 습관과 행동 등에 관련된 정보와 성·결혼·가

정 · 출산 · 육아 등에 관련된 정보와 지식도 생활지도에서 제공한다.

⑤ 배치 또는 정치(定置, placement)는 취업지도나 진학지도와 같이 일할 곳이나 공부할 곳을 개인이 자유의사에 따라 선택하고, 그 선택한 곳에서 본인이 원하는 활동을 하도록 지원하는 생활지도의 핵심적 활동 중 하나다. 직업의 세계가 복잡하게 발달하고 급격한 변동이 이루어지기 때문에 개인 혼자만의 힘으로 결정하기 어려운 경우가 많다. 배치 또는 정치는 적재적소에서 공부하고 일할 수 있도록 돕는 것이다.

⑥ 조정과 자문 역할이다. 최근 인권에 대한 인식이 높아지면서 과거 당연시하던 체벌이나 꾸지람이 형사처벌이나 행정적 제재의 대상이 되는 경우가 자주 발생하고 있다. 학생 간 폭력이나 갈등이 여러 기관 사이의 협력과 조정을 거치는 경향도 늘어나고 있다. 성폭력 · 성희롱 영역의 문제도 역시 빈번한 조정과 협력이 필요하다. 또한 가정, 학교, 직장, 지역사회에서 사람들이 직면하는 삶의 문제에 관해서 자문의 역할을 할 수도 있다.

⑦ 추수지도는 생활지도의 실제 활동이 종료된 이후에 지도를 받은 사람과 다시 접촉하여 추가적으로 더 필요한 지도가 있는지 점검하고 필요에 따른 추가적 생활지도를 하는 과정을 가리킨다. 추수지도는 생활지도의 목표를 새롭게 정하고, 새로운 방법을 발견하기 위해서 필요한 활동이다. 생활환경의 변화에 맞추어 생활지도의 목표와 방법도 현실에 따라 조정되고 조율되어야 성과를 얻을 수 있다.

그렇다면, 생활지도에 임하는 교사의 태도는 어떠하면 좋을까? 상담과 생활지도 철학에는 기본적으로 인간의 잠재가능성에 대한 신뢰가 깔려 있다. 이는 인간과 사회의 긍정적인 면을 강조하는 철학이다. 개인이든, 집단이든, 사회든 부분적으로는 부정적이고 자기파괴적 요소가 존재하기는 하지만 이런 부정적인 측면에도 불구하고 개인과 집단과 사회에는 건설적이고, 문제해결적이고, 협조적인 긍정적 요소가 있기 때문에 우리는 이 긍정적인 측면을 강화시켜야 한다는 것이다. 즉, 개인, 집단, 사회는 자체적으로 문제, 갈등, 고통을 감소시키는 경향성과 능력을 가지고 있다는 긍정적 인간관이 상담자와 생활지도 담당교사에게 필요하다(김계현 외, 2020). 또한 인간적 성장과 전문성의 발전을 꾀하는 등 끊임없는 자기발전과 더불어 학교조직 및 제도와의 협력적인 자세가 요구되기도 한다.

2) 학교폭력 예방과 피해학생 안전 대책

각급 학교에서는 사회적으로 문제되고 있는 학교폭력을 사전에 예방하려는 노력을 하고 있다. 일단 학생 관련 사고가 발생하면 학생의 피해는 물론이고 학교 전체가 곤란하거나 어려운 상황에 직면하게 될 수도 있다. 따라서 무엇보다 예방이 중요시 된다. 그러나 예기치 않은 학교폭력 사태에 대비해 대책을 세워두는 것 또한 예방 못지않게 중요하다.

여기서는 학생 안전생활에서 생활지도의 중요한 영역을 차지하고 있는 학교폭력에 대한 것으로, 가정 · 학교 · 지역사회가 함께 하는 학교폭력 예방이라는 토대 하에 학교를 중심으로, 학교폭력 및 학생위험 제로 환경을 조성하여 평화로운 교실, 행복한 학교를 비전으로 하는 '학교폭력 예방을 위한 자갈치 프로그램 운영'(부산광역시교육청, 2020)에 대해 살펴보고자 한다. 더불어 학교폭력 예방 및 폭력 발생 시 사안 처리 및 심의위원회의 기능, 피해학생에 대한 안전공제회 조치사항 등에 대한 내용이 포함된다.

(1) 자율적인 학교폭력 예방역량 강화

① 월별 · 주제별 학교폭력 예방대책 수립 및 학교교육계획서 반영

전 학년도 학교폭력 발생 현황 및 학교폭력 실태조사 결과를 분석 · 반영하고, 언어폭력예방, 따돌림예방, 사이버폭력예방 관련, '1교 1특색 프로그램'을 운영하는 등 월별 · 주제별 · 유형별 · 학교급별 · 성별 특성을 고려한 예방 대책을 수립한다.

② 교육과정 중심 유형별 학교폭력 예방교육 내실화

학교폭력예방 어울림 프로그램 운영 계획을 교육과정에 학급당 연간 6시간 반영하고, 학생뿐 아니라 전 교직원이 참여하는 학교폭력 예방교육을 실시하고, 단위 학교 특성에 맞는 '어깨동무활동(언어폭력예방, 학교폭력예방 또래활동, 회복적 생활교육, 평화교육 등)'을 운영한다.

③ 신고함, 신고전화, 설문조사, 홈페이지 활용 등 학교폭력 신고체제 구축

전국 온라인 학교폭력 실태조사를 연 2회 실시함에 있어, 학생의 실태조사 참여를 적극 유도하며, 실태조사 결과 후속 조치에 철저를 기한다. 연중 24시간 운영하는 117 학교폭력 신고 센터, 학교폭력 신고 상담 통합 앱 등 다양한 학교폭력 신고 방법을 활용하고 홍보한다.

다음은 학교폭력 실태조사 결과이다.

표 7-1 학교폭력 실태조사 연도별 피해 유형 (단위: %)

년도	신체 폭력	금품 갈취	강제심부름/강요	언어폭력	성폭력	따돌림	사이버	스토킹
2017	12.4	7.2	3.9	33.7	5.3	17.1	8.6	11.8
2018	10.2	6.0	3.0	37.0	5.1	17.0	10.5	11.2
2019	9.2	6.8	5.3	35.5	3.5	23.1	7.8	8.8

표 7-2 학교폭력 실태조사 연도별 피해 장소 (단위: %)

년도	교실안	운동장	화장실	복도	기숙사	교내 다른 장소	학원 주변	pc방 노래방	놀이터/골목	사이버	집	학교 밖 체험 장소	기타
2017	28.4	11.9	3.7	15.8	0.8	10.0	5.2	0.9	5.2	4.3	3.6	–	10.2
2018	29.2	9.1	3.1	15.4	0.4	12.7	4.2	0.5	4.1	6.1	2.8	7.2	5.2
2019	29.3	12.1	3.7	15.5	0.4	10.4	4.5	1.0	4.5	4.6	2.9	5.2	5.9

표 7-3 학교폭력 실태조사 연도별 피해 시간 (단위: %)

년도	등교 시간	쉬는 시간	점심 시간	수업 시간	하교 시간	하교 이후	방과후 시간	학교 밖 체험활동 시간	기타
2017	3.0	35.4	15.2	8.9	7.0	13.5	4.1	-	12.9
2018	3.5	35.4	15.9	9.0	6.5	13.4	3.4	8.1	4.8
2019	3.4	37.0	14.7	8.9	6.9	13.3	3.5	4.6	7.7

④ 학교폭력 예방환경 조성 및 인프라 구축

CCTV 확충, 학급게시판, 상설코너 설치, 홍보(캠페인)활동 등 학교폭력예방 환경을 조성하고, 청년연합회, 지자체, 경찰 협조 등으로 취약시간대 및 취약지역 순찰 활동을 강화한다. 또한 학급단위 역할극, 학교폭력 설문조사, 학교폭력 예방교육,

학생 토론회, 캠페인, 학교폭력 관련 문예 행사 등 존중과 배려, 다양성이 존중되는 인권 친화적인 학교문화를 확산한다.

이외에도 학교폭력 위기학생에 대한 단계별 관리 강화, 학생, 학부모, 교직원 대상 학교폭력 예방 집중교육 실시, 학교폭력 예방교육 자료 탑재 등 학교폭력 예방을 위한 교육 및 신학기 밀착상담 실시, 학교폭력 예방을 위한 유관기관 연계체제 구축, 예산 확보가 있으며, 학교폭력 책임교사 수업경감 강사비 지원, 전 교사 대상, 관계 회복을 위한 회복적 생활교육 직무연수, 연 2회 학교 화장실 불법 촬영 카메라 점검 등 학교폭력 위기 대응 지원 등이 있다.

(2) 갈등해결을 위한 합리적인 사안 대응

① 학교폭력 전담기구 구성

전담기구 구성권자는 학교장이며, 교감(당연직), 책임교사(학교폭력문제를 담당하는 교사), 보건교사, 상담교사, 학부모 등으로 구성된다. 전담기구를 구성하는 학부모는 전담기구 구성원의 3분의 1 이상이어야 하고, 학교운영위원회에서 추천하여 학교장이 위촉한다.

② 선제적 사안대응을 위한 전문 역량 강화

학교 관리자 및 교원, 전담기구 대상 역량강화 연수를 실시하고 생활교육 부장교사 연수, 사안처리 및 대응을 위한 매뉴얼을 적극 활용하며, 학교폭력예방 및 사안대응을 위한 '원클릭 생활교육 홈페이지(http://원클릭.kr)'를 활용한다.

③ 학교폭력 가해학생 및 학부모 특별교육 강화

학교폭력 가해학생으로 조치를 받은 학생을 대상으로 가해학생 조치사항 관리대장 작성을 철저히 하고 법률 제17조 제1항 및 제3항, 제9항에 따른 특별교육을 실시한다. 학부모의 경우 법률 개정에 따라 교육감이 과태료를 부과하고 재발방지를 위한 지속적인 상담을 실시한다.

④ 피해학생 보호를 위한 학교장 긴급(선) 조치 강화

피해학생에 대한 긴급조치의 범위는 심리상담 및 조언, 일시 보호, 그 밖에 필요한 조치가 있으며 가해학생은 서면 사과, 접촉, 협박, 보복행위 금지, 학교에서의 봉사, 특별교육 또는 심리치료, 출석정지 등의 조치가 행해진다. 출석정지의 요건(동법 시행령 제21조)은 2명 이상이 고의적 · 지속적으로 폭력을 행사한 경우, 전치 2주 이상의 상해를 입힌 경우, 신고, 진술, 자료 제공 등에 대한 보복을 목적으로 폭력을 행사한 경우, 학교장이 피해학생을 가해학생으로부터 긴급하게 보호할 필요가 있다고 인정하는 경우이다. 이외에도 학교폭력 사안처리 현장지원단 운영 및 컨설팅 실시, 학교폭력 위기학생 긴급 지원단(스쿨119) 운영, 중대한 학교폭력 사안[전치 3주 이상의 상해, 흉기를 이용한 학교폭력 행위, 집단적인 폭력의 행사나 폭력 단체(서클) 결성 및 가담 행위를 한 경우]에 대한 신고 의무화(112), 학교폭력 긴급사안에 대한 보고체계 강화(선 유선 보고, 후 서면 보고), 학교폭력 사안처리절차 확인 시 시민감사관 참여 및 민원처리 책임제를 운영한다.

(3) 치유 중심의 관계 회복 증진

① 학교폭력대책심의위원회 개최 전후 화해 · 갈등 · 분쟁 · 조정 프로그램 운영(필수)

학교 폭력 사안 처리 시, 치유 중심의 관계 회복 증진을 위해 화해 · 갈등 · 분쟁 · 조정 프로그램을 필수적으로 운영해야 함을 강조하고 있다. 이는 비록 학교폭력의 피 · 가해자 간이라도 치유 중심의 관계 회복 증진의 노력이 필요하다는 현장의 목소리가 반영된 것으로 여겨진다. 또한 피 · 가해 측의 회복조정 노력은 심의위원회

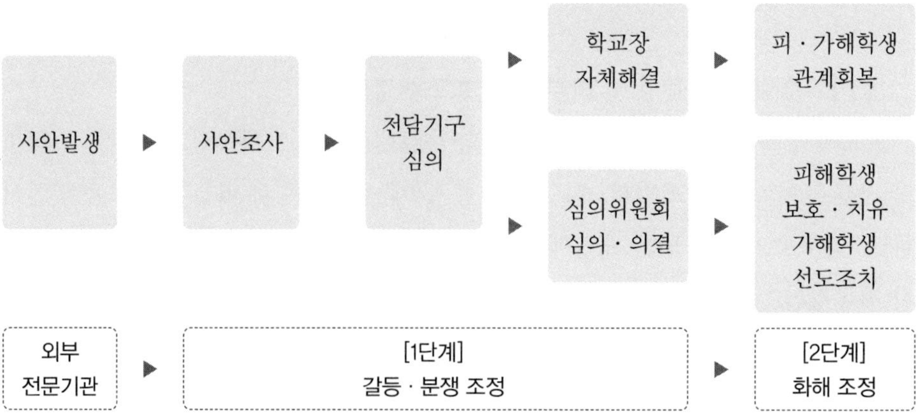

[그림 7-1] 학교폭력 사안 처리

가 참고할 사항이 되기도 한다.

사안이 발생하면 투 트랙의 사안 처리방법이 있다([그림 7-1] 참조). 사안을 조사하고 전담기구에서 심의하여 학교장 자체해결이 되면 피 · 가해학생 관계회복으로 가지만, 학교장 자체해결이 되지 못하여 심의위원회 심의 의결로 가게 되는 경우는 피해학생 보호치유와 가해학생 선도조치로 가기도 한다. 현행 절차상 공정한 사안처리를 위해 피 · 가해 학생 분리 조사를 원칙으로 하고 있어 당사자 간 화해의 기회를 상실함으로써 감정문제 비화에 따른 과도한 조치 등이 요구됨을 방지하기 위해 [1단계] 갈등 분쟁 조정단계에서는 상호 소통을 통한 합리적인 조치를 취한다. [2단계]의 관계회복을 위한 프로그램을 적극 안내하고 양측 당사자 동의 후 학교(전담기구)에서 전문기관에 신청하여 회복조정 프로그램을 투입 후 사후관리 및 사례를 평가한다. 불필요한 민원(오해)방지를 위해 가급적 외부 전문기관[학교폭력 화해 분쟁 갈등조정센터(청예단) 1588-9128, 583-8295와 학교폭력예방 회복조정센터 315-7942, 324-7942가 있음]을 통해 조정한다.

이 과정 중 사안이 학교장 자체해결로 끝나지 않을 경우 심의위원회 심의 의결 단계로 넘어가는데, 이는 교육지원청 내의 법정위원회에서 하도록 되어 있고 또한 새로 개정되어 적용되는 중요한 영역으로, 간략히 살펴보고자 한다.

학교폭력대책심의위원회(이하 '심의위원회'라 함)는 학교폭력의 예방 및 대책에 관련된 사항을 심의하는 교육지원청 내의 법정위원회다(「학교폭력예방 및 대책에 관한 법률」(약칭: 학교폭력예방법) 제12조). 심의위원회의 심의사항은 학교폭력의 예방 및 대책, 피해학생의 보호, 가해학생에 대한 교육, 선도 및 징계, 피해학생과 가해학생 간의 분쟁조정, 그 밖에 대통령령으로 정하는 사항—학교폭력 예방 및 대책과 관련하여 학교의 장이 건의하는 사항(시행령 제13조 제2항)—이다. 심의위원회의 권한으로는 해당 지역에서 발생한 학교폭력에 대한 조사, 자료 제출 및 의견 진술 요청권이 있다. 이러한 요청 건에는 학교장에게 심의에 필요한 자료 또는 정보의 제출 요구, 해당 학교의 관련 교원에게 의견 진술 요청, 전문가 등 참고인의 의견 진술 요청, 관할 경찰서장에게 관련 자료 요청 등이 있다.

심의위원회의 구성은 위원장 1인을 포함하여 10명 이상 50명 이내의 위원으로 구성하되, 법률에 따라 전체위원의 3분의 1이상을 해당 교육지원청 관할 구역 내 학교(고등학교 포함)에 소속된 학부모로 위촉하여야 한다[「학교폭력예방 및 대책에 관한 법률」(약칭: 학교폭력예방법) 제13조 제1항]. 또한 학교폭력 피해 및 가해학생이 각각 다른 교육지원청 관할 구역 내 학교에 재학 중인 경우에는 교육감의 보고를 거쳐 둘 이상의 교육지원청이 공동으로 심의위원회를 구성할 수 있다[「학교폭력예방 및 대책에 관한 법률」(약칭: 학교폭력예방법) 제12조 제1항].

심의위원회 절차에 따른 학교의 역할은 다음과 같다.

심의위원회 소집	심의위원회 준비	심의위원회 개최
• 학교폭력대책심의위원회 개최 요청 – 제출서류: 학교폭력 사안조사 보고서 등	• 심의위원회의 요청에 따른 관련자료 제출 등의 협조	• 심의위원회의 요청에 따른 관련교원의 출석

학교장 자체해결 사안이 아닌 학교폭력은 심의위원회에 회부하여 처리하여야 하므로 학교에서는 학교폭력대책심의위원회 개최를 관할 교육지원청으로 공문을 발송하여 요청하고, 학교폭력 사안조사 보고서와 더불어 학교폭력 전담기구 심의결과 보고서, 학교폭력 사안조사 보고서, 관련학생 및 목격학생 확인서, 보호자 확인서, 피해 · 가해학생 긴급조치 보고서, 피해 · 가해학생 보호자 개인정보, 기타 심의위원회에 필요한 서류를 구비하여 함께 발송한다. 이때 K-에듀파인(업무관리시스템)으로 공문 발송 시 보안에 각별히 유의해야 한다. 또한 심의위원회는 심의를 위해 필요한 경우, 해당 학교의 관련 교원에게 의견을 들을 수 있으므로 학교는 이에 최대한 협조하여야 하며, 학교의 여건 및 사안의 특성에 따라 출석진술 이외에도 심의위원회의 요청에 따라 서면 제출, (영상)통화, 사전면담 등 다양한 방법으로 협조할 수 있다.

② 피해학생 맞춤형 지원프로그램 적극 활용

학교폭력 피해학생에 대한 선(先) 치료비 지원을 학교안전공제회에서 지급할 수 있도록 「학교안전사고 예방 및 보상에 관한 법률」 제36조 제4항에 명시되어 있다. 또한 「학교폭력예방 및 대책에 관한 법률」 제16조 제3항에 피해학생 보호조치의 요청이 있는 때에는 교육장은 피해학생의 보호자의 동의를 받아 7일 이내에 해당 조치를 하여야 한다.

다음은 피해학생 치료비 부담에 대한 법률 및 시행령에서 명시하고 있는 내용들이다.

피해학생 치료비 부담

- 피해학생이 전문단체나 전문가로부터 제1항 제1호부터 제3호까지의 규정에 따른 상담 등에 사용되는 비용은 가해학생의 보호자가 부담하여야 한다. 다만, 피해학생의 신속한 치료를 위하여 학교의 장 또는 피해학생의 보호자가 원하는 경우에는 학교안전공제회 또는 시 · 도 교육청이 부담하고 이에 대한 구상권을 행사할 수 있다(법률 제16조 제6항).
- 지원 범위(시행령 제18조)

구분		내용	인정기간
1호	학내외 전문가에 의한 심리상담 및 조언	교육감이 정한 전문심리상담기관에서 심리상담 및 조언을 받는 데 드는 비용	2년(보상심사위원회 심의로 1년 범위에서 연장 가능)
2호	일시보호	교육감이 정한 기관에서 일시보호를 받는 데 드는 비용	30일
3호	치료 및 치료를 위한 요양	「의료법」에 따라 개설된 의료기관, 「지역보건법」에 따라 설치된 보건소 · 보건의료원 및 보건지소, 「농어촌 등 보건의료를 위한 특별조치법」에 따라 설치된 보건진료소, 「약사법」에 따라 등록된 약국 및 같은 법 제91조에 따라 설립된 한국희귀의약품센터에서 치료 및 치료를 위한 요양을 받거나 의약품을 공급받는 데 드는 비용	2년(보상심사위원회 심의로 1년 범위에서 연장 가능)

「학교안전사고 예방 및 보상에 관한 법률 시행규칙」 제9조의3 (집행 기준 등)

① 법 제53조 제2항에 따라 학교폭력 피해학생의 상담 및 치료기간은 2년으로 하고, 일시보호의 기간은 30일로 한다. 다만, 추가적인 치료 등을 위하여 학교폭력 피해학생 및 보호자가 요청하는 경우에는 법 제58조 제1항에 따른 학교안전공제보상심사위원회의 심의를 거쳐 1년의 범위에서 상담 및 치료기간을 연장할 수 있다.

② 제1항에 따른 학교폭력 피해학생 및 보호자는 별지 제4호서식에 따라 치료비 등 청구서를 작성하여 공제회에 제출하여야 한다.
③ 공제회는 학교폭력 피해학생에 대한 치료비 등의 지급을 결정하기 전에 학교장이 별지 제5호서식에 따라 작성하여 제출한 자료 등을 통하여 사실관계를 확인하여야 하고, 필요한 경우에는 관련 전문가의 자문을 받을 수 있다.
④ 공제회는 학교폭력 피해학생에 대한 치료비 등의 지급을 결정한 때에는 지급하기 전에 학교폭력 가해학생 및 보호자에게 알려야 한다.

③ 피·가해학생 관계 회복을 위한 관계중심의 생활교육 충실

회복적 서클 상담 활성화, 공동체적 사고와 문제해결 노력을 통한 토의토론 문화 활성화, 다양성과 자율성을 존중하는 인권친화적인 생활교육을 강화할 필요가 있다.

3) 학교 안전교육

학교장은 「학교안전사고 예방 및 보상에 관한 법률」 제4조 제6항에 따라 학교안전사고 예방을 위한 학교계획을 학교운영위원회의 심의를 거쳐 수립·시행해야 한다. 실효성 있는 학교계획의 수립으로 학교 구성원의 사고 예방 및 대응역량 강화, 자신의 안전과 타인과 동료의 안전을 지켜줄 수 있는 역량 배양, 학교 안전 관리의 체계성(계획, 준비, 실행, 평가, 피드백)을 확보하는 데 그 목적이 있다. 여기서의 학교 안전교육은 학교 안전사고 예방 계획이 갖는 내용 중 학교안전교육의 내실화와 관계가 깊다.

(1) 안전교육 7대 표준안

다음은 학교에서 교육과정 내에 다루도록 되어 있는 안전교육 7대 표준안(〈표 7-4〉 참조)이다. 주제에 따라 교과별로 나누어 교사들이 학생들에게 교육하거나 외부 강사를 초청하여 교육하고 있다.

표 7-4 안전교육 7대 표준안의 영역별 분류

대분류	중분류	소분류
생활안전교육	시설 및 제품이용 안전	시설안전, 제품안전, 실험실습안전
	신체활동 안전	체육 및 여가활동 안전
	유괴 및 미아사고 방지	유괴 및 미아사고 방지
교통안전교육	보행자 안전	교통 표지판구별하기, 보행안전
	자전거 안전	안전한 자전거 타기, 안전한 자전거 관리
	오토바이 안전	오토바이 사고의 원인과 예방, 주의 사항
	자동차 안전	자동차사고의 원인, 예방법
	대중교통 안전	대중교통 이용 안전수칙
폭력예방 및 신변보호교육	학교폭력	언어/사이버, 물리적 폭력, 집당따돌림
	성폭력	성폭력 예방 및 대처방법, 성매매 예방
	아동학대	아동학대 예방 및 대처방법
	자살	자살 예방 및 대처방법
	가정폭력	가정폭력 예방 및 대처방법
약물 및 사이버 중독 예방교육	약물중독	마약류, 흡연, 음주, 고카페인식품 폐해 및 예방
	사이버중독	인터넷게임, 스마트폰 중독
재난안전교육	화재	화재발생시 안전수칙, 소화기 사용 및 대처방법
	사회재난	폭발 · 붕괴, 각종 테러사고 발생 시 대처요령
	자연재난	홍수 · 태풍 · 지진 · 대설 · 한파 · 낙뢰 · 황사 · 미세먼지 대처요령
직업안전교육	직업안전의식	직업안전 의식의 중요성, 직업안전 문화
	산업재해의 이해와 예방	산업재해의 의미와 발생, 예방과 대책
	직업병	직업병의 의미와 발생, 예방과 대책
	직업안전의 예방 및 관리	산업재해 관리, 정리정돈, 보호구 착용
응급처치교육	응급처치의 이해와 중요성	응급처치의 목적과 일반원칙, 응급상황 행동요령
	심폐소생술	심폐소생술, 자동제세동기의 사용
	상황별 응급처치	기도폐쇄, 지혈 및 상처처치, 염좌, 골절, 화상 등

다음은 안전교육 7대 표준안에 따른 학교 안전교육 계획(○○고등학교 예시)이다(〈표 7-5〉 참조).

표 7-5 학교 안전교육 계획(○○고등학교 예시)

항목	실시내용	방법	시기	담당자
교내안전 사고예방 활동	• 신입생 방향지도 및 학교안전사고 예방교육	집합교육	3월	1학년부장, 담임
	• 교내외 시설물 안전점검	설문조사	매월 4일	학생생활안전부장, 담임
	• 등하교길 교통지도	임장지도	수시	배움터지킴이
	• 청소 활동시 안전사고 예방지도	임장지도	수시	담임, 담당교사
	• 교내 안전사고 예방 순회지도(우측통행, 위험한 놀이 금지)	순찰활동	수시	배움터지킴이
	• 학교급식시 안전지도(질서지도)	당번교사제	수시	당번교사
	• 학교폭력 설문조사	설문조사	연간 4회	교외
	• 실내안전 생활지도(폭력, 안전사고 예방교육)	방향지도	월 1회	학년부장
	• 재해발생시 대피요령 안내(학급게시)	게시교육 가정통신문	3월	안전담당자
교과관련 안전교육	• 과학실험실습 시 발생할 수 있는 안전사고 예방교육(실험기구, 약품사용법)	교과수업	연중	과학과 교사
	• 체육시간에 발생할 수 있는 안전사고 예방교육(운동상해, 사고 및 열사병, 뇌진탕 등)	교과수업	연중	체육과 교사
	• 미술실기시간 중 발생할 수 있는 안전사고 예방교육(조각칼 등)	교과수업	연중	미술과 교사
	• 기술실습 중 발생할 수 있는 안전사고 예방교육	교과수업	연중	기술과 교사

표 7-6 안전 교육 계획 (교과요소 추출 및 창체)

※ 숫자는 시수

연번	교육 유형	배당 시수	창체 시수	교과배당		비고
				1, 2학년	3학년	
1	자살예방 및 생명존중 (안전교육 표준안 외)	4	4			3/6, 5/8, 9/11, 11/27
2	재난안전	6	2	과학 4	영어 4(문과), 과학 4(이과)	6/26, 10/23
3	생활안전	10		영어 10	체육 10	
4	교통안전	10	2	사회 8	국어 8	6/26, 10/23
5	폭력 · 신변안전	10	4	기술 · 가정 8(1) 국어 8(2)	국어 8	3/6, 7/3, 9/25, 11/27
6	약물 · 유해물질안전, 인터넷중독	10	1	기술 · 가정 9(1) 사회 9(2)	사회 9(문과), 과학 9(이과)	9/11
7	직업안전	3		수학 3	수학 3	
8	응급처치	2	1	체육 1	체육 1	5/22
	계	55	14	43	43	

※ 2년 수학여행(합6): 실종유괴(1), 약물오남용(2), 교통안전(2), 인사잘하기(1)
※ 1년 공동체체험(합4): 실종유괴(1), 약물오남용(2), 교통안전(1)

(2) 교육활동 시 안전사고 대처방안

체험활동 시 여러 유형의 사고가 발생할 수 있으나 일어날 수 있는 사고의 공통적인 부분에 대해서 살펴보면, 먼저 낯선 곳에서 일행과 떨어져 낙오된 경우 휴대폰 등 연락도구와 비상연락망 등을 활용하여 인솔자에게 연락을 하도록 한다. 정전 등 비상상황 발생 시는 당황하여 허둥대거나 소리를 지르지 말고 침착하고 차분하게 대처하고 인솔자 및 일터 멘토의 지시를 받는다. 또한 기계 및 전기기기 안전사고 발생 시 즉시 비상버튼을 누르거나 전원을 차단하고 인솔자 및 일터 멘토의 지시를 받고 사고 발생 시 사고를 당한 학생 및 주변 친구들이 먼저 큰 소리로 도움을 요청할 수 있도록 한다.

간단한 외상의 경우 사고 발생 후 소독약을 바르는 등 간단한 응급처치를 하고, 중상 이상의 경우 체험처에 비치되어 있는 안전체계도를 참조하여 가까운 119를 통해 지체 없이 전문의사와 연계하여 치료를 받도록 한다. 가벼운 상처는 준비된 구급

약으로 치료하되, 2차 감염이 우려될 경우는 병원으로 후송하여 치료를 받는다. 또한 큰 부상을 당한 사고가 발생할 시는 지혈 · 화상 부위 냉각 등의 응급조치를 취한 후 지도 강사와 보조 강사 중 1명은 잔여 학생을 관리하고, 1명은 환자를 긴급 후송한다. 사고 시 인솔교사나 보건교사가 보고체계를 확인하고 해당 사항을 보고하고 체험활동 후 사고 현장에 있었던 임장지도교사나 담임교사가 학교 안전공제회에 사고발생 통지를 해야 한다.

2. 학생안전사고의 이해

1) 학생안전사고

우리의 경우, 학교안전사고와 학생안전사고를 혼용해서 사용하는 경우가 많다. 일반적으로, 학교안전사고는 학교와 관련해서 발생한 모든 사고를, 학생안전사고는 학생과 관련해서 발생한 모든 사고를 총칭해서 일컫는 말이다(주철안 외, 2013). 그리고 학교안전사고와 학생안전사고에 대한 설명으로 송기창 등(2009)은 "학교와 관련된 사고의 피해자는 학생, 교직원, 외부인이 모두 포함될 수 있는데, 이 중에서 학생이 피해자인 사고가 학생안전사고"라고 규정한다. 더불어 이들은 학교의 구성원 중 절대 다수가 학생이며 학생은 미성년자로서 위험 변별능력이 성인보다 낮기 때문에 학교안전사고의 대부분은 학생안전사고라고 할 수 있다고 설명한다.

말하자면, 학교안전사고는 학생안전사고보다 포괄적인 의미로서 이해될 수 있지만, 학교의 주체가 학생이라는 점에서 안전사고 역시 학생안전사고와 동일한 개념으로 설명되어질 수 있다는 것이다. 「학교안전사고 예방 및 보상에 관한 법률」 제2조 제6호에 따르면 학교안전사고란 교육활동 중에 발생한 사고로서 학생 · 교직원 또는 교육활동참여자의 생명 또는 신체에 피해를 주는 모든 사고 및 학교급식 등 학교장의 관리 · 감독에 속하는 업무가 직접 원인이 되어 학생 · 교직원 또는 교육활동참여자에게 발생하는 질병으로서 대통령령이 정하는 것을 의미한다. 여기서 교육활동이란 교육과정에 따른 학교장 관리 감독 하에 학교 안팎에서 행하는 수업 등의 교육 활동으로, 수학여행, 소풍, 체험활동, 보충수업, 동아리활동 등이 포함되며, 또한 학교장이 인정하는 행사나 대회 참가 활동, 등 · 하교, 학교체류, 직업체험 · 직장

견학 · 현장학습, 기숙사생활, 집합 해산장소와 집 간의 왕복시간 중의 활동 등이 해당된다.

교사의 업무수행에서 학생안전사고는 단지 학교의 기능에서 학습활동의 부가적 활동이거나 보조하는 활동이 아니라 교사의 핵심적인 업무 중의 하나로, 학교폭력 포함, 학생안전사고에 대한 교사로서의 책무성이 더해지고 있다고 볼 수 있다.

여기서는 학생안전사고를 보다 포괄적인 관점에서 접근하여, 학교 내외에서 학생들의 안전을 위협하는 일체의 학교 관련 사고를 총칭하는 개념으로 사용하고자 한다. 이러한 맥락에서 학생안전사고는 보다 다양한 곳에서 발생할 수 있음을 나타낸다. 예컨대, 수업시간, 체육시간, 점심시간, 석식시간, 휴식시간 및 청소시간, 특별활동, 학교행사, 등하교, 기숙사 생활뿐만 아니라, 학교를 벗어난 현장체험활동, 수련회, 수학여행 등에서 발생할 수 있다. 다음 표들은 '학교안전공제중앙회(https://www.ssif.or.kr/)'에서 제공하는 장소별, 시간대별 사고 발생 현황(2019년)들이다.

표 7-7 2019년 장소별 사고 발생 현황 (단위: 건)

시간/구분	유치원	초등학교	중학교	고등학교	특수학교	기타	계
교실	4,471	10,988	5,423	3,290	207	55	24,434
운동장	1,601	16,496	18,698	13,664	67	55	50,653
통로(복도)	784	10,649	6,001	3,118	93	47	20,692
교외활동	536	1,905	1,644	1,589	39	21	5,734
부속시설	1,376	13,375	11,862	10,041	155	102	37,271
계	8,768	53,773	43,628	31,702	561	352	138,784

이처럼 학생들은 학교생활 속에서 다양한 장소에서 사고를 접하게 되는데 이 중에서도 운동장에서 가장 많이 사고가 일어나는 것으로 나타났다. 이러한 사고의 발생을 발생 시간별로 보면, 상대적으로 신체활동이 활발히 일어나는 시간대와 학생들 사이의 접촉이 많이 일어나는 시간에 사고가 발생하는 것으로 보인다. 장소와도 무관치 않은 데, 안전사고가 운동장에서 가장 많이 발생했듯이, 체육수업이나 점심시간에 사고 건수가 높게 나타났다.

표 7-8 2019년 시간대별 사고 발생 현황 (단위: 건)

시간/구분	유치원	초등학교	중학교	고등학교	특수학교	기타	계
수업시간	5,495	8,437	4,468	3,071	224	51	21,746
체육수업	838	13,138	17,452	12,012	70	109	43,619
점심시간	761	14,496	8,280	5,252	95	52	28,936
석식시간	8	2	17	791	0	5	823
휴식시간 및 청소시간	498	10,359	6,499	3,170	55	39	20,620
특별활동	79	1,568	2,490	1,927	22	25	6,111
학교행사	501	1,991	3,195	3,852	33	43	9,615
등하교	588	3,780	1,187	1,077	57	17	6,706
기숙사생활	0	2	40	550	5	11	608
계	8,768	53,773	43,628	31,702	561	352	138,784

안전사고 건수가 높은 것으로는 전체적으로는 체육수업 시간이 가장 높게, 그 다음이 점심시간, 수업시간, 휴식시간 및 청소시간 순으로 상위그룹을 형성하였다. 석식시간 사고 건수는 석식시간을 운영하는 고등학교에서 대부분을 차지했다.

이러한 사고의 발생은 접근에 따라서도 다양하게 나눌 수 있다. 예를 들면, 사고의 의도성에 따라 의도적, 비의도적으로 나눌 수 있고, 비의도적인 사고 안에서도 '타인'에 의한 비의도적 사고와 '자신'에 의한 비의도적 사고로 나눌 수 있다. 피해의 영역에 따라서는 '신체'영역과 '정신'영역으로, 피해의 정도에 따라 '경미한' 상해와 '심각한' 상해로 나눌 수 있다. 그러나 실제 사고 발생은 이들 분류의 단일 특성으로 나타나기보다는 중복적이며 교차적으로 나타나기 때문에 사고의 특성을 파악하는 것은 단순하지 않다(주철안 외, 2013).

2) 안전사고의 유형 및 사례

(1) 학생안전사고 유형

차우규, 표석환(2017)의 무과실책임주의에 기초한 사고 원인 분석 및 예방 모형 이론에 의하면 사고 요인은 안전기준, 물적관리, 인적관리, 교육훈련, 위험행위의 5가

표 7-9 **학생안전사고 유형**

요인	유형 내용
안전기준	병영체험활동으로 바닷물에 들어갔다가 사망(고2, 남), 난간을 통해 교실로 들어가려다 추락하여 부상(고2, 남)
물적관리	난간에서 추락하여 사망(중2, 남), 낙마하여 머리 부상(고1, 남), 자전거로 하교하던 중 배수로에 빠져 비장 파열(고1, 남), 등교 중 교통사고로 사망 및 부상(고1, 여), 창문에서 추락하여 뇌출혈(고2, 여), 미끄러운 계단에서 넘어져 무릎 부상, 난간에서 추락하여 부상(고3, 남)
인적관리	실험 중 알코올 통이 폭발하여 화상을 입은 사고, 배드민턴을 치던 중 셔틀콕에 맞아 눈 부상(중1, 남), 양궁 훈련 중 화살에 맞아 눈 부상(중1, 여), 야구 방망이에 맞아 입술 열상 및 치아파절(중2, 여), 복싱 타격훈련 중 외상성 뇌경막하출혈(중2, 남), 시상식 중 폭죽에 맞아 눈 부상(고2, 여), 야구 놀이 중 안면 부상(고2, 남), 체험학습 중 도시락을 먹다가 사망(특수 중2, 남), 자전거를 타다 안면 부상(특수3, 여)
교육훈련	단체줄넘기를 하던 중 넘어져 대퇴골 골절(중1, 남), 장난 중 책에 맞아 왼쪽 눈 실명(중2, 남), 양궁 훈련 중 꽂혀있는 화살에 부딪혀 눈 부상(중3, 남), 육상훈련 중 넘어져 무릎 부상(중3, 남), 유도경기 중 공격을 방어하다가 십자인대 파열, 방과 후 인공암벽 수업 중 추락하여 허리 부상(고1, 남), 뜨거운 기름으로 인한 부상(고2, 여), 축구공을 밟고 넘어져 새끼손가락 부상(고2, 남), 상대 선수와 부딪혀 무릎 십자인대 파열(고3, 남), 계단에서 넘어져 머리 부상, 말타기 놀이 중 넘어져 무릎 탈골(고3, 여), 럭비 경기 중 상대 선수와 부딪혀 무릎 부상, 태권도 훈련 중 넘어져 팔 부상(고3, 남), 배드민턴 라켓에 맞아 오른쪽 눈 실명, 팔씨름 시합 중 오른팔 골절(고3, 여)
위험행위	교탁 위의 유리가 깨져 발 부상, 교실문 유리가 깨져 눈 부상, 의자를 뛰어넘다 넘어져 비장 파열(중1, 남), 버리려고 던진 다트 화살에 맞아 시력 장해(중1, 여), 창문에서 추락하여 발목 골절, 자전거를 타고 등교 중 넘어져 부상, 복도 밖 난간에서 추락하여 두 다리 골절, 열기구 실험 중 알코올 통이 폭발하여 화상, 비막이용 슬레이트에 추락하여 두개골 골절로 사망, 창문 밖 발코니에서 추락하여 요추 골절(중2, 남), 말타기 놀이 중 좌측 다리 골절, 창문 밖 외벽을 걷다가 추락하여 부상(중3, 남), 줄넘기를 하던 중 의식불명, 난간에서 추락하여 사망(중3, 여), 창문에서 추락하여 요추골절, 난간에서 추락하여 부상, 야구를 하다 공에 맞아 왼쪽 눈 장해, 사이클 훈련 중 미끄러져 부상, 축구를 하다 넘어져 무릎 십자인대와 연골 파열, 농구 경기 중 충돌로 인한 허리부상, 베란다에서 추락하여 다리 골절, 계단에서 넘어져 손 장해, 발코니에서 추락하여 척추 부상, 베란다에서 추락하여 하반신 마비(고1, 남), 기왕증으로 인한 사망(고1, 여), 계단에서 발을 헛디뎌 십자인대 부상(고2, 여), 학생 간 장난으로 발목 골절, 난간에서 떨어져 척추발목 부상, 학생 간 다툼으로 비장 파열, 축구경기 중 상대 선수와 부딪혀 무릎 부상, 젓가락에 찔려 각막 부상(고2, 남), 졸업여행 중 난간에서 추락하여 요추 골절(고3, 남), 교실 앞문에 부딪혀 전방십자인대 부상(고3, 여), 달리기를 하다 스탠드에 부딪혀 치아파절(고3, 남)

지 요소로 구분된다. 〈표 7-9〉는 학교안전공제중앙회의 학교안전사고 중대사고 사례집의 사례들에서 중·고등학생 대상, 축출한 유형으로 차우규 등(2017)의 5가지 요인에 따라 분류하여 제시한 것이다.

〈표 7-9〉를 통해 알 수 있듯이, 교육활동 중 위험행위 요인으로 인한 사고가 더 다양하게, 많이 일어나고 있음을 알 수 있다. 그리고 활동 중 사고의 대부분은 예측이 힘든 것임을 알 수 있다. 따라서 안전사고예방도 중요하지만 이에 대한 대처는 더 중요할 수 있다. 이는 학교안전사고 발생의 시간별 및 형태별 통계 자료를 통해서도 알 수 있다. 다음 표들은 '학교안전공제중앙회 홈페이지(http://www.ssif.or.kr)'에 게시된 학교안전사고 발생 통계 자료들이다.

표 7-10 사고 시간별 사고 발생 통계(2019년도 기준)

구분		수업 시간	체육 시간	점심 시간	학교 행사	청소 휴식 시간	등·하교 시간	특별 활동	기타	합계
계	건수	21,746	43,619	28,936	9,615	20,620	6,706	6,111	1,431	138,784
	비율	15.7	31.4	20.9	6.9	14.9	4.8	4.4	1.0	100.0

표 7-11 사고 형태별 사고 발생 통계(2019년도 기준)

구분		사람과의 충돌	물리적 힘 노출	낙상-넘어짐	낙상-미끄러짐	낙상-떨어짐	기타	합계
계	건수	19,355	54,844	36,075	11,865	5,412	11,233	138,784
	비율	14.0	39.5	26.0	8.5	3.9	8.1	100.0

앞의 〈표 7-10〉, 〈표 7-11〉에서 제시하고 있는 안전사고발생비율을 시간별로 그리고 형태별로 나누어 살펴보면 다음과 같다. 먼저 '시간별 사고 발생 통계'를 보면, 체육시간, 점심시간, 수업시간, 청소 및 휴식시간, 학교 행사, 등·하교시간, 특별활동 순으로 많이 나타난다. 그리고 '형태별 사고 발생 통계'를 보면, 물리적 힘에 의한 노출, 넘어짐, 사람과의 충돌, 미끄러짐, 떨어짐 순으로 많이 나타난다. 주로 학교활동 중에 사고가 많으며, 이들 대부분은 위험행위 등으로 예측하지 못한 상태에서 발발하고 있음을 알 수 있다.

(2) 학생안전사고 사례

학교안전사고 예방 정책의 목표는 사고 요인 제거로 사고를 미연에 방지하는 데 있다. 사고 요인 분석은 학교안전사고를 발생하게 한 직접 요인을 찾아내는 것으로 이를 가장 쉽게 확인할 수 있는 것은 법원의 판결이다. 법원은 학교안전사고를 유발한 과실(부주의)에 대한 법적 책임을 공평·타당하게 분담시키는 것을 목적으로 한다. 법원은 학교안전사고의 책임관계자를 국가, 교육당국(교육청), 학교, 교직원, 사고 유발학생 및 피해학생과 그 학부모, 그 밖에 관련 제3자 등으로 분류한다. 법원이 부과하는 책임(학교안전사고와 관련한 법적 책임의 근간이 되는 법률은「국가배상법」, 「민법」,「학교안전법」등이다)은, 국가는 학교안전과 관련한 법령이나 제도의 미비에 대한 과실, 교육당국 및 학교(교직원)는 법령이나 제도의 불이행에 관한 과실(학생에 대한 보호·관리와 시설물 안전관리에 관한 과실), 학생은 위험한 행동으로 사고를 유발하거나 피해를 입은 것에 대한 과실 등을 예로 들 수 있다.

학교안전사고에 대해 교사는 학생의 생명과 신체의 안전을 보호해야 할 의무를 다하지 못한 것에 대해 책임을 지게 된다. 주의의무 위반, 결과 발생 개연성, 인과관계, 예견가능성이 충분히 있는 경우 등에 대해서는 형사상 과실로 인한 책임을 지게 된다. 교사는 교육활동 전반에 걸쳐 학생들을 안전하게 보호해야 하는데, 이 의무를 위반한 경우에 책임을 지게 된다. 예를 들어, 수업시간 중, 계발활동 시간 중, 체육수업 중, 청소시간 중에 교사가 지도를 소홀히 하여 학생에게 사고가 발생한 경우가 이에 해당된다(김종운 외, 2016).

이에, 학교현장에서 주로 일어나는 안전사고에 관한 사례를 중심으로 사고원인 및 예방 방안을 파악하고자 한다. 이는 사고 후 적절한 대처를 위한 근거 자료를 제공하며 예방적 차원의 행동지침을 찾는 데 도움을 줄 수 있다. 다음은 학생 안전사고 요인에 따른 안전사고 사례와 예방 방안에 관한 내용을 정리한 것이다.

① 안전기준 요인에 따른 사례

사건경위	처리경과	사고 요인	예방 방안
고2 남학생이 2013. 7. 18. 17시 20분경 병영체험활동에 따라 실시한 IBS해상훈련 종료 후 교관이 수십 명의 학생들을 인솔하여 부당한 지시에 따라 백사장해수욕장에서 바닷물에 들어가던 중 80여 명이 큰 파도에 휩쓸렸고 구조되지 못한 5명의 학생은 당시 실종되었다가 19일에 대대적인 수색작업을 통해 실종학생 5명이 순차적으로 사체로 발견된 사고	2013~2015 학교안전공제회 유족급여 15억 원(1인당 3억원) 지급	무자격 업체 선정, 다중 응급체계 미비, 갯골, 너울성 파도 경고 미부착, 무리한 활동 실시, 교원 미임장, 구명조끼 미착용, 부당한 지시 거부 교육 미흡, 강요된 지시 이행으로 위험 노출	자격, 계약기준 마련, 응급구조 체계 구축, 지자체 위험 경고 표지 설치, 발달 단계별 적합한 활동 실시, 위탁활동, 교원 임장, 구명조끼 미착용에 대한 부당한 지시 거부, 교육 필요, 강요된 지시 거부로 안전 확보

※ 이 사고 후 학교안전법 신설로 외부 위탁 교육활동 안전기준 마련(제8조의 2)

② 물적관리 요인에 따른 사례

사건경위	처리경과	사고 요인	예방 방안
중2 남학생이 2013. 4. 2. 12시 32분경 4교시 수업 직후 평소 책임감이 강해, 물 백묵 칠판용 플라스틱 지우개통을 제자리에 두기 위해 지우개통에 남아있는 물을 비우려고 4층 교실 바로 앞 복도 창문을 열고 지우개통에 남아있는 물을 버리면서 부속품 중 하나인 스프링판이 창밖 층간 발코니에 떨어져 줍기 위해 나가다 비가 와서 미끄러운 난간에서 중심을 잃고 1층으로 추락해 외상성 두개골 골절로 사망한 사고	2013. 6. 3. 학교안전공제회 유족급여 209백만 원 지급(과실상계 30%)	건물 외벽에 설치된 발코니로 나가 실족하여 발생한 사고, 창대높이 1.2m 이하 안전바 미설치, 창문 밖 추락 위험 경고 미부착, 창문, 발코니 등에 올라가는 것의 추락 위험성 교육 미흡, 창문 밖으로 나가는 행위의 위험성 인식 실패	건물 외벽 발코니 위험성 제거 등 안전 기준 마련, 안전바 설치(학교시설 안전관리기준), 창문 밖 추락 경고 표시 부착 필요, 위험성 인식을 위한 지속적인 교육 필요, 위험한 행위를 자제할 수 있는 판단력 배양 필요

③ 인적관리 요인에 따른 사례

사건경위	처리경과	사고 요인	예방 방안
고2 여학생이 2010. 5. 20. 16시 30분경 학교축제 합창 시상식 진행 도중 시상식 무대 앞 왼쪽에 설치된 에어컨 주위에 서 있던 중, 최우수상이 발표됨과 동시에 에어컨에서 에어샷이 발사되어 좌측 얼굴에 맞는 사고로 왼쪽 눈에 망막박리의 상해를 입은 사고	2011. 9. 학교안전공제회 법원 판결금 201백만 원 지급(신체장해 8급 실명)	에어컨 주변에 접근금지 펜스 설치 등 안전문제 미흡, 에어컨 주변 접근금지 경고 표시 미부착, 지도교사 내지 안전요원 미배치	에어컨 주변 접근금지 펜스 설치 필요, 접근금지 경고 표시 부착 필요, 위험 지역 안전요원 배치
중1 남학생들이 2011. 8. 19. 9시 50분경 과학실에서 실험하는 동안 지도교사가 잠깐 자료를 찾기 위해 사무실로 간 사이에 램프에 불이 잘 붙지 않자 여러 차례 점화하여 불을 붙였는데 잠시 후 알코올통 쪽에서 소리가 나 돌아보니 '펑' 하고 폭발하면서 학생들 쪽으로 불꽃이 쏟아져 화상을 입은 사고	2013. 10. 7. 학교안전공제회 요양급여 18백만 원 지급	화재 · 폭발 위험물 관리 미흡, 지도교사 이석 시 위험 행동, 위험물 취급 시 교사 통제 미준수, 위험물 임의 취급으로 인한 사고	화재 · 폭발 위험물 잠금장치 보관, 실험활동 시 지도교사 임장 필수, 위험물 취급은 반드시 교사 통제를 따라 시행토록 교육 필요, 위험물 취급 시 조심하는 자세 배양

④ 교육훈련 요인에 따른 사례

사건경위	처리경과	사고 요인	예방 방안
중2 남학생들이 2013. 4. 11. 11시 40분경 쉬는 시간에 서로 장난을 치다 피해학생이 A 학생의 팔을 툭 치고 교실로 도망가자 A 학생이 쫓아가면서 들고 있던 책을 피해학생에게 던져 책의 모서리가 피해학생의 안경 렌즈에 맞아 렌즈 파편이 안구를 찔러 좌측 눈이 실명한 사고	2013. 11. 13. 학교안전공제회 장해급여 104백만 원 지급(신체장해 8급실명)	위험한 물건을 집어 던지는 행위로 인해 발생한 사고, 위험한 놀이에 대한 안전교육 미흡, 책 등을 사람을 향해 던지는 행위의 위험성 인식 실패	시간과 장소에 적합한 놀이 지도 매뉴얼 마련 필요, 위험한 놀이 자제 및 대처능력 강화를 위한 안전교육 강화, 위험한 행위에 대한 인식 강화로 사고 예방 필요
고2 여학생 2006. 4. 28. 13시경 학교 예술제 행사에서 이동식 가스레인지를 이용해 조리를 하던 중 가스레인지를 학생 방향으로 당기다가 프라이펜이 엎어지면서 뜨거운 기름이 학생의 무릎에 쏟아져 부상을 입은 사고	2012. 1. 9. 학교안전공제회 법원 판결급 70백만 원 지급(신체장해 12급)	화재 · 폭발 · 화상 위험이 있는 조리기구 안전 상태 미흡, 조리기구 사용 미숙, 위험이 수반되는 교육활동에 대한 보호관리 의무 미흡	폭발 · 화재 위험이 있는 교육 기자재 안전 상태 점검 강화, 위험성 있는 교육활동 시 사전 안전교육 강화 필요, 위험이 수반되는 교육활동에 대한 보호관리 강화

⑤ 위험행위 요인에 따른 사례

사건경위	처리경과	사고 요인	예방 방안
고1 남학생이 2011. 9. 23. 7시 20분경 평소보다 일찍 등교하였으나, 교실 문이 잠겨 있어 4층으로 올라가 난간에 걸터 앉아 바람을 쐬려는 순간, 현기증이 나 1층 시멘트 바닥으로 추락하여 부상	2013. 5. 20.학교안전공제회 장해급여 320백만원 지급	난간 추락 방지 장치가 한쪽 면에만 설치, 추락 위험 경고 미부착, 난간 등 추락 위험 시설에 대한 안전교육 미흡	난간 추락방지 장치 마련, 출입제한 조치, 추락 위험경고 표시 부착, 안전교육 실시, 위험한 행위 자제 판단력 배양
고2 남학생 2011. 1. 13. 12시 30분경 교실에서 같은 반 피해학생으로부터 '성격장애'라는 말을 듣게 되자, 화가 난 A 학생이 주먹으로 피해학생의 배 부위를 때리는 등 약 10주간의 치료를 요하는 비장파열상 등을 가한 사고	2012. 12. 28.학교안전공제회 장해급여 14백만원지급(구상권 행사)	모욕적인 언행에 화가 나 폭력을 행사하여 발생한 학교폭력 사고, 모욕적인 언행이 초래한 분노를 과도하게 표출하여 발생한 사고	생활지도 매뉴얼 마련, 분노 억제 및 소통 능력 강화를 위한 생활교육 강화, 분노를 과도한 폭력행위로 표출할 경우 결과예측 및 판단능력 강화
고3 남학생이 2012. 3. 13. 8시 17분경 체육수업 중 20m 달리기를 하다가 마지막 부분에서 속도를 줄이지 못하고 정면에 있는 계단식 스탠드에 부딪쳐 치아가 파절된 사고	2013. 11. 18. 학교안전공제회 장해급여 14백만원 지급	결승선 감속 여유 공간 부족 완충장치 미설치, 단거리 달리기 과속 위험 인지 부족, 운동장 여건 고려 부족	단거리 달리기 후 감속에 필요한 충분한 공간 필요, 사전교육을 통한 안전사고 예방, 운동장소를 고려한 신체활동 지도

이 외에도 최근 대법원 판결을 보면 학교 교육활동의 인정범위와 학교안전사고에 대한 해석이 점차 확대되고 있다. 예를 들면, '○○고등학교 1학년에 재학 중이던 김○○ 학생은 등교를 위해 평소와 같이 7시 5분경 집을 나섰으나, 마을버스가 제시간에 오지 않아 지각을 할까봐 전전긍긍하다가 뒤늦게 온 마을버스를 탔다. 학교 후문 정류장에 내려 등교시간을 지키기 위해 급하게 교실을 향해 뛰어 갔고, 그 와중에 2층 복도에서 호흡곤란 등으로 인해 갑자기 의식을 잃고 쓰러져 119 구급대에 의하여 병원으로 후송되었으나, 중환자실에서 치료를 받던 중 사망하였다.' 이 사고에 대해 학교안전공제회는 등교 중 발생한 사고로서 학교의 교육활동이 사망의 직접적인 원인이 될 수 없다고 주장하였으나, 대법원은 동 사고가 학교안전사고에 해당하며, 사고와 사망 사이에 상당한 인과 관계가 있다고 판결하였다.

또 하나의 사례로, ○○고등학교 2학년에 재학 중이던 박○○ 학생은 평소 뇌전증(간질) 치료를 받고 있었다. 사고학생은 자율학습 시간에 화장실에서 숨진 채 발견되었고, 사체검안서상 직접적인 사인은 질식(추정), 그 원인은 '간질 발작(추정)'이었다. 이 사고에 대해 학교안전공제회는 사고학생은 간질로 인한 갑작스런 발작과 구토로 질식사 한 것이므로, 기왕증(뇌전증)에 대한 상계를 주장하였으나, 이에 대해 대법원은 학교안전사고에 대한 과실상계 또는 기왕증 기여도 상계를 할 수 없으며, 상계를 규정한 학교안전사고법 시행령은 무효라고 판결하였다(http://webzine-serii.re.kr).

3) 안전사고 바르게 대처하기

학교에서 사망 또는 장해사고가 빈번하게 발생하는 것은 아니지만 만에 하나 이와 같은 사고가 발생한다면 학생, 학부모는 물론이고 학교 구성원 전체가 겪는 고통은 말로 표현할 수 없을 정도로 크다. 최근에는 열상, 자상, 염좌 등 비교적 가벼운 사고에도 심적 고통을 호소하며 치료비 이외의 비용을 교직원에게 청구하거나 사고와 관련한 각종 민원과 소송을 제기하는 것이 현실이다. 학교안전공제제도는 교육활동 중 발생하는 다양한 학교안전사고와 관련된 문제를 해결하기 위한 장치다. 그러나 이를 단순한 보상시스템으로 인식하여 법률이 시행된 이후 10년이 넘은 현재까지도 사안 발생 시 공제제도를 이용하지 못하는 경우가 발생하고 있다.

학교안전사고의 가장 바른 대처 방법은 첫째, 사전에 사고예방을 위한 충분한 조치를 취하는 것이다. 평상 시 안전사고 예방교육을 실시하고, 안전취약 시설물 등에 대한 사전 점검을 한다거나, 위기상황 발생 시 빠른 대처를 위해 교직원별, 학생별 행동요령을 마련해 두는 것도 방법일 수 있다. 이러한 노력에도 불구하고 학교안전사고가 발생한다면 어떻게 해야 할까? 학교에서는 다양한 안전사고가 발생한다. 학교는 사고를 처리하는 과정에서 공제제도를 포함한 일반보험 등으로부터 보상을 받지 못할 것이라고 예단하는 것은 바람직하지 않다. 상기의 판례에서도 알 수 있듯이, 학교안전사고의 해석은 점점 넓어지고 있으므로 학교에서 보상 가능 여부를 자체적으로 결정하기보다는 반드시 학교안전공제회로 문의하여 처리하도록 한다.

둘째, 사고발생 통지를 한다. 우선 학교에서 사고가 발생하였다면, 교육활동 중 발생한 경우 또는 병원 치료를 받아야 하는 경우 등 어떠한 경우라도 공제급여관리

시스템을 통하여 사고발생통지를 해야 한다. 사고발생 당시에는 병원치료가 필요 없어 보이는 경미한 사안도 시간이 지나 치료를 받게 되는 경우가 있고(특히 관절부위 부상, 인대파열 등), 사고발생 통지가 늦어진다면 학교 안전사고로 인한 치료인지가 불분명하게 되어 문제가 발생할 수 있다. 물론 학부모 입장에서는 사고 통지를 하지 않은 학교에 민원을 제기할 수도 있다. 사고발생통지는 지체 없이 하도록 법률에 규정이 되어 있을 뿐 48시간 또는 72시간 이내에 하라는 제한은 없다.

셋째, 구체적인 보상범위와 신청절차 등은 직접 문의하도록 유도한다. 학교안전사고와 관련하여 발생하는 민원의 상당수가 학교에서 안내한 내용과 보상이 다르다는 것이다. 학부모에게 안내할 때 '공제제도로 모두 보상이 되니 안심하고 치료를 받으라'고 하게 되면 이는 민원을 발생시킬 수 있다. 병원의 비급여(국민건강보험공단에서 부담하지 않는 치료비) 치료가 증가하고 있다. 공제제도는 정해진 비급여 치료 이외에는 원칙적으로 제외하되 의학적인 소견에 따라 예외적으로 인정하고 있다. 따라서 모든 치료비가 보상된다고 설명하는 대신 구체적인 보상범위와 신청절차 등은 학교안전공제회로 직접 문의하도록 유도하는 것이 바람직하다. 또한 학교에서 발생한 사고를 전문적으로 처리해 주는 사람들이 있다. 이들이 학부모와 함께 학교를 방문하게 되면 신분과 소속 등을 밝히지 않고 각종 법률적인 사안을 이야기하고 학교의 책임을 추궁하기 일쑤다. 학부모 이외의 사람이 누구인지 불분명하다면 신분을 반드시 확인해야 한다. 신분확인이 곤란하거나 보상 문제에 대한 이견이 있다면 공제회에 연락하여 청할 수 있다.

마지막으로 재발방지 대책을 마련하는 것이다. 학교에서 발생하는 안전사고는 새로운 것이 아니다. 유사한 사고가 계속 반복적으로 일어난다. 이는 예측이 가능하다는 것이다. 예측 가능한 사고에 대해 재발방지 노력을 기울인다면, 학교안전사고를 상당히 줄일 수 있을 것이다. 작은 사고이거나 다치지는 않았더라도 위험했던 사고에 대해 보다 세밀하게 관심을 갖는다면 안전사고를 예방하는 데 큰 도움이 될 수 있을 것이다(서울특별시교육청교육연구정보원, 2020).

3. 학교안전공제회

1) 학교안전공제중앙회

먼저, 학교안전공제중앙회의 설립배경 및 목적을 살펴보면, 「학교안전사고 예방 및 보상에 관한 법률」 제28조에 의거하여 예방사업과 학교안전공제 사업을 효율적으로 수행하기 위하여 2007년 9월 20일에 설립되었다. 이로 인해 '학교 안팎의 교육활동 중에 일어나는 모든 사고'에 대해 보상범위가 확대되었고, 청소년수련시설 및 단체의 활동, 학교배상책임공제사업 등을 추진하여 학교안전사각지대를 최소화하였다. 학교안전공제중앙회의 주요 업무는 학교안전공제 공제급여의 지급기준 등에 대한 조사·연구, 학교안전공제보상 재심사위원회의 운영, 학교안전공제제도에 대한 조사·연구, 학교안전사고 예방정책의 수립을 위한 조사·연구, 재외한국인학교에 대한 학교안전공제사업, 학교안전사고 예방 및 학교안전공제 사업의 수행과 관련하여 공제회의 업무를 지원하는 데 필요한 사업, 피공제자 등의 권익보호 및 복지향상을 위한 사업 등이다.

학교안전공제중앙회의 미션은 즐겁고 안전한 교육환경 조성 및 교단의 안정을 통한 교육안전망 구축에 있으며, 비전은 '모두에게 안전하고 행복한 학교'다. 사업과제 및 추진전략은 학교안전 관련 법령개정 및 제도개선, 신속·정확한 보상을 위한 공제제도 관련 조사·연구, 안전정책 실현을 위한 실태조사 및 컨설팅, 교사 모니터링 집단, 학교안전 담당자 협의회 운영 등 학교안전정책 관련 의견 수렴으로 학교안전제도를 개선하고, 학교안전사고예방 정책조사 및 연구, 학교안전사고 예방교육 자료 개발 및 제공, 체험중심의 안전교육 실시, 교직원 안전역량 강화 지원 체계 구축 운영으로 학교 안전사고 예방사업을 한다. 또한 공제회 직원 역량강화를 위한 직무·전문 교육, 공제급여 지급을 위한 보상재심사위원회 등 위원회 운영, 법령해석 등 법률자문단 활용을 통한 법률 서비스 제공, 업무효율성을 높이는 전산시스템 개발·운영 등의 공제회 운영을 지원하고, 재외국민의 안전을 위한 재외한국학교 공제사업, 제3자 피해, 놀이시설 사고 등을 보상하는 학교배상책임 공제사업, 수련·단체 활동을 지원하는 청소년활동 공제사업, 학교안전공제 상담을 위한 콜센터(1688-4900) 운영 등의 사각지대 공제사업 등을 한다. 다음은 학교안전공제중앙

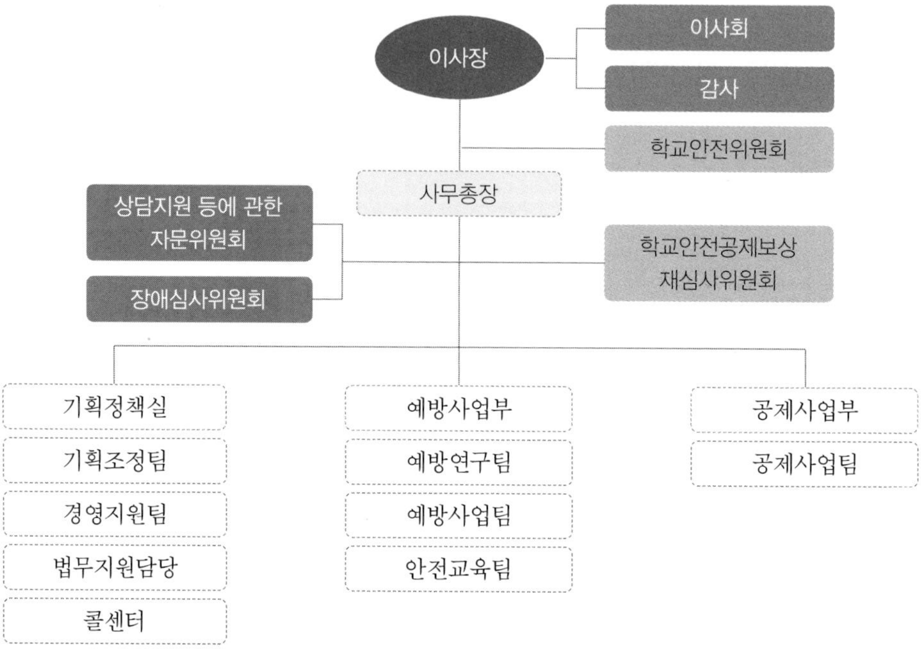

[그림 7-2] 학교안전공제중앙회 조직도

회의 조직도이다([그림 7-2] 참조).

2) 학교안전공제회 학교안전사고보상지원시스템

학교안전공제회의 설립목적 및 배경은 '학교안전사고는 일회성으로 끝나는 것이 아니라 비슷한 사고가 반복하여 지속적으로 발생하고 있는 것이 문제로 대두됨'에 대한 자성과 대책으로 학교교육활동 중 발생한 학생의 안전사고에 대해 학교를 대신하여 학생의 손해를 보상할 수 있는 기구 또는 시스템이 필요하게 되어 이에 대한 대안으로 설립되었다. 학교안전공제회가 설립되기 이전에는 학생이 수업시간 체육시간 교외활동 중 사고가 발생한 경우 학교에서 문제해결능력이 부족하여 이러한 상황에서 학교가 대처할 수 있는 방안은 결국 개인부담이나 모금을 하는 방법밖에 없었다. 따라서 사고학생(학부모) 측에서 보상수준에 불만족하여 학부모와 학교 간의 갈등이 조성됨에 따라 창의적 교육활동을 통해 교육적 효과를 높이고 학교, 교사, 학부모간의 신뢰성을 고취시키는 한편 안정된 교육 분위기를 조성하는 데 기여함을 목적으로 한다(http://www.ssia.or.kr).

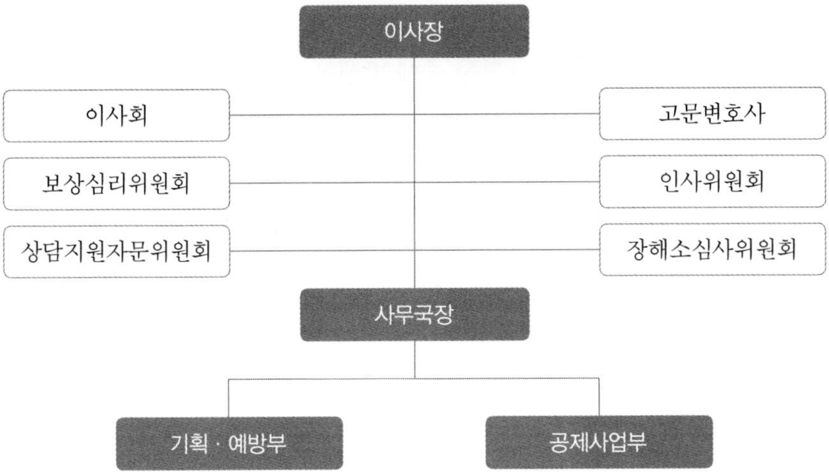

[그림 7-3] 부산광역시 학교안전공제회 조직도

한편 부산광역시학교안전공제회의 설립목적은 학교안전사고를 예방하고 학생, 교직원 및 교육활동참여자가 학교안전사고로 인하여 입은 피해를 신속 적정하게 보상하여 학생은 학업에 충실하고, 교직원은 본연의 직무를 수행함으로써 안정적인 교육여건을 조성하는 것이다. 공제회 사업으로는 공제가입자에 대한 공제료의 부과 및 징수, 제34조의 규정에 따른 공제급여의 지급 및 이에 관련된 업무,「학교폭력예방 및 대책에 관한 법률」제16조 제6항에 따른 학교폭력 피해학생의 치료비 등의 지급 구상권 행사 및 이에 관련된 업무, 학교안전사고의 예방과 관련된 사업, 학교안전사고 예방 및 학교안전공제 사업에 대한 교육 · 홍보, 제58조의 규정에 따른 학교안전공제 보상심사위원회의 운영, 학교안전공제에 관하여 교육감이 위탁하는 사업, 학교안전사고와 관련된 공제가입자 또는 교직원 등의 지원에 관한 사업, 그 밖에 학교안전사고 예방사업 및 학교안전공제 사업을 수행하기 위하여 필요한 사업 등이다. 조직도는 [그림 7-3]과 같다.

여기서는 안전공제 대상 및 보상 범위, 학교안전사고 발생 시 안전사고 처리 및 보상청구 절차 등을 파악하기 위해 부산광역시학교안전공제회 학교안전사고보상지원시스템에 게시되어 있는 학교안전공제회 제도 안내에 초점을 맞춰 살펴보고자 한다.

(1) 학교안전사고 보상제도

학교안전사고 보상제도란 교육활동 중에 발생한 학교안전사고에 대해 보상해 주는 제도이며, 학교에서 사고가 발생하면, 학교안전공제회에 사고통지([그림 7-4])

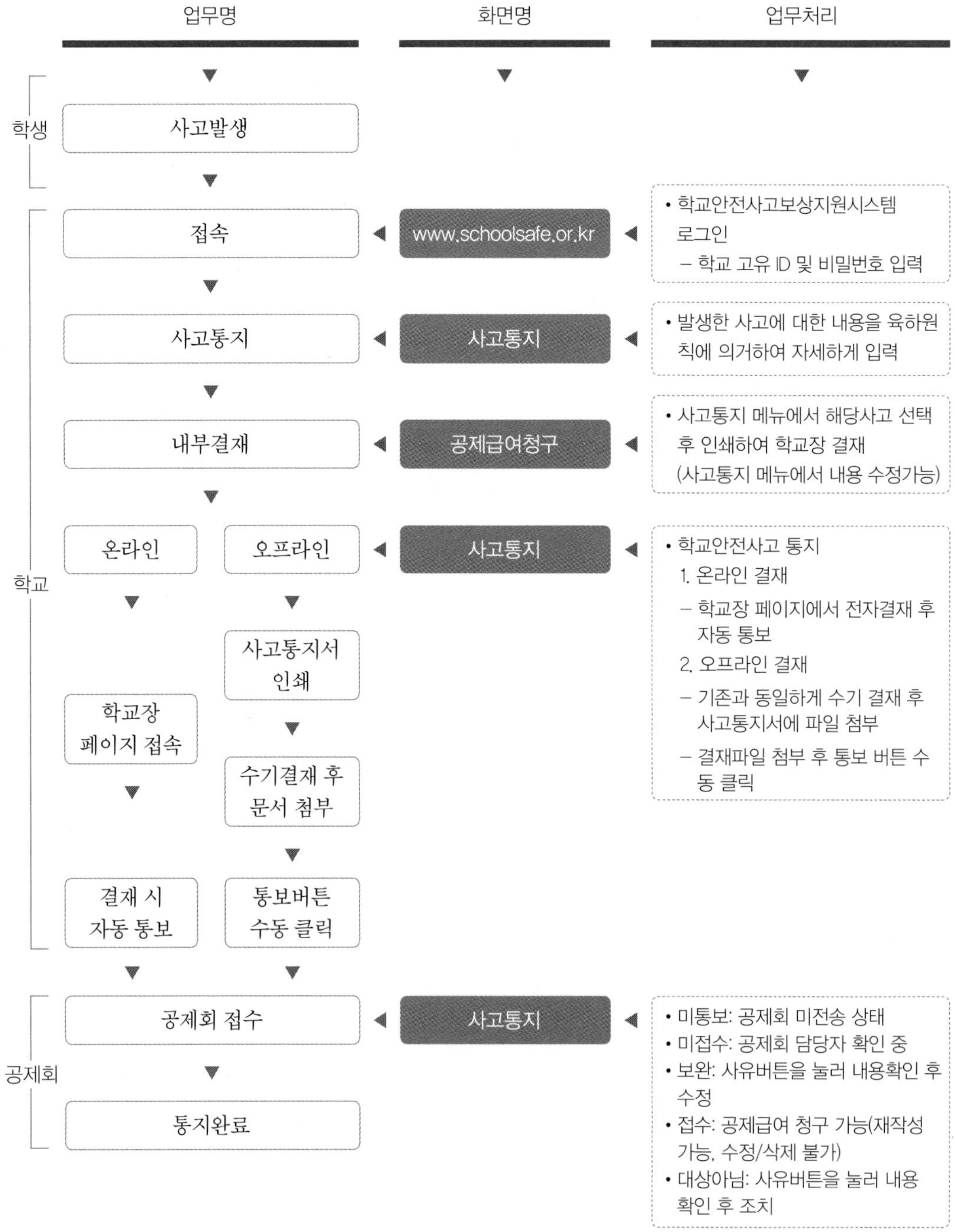

[그림 7-4] 사고통지 업무흐름도

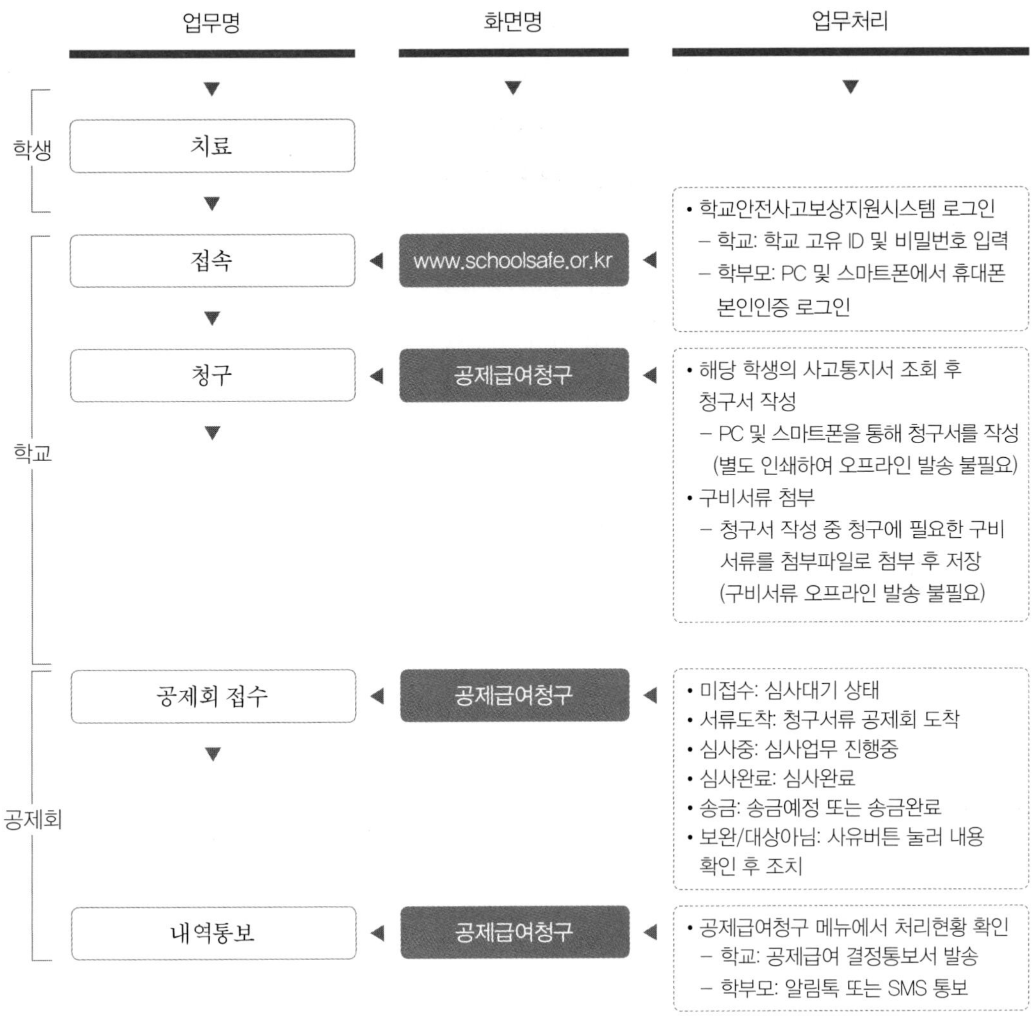

※ 학부모 직접 청구 방법

1. 학교안전사고보상지원시스템 접속(www.schoolsafe.or.kr) 온라인 작성
   - PC 또는 스마트폰 환경에서 휴대폰 본인인증 로그인
   - 자녀사고 조회(자녀이름, 생년월일 등 인적사항 조회) → 청구서 작성
   - 각종 구비서류 이미지 파일로 업로드하여 청구서 작성 완료
2. 청구서 작성하여 오프라인 청구
   - 학교안전사고보상지원시스템(www.schoolsafe.or.kr) 이용안내 → 서식 자료실
   - 공제급여 또는 학교폭력피해 청구 서식 다운받아 작성 후, 구비서류와 함께 동봉하여 관할 시 · 도 공제회로 우편 발송

[그림 7-5] 공제급여청구 업무 흐름도

를 하고, 사고 학생의 치료가 끝나면 청구인(학교, 학부모)이 공제급여 청구서([그림 7-5])를 작성하고 구비서류를 공제회에 제출한다. 그런 다음 공제회에서 심의 후 보상금을 결정해서 그 결과를 청구인에게로 보내온다.

보상급여의 종류에는 학교안전사고로 부상을 당했거나 질병을 얻어 치료를 받았을 때 청구하는 요양급여부터, 요양급여(장기간 치료 시는 중간 청구도 가능함)를 받은 자가 요양을 종료한 후에도 장해가 남았을 때 청구하는 장해급여, 요양급여를 받은 자가 치료를 받은 후에도 의학적(장해등급 제1급 등)으로 상시 또는 수시 간병이 필요할 때 청구하는 간병급여, 사망했을 때 상속인이 청구하는 유족급여, 사망했을 때 장의를 행하는 자가 청구인 장의비, 교육활동 중 원인을 알 수 없는 이유로 사망한 때에 청구하는 위로금 등이 있다.

보상의 대상이 되는 활동은 교육과정 또는 학교장의 계획, 관리 감독에 따라 행하여지는 수업 특별활동 등의 활동과 통상적인 등・하굣길에 일어나는 사고가 되는데 학교급식이나 가스 등에 의한 중독, 일사병, 이물질의 섭취・접촉에 의한 질병, 외부 충격 및 부상이 직적적인 원인이 되어 발생한 질병도 보상 대상에 포함된다. 보상금 청구 시 준비해야 할 서류로는 공제급여청구서, 진단서(청구금액 50만 원 미만 생략 가능), 진료비 계산서 영수증 원본, 진료비 상세 내역서(비급여 치료 시), 약제비 계산서 영수증(병원 처방전 첨부), 사고학생 주민등록등본, 청구인 통장사본 등이다. 또한 보상결과가 불만족스러울 때는 급여 결정이 있음을 안 날부터 90일 이내 보상심사와 보상재심사 청구가 가능하다.

(2) 학교폭력 피해지원제도

학교폭력 피해지원제도란 학교폭력으로 인한 피해는 가해학생의 보호자가 부담하는 것이 원칙이나, 피해학생의 신속한 치료 등의 사유로 필요한 경우 공제회에서 치료비를 선지원하고 추후 가해학생(보호자)에게 구상하는 제도다. 청구절차는 학교폭력 사고통지, 학교폭력피해지원 청구서 작성, 구비서류 제출 등 다른 학교안전사고 시와 동일하지만 작성 양식은 다르다(〈부록 7-3〉 참조). 학부모 또는 학교가 학폭위 개최 후, 가・피해자간 합의실패 시 공제급여관리시스템에 접속하여 청구서 작성 또는 청구서를 다운받아 수기로 작성한다.

지원범위는 심리상담 및 조언에 드는 비용, 치료 및 치료를 위한 요양에 소요된 비용, 일시보호를 받는 데 드는 비용으로 일시보호는 인정기간이 30일이며 심리상담 및 조언, 치료 및 치료를 위한 요양은 2년(보상심사위원회 심의 후 1년 연장 가능)이다. 제출 공동서류로는 학교폭력피해치료비 등 청구서, 청구인 통장 사본, 주민등록등본, 진단서 등이며, 급여별 제출서류는 학교폭력기관장의 의뢰확인서, 치료기관의 청구서 및 영수증 등, 요양급여청구서 및 영수증 등, 자치위원회의 요청서 사본 또는 학교장의 확인서, 일시보호기관의 청구서 및 영수증 등 따로 있다. 서류를 제출하면 공제회는 학교폭력피해 치료비를 청구받은 날부터 14일 이내에 지급여부를 결정한다. 다만 조사의 필요성 등 정당한 사유가 있어 14일 이내에 지급여부 결정이 어려울 때는 14일을 더 연장할 수 있다. 학교안전사고 보상제도와 마찬가지로 두 번의 재심사 기회가 있으며, 공제회는 피해학생에게 치료비 등을 지원하기 전에 가해학생 및 보호자에게 선지원 내용과 추후 구상권을 행사함을 안내하고, 구상의 범위는 학교폭력 피해학생에게 지급하는 모든 비용을 구상한다.

(3) 학교안전사고 피해자 상담 및 심리치료 지원제도

학교안전사고 피해자 상담 및 심리치료지원제도란 학교안전사고로 피해를 입은 학생, 교직원, 교육활동 참여자, 그 가족(배우자, 직계존비속, 형제자매)의 심리적 안정과 사회적응을 돕기 위해 상담과 심리치료를 지원하는 제도다. 지원 절차는 피해자가 심리상담을 신청하면 교육감이 심리상담자문위원회를 요청하고 중앙회나 공제회에서 심리상담자문위원회를 개최하여 지원대상자를 확정, 교육감이 심의결과를 통보하면 피해자가 치료 및 청구를 하여 중앙회나 공제회에서 보상을 하는 순으로 이루어진다.

지원기간은 1년의 범위에서 지원 가능하나, 중앙회나 공제회의 자문위원회의 의견을 들어 그 기간을 연장할 수 있다. 치료담당기관은 심리자문위원회의 심의를 거쳐 교육감이 지정하는 상담 및 심리적 치료기관에서 치료를 받아야 하므로 시·도 학교안전공제회로 문의하도록 한다.

이 외에도 방과 후 학교 수업도 '교육활동'에 해당되어 보상 가능하나, 위탁수업인 경우(개인사업자, 업체위탁)는 보상에서 제외되므로 위탁업체의 보상(배상) 보험 가입 여부를 반드시 사전에 확인해야 한다. 수학여행, 체험활동 등 현장학습 보험 가입은 의무적으로 가입해야 한다. 또한 학교 교육활동이 아닌 가족체험학습, 개별 국내·외 여행 시 발생한 사고 질병은 학교안전공제 보상 대상이 아니므로 필히 여행자 보험 가입 등으로 대비해야 한다. 개인정보수집 이용 동의 여부는「개인정보

보호법」 제15조 제1항 2호 또는 3호에 따라 학교는 공제회에 대한 사고통지 및 공제 급여 청구에 있어 정보주체(학생 · 학부모)의 동의 없이도 해당 개인정보를 수집 및 이용할 수 있는 것으로 해석한다. 또한 2019년 5월 교육부 '실손보험 중복 보상 관련 법제처의 법률 해석결과' 통보에 따라, 피해학생의 실손보험 가입여부와 상관없이 공제급여 청구가 가능하다. 단, 가해학생측이 가입한 보험 (일명) '일상생활배상책임보험'으로 손해배상보험금을 받는 경우는 공제회에서 중복 보상하지 않는다.

(4) 학교안전사고보상지원시스템 사용방법

학교안전사고가 발생했을 때 가장 먼저 해야 하는 일은 무엇보다 신속한 구호활동이다. 신속한 응급처지와 함께 119신고 및 병원 후송이 이루어져야 하며, 이때 현장지도교사나 담임교사, 보건교사 등 관련 교사 중 1명은 반드시 병원까지 동행해야 한다. 병원 이송 후, 학교장 및 학부모에게 연락한 뒤 사고의 경위를 파악하여 사건일지를 기록해야 한다. 그리고 학교안전공제회 학교안전사고보상지원시스템을 통해 사고통지 및 보상처리 시는 공제 급여를 청구한다. 다음은 학교 사용자용 학교안전사고보상지원시스템 이용 방법이다.

〈학교안전사고보상지원시스템(학교 사용자용)〉

학교안전사고보상지원시스템(학교사용자용) 사용을 위한 설명은 학교안전공제회 학교안전사고보상지원시스템(http://schoolsafe.or.kr)에서 다운로드하여 사용할 수 있다. 여기서는 접속 및 로그인, 학교안전사고통지, 공제급여 청구, 학교폭력사고통지 등에 대해 간략하게 살펴보면 다음과 같다.

① 접속 및 로그인

• 학교안전공제회 학교안전사고보상지원시스템(http://schoolsafe.or.kr)에 로그인 할 수 있는 화면이다.

㉠ 아이디 입력란에 해당 학교의 아이디와 비밀번호 입력란에 비밀번호를 입력하고(학교안전공제회 업무 담당 교사에게 문의) 로그인 버튼을 클릭하면 학교안전사고보상지원시스템에 접속이 된다.

㉡ 아이디 찾기 버튼을 클릭하여 해당 학교명 입력 시 아이디를 찾을 수 있다.

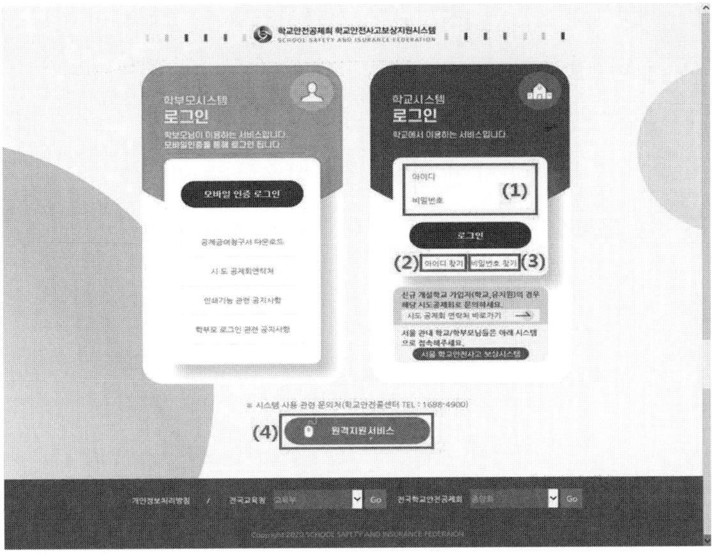

㉢ 비밀번호 찾기는 보안상 해당 시 · 도 공제회에 문의하여야 한다.

– 해당 시 · 도 공제회 연락처는 좌측 하단 '시 · 도 공제회 연락처'가 있다.

㉣ 사고 등록, 청구서 작성 등 업무 처리 시 잘 안 될 경우 원격지원 서비스를 요청하면 공제회 담당자가 사용자 PC에 원격접속하여 도움을 받을 수 있다.

• 학교 아이디와 비밀번호를 입력하여 접속하면 다음과 같은 화면을 볼 수 있다.

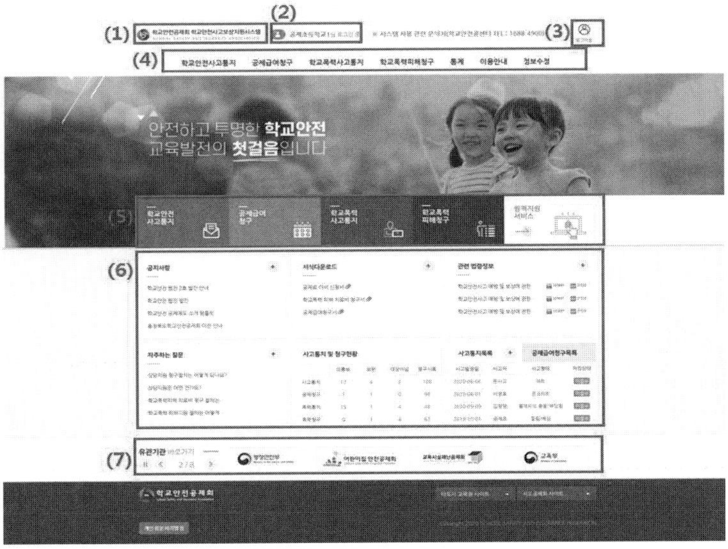

㉠ '학교안전공제회 학교안전사고보상지원시스템'을 클릭하면 어느 화면에서든 접속메인 화면으로 돌아올 수 있다.
㉡ 접속한 해당 학교 아이디를 확인할 수 있다.
㉢ 로그아웃 버튼을 클릭 시 안전하게 로그아웃할 수 있다.
㉣ 학교안전사고보상지원시스템의 모든 메뉴 정보를 확인할 수 있다.
㉤ 해당 학교의 학교안전사고통지, 공제급여청구, 학교폭력사고통지, 학교폭력 피해청구 신청이 가능하며, 원격지원서비스를 요청할 수 있다.
㉥ 공지사항 및 서식다운로드, 자주하는 질문 열람이 가능하며, 청구에 필요한 서식 및 관련 법령정보를 다운로드 받을 수 있다. 또한 신청한 공제급여청구 목록 및 학교폭력 피해청구 목록 확인이 가능하다.
㉦ 타도시 교육청 사이트 및 시 · 도공제회 사이트 등 유관기관 홈페이지로 이동할 수 있다.

② 학교안전사고 통지

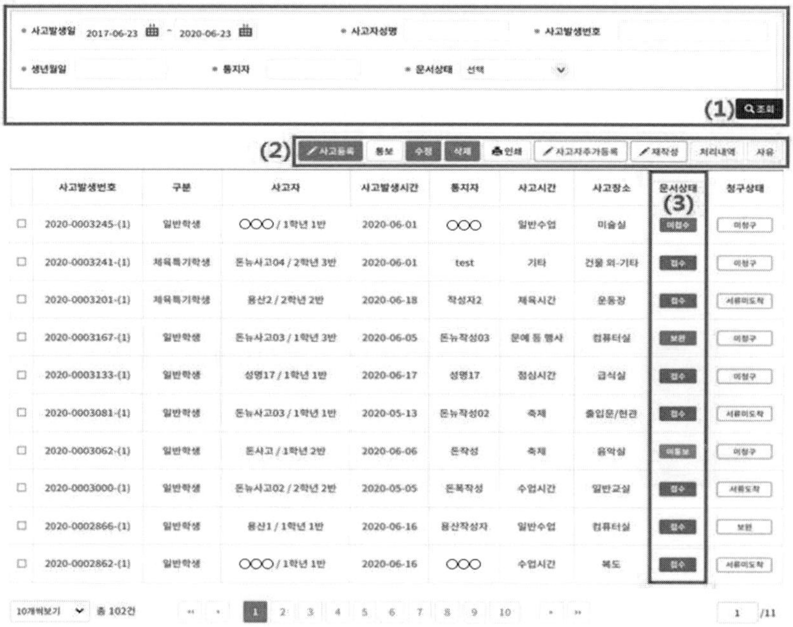

㉠ 조회 버튼을 클릭하여 사고목록을 조회한다.

㉡ 사고등록 버튼을 클릭해 사고발생통지서(부록1)작성 완료 후 학교장 온라인 승인 등 내부결재 후, 통보 버튼을 클릭해야 공제회로 전송된다.

㉢ 사고발생 통지된 건의 진행 상태를 확인할 수 있다.

③ 공제급여청구

㉠ 조회 버튼을 클릭하여 공제급여청구목록을 조회한다.

㉡ 청구서를 작성, 처리내역 조회, 사유확인, 수정, 삭제를 할 수 있다.

㉢ 문서상태가 '접수' 상태인 목록을 클릭하면 청구서 작성 화면으로 이동, 청구서(〈부록 7-2〉)를 작성하면 된다. 청구서 작성이 완료되면 하단의 '청구서등록완료' 버튼을 눌러 청구서를 제출한다. 목록 선택 후 처리내역 버튼을 클릭하여 팝업 되는 화면에서 처리내역을 확인할 수 있다.

㉣ 청구상태가 청구로 기재된다.

④ 학교폭력사고 통지

사고발생번호	구분	사고자	사고발생시간	청구자	청구구분	청구금액	결정금액	처리상태
2020-0000670	일반사고	○○○/ 1학년 1반	2020-01-01	○○○/ 본인	요양급여	10000	0	학부모청구
2019-0127821	일반사고	사고자이름/ 3학년 1030반	2019-10-30	123/ 배우자	요양급여	5000	0	학부모청구
2019-0127246	일반사고	191030_사고자이름/ 0학년 1030반	2019-10-30	청구자/ 본인	요양급여	5000	5000	학부모청구
2019-0117052	일반사고	테스트2이름/ 4학년 4444반	2019-10-10	○○○/ 조부모	장해급여,장의비,위로금,상담 및 상담치료비	77777	7777777	학부모청구
2019-0115816	일반사고	테스트사고자이름/ 5학년 테스트반반	2019-10-01	테스트청구자/ 기타	요양급여,간병급여,유족급여,위로금,상담 및 상담치료비	77	0	학부모청구

㉠ 조회 버튼을 클릭하여 사고목록을 조회한다.

㉡ 사고통지서를 재작성, 사고등록, 수정, 삭제 할 수 있으며, '사고등록' 버튼을 클릭, 학교폭력사고통지서(〈부록 7-3〉)을 등록한다. 작성 시 학교 장 휴대폰 번호를 입력하면 사고등록 시 학교장에게 확인하여 서명하라는 알림이 발송된다. 사고등록 완료 후 통보버튼 클릭, 공제회로 통보한다.

㉢ 사고발생 통지된 건의 진행상태를 확인할 수 있다.

이 외에도 학교폭력피해청구, 통계, 이용안내, 정보수정 사이트맵이 있다. 이처럼 사용자 매뉴얼 외에도, 안전사고통지나 학교폭력사고 통지 시 학교장 서명 버튼을 클릭하면, 안전사고통지서, 학교폭력사고통지서 확인이 가능하고 승인 버튼을 클릭하면 학교장 서명이 완료됨을 설명하는 학교장 매뉴얼도 있고, 학부모가 활용할 수 있는 학부모 매뉴얼도 있다. 따라서 교사는 학교안전사고 예방이나 발생 후 대처 시, 안전공제회 제도를 활용할 수 있도록 절차 등에 대해 숙지할 필요가 있다.

토론 및 실습 과제

1. 생활지도와 학교폭력과 안전사고 간의 연관성에 대해 토의해 보자.
2. 학교 안전사고의 개념과 그 현황에 대해 사례를 중심으로 토의해 보자.
3. 학교 안전생활지도를 위한 안전사고 예방교육은 어떻게 실시되고 있으며, 무엇이 보완·수정되어야 할지에 대해 토의해 보자.
4. 학교 안전보상 공제급여의 종류와 그 내용에 관해 알아보자.
5. 학교폭력피해지원 사업과 학교안전사고 피해자 상담지원 제도에 대해 알아보자.
6. 학교 안전사고 발생 시 교사가 해야 할 일에 관해 알아보자.
7. 학교안전공제중앙회와 학교안전공제회에서는 어떤 일을 하며, 공제급여관리 시스템은 어떻게 사용하는지에 대해 알아보자.

부록 7-1 **학교안전사고 예방 및 보상에 관한 법률 시행규칙** [별지 제2호서식] 〈개정 2016. 4. 20.〉

학교안전사고 발생 신고서

일반사항	학교명						
	사건번호				보고일자		
	사고자	성명	생년월일		성별	학년반	사고자구분
	지도교사		작성자	성명		연락처	

사고관련자	성명	
	학년반	
	사고관련자 구분	

사고내용	사고일자		사고부위	
	사고시간		사고당시활동	
	사고장소		사고의도성	
	사고형태			
	사고매개물			

사고개요	

지도 내용 및 안전교육 내용	

사고발생 후 긴급 조치 내용	

그 밖의 사항	

년　　월　　일

신고인　　　　　　　　　　(서명 또는 인)

수신명의 귀하

210mm × 297mm[백상지(80g/m^2) 또는 중질지(80g/m^2)]

부록 7-2 **학교안전사고 예방 및 보상에 관한 법률 시행규칙** [별지 제1호서식] 〈개정 2019. 9. 17.〉

공제급여(위로금, 보전비용) 청구서(중간, 최종)

(앞쪽)

접수번호		접수일자		처리기간	

청구인	성명 (서명 또는 인)		생년월일
	주소		
	전화번호		생년월일
	피공제자와의 관계		
	공제급여 청구에 관한 모든 권한을 위임함		
	위임인	성명	
	대리인	성명	생년월일
		주소	
		전화번호	

공제가입자	학교명	
	학교장	
	주소	

피공제자	성명	생년월일
	주소	
	소속	

사고개요 (상세 내용 별지 참조)	발생일시	
	발생장소	
	사고관련자 소속	성명
	사고경위 및 내용	

청구액	요양급여	장의비
	장해급여	보전비용
	간병급여	위로금
	유족급여	기타
	합계	

「학교안전사고 예방 및 보상에 관한 법률」 제40조의2, 제41조 및 제48조에 따라 다음과 같이 공제급여(위로금, 보전비용)를 청구합니다.

년 월 일

신청인 (서명 또는 인)

공제회 이사장 귀하

210mm × 297mm[백상지(80g/m^2) 또는 중질지(80g/m^2)]

부록 7-3 **학교안전사고 예방 및 보상에 관한 법률 시행규칙** [별지 제4호서식] 〈개정 2016. 4. 20.〉

학교폭력 피해 치료비 등 청구서

(앞쪽)

접수번호		접수일자		처리기간	

청구인	성명 (서명 또는 인)		생년월일
	주소		
	전화번호		생년월일
	피공제자와의 관계		
	학교폭력 피해 치료비용 청구에 관한 모든 권한을 위임함		
	위임인	성명	
	대리인	성명	생년월일
		주소	
		전화번호	

공제가입자	학교명	
	학교장	
	주소	

피공제자	성명	생년월일
	주소	
	소속	

사고개요 (상세 내용 별지 참조)	발생일시	
	발생장소	
	사고관련자 소속	성명
	사고경위 및 내용	

청구액	심리상담 및 조언	
	일시보호	
	치료 및 치료를 위한 요양	
	합계	

「학교안전사고 예방 및 보상에 관한 법률」 제53조 제2항에 따라 다음과 같이 치료비 등을 청구합니다.

년 월 일

신청인 (서명 또는 인)

공제회 이사장 귀하

210mm × 297mm[백상지(80g/m²) 또는 중질지(80g/m²)]

참고문헌

교육부 학교생활문화과(2020). 2020년 개정판 학교폭력 사안처리 가이드북.

김계현, 김동일, 김봉한, 김창대, 김혜숙, 남상인, 천성문(2020). 학교상담과 생활지도. 서울: 학지사.

김종운, 김효은, 이태곤(2016). 예비교사를 위한 교직실무. 서울: 동문사.

박성수, 김영근, 김장희, 임효진, 유현실, 최윤정, 김봉환, 정애경, 박민지, 김용태, 반신환, 남상인, 김계현, 김인규(2019). 생활지도학개론. 서울: 학지사.

박주성, 윤길준, 전효준(2016). 예비교사를 위한 학교현장실습. 조선대학교 사범대학 교육학과.

부산광역시교육청(2020). 2020학년도 학생생활교육기본계획.

서울특별시교육청교육연구정보원(2020). 서울교육 제61권 통권 239호.

송기창, 김민조, 김병주, 김병찬, 김성기, 김용, 나민주, 남수경, 박수정, 오범호, 이정미, 이희숙, 정성수, 정제영, 조동섭, 조석훈, 주현준, 홍창남(2009). 중등 교직실무. 서울: 학지사.

이영덕, 정원식(1962). 생활지도의 원리와 실제. 서울: 교학도서.

주철안, 오경희, 이상철, 이용철, 이지영, 한대동, 홍창남(2013). 교직실무. 서울: 학지사.

차우규, 표석환(2017). 무과실책임주의에 기반한 학교안전사고 예방 모형 수립을 통한 학교안전정책 선진화 방안연구. 한국방재학회논문집 17(5), 95-104.

표석환, 이희수(2017). 학교안전 중대사고 사례 연구집. 학교안전공제중앙회.

http://www.pen.go.kr(학교생활교육과/부서별자료실/생활지도)

http://원클릭.kr(생활교육/생활교육자료실)

http://webzine-serii.re.kr

부산광역시 학교안전공제회 http://busan.ssif.or.kr

서울특별시 학교안전공제회 http://www.ssia.or.kr

학교안전공제중앙회 https://www.ssif.or.kr

학교안전공제회 학교안전사고보상지원시스템 http://www.schoolsafe.or.kr

제8장

창의적 체험활동 및 진로진학지도

사례

김 교사는 지난 교육과정에 있었던 재량활동과 특별활동이 개정교육과정에서 '창의적 체험활동'으로 통합되었다는 것을 알았다. 창의적 체험활동에 관한 기본적인 내용은 교직원연수를 통해 개요를 이해했지만 구체적인 내용과 실제적으로 학생들에게 어떻게 적용되는지에 대하여 궁금증이 많았다. 그래서 교육부가 발행한 창의적 체험활동 관련 책자와 원격연수를 통하여 정확하고 깊이 있는 내용을 익히고자 결심하였다. 특히 창의적 체험활동이 학생의 희망과 흥미, 소질, 적성을 고려하여 자율적이고 실천을 돕기 위한 과정으로 나눔과 배려를 실천하는 공동체 의식과 세계 시민으로 갖추어야 할 수준 높은 자질을 함양하는 것을 지향하는 것을 알았다.

이 장에서는 창의적 체험활동이란 무엇인가에 대한 구체적인 내용을 살펴보고자 한다. 먼저 창의적 체험활동의 특징을 알아보고, 창의적 체험활동 영역인 자율활동, 동아리활동, 봉사활동, 진로활동에 관한 세부활동 내용을 파악할 수 있다. 다음으로 창의적 체험활동이 실제 학교 현장에서 어떻게 운영되고 있는가를 부흥고등학교의 사례를 통해 알 수 있다. 다음 절에서는 진로 · 진학지도에 관한 내용을 다루고 있다. 중학교의 진로진학지도에서 중학교의 진로지도와 자기주도 학습전형 도입 등으로 개선된 입시 제도를 살펴볼 수 있다. 또한, 고등학교의 진로 및 진학지도에서는 고등학교의 진로지도 내용과 대학입학전형자료를 통해 현행 입시내용을 개관할 수 있다.

1. 창의적 체험활동 개요

1) 창의적 체험활동의 도입

글로벌 지식기반 사회는 새로운 지식과 가치를 창출하고, 더불어 살 줄 아는 능력이 요구되는 창의성과 인성을 고루 갖춘 인재상을 요구하고 있다. 우리나라 역시 인성이 뒷받침된 창의적 인재가 국가 경쟁력을 좌우하게 되는 시대의 흐름에 발맞추어 미래 인재의 핵심역량 및 자질을 새롭게 정의하고 있다.

이에 배려와 나눔을 실천하는 창의 인재를 양성하는 교육을 학교 교육과정을 통해 구현하고자 2009 개정 교육과정이 도입되었으며, 2015 개정 교육과정에서도 지속적으로 유지 발전시키고 있다. 2015 개정 교육과정에서 미래 사회가 요구하는 6가지 핵심역량은 자기관리 역량, 지식정보처리 역량, 창의적 사고 역량, 심미적 감성 역량, 의사소통 역량, 공동체 역량이다. 이러한 핵심 역량을 기르기 위해서는 창의적 체험활동이 중심적인 역할을 해야 한다. 지나친 교과 지식 위주의 학교 교육활동에서 벗어나 창의성과 폭넓은 인성교육을 강화하는 다양한 체험중심의 교육을 통해, 학생들이 인지적 · 정의적 · 심동적 기능을 골고루 갖추도록 하는 창의적 체험활동 교육과정이 도입되었다.

2) 창의적 체험활동의 특징

첫째, 학교의 교육과정 편성 · 운영의 자율성과 책무성이 강화된 교육과정이다. 2015 개정 교육과정은 단위학교 교육과정 편성 · 운영에서 높은 수준의 전문성을 요구하고 있으며, 창의적 체험활동 교육과정 역시 교육 수요자의 요구, 지역 및 학교의 특성에 따라 학교 재량으로 교육과정을 편성 · 운영할 수 있는 자율성과 그에 따른 책무성이 강조되고 있다.

둘째, 창의성과 인성 함양을 강조하는 교육과정이다. 수학, 과학, 문화, 예술분야의 소수 학생들을 위한 영재교육 개념의 창의성 교육에서 벗어나고, 전통적이고 소극적 개념의 도덕교육이나 생활지도 차원의 인성교육이 아닌 모든 학생들을 대상으로 새로운 가치를 찾아내고, 공동체의 일원으로서 더불어 살 줄 아는 바른 인성을 갖춘 학생을 양성하는 것에 초점을 맞추고, 교육 내용, 방법, 평가 체제 안에서 창의 · 인성교육이 실천될 수 있도록 하고 있다.

셋째, 지역사회와 협력하는 지역단위의 교육과정이다. 창의적 체험활동은 지역사회의 인적 · 물적 자원을 학교 교육과정과 연계시켜 다양한 체험활동을 하도록 하는 것이다.

넷째, 학생중심의 교육과정이다. 창의적 체험활동은 학생의 희망, 흥미, 소질, 적성을 고려하고 자율적 참여와 실천을 돕기 위한 교육과정이다. 앞만 보게 하는 교육보다는 멀리 보게 하는 교육, 앞서가는 교육보다는 함께 가는 교육, 자신이 하고 싶은 일을 위해 꿈을 꾸며 자발적 동기로 참여할 수 있도록 학생이 주체가 되는 교육과정이다.

3) 창의적 체험활동의 목표

국가 수준에서 고시한 창의적 체험활동 교육과정에서는 초 · 중 · 고등학교의 구분 없이 하나로 묶어 다음과 같은 총괄 목표와 네 개의 하위 목표를 제시하고 있다.

표 8-1 창의적 체험활동의 목표

총괄 목표
학생들은 창의적 체험활동에 자발적으로 참여하여 개개인의 소질과 잠재력을 계발 · 신장하고, 자율적인 생활 자세를 기르며, 타인에 대한 이해를 바탕으로 나눔과 배려를 실천함으로써 공동체 의식과 세계 시민으로서 갖추어야 할 다양하고 수준 높은 자질 함양을 지향한다.

자율활동	동아리활동	봉사활동	진로활동
자발성에 바탕을 둔 변화 환경 대응 및 공동체 구성원으로서의 역량 형성	취미 및 특기 계발, 협동적 학습 능력과 창의적 태도 형성	나눔과 배려 실천, 자연환경 보존 생활습관 형성을 통한 삶의 가치 이해	자아 정체성 확립과 진로 탐색 설계, 진로 결정 및 준비

4) 창의적 체험활동의 영역

창의적 체험활동은 자율활동, 동아리활동, 봉사활동, 진로활동 등을 통해 지식과 인성이 겸비된 균형잡힌 교육을 실천하는 것이다. 창의적 체험활동의 영역은 다음과 같다.

표 8-2 창의적 체험활동의 영역

영역	성격	세부활동 내용	
자율 활동	학급이나 학교 구성원의 자발적이고 자율적인 참여를 중시하는 활동	적응활동	입학, 진급, 전학, 기본생활습관 형성, 축하, 친목, 사제동행, 학습, 건강, 성격, 교우 등의 상담활동 등
		자치활동	학급회, 학생회 협의활동, 모의 의회, 토론회 등
		행사활동	시업식, 입학식, 졸업식, 종업식, 전시회, 발표회, 학예회, 경연대회, 학생건강체력평가, 체육대회, 수련활동, 현장학습, 수학여행, 문화답사, 국토순례 등
		창의적 특색활동	학생 · 학급 · 학년 · 학교 · 지역특색활동 학교전통수립 · 계승활동 등
동아리 활동	공통의 관심사와 동일한 취미, 특기, 재능, 취미 등을 지닌 학생들이 함께 모여서 자발적인 참여와 운영으로 자신들의 능력을 창의적으로 표출해 내는 것을 주 활동으로 하는 집단 활동	학술활동	외국어회화, 과학탐구, 사회조사, 컴퓨터, 인터넷, 신문활용, 발명, 다문화탐구
		문화예술활동	문예, 창작, 회화, 조각, 서예, 전통예술, 현대예술, 성악, 기악, 뮤지컬, 오페라, 연극, 영화, 방송 등
		스포츠활동	구기, 육상, 수영, 체조, 배드민턴, 인라인스케이트, 하이킹, 야영, 민속놀이, 씨름, 태권도, 택견, 무술 등
		실습노작활동	요리, 수예, 꽃꽂이, 조경, 사육, 재배, 설계, 목공, 로봇제작 등
		청소년 단체활동	스카우트연맹, 걸스카우트연맹, 청소년연맹, 청소년적십자, 우주소년단, 해양소년단 등

봉사 활동	어떤 대가를 목적으로 하는 활동이 아니라, 자발적인 의도에서 개인이나 단체로 다른 사람을 돕거나 사회에 기여하는 무보수의 지속적인 활동으로 인간의 존엄성에 대한 인식뿐만 아니라, 더불어 사는 사회의 이해, 협동의식의 고취 등 다양한 의미를 부여할 수 있는 활동	교내봉사활동	학습부진 친구, 장애인, 병약자, 다문화가정 학생 돕기 등
		지역사회봉사활동	복지시설, 공공시설, 병원, 농·어촌 등에서의 일손돕기, 불우이웃돕기, 고아원, 양로원, 병원, 군부대에서의 위문 활동, 재해 구호, 국제 협력과 난민 구호 등
		자연환경 보호활동	깨끗한 환경 만들기, 자연 보호, 식목 활동, 저탄소 생활 습관화, 공공시설물, 문화재 보호 등
		캠페인활동	공공질서, 교통안전, 학교 주변 정화, 환경 보전, 헌혈, 각종 편견극복 등
진로 활동	개인이 자신의 진로를 계획하고 그 진로에 대한 준비를 하며, 적절한 시기에 진로를 선택하고, 선택한 진로에 대해 잘 적응하고 발전할 수 있도록 도와주는 활동	자기이해활동	자기 이해 및 심성 계발, 자기 정체성 탐구, 가치관 확립 활동, 각종 진로 검사 등
		진로정보탐색 활동	학업 정보 탐색, 입시 정보 탐색, 학교 정보 탐색, 학교 방문, 직업 정보 탐색, 자격 및 면허 제도 탐색, 직장 방문, 직업 훈련, 취업 등
		진로계획활동	학업 및 직업에 대한 진로 설계, 진로 지도 및 상담 활동 등
		진로체험활동	학업 및 직업 세계의 이해, 직업 체험 활동 등

2. 창의적 체험활동 운영의 예(부산 부흥고등학교)

1) 창의적 체험활동의 의의

창의적 체험활동은 2015년 개정(1, 2, 3학년)교육과정의 재량활동 중 창의적 재량활동과 특별활동을 통합한 교과 외 활동이며, 학생들이 자발적으로 참여하여 개개인의 소질과 잠재력을 개발·신장하고, 자율적인 생활 자세와 타인에 대한 이해를 바탕으로 나눔과 배려를 실천함으로써, 민주시민으로서 갖추어야 할 공동체 의식과 다양하고 수준 높은 자질 함양을 지향하는 교육과정이다.

(1) 목표

① 총괄목표: 창의적 체험활동에 자발적으로 참여하여 개개인의 소질과 잠재력을 계발・신장하고 자율적인 생활 자세를 기르며, 타인에 대한 이해를 바탕으로 나눔과 배려를 실천함으로써 공동체 의식과 민주시민으로서 갖추어야 할 다양하고 수준 높은 자질 함양을 지향한다.
② 자율활동: 자발성에 바탕을 둔 변화하는 환경 대응 및 공동체 구성원으로서의 역량을 형성한다.
③ 동아리활동: 취미 및 특기 계발, 협동적 학습 능력과 창의적 태도를 형성한다.
④ 봉사활동: 나눔과 배려, 실천, 자연환경 보존, 생활습관 형성을 통한 더불어 사는 삶의 가치를 이해하고 실천한다.
⑤ 진로활동: 자아 정체성 확립과 진로를 탐색하고 설계하며, 진로 결정 및 준비를 한다.

(2) 창의적 체험활동 주당 단위 배당표

학년	1학년		2학년		3학년	
학기	1학기	2학기	1학기	2학기	1학기	2학기
교과단위(시간)	31	31	30	30	30	30
창의적 체험활동	4	4	4	4	4	4
합계	35	35	34	34	34	34

(3) 1, 2학년 창의적 체험활동 주당 시간 편성표

활동영역		1학년 단위(시간)		계
		1학기	2학기	
자율활동	자치・적응・행사활동	0.7(11)	0.7(11)	3.4(54)
	창의적 주제활동(독서교육)	1(16)	1(16)	
동아리활동		1(16)	1(16)	2(32)
봉사활동		0.3(5)	0.3(5)	0.6(10)
진로활동	진로교육	1(16)	1(16)	2(32)
계		4(64)	4(64)	8(128)

(4) 3학년 창의적 체험활동 주당 시간 편성표

활동영역		3학년 단위(시간)		계
		1학기	2학기	
자율활동	자치 · 적응 · 행사활동	0.7(11)	0.7(11)	3.4(54)
	창의적 주제활동(인문학특강)	1(16)	1(16)	
동아리활동		1(16)	1(16)	2(32)
봉사활동		0.3(5)	0.3(5)	0.6(10)
진로활동	진로교육	1(16)	1(16)	2(32)
계		4(64)	4(64)	8(128)

3. 2020학년도 창의적 체험활동 연간 계획

1) 1, 2학년 창체운영

학기	월	주	구분 날짜	자율활동			봉사활동	동아리	진로활동	주당시수	비고
				자치 · 적응활동		행사/창의적 주제					
				금6교시	금7교시	주중/매주 1시간	금 6, 7 교시	금 6, 7 교시	매주 1 시간		
1학기	4월	1									
		2	13~17	안전교육(영상)	장애이해교육영상	1			1	4	16(목) 1, 2학년온라인 개학
		3	20~24	독도교육(영상)	독도교육(영상)	1			1	4	24(금) 학력평가(3)
		4	4/27~5/1	생명존중교육(영상)	가정폭력아동학대예방교육(영상)	1			1	4	30(목) 석가탄신일
	5월	5	4~8	성희롱(영상)	성매매(영상)	1			1	4	7(목) 1학기수업공개 , 공감 DAY
		6	11~15	흡연예방및금연교육(영상)	학교폭력예방교육(영상)	1			1	4	14(목) 학력평가(3)
		7	18~22	봉사사전교육	학급회 3학년 (학급회조직및정부반장선거) 진로직업(1학년, 영상	1	봉사사 전교육1		1	4	
		8	25~29	동아리 (조직)	동아리 (조직)	1		2	1	4	28(금) 수학우수인재선발대회

6월	9	1~5	다문화교육(영상)	학급회 1, 2학년 (학급회조직및정부반장선거)	1		0	1	3	
	10	8~12			0		0	0	4	9(화)~11(목) 1, 2, 3영어듣기평가 11(목)~12(금) 중간고사(1, 2, 3)
	11	15~19	동아리	동아리	1		2	1	4	15(월)~16(화) 중간고사(1, 2, 3,) 18(목) 학력평가(1.2), 수능모평(3)
	12	22~26	동아리	동아리	1		2	1	4	25(목) 교내논술경시대회 26(금) 영어에세이쓰기대회
7월	13	6/29~7/3	동아리	동아리	1		2	1	4	3(금) Art Science 대회
	14	6~10	동아리	동아리	1		2	1	4	
	15	13~17	동아리	동아리	1		2	1	4	
	16	20~24	동아리	동아리	1		2	1	4	22(수) 학력평가(3)
	17	27~31	동아리	동아리	기말 고사		2	0	3	27(월)~30(목) 기말고사(1, 2) 27(월)~31(금) 기말고사(3)
8월	18	3~7	심폐소생교육(강사, 1) 진로와직업교육 (영상, 2)	꿈 발표대회(1) 민주시민교육(영상, 2)	1			1	4	5(수) 역사골든벨대회 7(금) 꿈발표대회(1년, 1시간)
	19	10~14			1	방학식 대청소 2(금)		1		14(금) 여름방학식
소계			1학년32(동아리16, 학급회1, 창체15) 2학년32(동아리16, 학급회2, 창체14)		16	3	16	16	66	
9월	1	8/31~9/4	흡연예방교육(영상)	학급회	1			1	4	
	2	7~11	동아리	동아리	1		2	1	4	10(목) 과학탐구프로젝트발표
	3	14~18	*생명존중교육(강사)	창의인성교육(영상)	1			1	4	16(수) 수능모평(3), 학력평가(1, 2)
	4	21~25	동아리	동아리	1		2	1	4	22~24(화~목) 영어듣기(1, 2, 3)
10월	5	9/28~10/2			1			0	2	9/30(수)~10/2(금) 추석연휴
	6	5~9	동아리	동아리	1		2	1	4	*10/5(화) 금요일수업, 9(금) 한글날
	7	12~16	동아리	동아리	1		2	1	4	
	8	19~23	가정폭력아동학대 예방교육(영상)	학급회	1			1	4	19(월)~22(목) 중간고사(1, 2) 22(월)~23(금) 중간고사(3)
	9	26~30	백일장	백일장	백일장2 현장체 험학습3	자연환경 보호 활동3		0	8	26(월)~28(수) 현장체험(1, 2) 29(목) 재량휴업(2), 30(금) 백일장
11월	10	2~6	동아리	동아리	1		2	1	4	
	11	9~13	*생명존중교육(강사)	다문화교육(영상)	1			1	4	13(금) 인문학독서콘서트
	12	16~20	동아리	동아리	1		2	1	4	18(수) 학력평가(1, 2)
	13	23~27	양성평등교육(강사)	학급회	1			1	4	26(목) 사회주제탐구보고서

	12월	14	11/3012~4	성희롱(영상)	통일안보교육	1	수능 고사장 정비 2(수)		0	4	2(수) 수능예비소집, 3(목) 대수능시험일 재량휴업(1, 2)
		15	7~11	동아리	동아리	1		2	1	4	9(수) 대학문화탐방(3)
		16	14~18	안전교육(영상)	학교폭력예방교육	1			1	4	14(월)~17(목) 기말고사(1, 2)
		17	21~25	동아리	동아리	1		2	1	4	*12/22(화) 금요일수업
		18	28~31			학예제 4(화)	방학식 대청소 2(목)		1	4	29(화) 해월제, 30(수) 학생회선거 31(목) 겨울방학식
	2월	19	1~5			졸업식1			1	1	1(월) 개학식, 5(금) 졸업식/종업식
		20	15~19								신학기준비
	소계			32(동아리16. 학급회3회, 창체11)		26	7	16	16	75	
	합계			64		42	10	32	32	141	
기타	◎1, 2학년 총 창체 시수 : 창체 필요 시수 128시간 이상										

2) 3학년 창체운영

학기	월	주	구분 날짜	자율활동			봉사활동	동아리 활동	진로 활동	주당시수	비고
				자치 · 적응활동		행사/창의적 주제 활동					
				금6교시	금7교시	주중/매주 1시간	금 6교시	금 6, 7 교시	매주 1 시간		
1학기											
	4월	1	6~10	독도교육(영상)	독도교육(영상)	시업식1			0	2	9(목) 3학년 온라인 개학
		2	13~17	안전교육(영상)	장애이해교육(영상)	1			1	4	16(목) 1, 2학년 온라인 개학
		3	20~24			1			1	4	24(금) 학력평가(3)
		4	4/27~5/1	생명존중교육(영상)	가정폭력아동학대 예방교육(영상)	1			1	4	30(목) 석가탄신일
	5월	5	4~8	성희롱(영상)	성매매(영상)	1			1	4	7(목) 1학기수업 공개, 공감 DAY
		6	11~15	흡연예방 및 금연 교육(영상)	학교폭력예방교육(영상)	1			1	4	14(목) 학력평가(3)
		7	18~22	봉사사전교육	학급회(3학년 학급회조직 및 정부반장선거)	1	봉사사전 교육1		1	4	
		8	25~29	동아리(조직)	동아리(조직)	1		2	1	4	28(금) 수학우수인재선발대회

	6월	9	1~5	다문화교육(영상)	학급회	1		0	1	2	
		10	8~12			0		0	0	4	9(화)~11(목) 1, 2, 3영어듣기평가 11(목)~12(금) 중간고사(1, 2, 3)
		11	15~19	동아리	동아리	1		2	1	4	15(월)~16(화) 중간고사(1, 2, 3,) 18(목) 학력평가(1. 2), 수능모평(3)
		12	22~26	동아리	동아리	1		2	1	4	25(목) 교내논술경시대회 26(금) 영어에세이쓰기대회
	7월	13	6/29~7/3	동아리	동아리	1		2	1	4	3(금) Art Science 대회
		14	6~10	동아리	동아리	1		2	1	4	
		15	13~17	동아리	동아리	1		2	1	4	
		16	20~24	동아리	동아리	1		2	1	4	22(수) 학력평가(3)
		17	27~31	민주시민교육(영상)	민주시민교육(영상)	기말 고사			0		27(월)~30(목) 기말고사(1, 2) 27(월)~31(금) 기말고사 (3)
	8월	18	3~7	동아리	동아리	1		2	1	4	5(수) 역사골든벨대회 7(금) 꿈발표대회(1년, 1시간)
		19	10~14			1	방학식 대청소 2(금)		1	4	14(금) 여름방학식
	소계			32(동아리16, 학급회2, 창체14)		16	3	16	16	68	
2 학 기	9월	1	8/31~9/4	흡연예방교육(영상)	학급회	1			1	4	
		2	7~11	동아리	동아리	1			1	4	10(목) 과학탐구프로젝트발표대회
		3	14~18	*생명존중교육(강사)	창의인성교육(영상)	1			1	4	16(수) 수능모평(3), 학력평가(1, 2)
		4	21~25	동아리	동아리	1			1	4	22~24(화~목) 영어듣기(1, 2, 3)
	10월	5	9/28~10/2			1			0	2	9/30(수)~10/2(금) 추석연휴
		6	5~9	동아리	동아리	1			1	4	*10/5(화) 금요일수업, 9(금) 한글날
		7	12~16	동아리	동아리	1			1	4	
		8	19~23	가정폭력아동학대 예방교육(영상)	학급회	1			1	2	19(월)~22(목) 중간고사(1, 2) 22(월)~23(금) 중간고사(3)
		9	26~30	진로진학교육(영상)	자연환경보호교육(영상)	1			1	4	26(월)~28(수) 현장체험(1, 2) 29(목) 재량휴업(2), 30(금) 백일장
	11월	10	2~6	동아리	동아리	1			1	4	
		11	9~13	*생명존중교육(강사)	다문화교육(영상)	1			1	4	13(금) 인문학 독서콘서트
		12	16~20	동아리	동아리	1			1	4	18(수) 학력평가(1, 2)
		13	23~27	*양성평등교육(강사)	학급회	1			1	4	26(목) 사회주제탐구보고서대회
	12월	14	11/3012~4	성희롱(영상)	통일안보교육(영상)	1			0	3	2(수) 수능예비소집, 3(목) 대수능시험일 재량휴업(1, 2)
		15	7~11	동아리	동아리	1	자연환경 보호 활동2		1	4	9(수) 대학문화탐방(3)
		16	14~18	안전교육(영상)	학교폭력예방교육(영상)	1	교내대 청소2		1	4	14(월)~17(목) 기말고사(1, 2)
		17	21~25	동아리	동아리	1	교내대 청소1		1	4	*12/22(화) 금요일수업

		18	28~31				방학식 대청소 2(목)		1	2	29(화) 해월제, 30(수) 학생회 선거 31(목) 겨울방학식
	2월	19	1~5			졸업식1			0	4	1(월) 개학식, 5(금) 졸업식/종업식
		20	15~19								신학기 준비
	소계			32(동아리16, 학급회3회, 창체13)		18	5	16	16	69	
	합계			64		34	7	32	32	137	
기 타	◎3학년 총 창체 시수 : 128시간 이상										

3) 창의적 주제활동

(1) 1, 2학년 독서교육

① 목표

(가) 독서함으로써 인문학적 소양을 기르고 자신의 진로를 찾도록 한다.

(나) 체계적이고 다양한 독서 체험을 통하여 독서에 대한 흥미를 가진다.

학기	차시	내용
1학기	1	진로독서 방향 교육
	2	자기이해를 위한 독서의 중요성 안내
	3	인간과 사회를 이해하기 위한 문학과 비문학의 균형된 독서 읽기 지도
	4	1차 활동: 나의 진로에 맞는 책 탐색하기
	5	1차 활동: 나의 진로에 맞는 책 탐색하기
	6	1차 활동: 나의 진로에 맞는 책 탐색하기
	7	1차 활동: 나의 진로에 맞는 책 탐색하기
	8	1차 활동: 나의 진로에 맞는 책 탐색하기
	9	1차 활동: 나의 진로에 맞는 책 탐색하기
	10	2차 활동: 인문학적 소양 도서 선정
	11	2차 활동: 인문학적 소양을 함양할 수 있는 도서 읽기
	12	2차 활동: 인문학적 소양을 함양할 수 있는 도서 읽기
	13	2차 활동: 인문학적 소양을 함양할 수 있는 도서 읽기
	14	2차 활동: 인문학적 소양을 함양할 수 있는 도서 읽기
	15	인문학적 소양을 함양할 수 있는 도서 독후감 작성
	16	인문학적 소양을 함양할 수 있는 도서 독후감 발표 및 토의
소계	16	

2학기	1	3차 활동: 진로 연계 도서 선정
	2	3차 활동: 진로 연계 권장 도서 읽기
	3	3차 활동: 진로 연계 권장 도서 읽기
	4	3차 활동: 진로 연계 권장 도서 읽기
	5	3차 활동: 진로 연계 권장 도서 읽기
	6	진로 연계 권장 도서 독후감 작성
	7	진로 연계 권장 도서 독후감 발표 및 토의
	8	4차 활동: 진로 연계 도서 선정
	9	4차 활동: 진로 연계 권장 도서 읽기
	10	4차 활동: 진로 연계 권장 도서 읽기
	11	4차 활동: 진로 연계 권장 도서 읽기
	12	4차 활동: 진로 연계 권장 도서 읽기
	13	진로 연계 권장 도서 독후감 작성
	14	진로 연계 권장 도서 독후감 발표 및 토의
	15	토론 기법 안내
	16	일 년 동안 읽은 책 중 가장 인상적인 책 발표하기
소계	16	
합계	32	

② 세부운영계획: 1, 2학년을 대상으로 주당 1시간씩 운영한다.

(2) 3학년 인문학 특강

① 목표

(가) 학생들에게 종합적이고 간략한 인문학을 소개한다.

(나) 학생들에게 좋은 지적 체계를 소개함으로 학습에 도움을 주고자 한다.

학기	차시	내용
1학기	1	인문학이란?
	2	인문학의 의미
	3	인문학이 삶에 끼치는 영향력
	4	인문학을 해야만 하는 이유
	5	동양고전에 관한 고찰
	6	동양철학사상
	7	동양철학사상
	8	동양철학사상
	9	동양철학사상
	10	효경의 뜻과 실천
	11	효경의 뜻과 실천
	12	논어의 인문학
	13	논어의 인문학
	14	논어의 인문학
	15	모둠별 과제 제출
	16	총평
소계	16	
2학기	1	동양과 한국윤리사상
	2	동양과 한국윤리사상
	3	인간의 삶과 윤리
	4	인간의 삶과 윤리
	5	행복과 신앙
	6	행복과 신앙
	7	한국 고유의 윤리사상
	8	한국 고유의 윤리사상
	9	민주주의와 정의
	10	민주주의와 정의
	11	사회 전체의 행복 증진을 위한 삶
	12	사회 전체의 행복 증진을 위한 삶
	13	자본주의와 사회주의
	14	자본주의와 사회주의
	15	자유와 평등의 조화로운 공존
	16	총평
소계	16	
합계	32	

② 세부운영계획: 3학년을 대상으로 주당 1시간씩 운영한다.

(3) 1, 2, 3학년 교육과정 내 봉사활동

시기	활동	내용	1학년	2학년	3학년
5월	교내봉사활동	봉사활동 사전계획	봉사활동 사전계획 (1시간)	봉사활동 사전계획 (1시간)	봉사활동 사전계획 (1시간)
8월	교내봉사활동	여름방학 대청소	방학식 대청소 (2시간)	방학식 대청소 (2시간)	방학식 대청소 (2시간)
10월	캠페인활동	자연환경 보호활동	현장체험 (3시간)	현장체험 (3시간)	
12월	교내봉사활동	교내 대청소	수능고사장 정비 (2시간)	수능고사장 정비 (2시간)	
12월	교내봉사활동	겨울방학 대청소	방학식 대청소 (2시간)	방학식 대청소 (2시간)	방학식 대청소 (2시간)
12월	교내봉사활동	교내 대청소			교내 대청소 (3시간)
12월	캠페인활동	자연환경 보호활동			대학 탐방시 자연환경 보호활동 (2시간)
합계			10시간	10시간	10시간

(4) 동아리활동 연간 계획

① 운영 방법: 격주 금요일 6, 7교시에 운영

② 2020학년도 부흥고 동아리활동 부서 조직표

연번	계열	동아리명	학년	교사	장소
1	인문, 사회	미래세계시민반	1, 2		2-9
2	인문, 사회	민주시민교육반	1, 2		1-10
3	인문	도서반	1, 2		도서실
4	사회	RCY반	1, 2		1-5
5	사회	방송반	1, 2		방송실

6	자연	자연다큐감상반	1, 2		1-4
7	자연	수학프로젝트반	1		1-3
8	인문	문학탐구반	2		2-4
9	인문	문학감상반	2		2-7
10	인문	시간을 거스르는 대화	1, 2		2-3
11	예체능	꿈을 찍는 사람들	1, 2		어학실
12	인문	고전읽기반	2		1-1
13	인문	문학완독반	1		1-9
14	자연	수학사탐구반	2		2-5
15	자연	과학프로젝트반	2		물리지학실
16	인문사회	부산의 재발견	2		영어교과 1실
17	인문	영미문학읽기반	1, 2		영어교과 1실
18	인문	문학작품읽기반	1		1-2
19	인문	문학활동반	2		1-8
20	예체능	밴드반	1, 2		2-1
21	예체능	기악반	1, 2		4층 음악실
22	자연	CC(Cabin Crew)반	1, 2		컴퓨터실

연번	계열	동아리명	학년	교사	장소
23	자연	Science & Math반	1, 2		수학교과 1실
24	예체능	미술창작반	1, 2		미술실
25	예체능	태권도반			태권도실
26	예체능	토탈공예반	1, 2		통합교육반 (특수학생만)
27	자연	과매기반[과학속매력찾기]	1, 2		공통과학실
28	자연	리틀 포레스트반	2		화학생물실 (2학년 남,녀/15명)
29	자연	메이커 동아리	1, 2		무한상상실
30	공통	영어소설읽기반	1		1-6
31	공통	영어소설읽기반	2		2-6
32	공통	장산 생태 탐구	1, 2		1-7
33	예체능	연극반	1, 2		2-2
34	예체능	배드민턴반	1		강당

35	예체능	배드민턴반 2	2		강당
36	공통	수학관련도서읽기반	1, 2		수학교과 3실
37	예체능	댄스반	1, 2		무용실
38	자연	지구과학반	1, 2		2−10
39	인문	시창작반	1, 2		수학교과 2실
40	진로	진로탐색반	1		진로교과실
41	인문	시사쟁점토론반	1, 2		미정
42	인문	심리스누핑반	1, 2		2−8

연번	계열	동아리	교사	장소
1	자연	수학자료탐구반 1		3−1
		수학자료탐구반 2		
2	자연	주제탐구반		3−2
3	자연	환경문제탐구반		3−3
4	자연	과학자료읽기반		3−4
5	자연	수학다큐감상토의반		3−5
6	인문	수학사연구반		3−6
7	인문	꿈꾸는 진로반		3−7
8	인문	시사토론반		3−8
9	인문	사회이슈탐구반		3−9
10	인문	그린나래반		3−10

(5) 진로활동 연간 계획: 독서역량 강화를 통한 학업 능력 향상

① 운영 방법: 전 학년 학급마다 배정된 시간표에 따라 진로독서를 실시, 3학년은 입시준비와 병행

② 진로 진학 관련 독서 및 지속적 독후활동으로 학업역량강화

③ 자신의 진로와 유관한 독서 활동을 통하여 진로탐색 역량을 강화, 구체화 함

④ 연간 목표: 진로 독서활동을 강화하여 학업력 향상과 진로탐색 및 결정력을 향상함

◆ 1학년 진로활동–나의 길 탐색

주	내용	비고
1	꿈채움포트폴리오 사용안내	나의 길과 방법에 대한 철학적 탐색
2	1학기 진로독서 계획 수립	관심분야 도서 발표, 질의받기
3	독서의 중요성에 대한 1분 스피치	주제별, 토의 토론
4	자신의 도서 소개 및 질의	발표 액션러닝 • 개인별 진로독서계획서 작성 • 꿈채움포트폴리오–진로독후감 작성 • 개인별 활동지 기록 • 정리 및 소감 발표
5	진로분야 도서소개	
6	자신의 흥미와 접목한 독서활동	
7	자신의 가치관과 연계한 독서활동	
8	진로탐색활동에 대한 자기과정	
9	대입정보 포털사이트 “어디가” 활용안내	
10	진로탐색검사 결과해석으로 본 자기이해	
11	DISC행동유형 검사를 통한 자기이해	
12	나의 감성경향 알아보기	
13	내신과 수능 등급 이해하기	
14	나의 꿈 설계	
15	나의 꿈 발표	
16	직업인 초청 특강	
17	자신의 흥미와 접목한 독서활동	발표 액션러닝 • 개인별 진로독서계획서 작성 • 꿈채움포트폴리오–진로독후감 작성 • 개인별 활동지 기록 • 정리 및 소감 발표
18	희망전공 학과선택	
19	잠재력 개발을 위한 독서활동	
20	미래 유망직업 안내	
21	진로독서와 진로 상담	
22	미래를 바꿀 기술 안내	
23	중간고사	
24	나의 진로 로드맵 작성하기	
25	직업탐구 독서활동	
26	다중지능 간편검사	
27	스마트 시대, 미래의 도시	
28	4차 산업혁명과 융합지식	
29	기말고사	
30	학습 습관 및 효과적인 공부방법	
31	자신의 가능성을 확인하는 독서활동	
32	1학년 진로활동 마무리	

◆ 2학년 독서를 통한 전공, 학과 탐구 및 진로체험

<table>
<tr><th>주</th><th>내용</th><th>비고</th></tr>
<tr><td>1</td><td>독서의 필요성에 대한 1분 스피치</td><td>관심분야 도서 소개하기</td></tr>
<tr><td>2</td><td>1학기 진로독서 계획 수립</td><td>개인과제부여, 발표방법 안내</td></tr>
<tr><td>3</td><td>진학 분야 도서 소개</td><td>모둠활동 방법 정하기(팀별 자율)</td></tr>
<tr><td>4</td><td>희망직업과 접목한 독서활동</td><td rowspan="19">발표 액션러닝
• 개인별 진로독서발표(PPT)
• 발표내용 관련한 모둠활동
• 독서노트 활용 독서 누가 기록
• 개인별 활동지 기록
• 정리 및 소감 발표</td></tr>
<tr><td>5</td><td>희망학과와 접목한 독서활동</td></tr>
<tr><td>6</td><td>자신의 가치관과 연계한 독서활동</td></tr>
<tr><td>7</td><td>희망직업탐구 독서활동 1</td></tr>
<tr><td>8</td><td>희망직업탐구 독서활동 2</td></tr>
<tr><td>9</td><td>개인별 활동 기록</td></tr>
<tr><td>10</td><td>독서노트 누가 기록 1</td></tr>
<tr><td>11</td><td>개인별 도서 소개-모둠활동</td></tr>
<tr><td>12</td><td>독서노트 누가 기록 2</td></tr>
<tr><td>13</td><td>독후 활동 모둠 토의</td></tr>
<tr><td>14</td><td>독후활동 발표 및 소개 1</td></tr>
<tr><td>15</td><td>독후활동 발표 및 소개 2</td></tr>
<tr><td>16</td><td>1학기 독서 기록 정리 및 활동내용 입력</td></tr>
<tr><td>17</td><td>2학기 독서계획 수립</td></tr>
<tr><td>18</td><td>직업탐구 독서활동</td></tr>
<tr><td>19</td><td>잠재력 개발을 위한 독서활동</td></tr>
<tr><td>20</td><td>독서활동을 통한 자기한계 타파하기</td></tr>
<tr><td>21</td><td>진로독서와 진학상담</td></tr>
<tr><td>22</td><td>진로독서와 꿈 찾기</td></tr>
<tr><td>23</td><td>중간고사</td><td rowspan="10">발표 액션러닝
• 개인별 진로독서발표(PPT)
• 발표내용 관련한 모둠활동
• 독서노트 활용 독서 누가 기록
• 개인별 활동지 기록
• 정리 및 소감 발표</td></tr>
<tr><td>24</td><td>나의 진학 로드맵 작성하기</td></tr>
<tr><td>25</td><td>독서활동으로 발견한 자신의 가능성</td></tr>
<tr><td>26</td><td>독서와 교과 발달 연계하기</td></tr>
<tr><td>27</td><td>독서와 학과, 전공 연계하기</td></tr>
<tr><td>28</td><td>독서를 통해 본 나의 진로</td></tr>
<tr><td>29</td><td>기말고사</td></tr>
<tr><td>30</td><td>연간 독서활동 반성과 고찰</td></tr>
<tr><td>31</td><td>자신의 가능성을 확인하는 독서활동</td></tr>
<tr><td>32</td><td>2학년 진로활동 마무리</td></tr>
</table>

◆ 3학년 적성과 잠재력에 기초한 의사결정(대학세계의 이해, 진로정보 탐색, 진로의사결정)

연번	활동주제	활동내용
1	나의 진학로드맵	진학 로드맵 작성(전형유형에 따른 전형요소 확인)
2	대학 및 입시제도의 탐색	대입전형계획 안내 및 목표 대학 및 학과 설정을 위한 안내/지도
3		학과 정보 탐색 및 희망 대학 학과 입시 자료 확인
4	자기이해	종합적 자기이해와 진로 설계
5	나의 진학계획	나에게 맞는 수시, 정시 전형 분석하기
6		지원시기(수시, 정시) 분석
7	학교생활기록부종합전형	학교생활기록부종합전형 안내
8	비교과활동 점검	자신의 포트폴리오 점검
9	수시지원	수시지원 계획 수립 (대학별 고사, 추천서, 자기소개서 등)
10	정시지원	정시지원 계획 수립 (학교생활기록부 관리, 수능, 대학별 고사 등)
11	자기소개서 작성	자기소개서 의의 및 중요성
12		자기소개서 항목별 작성법
13		자기소개서 항목별 사례 분석
14		자기소개서 작성하기
15	희망 대학 및 학과 탐방	자신이 원하는 대학 및 학과 탐방
16	모의 면접	모의 면접 실시하기
17		모의 면접 실시하기
18	진로의사결정(학과 및 대학)	대학입학원서 지원 사이트(지원 절차)
19	대학별 고사 대비	희망 대학별 고사 대비
20	나의 진로계획	학과 및 전공의 선택과 집중
21		적성과 현실적 고려를 통한 진로 선택
22		내신성적 관리 및 수능 고사 대비
23		중간고사
24		내신성적 관리 및 수능 고사 대비
25	진학 준비	정시 지원계획 수립
26		정시 지원계획 수립
27		대학별 고사 대비
28		모의 면접 실시하기

29	진로의사결정 (학과, 대학, 취업 등)	졸업 후 진로계획 및 준비
30		졸업 후 진로계획 및 준비
31	전문대 입시요강 탐색	전문대 입시 요강 탐색 및 지원
32	평생학습 준비	평생 학습계획 수립

4. 평가계획

창의적 체험활동이 완성되어 가는 12월 둘째 주에 평가문항을 해 그해의 창의적 체험활동 성과를 평가하고, 나타난 결과를 토대로 다음 해 교육계획 수립에 반영한다.

1) 창의적 체험활동 평가문항

구분	평가요소	아주 그렇다	그렇다	보통	미흡	아주 미흡
교사	창의적 체험활동 상위 교육과정의 목표를 적절하게 분석하고, 이를 학교교육과정에 적합하게 적용하였는가?					
	지역사회와 학교의 교육여건상의 특수성을 창의적 체험활동 계획수립에 적절히 반영하였는가?					
	창의적 체험활동에 배정된 시간의 영역별 배당과 별도 시간의 확보는 적절하였는가?					
	전년도 창의적 체험활동 평가 결과와 문제점 해결 방안이 충실히 반영되었는가?					
학생	창의적 체험활동에서 영역별 지도방법은 적절하였는가?					
	창의적 체험활동을 위한 장소선정, 시간운영은 영역의 특성에 따라 적절하였는가?					
	창의적 체험활동에 필요한 총 수업시수는 충분히 확보되어 운영되었는가?					
	창의적 체험활동에 필요한 인사를 포함하여 지도교사를 폭넓게 확보하였는가?					

2) 시상계획

창의적 체험활동과 그 결과물에 대하여 수업 담당 교사의 추천과 발표 성적으로 각 학기말 시상

(1) 추천기준

창의적 체험활동과 그 결과물에 대한 발표대회에서의 우수성과 창의적 특색수업 참여도

(2) 세부계획

수상명	시행(월)	참가대상	수상비율	담당부서	공개방식
꿈 발표대회	8월	1학년	참가자의 20% 이내	창의인성부	학교홈페이지
동아리활동 우수상	12월	전교생	참가자의 20% 이내	창의인성부	학교홈페이지

출처: 부흥고등학교 2020학년도 교육계획서.

5. 진로 · 진학지도

1) 중학교의 진로 및 진학지도

(1) 중학교 진로교육의 특성 및 실태

① 특성

가. 일반적인 교육에서 전문적인 교육으로의 전환 시기

중학교 단계는 초등학교의 기초적 개념 이해 수준에서 좀 더 세분화된 중등교육으로 전환을 경험하는 시기이므로 교육적인 선택이나 자신의 특성을 탐색하는 데 다양하고 광범위한 기회가 주어져야 한다.

나. 신체적인 남녀 간의 성차가 뚜렷하게 나타나는 시기

개인마다 진로성숙, 흥미, 가치관, 태도 면에서 다양하기 때문에 이러한 개인차를 포괄하여 반영할 수 있도록 광범위한 접근 방법이 요구된다.

다. 중학생의 중요한 과업은 개인의 정체감 확립

학생들로 하여금 자신들의 감정, 욕구, 불확실성을 이해하고, 직업에 대한 구체적이고 직접적인 다양한 경험을 함으로써 가치관이 정립되도록 해야 한다.

라. 학생이 주체가 되는 진로교육

학생의 희망, 흥미, 소질, 적성을 고려하고 자율적 참여와 실천을 돕기 위한 교육과정의 일환으로서 자신의 미래를 창의적이고 적극적으로 준비할 수 있는 자기주도적 능력을 갖추도록 해야 한다.

② 실태

가. '2015 개정 교육과정'에 있어서 진로교육이 중추적인 역할을 담당

'학교는 학생의 직업 및 진로에 대한 탐색과 선택을 돕기 위해 진로교육을 강화한 교육과정을 편성 · 운영한다.'고 명시함으로써 진로교육의 중요성을 강조하였다.

나. 중학교 선택과목의 하나로 '진로와 직업' 과목이 추가

국민공통기본교육기간의 최종 학년이 10학년에서 9학년인 중학교 3학년까지로 변경됨에 따라 중학교 단계에서 진로 · 진학 지도 교육의 필요성이 대두되고, 학생 및 학부모의 진로교육에 대한 요구가 증가함에 따라 '진로와 직업'과목이 선택과목으로 추가되었다.

③ '창의적 체험활동'의 영역의 하나로 '진로활동'이 명시

자율활동, 동아리활동, 봉사활동 등과 연계하여 진로활동을 전개하고, 지역사회의 다양한 자원을 활용하여 진로와 관련된 학습기회를 마련할 수 있게 되었다.

④ 고등학교 진학체제 개편

크게 일반고, 특목고, 특성화고, 자율고 등 4개 유형을 기본으로, 전문계열의 3유형은 '특성화고'로 일원화되었으며, 특목고는 설립 목적에 따라 4가지 형태로 뚜렷하게 구별되었다. 또한 자율고는 자율형 사립고 · 공립고를 포함하게 되었다.

⑤ 자기주도 학습전형 도입 등 입시제도 개선

- 특목고 등 전기 고등학교의 입학전형은 학생의 자기주도 학습능력을 신장시키

는 것을 목적으로, 학교생활기록부 기록에 학교장 추천서, 면접, 실기시험 등을 반영하는 자기주도 학습전형 실시로 사교육비 부담과 과도한 선행학습으로 인한 학습 부담을 완화시키는 등 창의적 인재 양성의 기반을 마련하도록 하였다.

- 특목고, 자율형 사립고 등 학생을 선발하는 학교의 전학 · 편입학 방법을 학교장이 정하던 방식에서 교육감이 정하는 방식으로 변경하여 전학 · 편입학 과정에서 유발되는 사교육 요소인 필기고사 등을 배제하도록 하였다.
- 현재 전 · 후기 2단계로 구분되어 있는 고등학교 학생선발 시기로 인하여, 학생들의 학교선택권이 제한된다는 지적에 따라 일부 시 · 도를 교과부에서 시범 선정하여 입학 시기를 가 · 나 · 다 3단계로 조정하여 학생들의 학교 선택 기회를 실질적으로 확대하는 방안을 모색할 수 있도록 근거를 마련하였다.

⑥ 고교 정보 탐색 기능 지원확대 및 입학사정관 전형

가. 인터넷 사이트를 이용한 학교 정보 검색사이트 지원

- 커리어넷(http://www.career.go.kr): 학교 유형별 검색가능
- 학교알리미(http://www.schoolinfo.go.kr): 단위학교별 정보 검색 가능

나. 입학사정관 전형 실시

현재 일부 대학에서 시행되고 있는 입학사정관 제도를 고등학교에 도입한 것으로 학생들의 수학 · 과학 분야의 창의성, 잠재력과 흥미, 관심도 등을 종합 고려하여 선발하는 것이다.

(2) 중학교 진로교육의 내용

① 선택 교과 '진로와 직업'을 통한 진로교육

'진로와 직업' 과목이 갖는 보편성 및 기초적인 성격을 실현하기 위해서 학교의 여건에 따라 한 학년 또는 한 학기의 집중이수를 통해 이 과목을 이수할 것을 권장한다. 교과목의 특성상 다른 과목 및 활동과 연계할 수 있는 가능성이 높으므로 이를 고려하여 학교 전반에 걸친 진로교육 활동에서 '진로와 직업' 과목의 성격을 규정하고 창의적 체험활동이나 다른 교과목과의 연계를 토대로 지도 계획을 수립한다.

표 8-3 입학사정관 전형의 평가요소 및 평가기준 모형(예시)

평가요소	평가기준	종합평가
〈교과 관련 요소〉 • 교과성적 • 학년별 성적추이 • 학업관련 탐구 활동 • 교과 관련 교내 수상 실적 • 방과후학교 활동 등 〈창의적 체험활동〉 • 독서 활동 • 자격증 및 인증 • 진로탐색 · 체험활동 • 동아리활동 • 봉사활동 • 방과후 학교 활동 〈학교생활 충실도, 인성 · 적성〉 • 공동체 의식 • 리더십 • 학업의지 • 특별활동 • 출결상황 • 교사의 평가 • 교우관계 등 〈학습환경〉 • 가정환경 • 학교 여건 • 지역의 교육 여건 • 학업수행의 장애극복 등	학업의지 및 전공 적합성 창의성 인성 학업성취도 성장잠재력 및 발전 가능성	종합평가(holistic approach)에 의한 최종 등급 평가 ⇒ 합격 · 불합격 결정

출처: 한국진로교육학회(2011), p. 354.

② 창의적 체험활동을 통한 진로교육

창의적 체험활동이란 교과 이외의 활동으로서, 앎을 적극적으로 실천하고 나눔과 배려를 할 줄 아는 창의성과 인성을 겸비한 미래지향적 인재 양성을 목적으로 한다. 창의적 체험활동은 크게 4가지 영역으로 구성되어 있으며, 그 가운데 하나인 진로활동 영역의 세부내용은 자기이해 활동, 진로정보탐색 활동, 진로계획 활동, 진로체험 활동 등이 있다.

③ 통합형 진로교육

가. 창의적 체험활동의 하위영역 간의 통합형 진로교육

창의적 체험활동 운영의 효율성을 높이기 위해 관련 교과 및 창의적 체험활동의 하위 영역 간에 통합하여 편성 · 운영할 수 있다.

나. 자기주도적 학습과 범교과 학습간의 통합형 진로교육

학교 여건 또는 필요성에 따라 범교과 학습과 자기주도적 학습을 창의적 체험활동의 영역과 연계하여 운영할 수 있다.

다. 체험학습을 통한 진로교육

지역사회의 인적, 물적 자원을 최대한 활용하기 위하여 창의적 체험활동 영역별로 활용 가능한 인사, 시설, 기관, 자료 등의 자원 실태를 파악하고, 다양한 활동 프로그램을 개발하여 창의적으로 운영한다.

(3) 고등학교 진학 정보

① 고등학교의 입시 유형

가. 전기고–특수목적고등학교(과학고, 예술고, 체육고)

나. 전기고–마이스터고(산업수요 맞춤형고), 특성화고등학교

다. 후기고–자율형사립고, 국제고, 외국어고, 학교장전형고

라. 후기고–일반고

(4) 고등학교 입학전형의 예(부산광역시 고입전형 방법)

고등학교 입학전형의 한 예로 부산광역시교육청에서 시행하는 고입전형 방법을 살펴보면 다음과 같다(부산광역시교육청, 2020b).

고입전형 방법의 목적은 중학교 교육과정의 효율적인 운영과 교육의 본질 추구를 지원하며, 기초 · 기본교육에 충실하고 인성교육, 창의성 교육의 활성화를 위한다. 또한 고등학교 신입생 선발의 합리성, 공정성, 타당성을 제고하는 것이다. 기본방침으로는「초 · 중등교육법 시행령」제77조~제88조 규정에 의거하여 시행하며, 중학교성적(내신성적)에 의한 전형으로 학교생활기록부를 적극 활용하고 비교과 자료의 활용으로 특기 · 적성 교육을 활성화하는 데 이바지한다. 또한 학생의 학교 선택의 기회를 확대한다는 취지에서 전기와 후기로 나누어 전형일자를 구분하여 실시하며, 일반고는 선 복수지원 후 추첨배정 방식으로 하며, 쌍생아는 희망에 따라 동일 고등학교(또는 타고등학교)에 배정한다.

① 전기학교 전형방법

가. 산업수요 맞춤형 고등학교(마이스터고등학교)

「초 · 중등교육법 시행령」 제77조 제1항, 제80조, 제82조 제1항 등의 규정에 따라 학교생활기록부에 의한 중학교 성적 외에 적성검사, 인성검사, 심층면접 등 다양한 방법으로 학생을 선발할 수 있다. 사회통합전형을 포함한 특별전형의 비율은 입학 정원의 10% 이상으로 한다. 마이스터고에 불합격자는 특성화고에 지원이 가능하다. 학생의 소질이나 적성 또는 취업의지 등을 고려하여 선발하는 특별전형을 일반전형 실시 전에 할 수 있다. 특별전형에 불합격자는 일반전형에 지원할 수 있다.

나. 특수목적고등학교(국제고, 외국어고)

「초 · 중등교육법 시행령」 제77조 제1항, 제80조, 제82조 제1항, 제91조의 2의 규정에 따라 학생을 선발한다. 자기주도 학습전형을 실시한다. 외국어고등학교는 학과별로 학생을 선발한다. 자기주도 학습전형에서는 〈표 8-4〉 사회통합전형대상자를 20% 선발한다.

- 1단계: 영어 내신성적(160점)+출결(감점)로 선발(정원의 1.5배-2배수)
  - * 영어 내신성적 산출방식: 중학교 2학년, 3학년 성취도 반영
- 2단계: 서류 및 면접
  - * 자기소개서 중심의 면접 - 자기소개서 진위 여부 확인
  - * 공통질문을 사용한 면접

다. 자율형사립고

「초 · 중등교육법 시행령」 제80조, 제82조, 제105조, 제105조의 3의 규정에 따라 전형을 실시한다. 자기주도 학습전형 또는 해당 학교의 장이 정하는 전형을 실시하되, 학교별 필기고사나 교과지식을 측정하는 평가는 금지하고 각종 선행학습을 유발하는 요인을 제거한다. 사회통합전형 대상자를 입학정원의 20% 이상을 선발해야 한다.

라. 특성화고등학교

「초 · 중등교육법 시행령」 제77조 제1항, 제80조, 제82조 제1항의 규정에 따라 전형을 실시한다. 학교생활기록부에 의한 중학교 성적 외에 적성의 적합성이나 수학 상 지장 유무를 확인하는 적성검사, 신체검사, 면접 등을 전형에 반영할 수 있다. 학생의 소질이나 적성 또는 취업의지 등을 고려하여 선발하는 특

별전형을 일반전형보다 먼저 실시할 수 있으며, 이 경우 소질이나 적성 또는 취업의지 등이 높은 학생을 선발할 수 있도록 전형요소를 구성해야 한다. 특별전형에 불합격자는 일반전형에 지원할 수 있다.

표 8-4 사회통합전형

사회통합전형	기회균등	국민기초생활보장법상의 수급권자, 차상위계층, 국가보훈대상자, 한부모가족보호대상자, 차차상위계층으로 교육감이 정하는 자, 가정환경이 어려운 학생 중 학교장이 추천한 자
	사회다양성	다문화가정의 자녀, 북한이탈주민 또는 그 자녀, 특수교육대상자, 도서벽지 출신, 아동복지시설보호 아동, 한부모가정의 자녀, 특수직종 종사자 자녀 등

② 후기학교(일반고등학교) 전형 방법

「초 · 중등교육법 시행령」 제77조~제88조 규정 후기학교 전형과 관련된 규정에 따라 학교생활기록부에 의한 중학교 성적으로 전형을 실시한다. 전형 방법은 중학교 성적으로 전형하되 교과성적은 2학년과 3학년 성적을 반영하고, 비교과성적(출석, 자율활동, 동아리활동, 봉사활동)은 전학년(1학년~3학년) 성적을 반영한다. 교과성적의 반영비율은 2학년 40%, 3학년 60%를 적용하여 학기별로 산출한다.

표 8-5 중학교성적 산출 점수: 총점 300점

구분	교과 성적	출석 성적	자율활동	동아리활동	봉사활동	총점
점수	240점	21점	12점	12점	15점	300점
비율	80%	7%	4%	4%	5%	100%

일반고등학교를 지원하는 방법은 지망학교와 주소지 정보를 입력하여 지원한다. 학군 설정은 광역학군(시내 전역)과 지역학군(교육지원청 단위의 5개 학군)으로 나뉜다.

표 8-6 부산광역시 광역학군과 지역학군

학군	해당지역
서부	중구, 사하구, 영도구, 서구, 강서구(명지 · 녹산 · 가덕도동)
남부	남구, 동구, 부산진구
북부	북구, 사상구, 강서구(명지 · 녹산 · 가덕도동 제외)
동래	연제구, 동래구, 금정구, 해운대구(반여 · 반송 · 석대동), 기장군(철마면)
해운대	수영구, 해운대구(반여 · 반송 · 석대동 제외), 기장군(철마면 제외)

표 8-7 부산광역시 통합학군: 인접하는 두 지역학군으로 구성

통합학군	해당 지역	통합학군	해당지역
서부 · 남부	서부, 남부 지역학군 관내	남부 · 해운대	남부, 해운대 지역학군 관내
서부 · 북부	서부, 북부 지역학군 관내	북부 · 동래	북부, 동래 지역학군 관내
남부 · 북부	남부, 북부 지역학군 관내	동래 · 해운대	동래, 해운대 지역학군 관내
남부 · 동래	남부, 동래 지역학군 관내		

지원학교는 광역학군에서 최대 2개교, 지역학군에서 최대 2개교를 선택한다.

- 제1, 3 지망(광역학군): 주소지에 관계없이 시내 전역에서 2개교 선택 지원
- 제2, 4 지망(지역학군): 주소지 지역학군(지역교육청 단위 5개 학군)에서 2개교 선택 지원. 제1지망은 제2지망과 다른 학교를 선택 지원해야 하며, 제3, 4지망은 선택하지 않아도 되나, 5단계 통합학군 배정 시 제1지망~제4지망과 주소지를 참작하므로 가능하면 선택할 것을 추천함. 합격자 사정 방법은 개인별 석차백분율 순서로 사정하고 동석차를 산출하지 않는다. 동점자 발생 시 우선 순위에 따라 처리한다.
- 중학교 내신성적 산출자 간의 동석차백분율이 발생한 경우: 비교과(출석, 자율활동, 동아리활동, 봉사활동) 성적 총점이 높은 자. 성취도에 따른 환산 점수 평균이 높은 자. 과목별 원점수 평균이 높은 자. 생년월일이 늦은 자.
- 학교 배정 방법은 '지망에 의한 선 복수지원, 후 추첨배정' 및 '주소지 정보에 의한 지리정보 배정' 방식을 적용한 컴퓨터 무작위 추첨으로 배정한다.

표 8-8 지망에 의한 선 복수지원, 후 추첨배정

배정절차	배정비율
1단계 광역학군 배정	제1지망: 학교별 정원의 40% 배정
2단계 지역학군 배정	제2지망: 학교별 정원의 20% 배정
3단계 광역학군 배정	제3지망: 지망 학교의 1단계 배정에서 미달 인원 발생 시 충원
4단계 지역학군 배정	제4지망: 지망 학교의 2단계 배정에서 미달 인원 발생 시 충원
5단계 통합학군 배정	지역학군 간 7개 통합학군 운영 40% 배정

기장군과 강서구의 일부지역 학생들은 거주인원 및 배정요소 인원에 따라 해당 지역 내 학교(기장고, 신정고, 정관고, 명호고, 경일고)의 배정비율을 탄력적으로 조정하되, 해당 지역 거주 학생들을 우선 배정할 수 있다.

③ 국가 유공자녀 전형, 체육특기자 선발 · 배정

국가 유공자녀 전형 · 배정은 일반지원자와 동일 경쟁을 통한 합격점 적용으로 합격자를 사정하여 입학 정원의 3% 범위 내에서 정원 외로 선발한다. 체육특기자 선발 · 배정은「부산광역시교육감 소관 체육특기자 선발에 관한 규칙」에 의한 입학 정원 3% 범위 내에서 선배정한다.

④ 전형 면제 대상자 및 특례입학 자격자 선발 · 배정

전형 면제 대상자는 외국 또는 군사분계선 이북 지역에서 9년 이상의 학교 교육과정을 이수한 자이다(「초 · 중등교육법 시행령」 제82조 제3항 제1호 해당자). 선발(배정) 방법은 학교별 정원 내 선배정한다.

특례입학 자격자의 대상은「초 · 중등교육법 시행령」 제82조 제3항 제2호와 제3호 해당자이며, 선발(배정) 방법은 학교별 신입생 정원의 2% 범위 내에서 정원외로 선발하여 일반 지원자와 동일한 방법으로 배정한다.

⑤ 중학교 성적 산출 방법 요약

표 8-9 중학교 성적 산출 방법

구분	산출 방법	비고
교과성적	• 기본점 96점(40%) • 2학년 57.6점(24%) • 3학년 86.4점(36%) 2학년+3학년 = 총점의 60%(144점) • 과목별 석차의 합계를 환산 공식에 대입하여 교과 성적 산출	최하 96점 이상, 최고 240점 미만
출석성적	• 전 학년간 결석(무단결) 일수가 0이면 21점(최고점) • 무단결석 2일에 1점씩 감점(최하 12점)	21점 만점
자율활동 성적	• 학년 당 4점 • 기본 3점에 1점의 가산점 또는 감점	12점 만점
동아리활동 성적	• 학년 당 4점 • 기본 3점에 1점의 가산점 또는 감점	12점 만점
봉사활동 성적	• 학년 당 5점 • 20시간 이상 4점, 10~19시간 3점, 10시간 미만 2점 • 봉사활동 관련 교내 표창자 학년당 1점 가산	15점 만점
중학교 성적	• 개인석차 백분율: 학년석차/학년 재적수×100	

2) 고등학교의 진로 및 진학지도

(1) 고등학교 진로교육의 목표

고등학교의 진로교육의 목표가 뚜렷하게 독립적으로 어느 교육과정에서 적시되어 있지 않고, 각 교육과정에 부분적으로 나타나고 있는 실정이다. 그래서 이를 알기 위해서는 고등학교 진로와 직업 교과의 목표를 살펴봄으로써 가능할 수 있다.

고등학교 진로교육의 목표는 학생 자신에게 적합한 진로 및 직업을 탐색하고 합리적으로 결정하며, 이를 체계적으로 계획하고 실천하는 능력을 가지게 하는 것이다. 자아를 실현하고 사회 발전에 기여할 수 있는 건실하고 교양 있는 직업인으로서의 능력을 함양하여 행복한 삶을 영위할 수 있도록 하는 것이다.

첫째, 삶에서 진로와 직업의 중요성을 인식하고 자아정체감과 자아존중감을 바탕으로 일과 직업에 대해 긍정적이고 적극적인 태도를 가진다.

둘째, 자기 자신의 특성과 제반 여건, 다양한 직업 세계에 대한 종합적 이해를 바탕으로 자신의 진로를 탐색한다.

셋째, 합리적인 진로 의사결정 과정을 통하여 진로를 결정하고, 이를 바탕으로 자신의 진로를 계획하고 준비한다.

(2) 고등학교 진로교육의 내용

고등학교 진로교육의 내용을 간략하게 정리하면, 다음과 같다.

표 8-10 고등학교 진로교육의 내용

영역	교육과정의 내용 요소	교과서 내용
나의 이해와 진로	• 삶, 진로, 직업 • 자아정체감 및 존중감의 의의 및 확립 • 나의 특성 및 제반 여건의 이해 • 종합적인 나의 이해와 진로	• 삶과 진로 및 직업 • 소중한 나 • 나의 별견 • 나의 전체 모습과 진로
진로의 탐색	• 다양한 직업 세계의 이해 • 미래 사회와 직업 세계의 변화 • 계속 교육을 위한 이해와 탐색 • 다양한 직업인 탐색 • 나에게 적합한 진로 탐색	• 직업의 종류와 일의 세계 • 미래의 직업 세계 • 다양한 교육 기회 • 다양한 직업인 탐색 • 나에게 맞는 진로 탐색
진로 의사결정	• 나의 진로 장벽 및 갈등의 진단과 해결 • 합리적인 진로 의사결정 과정 및 방법의 이해 • 나의 희망 직업 선택 • 나의 희망 전공 계열과 과정 선택	• 진로 장벽 및 갈등 • 합리적 진로 의사 결정 • 나의 희망 직업 탐색 • 나의 희망 전공 탐색
진로계획 및 준비	• 진로계획의 의의 및 수립 • 역할 모델의 의의 및 설정 • 진학 및 취업 준비 • 행복한 직업 생활을 위한 준비	• 진로계획 세우기 • 나의 삶의 모델 • 진학 준비 • 취업 준비 • 행복한 직업 생활

출처: 한국진로교육학회(2011). p. 392.

(3) 대입제도 안내

① 기본방향

가. 학교 교육의 정상화와 사교육비 절감 추진

• 초 · 중등교육의 정상화를 위하여 「고등교육법 시행령」 제35조 제1항에 따

른 대학별 고사는 초 · 중등 교육과정의 범위와 수준 내에서 출제하는 것을 원칙으로 함

- 대입 전형 요소는 고등학교 교육과정운영의 활성화와 사교육 감소에 기여할 수 있는 방향으로 설정하며, 교과 외 활동은 고교 교육과정에 따라 시행되었거나 학교장의 허가를 받아 참가한 활동을 중심으로 반영함
- 초 · 중등 교육의 정상화 및 공정하고 합리적인 학생 선발을 위해 기여 입학제, 고등학교 등급제 및 본고사는 실시하지 않음

나. 대학입학전형의 간소화 추진

수험생들이 알기 쉽게 대입전형을 준비할 수 있도록 핵심 전형 요소 위주로 표준화한 대입전형 체계 내에서 대입전형 간소화를 추진함. 모집 시기(수시 · 정시)별 취지에 맞게 전형을 운영함

- 학생부 위주 전형 유형은 학교생활기록부를 주요 전형요소로 반영하는 전형 유형으로 아래와 같이 구분
- 학생부 교과 전형: 학교생활기록부 교과 성적을 중심으로 평가하는 전형으로, 모집단위 특성에 맞도록 학교생활기록부를 반영하여 평가하는 전형
- 학생부 종합 전형: 입학사정관 등이 참여하여 학교생활기록부 비교과를 중심으로 교과 및 자기소개서, 교사추천서, 면접 등을 통해 학생을 종합 평가하는 전형
- 논술 위주 전형: 논술 위주 전형 유형은 논술을 주된 전형요소로 반영하는 전형 유형으로 논술고사를 실시해도 학생부 반영 비율이 논술 비중보다 높다면 '학생부 위주 전형'으로 구분

표 8-11 표준 대입전형 체계

구분	전형 유형	주요 전형 요소
수시	학생부 위주	• [학생부 교과] 교과 중심 • [학생부 종합] 비교과, 교과, 면접 등(자기소개서, 추천서 활용 가능)
	논술 위주	• 논술 등
	실기/실적 위주	• 실기 등(특기 등 증빙 자료 활용 가능)
정시	수능 위주	• 수능 등
	실기/실적 위주	• 실기 등(특기 등 증빙 자료 활용 가능)

- 실기 위주 전형: 실기 위주 전형 유형에는 실기를 주된 전형 요소를 반영하는 전형 유형으로 '특기자 전형'을 포함
- 수능 위주 전형: 수능 위주 전형은 주로 정시에서 수학능력시험 성적을 주된 전형요소로 반영하는 전형 유형으로 과도하게 설정된 수능 최저 학력 기준은 완화할 것을 권고함. 수시모집에서 수능은 최저학력기준으로만 활용할 수 있음 . 수능 최저 학력 기준은 등급으로 설정. 전형 방법 수 제한을 통해 전형 간소화를 추진함. 대학별로 사용하는 전형 방법 수를 최대 6개 이내로 제한함(정원 내 전형 기준). 수시 4개, 정시 2개로 전형 방법 수를 축소.

다. 입학전형의 공정성 확보

전형 설계 · 운영 시 출신고교 등 '학력(學歷)'을 이유로 차별하여서는 아니 됨. 대학은 입학전형의 공정성 · 투명성 제고를 위해 노력해야 하며, 특히 정원 외 전형의 경우 전형 취지에 부합하도록 학생을 선발하여야 함. 대학은 입학전형의 공정성 확보를 위해 '대학입학전형관리위원회' 및 '대학입학전형공정관리위원회' 등을 구성 · 운영하여야 함.

대학은 입학 관련 업무에 참여하는 자의친인척이 해당 입학전형에 지원하는 경우, 회피 · 배제 제도를 운영하여야 함. '대학 기록물 보존기간 책정기준 가이드'에 따르면 '입시관리'를 위한 대학 기록물에 대하여 '입학업무 기본계획 및 업무일반사항을 이행하는 업무는 5년 보존, 대학의 신입생 선발 업무 중 수시모집, 정시모집 및 편입생, 시간제 등록생 모집과 관련된 제반사항을 이행하는 업무는 10년 보존'을 명시하고 있음. 예체능 실기고사 관리의 투명성 · 공정성 확보.

라. 기타

대학은 '고른기회 특별전형(정원 내 또는 정원 외)'을 반드시 실시해야 함.

외국의 고등학교 학력 인정 졸업시험 및 대학입학전형 자료는 해당 국가의 고등학교 교육과정을 이수하고 졸업(예정)한 자의 '재외국민과 외국인 특별전형' 및 '국제화 관련 전형'에 한하여 전형 자료로 활용할 수 있음(예: SAT, 미국 고교 이수 성적 GPA 등).

「고등교육법」 제23조에 근거하여 고교-대학 연계 심화과정(UP)의 이수 여부 및 결과는 대학 입학 후 학점 인정 자료로만 활용하고, 입학전형 자료로는 활용할 수 없음.

② 모집시기

모집시기구분은「고등교육법 시행령」제41조에 의해 수시, 정시모집, 추가모집과 이들 모집간의 분할모집을 대학 자율 결정 시행.

가. 수시모집: 수시모집은 기본계획에서 정한 모집기간 내에서 대학 자율로 설정한 기간에 모집

나. 정시모집: 대학(교육대학 포함)은 기본계획에서 정한 3개의 모집기간군 중에서 선택하여 전형, 대학(교육대학 포함)이 모집단위별로 모집기간군을 달리 하여 학생 모집 가능

다. 추가모집: 추가모집은 정시모집 이후 결원 보충을 위하여 실시 가능

③ 모집인원

입학정원에 다음 사항을 가감하여 결정. 전전학년도 미충원 인원 중 교육부장관으로부터 해당 학년도로 이월 모집승인을 받은 인원. 모집인원 유동제에 따라 전학년도에 초과 모집한 인원. 행정제재 등으로 모집정지 또는 감축된 인원.

④ 학생선발방법

가. 학교생활기록부

- 학교생활기록부 자료의 활용: 전산 자료 이외의 학교생활기록부 활용은 전형의 목적에 부합하도록 대학이 자율적으로 정하되, 학생부 위주 전형의 경우 취지에 맞지 않는 자료를 제출하도록 요구하는 것은 금지하며, 추가적인 전형 요소를 최소화하여 수험생의 부담을 완화하도록 함. 학생부 위주 전형에서 학생부 이외의 제출 서류는 학생부 기재 내용을 보완・확인하기 위한 자기소개서, 추천서 등과 같은 자료로 한정하고, 공인어학성적, 교과관련 외부수상실적 제출은 엄격히 금지하도록 함. 교과학습발달사항, 비교과 활동(창의적 체험활동, 예술 및 체육활동 등 포함) 사항 등을 대학 및 모집 단위 특성에 맞게 평가함. 검정고시출신 지원자의 대입전형자료도 온라인으로 제공함.

나. 대학별 고사

대학별 고사(논술 등)는 가급적 시행하지 않도록 하고, 논술보다는 학생부・

수능 등 대다수의 학생이 준비하는 전형 요소 중심으로 시행하도록 권장함.

- 대학의 장은 논술 등 필답 고사를 시행하는 경우, 초 · 중등교육이 추구하는 본래의 목적을 훼손하지 않도록 운영하여야 함(「고등교육법 시행령」 제35조 제2항)
- 대학별 고사는 수험생과 학부모의 불안 및 사교육비 증가 등의 우려를 감안하여 과거 국 · 영 · 수 중심의 본고사 형태의 지필 고사가 되지 않도록 함
- 논술고사를 시행하는 경우 고교 교육과정 수준에서 출제하여 학생 스스로 논술을 준비할 수 있도록 함
- 고교 교육과정 범위와 수준 내에서 논술고사 문제를 출제하기 위해 고교 교사를 논술고사 자문위원으로 위촉할 것을 권장함. 수험생에게 부담이 되는 교과 중심의 문제 풀이식 구술형 면접과 적성고사는 가급적 지양하고 학생부를 적극적으로 활용할 것을 권장함. 「공교육 정상화 촉진 및 선행교육 규제에 관한 특별법」 제10조에 따라 대학별 고사를 실시하는 대학의 장은 고등학교 교육과정의 범위와 수준을 벗어난 내용을 출제 또는 평가하여서는 안 되며, 대학별 고사를 실시한 경우 선행학습을 유발하는지에 대한 영향평가를 실시하고 그 결과를 다음 연도 입학전형에 반영하여야 함
- 선행학습 영향평가 결과 및 다음 연도 입학전형 반영 계획을 해당 대학의 인터넷 홈페이지에 게재하여 공개하여야 함
- 선행학습 영향평가와 관련하여서는 「공교육 정상화 촉진 및 선행교육 규제에 관한 특별법시행령」 관련 규정을 준수하여야 함

대학별 고사를 실시하는 대학의 경우 원서 접수 전에 시험일자와 시간을 고지하여 수험생이 정확한 정보를 확인하고 지원할 수 있도록 함

- 수시모집 대학별 고사를 실시하는 대학은 고등학교 학사 일정을 고려하여 대학별 고사 실시 일자를 대학수학능력시험 이후로 시행할 것을 권장함

⑤ 전형분류

표 8-12 전형분류

전형구분		설명	
정원내	일반전형	일반전형	일반 학생을 대상으로 보편적인 교육적 기준에 따라 학생을 선발하는 전형
	특별전형	특기자 특별전형	특기와 관련된 경기(대회) 참여 경력, 입(수)상실적, 자격(증), 성적 등을 자원자격으로 요구하거나 전형요소로 활용하는 전형을 의미함
		대학별 독자적 기준에 의한 특별전형	대학 자체적으로 정한 지원 자격에 의하여 학생을 선발하는 전형
정원외	특별전형	농어촌학생 특별전형	재학기간, 주거지, 학교소재지가 농어촌(읍ㆍ면지역)에 해당하는 학생을 대상으로 모집하여 선발하는 전형
		특성화고교 졸업자 특별전형	특성화고등학교 졸업(예정)자를 대상으로 선발하는 전형
		특성화고 등을 졸업한 재직자 특별전형	특성화고등학교 등 졸업자로 산업체 근무 경력이 3년 이상인 재직자를 대상으로 선발하는 전형
		기초생활수급자, 차상위계층, 한부모가족 지원대상자 특별전형	「국민기초생활보장법」에 의한 대상자, 「한부모가족지원법」 지원 대상자를 대상으로 선발하는 전형
		장애인 등 대상자 특별전형	각종 장애 또는 지체로 인하여 특별한 교육적 요구가 있는 자로서 대학의 장이 구체적인 대상을 선정하고 선발하는 전형
		재외국인과 외국인 특별전형	외국 거주로 인한 학교급별 수학결손 정도(외국학교 재학기간)등을 고려하여 자격기준을 결정하고 선발하는 전형
		산업체위탁교육생 선발	산업체와의 계약에 의해 산업체에서 근무 중인 자의 교육을 위탁 받아 선발하는 전형
		서해5도 특별전형	「서해5도 지원 특별법」 제15조 및 「서해5도 지원 특별법 시행령」 제11조에 해당하는 자를 선발하는 전형. 서해5도에 거주하고 해당 교육과정을 이수한 학생

표 8-13 학생부종합전형의 전형 요소

<table>
<tr><th>평가요소</th><th>주요항목</th><th>세부 평가내용</th></tr>
<tr><td rowspan="2">학생부</td><td>교과</td><td>교과학습발달상황
가. 교과 성적: 지원한 전공과 관련된 과목의 성취여부
나. 학년변화에 따른 성적의 변화 추세
다. 세부능력 및 특기사항</td></tr>
<tr><td>비교과</td><td>1. 출결상황
2. 수상경력: 대내 · 외상
3. 자격증 및 인증 상황: 어학, 국가 · 민간자격증
4. 진로지도상황
5. 창의적재량활동상황
6. 특별활동상황
가. 자치활동: 학생회 임원 협의 활동, 역할분담 활동, 민주시민 활동 등
나. 적응활동: 기본생활습관형성 활동, 친교활동, 상담활동, 진로활동, 정체성확립 활동 등
다. 행사활동: 의식행사 활동, 학예행사 활동, 보건체육, 행사 활동, 수련 활동, 안전구호 활동, 교류 활동 등
라. 계발활동: 학술문예 활동, 보건체육 활동, 실습노작 활동, 여가문화 활동, 정보통신 활동, 청소년단체 활동 등
마. 봉사활동실적: 일손돕기 활동, 위문활동, 캠페인활동, 자선구호활동, 환경 · 시설보전 활동 등
7. 교외체험학습상황
8. 독서활동상황
9. 행동특성 및 종합의견
특기활동의 전공 관련성, 지속성, 자기주도성 등, 수상경력의 성격과 내용 & 준비과정 및 결과, 봉사활동의 내용, 성격, 지속성, 자기주도성</td></tr>
<tr><td rowspan="2">자기 소개서</td><td>지원동기 및 진로계획</td><td>• 지원동기, 흥미, 열정, 선호 • 독특한 지원 동기
• 지원 분야의 내재적 가치 인식 • 학과에 대한 이해 정도
• 계획의 장기적 비전</td></tr>
<tr><td>모집 단위별 학업 능력 및 특기능력 활동</td><td>• 잠재적 능력 • 지속적 노력
• 모집 분야 관련 활동의 다양성
• 관련 활동의 성취 정도 • 성취에 대한 인정</td></tr>
</table>

	가정환경, 학교 · 지역환경 고난극복 경험	• 가정이 어려운 정도 • 어려운 경험을 극복하려는 노력 • 경험을 통해 배운 점
	학업계획 및 자기개발계획 졸업 후 진로 및 포부	• 학업계획 • 자기개발 계획 • 계획의 체계성 • 전공과의 관련성

평가요소	주요항목	세부평가내용
교사 추천서	학습태도, 학습능력, 잠재력, 모집분야 관련 특기능력, 열정	• 평소의 학습 태도 • 학습능력 및 잠재력 • 모집분야 관련 특기 능력 • 모집분야에 대한 관심과 열정 • 관련 활동성취 및 객관적 입장
	개인적특성 (봉사성, 공동체 의식, 리더십) 대학 및 사회에 대한 기여도	• 봉사에 대한 구체적 기술 • 리더십에 관한 구체적 기술 • 대학에 대한 기여도 기술 • 사회에 대한 기여도 기술
	가정 · 학교 · 지역 환경 등 고려할 사항	• 학생의 환경에 대한 이해 정도 • 학생을 지원하려는 정도 • 학생 추천의 진정성
포트 폴리오	창의성, 성취도 학습능력, 성장가능성	• 학교생활을 입증할 수 있는 자료 • 학생부에 기재된 내용의 증빙 자료 • 학생부에 기재되지 않은 내용의 소명 자료
면접	심층면접 일반면접	• 지원자 서류의 사실 여부 확인 • 제출서류를 토대로 지원자의 전공적성 및 학업수행 능력평가 – 학문역량문제해결력, 논리적 사고, 전공 적합도, 목표의식 – 지망모집단위에 대한 이해도 • 지원자의 소질, 잠재력 등 평가 – 기초역량, 성실성, 창의성, 책임감, 도전정신 • 지원자의 인성 평가 – 사회적 역량, 대인관계, 봉사정신, 의사소통, 글로벌 마인드

학교 소개자료 School Profile	학교의 교육력 파악자료	• 지역특징, 단위학교의 개관, 특화된 교육과정, 수능성적분석, 진학률
종합평가	각종 전형 요소	• 지원자의 지원내용은 일관성이 있으며 탁월하며 다양한가 • 희망전공과의 일치성이 어느 정도 있는가 • 평가요소 간 상호관련성이 있는가 • 교사의 추천은 적절한가

토론 및 실습 과제

1. 창의적 체험활동의 네 가지 영역에 대한 구체적인 활동내용에 대하여 토의해 보자.
2. 창의적 체험활동 중 한 영역의 연구보고서를 작성해 보자.
3. 학생부종합전형의 특징과 개선점을 논의해 보자.
4. 인공지능시대에 맞는 대학수학능력시험의 개선사항을 토의해 보자.

참고문헌

교육부(2015). 2015 개정교육과정.

교육과학기술부(2010). 창의적 체험활동 해설서(초, 중, 고).

교육과학기술부(2009). 2009 개정교육과정 창의적 체험활동 시안 개발 연구.

교육과학기술부(2010). 2009 개정교육과정 적용을 위한 학교교육과정 편성·운영 매뉴얼(초, 중, 고).

교육과학기술부(2011a). 진로진학지도 프로그램 활용 및 운영.

교육과학기술부(2011b). 학부모 진로진학 상담.

부산광역시교육청(2020a). 창의적 체험활동 종합지원시스템.

부산광역시교육청(2020b). 2021학년도 부산광역시 고등학교 입학전형 기본계획.

부산광역시교육청(2010). 창의적 체험활동 중·고등학교 업무 담당자 연수 자료집.

부산광역시교육청(2011a). 창의적 체험활동 길라잡이.

부산광역시교육청(2011b). 대학입시와 연계한 교과별 창의적 체험활동 효율적 운영 연수.

부산광역시교육청(2012). 2013학년도 고입전형 설명회 자료집.

부산교육연구정보원(2011). CDP-H(진로모의주행).

부산대학교(2011). 교사를 위한 입학사정관제 길라잡이.

부산북구장학회(2012). 대학입시의 이해와 입학사정관제 대비전략.

부흥고등학교(2020). 학교교육계획서.

한국대학교육협의회(2020). 2021 대입정보센터.

한국진로교육학회(2011). **진로교육의 이론과 실제**. 경기: 교육과학사.

제 4 부

조직구성원으로서의 삶

제9장

학교경영 참여

사례

황 교사는 1학년 3반의 학급담임으로 영어과 교사다. 황 교사는 1학년의 4개 반 정규 수업과 방과 후 수업을 맡고 있으며, 교무기획부의 일과를 담당하고 있다. 황 교사가 담당한 일과 업무는 정규 및 방과 후 수업시간표를 편성하고, 수준별 이동수업과 교육과정 운영을 관리하며, 결 · 보 · 대강을 정리하는 것이다. 또한 황 교사는 교무위원회의 방과후학교 운영 소위원회 소속으로 저소득층 자녀 지원 및 방과후학교 지원, 강좌별 강사 선정 및 수강료 지급 결재, 교과목 및 강사에 대한 학생 희망 조사 등의 업무를 지원하고 있고, 학생 동아리인 스크린 영어부를 지도하고 있다. 교과지도와 학급담임의 역할 외에도 황 교사에게 주어진 업무는 이렇듯 다양하다.

교사들은 12월 혹은 2월에 개인별 업무 및 담임희망서를 제출하게 되고, 학교에서는 교사들의 교무업무 분장, 학급담임 배정 희망, 보직교사 임용 희망 등의 의견을 수렴하고 협의 · 조정하여 배정한다. 2월에는 1년 동안 맡게 될 업무와 시수가 결정되고, 업무 배치와 담임 배정이 이루어지게 되어 교사들이 예민해지는 시기이기도 하다. 교사들이 부서 및 업무 배정에 민감한 이유는 업무 부담의 차이에서 비롯된다. 학교의 중층적 업무조직은 교사 개개인에게 다양한 역할을 부과하게 되고, 교사는 개인 업무 과중 및 동료교사와의 업무부담 형평성의 문제로 인해 갈등을 빚기도 한다.

사례에서 살펴보았듯이, 교사는 학교조직의 일원으로서 교과교육조직, 교무분장조직, 학년조직, 각종 위원회에 동시에 소속되어 복합적인 업무를 담당하게 된다. 이 장에서는 학교경영을 위해 구성된 다양한 조직의 특성과 교사가 학교조직의 경영에 참여하는 과정을 세부 업무 활동을 중심으로 살펴보도록 한다.

1. 학교경영의 이해

1) 학교경영의 개념

학교경영은 학교조직에 대한 경영이라고 볼 수 있다. 교육목적을 달성하기 위하여 필요로 하는 물적 · 인적 자원과 조건을 구성하여 효과적으로 운영하고 유지하는 모든 활동이 학교경영이다. 학급경영이 담임교사가 담당하는 하나의 학급을 단위로 한다면, 학교경영은 학교장과 전체 교직원이 학교조직을 단위로 이루어 나가는 활동으로 볼 수 있다. 따라서 모든 교사는 학교경영의 주체가 되어 일련의 과정에 참여하게 된다. 교사가 참여하게 되는 학교경영의 영역을 크게 교육목표 관리, 교육조직 관리, 교육과정 관리, 교육조건 관리, 교육성과 관리 등으로 나누어 살펴보면 다음과 같다.

(1) 교육목표 관리

학교경영에서 교육목표를 설정하는 단계에서 전체 구성원은 공동으로 참여하고, 그 목표를 효과적으로 달성하기 위해 각자의 실행 과정을 스스로 통제하는 것이 중요하다. 학교 교육목표는 국가 및 시 · 도의 상위 목표나 방침 등에서 분석된 내용을 토대로, 학부모와 학생의 요구나 실태를 분석하고, 당면 과제 등을 고려하여 목표 설정의 기반으로 삼는다. 이렇게 해서 설정된 목표는 교육계획서 등의 형태로 구체화된다.

(2) 교육조직 관리

조직이란 목표를 효율적으로 달성하기 위해 구성된 분업적 협동체제다. 조직은 업무의 분담과 책임을 통하여 조직을 관리하는 데 중요한 역할을 한다. 조직의 효과성은 교육목표의 달성으로 측정할 수 있기 때문에 학교조직을 어떻게 구성하고 관리할 것인가는 매우 중요하다. 교육조직은 교사의 자율성과 전문성에 크게 의존하지만 조직의 관리를 어떻게 하느냐에 따라 학교조직의 문화는 크게 달라진다. 따라서 학교조직을 구성할 때는 인력을 적재적소에 배치하여 전문성과 자율성이 충분히 발휘될 수 있도록 세심하게 배려할 필요가 있다.

(3) 교육과정 관리

교육과정 관리는 교육목표 달성을 위하여 교육적 경험들을 계획적으로 관리하는 것으로서 교과활동, 창의적 체험활동, 생활지도, 교육과정의 정상적 운영 여부, 교육과정 구성의 적합성과 다양성, 학생의 학업 성취도 및 학습 태도, 교육 평가 등을 포함한다. 학교교육에서 교과활동은 교사의 교수활동을 통해 구체적으로 이루어진다. 교사의 교수활동은 교과의 교육목표 달성과 연결되고 교과의 목표 달성은 학교의 교육목표 달성과 연결된다. 따라서 교사는 교육과정의 편성과 운영을 충분히 숙지하고, 학교교육과정 및 특별활동 교육과정의 합리적이고 내실 있는 운영에 대하여 점검하는 노력이 필요하다.

(4) 교육조건 관리

교육활동에 필요한 제반 교육조건을 마련하는 것은 교육경영의 중요한 기능이며, 교육활동을 위한 인적 · 물적 · 재정적 자원이 잘 조직되어 합리적이고 유기적으로 작용하여야 한다. 인적 자원 관리에는 교직원의 연수활동 및 인사관리를 통한 직무능력 향상과 사기앙양이 포함된다. 물적 자원 관리에는 학교교육활동 수행에 필요한 물적 조건과 자료관리를 의미하는 시설과 환경 구성, 교수 · 학습 매체 및 기자재 관리 등이, 재정적 자원 관리에는 학교교육활동에 필요한 경비를 조달 · 운영하는 재무관리 등이 포함된다.

(5) 교육성과 관리

교육활동의 성과는 교육경영의 평가를 통해서 나타난다. 교육목표가 교육활동을 통해 얼마나 달성되었는가를 파악하는 것은 대단히 중요하다. 교육경영의 성과관리를 위해서 평가는 교육계획, 교육실천, 교육평가의 전 과정을 평가해야 한다. 또한 경영평가에서 수합된 모든 정보는 교육경영의 환류 자료로써 활용되어야 한다.

2) 학교경영의 기본 조직

학교경영 목표를 효율적으로 달성하기 위해 단위학교에는 교무분장조직, 교과교육조직, 학년조직, 운영위원회조직 등을 구성한다. 학교의 주요 활동을 교육활동과 경영활동으로 대별한다면, 교육활동을 직접적으로 주관하는 조직으로 교과교육조직과 학년조직을, 교육활동을 간접적으로 지원하는 경영조직으로는 교무분장조직과 운영위원회조직을 들 수 있겠다.

학교 조직의 근간이 되는 교과교육조직은 교수 기능을 담당하고, 교장 → 교감 → 보직 교사 → 교과 교사로 이어지는 형태로, 교육과정 연구와 운영을 직접 담당한다. 학년 조직 역시 교장 → 교감 → 보직 교사 → 학급 담임의 형태로 이루어져 학급경영, 생활 지도, 상담, 학년행사 등을 주관한다.

학교 경영 활동의 근간이 되는 교무분장조직은 학교의 각종 사무를 능률적으로 수행하기 위하여 교장 → 교감 → 보직 교사 → 교사(계)로 이어지는 조직 형태를 통해 교무, 연구, 생활 등 학교별로 교육과정 운영 지원을 중심으로 조직한다. 교장 → 교감 → 보직 교사 → 담임교사(교과 교사)로 이어지는 조직 형태로 학교경영의 효율을 높이기 위해 교직원의 전문적 참여를 요구하는 운영위원회 조직으로는 교직원 회의, 보직 교사 회의(부장 회의), 기획 위원회, 각종 운영위원회, 각종 협의회, 교직원 친목회 등이 포함된다. 이러한 학교 경영의 기본 조직을 구조화하여 [그림 9-1]과 같이 나타낼 수 있다.

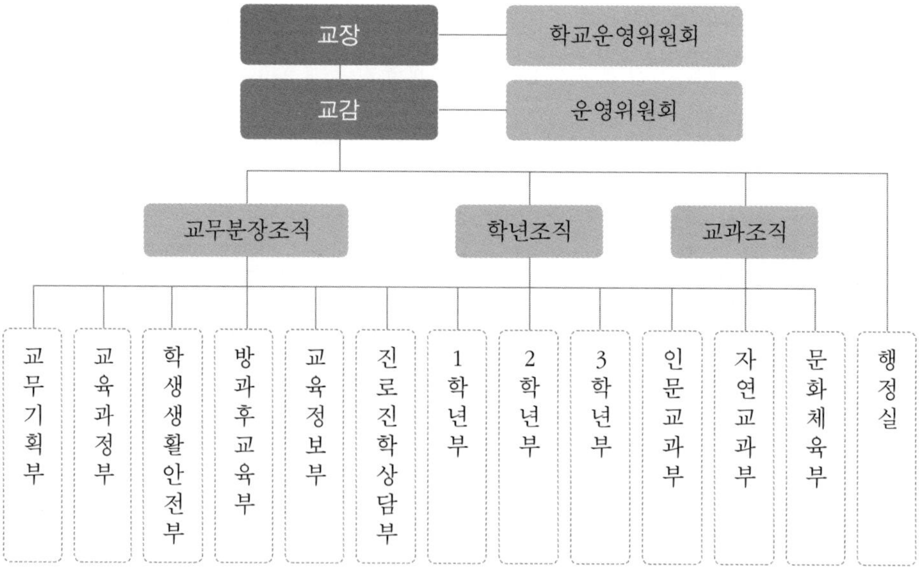

[그림 9-1] 학교경영 조직도 예시

출처: 부산 중앙고등학교(2020). 교육계획서, pp. 21-24을 토대로 재작성.

2. 학교경영 참여의 실제

교사는 효율적 학교경영을 위해 구성된 기본 조직에 편제되어 세분화된 업무를 담당하면서 교육활동과 학교경영활동에 참여하게 된다. 학교경영을 위해 구성된 조직을 교무분장조직, 학년조직, 교과교육조직, 운영위원회조직으로 구분하여 살펴본다.

1) 교무분장조직

교무분장조직은 학교경영의 각종 사무를 분담하여 수행하기 위한 조직으로 교육과정 운영과 교육지도를 지원하기 위한 행정업무와 사무업무를 수행한다. 백현기(1984, p. 301)는 교무분장을, 학교를 경영할 때 교사가 담당해야 할 관리 사무적인 측면의 임무를 조직한 것으로, 정태범(1999, p. 227)은 교육과정 운영을 간접적으로 지원해주기 위해 사무적 기능을 담당하는 조직형태로 정의하고 있다. 이와 같이, 교무분장이란 학교를 경영하는 데 필요한 전반적인 사무를 총칭하는 교무를 분담하여 처리하기 위한 조직으로 볼 수 있다.

교무분장조직을 구성하는 데 있어서는 가능한 한 구성원의 개성, 적성, 희망 등을 고려한 적재적소의 배치, 다양한 경험을 얻도록 하기 위한 업무의 변화, 사무의 공평한 부담을 위한 공정성 등을 고려하여야 할 것이다(백현기, 1984; 윤정일 외, 2008, p. 424 재인용). 학교별 교무분장 부서의 수는 「초ㆍ중등교육법 시행령」 제33조 내지 35조에 따른 학교별 보직교사의 수에 따라 결정되므로 학교급별과 종별, 학교규모, 학교장의 경영방침 등에 따라 다양하게 구성된다. 일반적으로 교무부, 연구부, 생활부, 정보부, 진로진학상담부, 교과부, 학년부 등으로 구성된다.

교무분장을 조직할 때는 수업의 질을 개선하기 위하여 교육과정 운영 중심으로 조직하고, 각 부ㆍ계는 담당 업무에 관하여 학년 초에 연간 운영 계획서를 작성하여 학교장에게 제출하여야 한다. 각 부ㆍ계의 담당 업무 중 다른 부ㆍ계와 관계가 있는 것은 항상 협조하여 이를 처리하되, 소관이 분명치 않은 사항은 교무부에서 이를 처리하거나 담당부장 교사 간의 협의에 의해 결정하고, 학교 운영 전반에 관한 것이거나 각부 단독으로 처리하기 곤란한 사항은 소위원회나 협의회를 구성하여 처리하도록 한다.

교무분장조직에서 교사가 담당하는 세부 업무들은 다음과 같다.

(1) 교무기획부

교무기획부는 교무 전반에 관한 업무를 담당하는 것으로 입학, 편입학, 생활기록부 등의 학적사무, 수업시간표 작성 및 수업관리 운영 등의 수업업무, 학교일지나 각종위원회 회의록 작성 및 관리 등의 문서 관리 업무를 담당한다. 세부 업무 내용을 다음과 같이 제시한다.

부서	업무	업무내용
교무기획부	부장	부서 업무 총괄, 주간업무, 인사자문위원회, 학교연혁 및 연혁실 관리
	기획	공문서 관리, 교육계획서 작성, 학교요람, 교원인사 업무, 학교규정, 신입생 관련 업무, 대입수능업무(시험장 준비 관련), 학사일정, 학교업무정상화, 부서별 협의회, 수능이후 교육과정 운영 정상화 계획, 교무행사, 교원포상, 학교평가, 청렴업무, 교권보호, 월중행사계획 작성, 제안제도, 장학관련 업무, 학교교육활동 만족도 조사
	일과	시간표 작성 및 NEIS 입력, 수업시수 관리, 고사감독 업무, 결 · 보강 운영, 학사일정
	출결	출결업무(통계, 결설계처리, 출석부관리 등), 교육기부, 학교홍보, 학교일지 입력
	학적, 시상	학생 이동, 재적현황 보고, 학적 및 학력조회, 학업중단학생 사유조사 관리, 졸업 · 진급 심의업무, 각종 시상 및 수상대장 관리
	NEIS	교무업무시스템 운영 및 연수, 학부모서비스 관리, 정보공시, 교원능력개발평가 관련업무 총괄
	생기부	생활기록부 총괄, 대입전형 및 학생부 작성 관련 업무, 자격증등록 관리, 학업성적관리위원회(생활기록부 관련)
	교무실무	공문서 수발, 교무업무 지원, 학교행사 지원, 단순 공문서 처리

(2) 교육과정부

교육과정부는 교과수업 및 학급운영의 전문성을 제고하기 위한 각종 연구활동을 지원한다. 구체적으로 살펴보면, 교과 지도와 평가를 위한 교과협의회 개최, 수업연구, 연수 및 자율 장학, 학교교육계획서 작성, 교원평가, 연구 · 시범학교 운영, 교육실습생 관리, 진급 및 졸업 심의회 등의 업무를 담당한다.

부서	업무	업무내용
교육과정부	부장	부서업무 총괄, 학업성적관리위원회(평가관련), 대외교과연구회
	기획	공문서 관리, 교과교실제 업무, 교과협의회(수업관련), 연간수업계획, 수업공개 및 수업녹화, 학력평가 지원단 업무, 교원능력개발평가 연수비, 온라인 수업, 학교교육과정위원회, 교육과정편성 및 운영 전반, 교과서 관련 업무, (고교)학점제 선도학교 업무 등
	연계 교육과정	계절학기, 고교교육과정협력대학, 고교-대학연계, 온라인 · 플러스교육과정 운영, 또래교사제, 디지털 교과서 관련 업무, 학교선택제 공모사업 총괄 및 운영
	창의체험	창의적 체험활동 운영 총괄(학생부 입력 안내), 봉사활동 운영, 창의체험 진로활동 총괄, 체험활동장소 및 행사 · 대회 안내, 예술강사 지원 업무
	평가	연간 평가계획 수립, 교과협의회(평가관련), 고사일정 작성, 성취평가제 총괄, 성적 처리, 평가 원안 관리, 수행평가 관리, 평가결과 분석, 선행학습금지 관련 업무, 비전자문서 관리, 각종 교원 연수(자격연수, 직무연수 등)

(3) 학생생활안전부

학생생활안전부는 안전하고 올바른 학교문화를 형성하기 위한 교내 · 외 생활지도, 학교폭력 예방, 안전교육 등에 중점을 두고, 학생회 중심의 학생회 운영을 위한 지원, 학생상담, 돌봄학생프로그램 운영 업무 등을 담당한다.

부서	업무	업무내용
학생생활안전부	부장	부서 업무 총괄, 정문맞이
	기획	문서관리, 생활지도 일반, 현장체험학습 총괄, 인성교육, 학칙 제 · 개정, 정문맞이 총괄, 중식질서지도계획, 동원
	교내	교내생활 지도 및 정문맞이, 학년 선도위원회 참석, 선도위원회 업무 총괄, 교권보호업무협조(학생지도사항), 휴대폰 규정 위반 학생 지도, 현장체험학습 총괄, 재난훈련, 인권 교육, 위기관리위원회 업무
	전문 상담교사	Wee 클래스 관리, 학생상담. 학생정서 · 행동 특성검사, 생명존중 교육, 학업숙려제지원, 자살예방교육, 대안교육(위탁), 또래상담/한끼상담 등 운영

(4) 방과후교육부

방과후 교육부는 정규수업을 보완하는 다양한 교육경험을 제공하고, 학생 요구 중심의 프로그램을 운영한다. 학교특성에 따라 방과후학교 지도계획을 수립하고, 강좌에 대한 수요조사를 진행하여 강좌를 개설 · 운영하며, 학생과 학부모를 대상으로 만족도 조사를 실시하여 환류 · 차기 운영계획 수립에 반영한다.

부서	업무	업무내용
방과후교육부	부장	부서 업무 총괄
	기획	공문서 관리, 교육정책 모니터링, 방과후학교 관련 업무, 자유수강권 관리, 교육경비보조금, 방과후학교 만족도조사
	특색사업 동아리	학교특색사업 운영, 창의체험 자율활동, 자율심화동아리 운영, 창체 동아리 활동

(5) 교육정보부

교육정보부는 교육정보화 추진과 정보통신 윤리 및 정보보호 교육 업무를 주관한다. 교단 선진화를 위한 환경 구축, 정보활용능력 신장을 위한 교사 연수, 정보통신 윤리 및 정보보호에 대한 지식과 인식 제고를 위한 교육, 학교 홈페이지 및 교과자료상의 원활한 학내망 관리 등을 담당한다. 이에 더해, 원격 수업이 등교 수업과 병행될 수 있는 환경으로 전환된 상황에서 원격 수업에 필요한 정보 인프라 환경 구축, 적극적 에듀테크 활용 지원, 원격 수업 도구 및 기술 활용 능력 제고를 위한 교사 연수 등의 업무도 담당한다.

부서	업무	업무내용
교육정보부	부장	부서 업무 총괄, 학내망 관리, 교내 메신저, 교단선진화기기
	기획	공문서 관리, 학교홈페이지, 교원용 PC, 정보화 연수 업무, 소프트웨어 구입 및 관리, 모바일스쿨, 정보공개 및 보안업무, 정보통신윤리, 인터넷 중독 예방 교육, 긴급재난문자, 스마트교실 관련 업무, 원격수업에 필요한 정보 인프라 환경 구축, 에듀테크 활용 지원, 원격 수업 도구 및 기술 활용 능력 제고를 위한 교사 연수 업무

(6) 진로진학상담부

진로진학상담부는 학생들의 체계적 진로진학지도와 진학지도 및 상담의 활성화를 위한 업무를 주관한다. 구체적인 업무로는 진로 · 진학 지도을 위한 다양한 교내외 행사 주관 및 정보 제공, 진학 프로그램 관리, 진로진학 상담, 진로진학 지원 등을 담당한다.

부서	업무	업무내용
진로진학상담부	부장	부서업무 총괄, 진로진학자료 제공 및 서버관리, 진학상담 서버관리, 학부모 · 학생 진로진학상담 및 교육 총괄, 진로표준화검사 총괄
	기획	공문서 관리, 진로체험 및 진로행사활동지원, 대외기관 개설 강의 관련 업무, 추수 및 졸업생 업무, 꿈 · 끼 탐색 주간 운영 총괄
	특수교육	특수교육, 장애이해 교육, 장애학생 지원 및 서비스 관리, 통합학급 학생관리

2) 학년조직

학년조직은 학년부장의 책임하에 학년조직의 목적을 효율적으로 달성하기 위해서 학생 지도를 계획, 조직, 수행, 평가하게 된다. 학년조직은 학교–학년–학급으로 이어지는 학교의 중층적 경영구조 속에서 학교경영 및 학급경영과 밀접하게 연계되어 운영된다. 학교교육목표와 경영방침을 학년 단위에서 구체화하여 실천하며, 학급경영의 독자성을 존중하면서, 학년 전체 학생을 대상으로 하는 교육활동을 수행한다. 학년조직에서는 학년부와 학급담임이 중심이 되어 학급경영, 학생생활지도, 상담, 진로지도, 학년행사 등을 주관한다.

학년부장교사는 수업책임의 3/5 정도를 가지고 학급담임을 맡으면서 학년 전체의 업무를 기획 · 운영하는데, 소속학년 담임교사를 통솔하고 타학년 및 타부서와의 연계 협력, 조정 역할을 수행하게 된다. 학년부장교사는 학년별 업무의 조정과 통일을 기하고, 학교의 교육방침이나 교육목표에 따라 학년 교육목표를 설정하며, 학년경영의 기획 및 운영 계획, 교과활동 · 창의적 체험활동 · 생활지도 등을 포함한 학년 교육과정 편성과 운영, 학년조직과 활동 계획 수립, 업무의 분담과 관리를 책임지고 있다. 이와 함께 학년부에는 학급담임이 참가하는 학년회를 두어 학년경영과 학급경영에 대한 제반 문제를 논의하고 있다.

학년의 교수 · 학습 조직 형태와 중등학교의 학년조직에 대하여 살펴보자.

(1) 학년 교수 · 학습 조직

교수조직	학습조직
학급담임제: 한 사람의 교사가 학급의 전 교과 또는 대부분의 교과를 담당하는 형태로서 우리나라 초등학교에서 채택하고 있다.	학년제: 학교의 수업 연한을 1년 단위로 구분하여 교육과정을 운영하는 수업 조직으로, 학년은 연령을 기준으로 하여 편성된다.
교과전담제: 각 교사가 전문성을 지니고 있는 특정 교과만을 맡아 여러 학급을 지도하는 방식이다. 중등학교에서 보편적으로 실시해 왔으나, 1992년 일부 초등학교에서 도입한 이후 점차 확대되고 있다.	복수학년제: 두 개 또는 세 개의 연속되는 학년 학생으로 수업집단을 편성, 운영하는 제도로서 학년제를 유지하면서 개인차를 허용하는 제도다. 학생은 교과 진도에 따라 수업집단 내 2, 3개 학년의 교과 이수가 허용되며, 학생의 학습활동에 있어 학습자의 능력과 필요에 초점을 맞추고 있다.
공동담임제: 동 학년의 일부 교과는 담임교사가 지도하고 일부 교과는 교과전담제 형태로 운영하는 방식을 말한다.	무학년제: 학년제를 적용하지 않고 학생의 능력, 적성, 진도에 맞는 수준의 과정을 밟도록 하여 개인차를 최대로 허용하는 제도이다. 교육과정의 수준은 학년이 아니라 과정의 단계와 단위로 표시되고, 과정의 이동은 학생의 학습 진도에 따라 결정된다.
팀티칭제: 몇 사람의 교사가 팀을 만들고, 몇 학급의 학생들을 하나의 집단으로 하여 대집단, 중집단, 소집단이나 개인 등으로 융통성 있게 편성하며, 새로운 교육방법으로 학생들을 지도하는 형태다. 교사 간의 협동심, 팀 리더의 지도 능력, 시설 및 행정 지원 등이 팀티칭제 성패의 관건이 된다.	

(2) 중등학교 학년조직의 실제

1학년부	부장	1학년부 업무 총괄, 학부모회 및 학부모 교육 지원
	기획	공문서 관리, 학년업무 기획, 자율학습 관리 총괄 및 정독실 운영, 수준별 학습 운영, 현장체험학습, 자기주도적 학습능력 인증제, 종단연구
2학년부	부장	2학년부 업무 총괄, 학부모회 및 학부모 교육 지원
	기획	공문서 관리, 학년업무 기획, 자율학습 관리 총괄 및 정독실 운영, 수준별 학습 운영, 현장체험학습, 자기주도적 학습능력 인증제, 종단연구

3학년부	부장	3학년부 업무 총괄, 학교설명회 및 입시설명회 총괄, 학부모회 및 학부모 교육
	기획	공문서 관리, 학년업무 기획, 자율학습 관리, 정독실 운영, 졸업대장 및 앨범, 현장체험학습, 위탁교육생 지도, EBS 업무, 수능 이후 지도 계획, 자기주도적 학습능력 인증제, 수능원서 관계 업무
	학력신장	진로 · 진학 정보 수집, 대입전형관련업무, 선택형 특강 운영, 학년교육정보원 진학관련 보고, 학력평가관련 공문 처리

3) 교과교육 조직

단위학교에는 교사의 전문성을 강화하고 내실 있는 교수 · 학습 활동을 이루기 위해 동일 교과를 담당하는 교사를 집단화한 교과교육 조직이 있다. 국어과, 영어과, 수학과와 같이 각 교과별로 구성하기도 하고, 인문사회계열, 자연과학계열, 외국어계열, 예체능계열과 같이 계열별로 조직하기도 한다.

교과교육조직에서는 교과협의회를 구성하여 각 교과별 교과 내용에 대한 연구, 평가 도구개발, 교재개발 등을 담당하고 있다. 실질적인 업무는 학년담임을 맡지 않는 교사를 교과 전담교사로 두어 담당하게 하며, 교과협의회에는 교과를 담당하는 모든 교사가 편제되도록 하고 있다. 교과부장 교사는 교과 영역에서 교과내용, 교재개발, 수업연구 등을 조직하고 운영하도록 하고, 각 교과별 통괄은 교육경험이 풍부하고 실제 수업을 담당하고 있는 교수팀장(수석교사)이 맡기도 한다. 이와 같이, 교과교육조직은 학년조직과 수평적 · 유기적 관계를 형성하면서 필요 시 학년회에 참가하여 교수 · 학습 활동에 대한 협의와 조정을 하게 된다.

인문교과부	부장	부서 업무 총괄, 게시판 관리, 지식채널-e 업무
	기획	문서 관리, 세계시민교육, 시민사회교육(경제, 통일. 인성, 인구, 다문화 등), 토론 동아리 및 토론 대회, 사회과 업무, 학급신문, 인문학 관련
	독서, 문예	문예(교내 백일장) 관련, 도서관 관련 업무, 독서행사, 독서지원시스템, 학교신문 및 학교 e-book 발간
	국제이해교육	국제교육 및 국제이해교육, 외국어 관련 업무
	사서	도서관 관련 업무 전반, 독서지원시스템, 필독도서선정, 도서구입, 독서지도

자연교과부	부장	부서 업무 총괄, 과학교구 업무 총괄, 메이커교육 총괄
	기획	문서 관리, 과학실 및 무한상상실 관리, 과학실 안전점검, 교구 및 기자재 구입 관리, 수학 · 과학과 연수, 녹색성장 · 환경 · 해양교육 관련 업무, 영재학급 담임
	영재 · 과학행사	영재학급 운영 총괄, 교내외 과학생사 및 대회 주관, 과학축전(창의 · 융합 페스티벌)
문화체육부	부장	부서 업무 총괄, 체육관 및 기자재 관리, 학교스포츠클럽 및 교육감배 스포츠클럽대회 운영
	기획	문서 관리, 교기육성, PASS 업무, 체력증진 프로그램, 교내체육대회 주관, 교내스포츠리그, 토요스포츠 운영
	문화예술	학예전 총괄, 청소년단체활동, 학교예술교육
	보건	보건실 관리, 성교육, 감염병 등 보건교육, 응급처치, 건강상담, 각종 검사 등 학생건강관련 업무, 건강이상학생 관리, 양성평등교육, 학교안전공제회, 흡연예방 사업, 급식 관련 업무

4) 위원회 조직

위원회는 조직을 조정하고 유기적으로 통합하여 활동을 효율적으로 촉진하기 위한 조직이다. 각종 위원회 조직은 학교조직 구성원의 의사소통과 의사결정의 통로가 되어 민주적인 협의와 합의가 이루어지게 하는 역할을 담당한다. 학교 운영을 위한 협의 기능을 수행하는 각종 위원회 조직은 교사들의 전문적인 참여를 요구하며, 부서 간의 상이한 의견이나 입장을 조정 · 통합한다. 교장, 교감, 교사, 행정직원이 참여하게 되며, 위촉된 교외 위원이 참여하기도 한다. 위원회 조직을 교내 인사로만 구성하는 교내위원회 조직과 교외 인사가 참여하는 위원회 조직으로 구분하여 살펴보도록 한다.

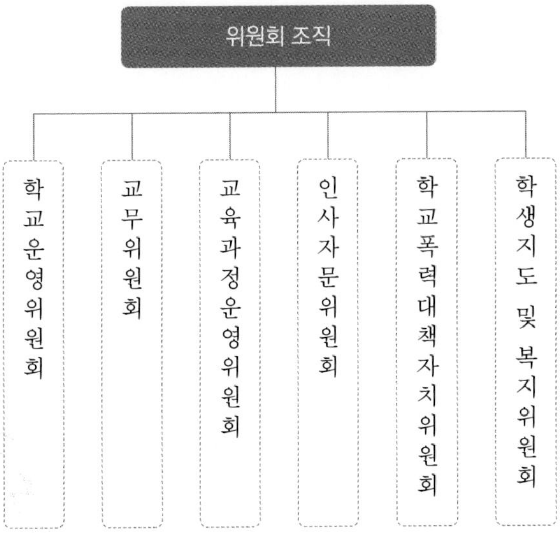

[그림 9-2] 위원회 조직 예시

(1) 교내위원회

교내위원회로는 대표적인 협의조직인 교무회의를 비롯하여, 기획위원회(부장회의), 인사자문위원회, 학교교육과정편성 · 운영위원회, 교과협의회, 학업성적관리위원회, 동학년협의회, 학생복지관련위원회, 학교분쟁조정위원회, 교재교구선정협의회, 학생선도위원회, 진로교육운영위원회, 장학생선발위원회, 체육특기자심사위원회, 급식관리위원회, 특기적성교육활동운영위원회, 봉사활동운영위원회, 금연운동추진위원회 등 다수의 위원회가 조직되어 있다. 대표적인 위원회의 기능은 다음과 같다.

① 교무회의

교무회의는 학교경영 방침의 결정, 교육목표 설정, 중요 사항의 결정에 있어서 교직원의 통합된 의견을 수렴하여 민주적인 학교운영을 하기 위하여 설치되었다. 교육법상 반드시 설치해야 할 규정은 없으나 「교육법」 제75조에 규정된 학교장의 학교경영권에 대한 자문기관 또는 보조기관의 성격을 가진다. 교무회의(직원회)는 학교 교육목표와 방침, 교육과정의 운영, 학생의 진급과 징계, 생활지도 방침, 교직원 연수, 학교행사, 기타 학교의 주요 사항에 관해 합의하는 과정을 거치는 교직원 전체 회의를 말한다. 따라서 학교장은 교직원이 학교경영에 적극적으로 참여하는 기회를 가질 수 있도록 배려해야 할 것이다.

② 기획위원회

기획위원회는 학교운영의 기본적인 주요 사항에 대한 사전 협의와 연구, 직원회의에서 논의할 사항의 사전 입안, 학교교육의 전반적 계획의 수립 등의 기능을 수행하는 교장 자문기구이다. 기획위원회는 흔히 부장회의라고 통칭되듯이 교장 · 교감, 그리고 교무분장상의 각 부서를 대표하는 실무 책임자이며 학교의 중간관리층인 부장교사를 주축으로 구성되는 것이 일반적이다. 직원회는 전 직원으로 구성되므로 제한된 시간 내에 충분한 토의의 결론이 어려우므로, 기획위원회에서는 학교운영의 기본 사항을 사전에 조사 · 연구 · 계획하여 직원회에 회부하고 직원회에서 결론없이 논의된 사항을 위임받아 사후에 결정하는 기능을 담당한다(남정걸, 2006, p. 385).

③ 인사자문위원회

인사자문위원회는 합리적이고 민주적인 인사 행정을 구현하기 위하여「교육공무원법」제3조 및 제54조의 규정에 의하여 설치 · 운영할 수 있다. 교감을 위원장으로 하고, 교사위원은 교사의 의견을 다양하게 수렴하여 구성한다. 학교장은 자문 결과를 객관적 · 합리적으로 판단하여 학교 경영에 무리가 없다고 판단될 경우 적극 수용하여, 수용할 수 없는 객관적 이유는 위원에게 설명한다. 교원인사자문위원회의 기능은 다음과 같다.

- 학급담임 배정 및 보직교사 임명에 관한 사항
- 교무분장조직에 관한 사항
- 연수 및 상훈 등에 관한 사항
- 전입요청 및 전보유예에 관한 사항
- 기타 인사 관련 사항

④ 교육과정운영위원회

교육과정운영위원회는 학교교육과정의 편성과 운영을 위하여 구성된 조직으로, 학교장의 교육과정 운영에 대한 의사결정에 도움을 주는 자문역할을 담당한다. 「초 · 중등교육법」제20조 및 제23조에 근거하여 교육과정의 합리적 편성과 효율적

운영을 위해 설치한다. 교육과정운영위원회의 기능은 다음과 같다.

- 학교교육과정의 편성 및 운영 관련 사항 심의
- 교육과정 운영에 대한 자문
- 교수학습에 관한 심의 자문
- 도서(교과서) 및 교육기자재 선정 및 검수
- 개별화교육 지원 업무 심의

⑤ 교과목별이수인정평가위원회

교과목별이수인정평가위원회는 「초 · 중등교육법시행령」 제53조 및 「조기 진급 및 조기 졸업에 관한 규정」에 근거하여 적정 학년을 배정하기 위한 교과목별 이수 인정평가의 세부규정을 제시함으로써 학교에서의 면제 · 유예자의 편 · 입학업무를 원활히 처리하기 위하여 구성한다. 위원장은 교감으로 하고 교육과정연구부장 및 학년별 교육과정 업무를 담당한 교원으로 구성되며, 위원회는 다음과 같은 업무를 담당한다.

- 유예 및 면제자의 취학 관련 업무
- 조기진급 및 조기졸업에 관한 업무
- 교과목별 이수인정평가 및 성적 산출
- 교과목별 이수인정평가 방법의 결정
- 교과목별 이수인정평가 도구의 제작 또는 선정
- 교과목별 이수인정 기준 결정

⑥ 학교학업성적관리위원회

학교학업성적관리위원회는 '학교생활기록부 작성 및 관리 지침'에 근거하여 학업 성적 평가 및 관리의 객관성, 공정성, 투명성, 신뢰성을 제고하기 위하여 구성되며, 학교의 형편에 따라 타 위원회와 통합 운영할 수 있다. 위원장은 학교장, 부위원장은 교감이 되며 위원의 수는 학교 규모에 따라 정하되 교직원 중 교무 분장 업무를 고려하여 학교장이 임명한다. 학교학업성적관리위원회는 다음과 같은 사항을 심의한다.

- 학교 학업성적관리 규정의 제·개정
- 각 교과협의회에서 제출된 지필평가 및 수행평가의 영역·방법·횟수·기준·반영비율 등과 성적처리 방법 및 결과의 활용
- 특별활동 상황의 평가 기준 및 방법
- 행동특성 및 종합의견의 평가 덕목 및 방법
- 학업성적평가 및 관리의 객관성·공정성·투명성·신뢰도의 제고 방안

표 9-1 중학교의 위원회 및 협의회 예시

위원회명	소위원회	위원	주요업무
학교운영 위원회	학교운영위원회	학부모위원 6명, 지역위원 2명, 교원위원 4명	「초·중등교육법」에 명시된 사항 심의, 지역사회의 교육적 요구 수렴 반영
	학교체육 소위원회	교감, 예체능교육부장, 학부모위원 3명, 체육교사	학생건강체력평가, 학교스포츠클럽 및 학교운동부 운영, 학생선수의 학습권 및 인권 보호, 운동부 관련 심의내용
학교폭력 전담기구	–	교감, 책임교사, 보건교사 전문상담사, 학부모위원 3명	학교폭력예방 및 대책 수립, 가해학생 조치, 학교장 자체해결 여부 심의
학교교권 보호위원회	학교교권 보호위원회	교감(당연직), 생활안전부장, 학생선도담당교사, 학부모위원 3명	「교원지위향상 및 교육활동보호를 위한 특별법 시행령」 제6조에 따른 교권보호 활동 전반
교원능력개발 평가관리위원회	교원능력개발 평가관리위원회	교감(당연직), 교원위원 2명 학부모위원 3명, 외부전문가 1명	교원능력개발평가 기본계획 심의, 평가 편람 홍보 및 연수자료 심의, 평가관련 의견수렴, 보고서 심의
교육과정 위원회	교육과정위원회	교무기획부장, 교육과정부장, 교과부장, 교육과정기획	교육과정 편성과 운영 학교 교육과정의 수정, 보완, 평가
	자율장학위원회	교육과정부장, 장학담당, 교과부장	자율장학 및 교과협의회
	학업성적 관리위원회	교장(위원장), 교감(부위원장) 교육과정부장, 교과부장, 평가계. 교무기획부장, 학년부장, 생기부 담당	평가계획, 평가문항검토, 출제관리, 고사시행, 결과 분석 성적관리규정 제·개정, 성적처리, 고입전형관련 자료 관리 학생생활기록부 입력 확인 및 점검, 학교 생활기록부 전산처리 및 관리
	교과목이수인정 평가위원회	교감(위원장), 교무기획부장, 교육과정부장, 해당학년 및 차상급학년 교과담당 교사 중 학교장이 복수로 위촉	교과목별 이수인정 평가, 대상 학생의 평가 및 학년 결정

교무 위원회	인사자문위원회	교감 및 교무부장(당연직), 교과별 위원	교내 인사관계 제반사항, 교사표창 추천, 업무부장 및 학급담임 추천
	다면평가 관리위원회	교감(당연직), 경력별 2명 교과별 3명, 비교과대표 1명	다면평가 평가지표 심의 및 세부평가 기준 수립, 평가 전 정량평가실적 확인 성과급 지급등급 결과의 부서장 통보, 이의에 대한 재심, 다면평가 결과 관리
	교직원협의회	전교직원	교직원연수, 교육활동 사항 전달 업무 추진상황 건의
	부장협의회	교장, 교감, 부장교사, 행정실장	학교발전의 주요업무 협의, 조정, 추진
성(희롱)고충 심의위원회	성(희롱)고충 심의위원회	교장, 교감, 교무기획부장, 예체능교육부장, 생활안전부장, 전문상담사, 보건교사, 교사2명 행정직원, 외부전문가 2명,	성희롱 관련 상담, 조언 사건조사 및 처리, 성희롱예방 업무
학생지도 및 복지위원회	학교안전 관리위원회	교감, 교무기획부장, 생활안전부장, 예체능교육부장, 보건교사, 행정실장, 학년부장 및 담임	학교위기 발생(재해, 안전사고, 성폭력, 자살)에 대한 신속한 대처, 학교내 위기 대응 체계를 통한 안전한 학교 환경 마련 계획 수립, 예방 교육
	학생선도위원회	교감, 교무기획부장, 생활안전부장, 생활안전부기획, 해당학년부장 및 담임 전문상담사	학생포상, 선도심의, 중도탈락자 예방 및 복학생 학교적응방안
	위기관리위원회	교감, 행정실장, 교무기획부장, 생활안전부장, 교육정보부장, 학년부장, 담임, 상담교사, 보건교사, 학교운영위원장	학교 내 위기대응 계획 수립 예방교육과 위기 발생 시 신속한 대처
학교자체 평가위원회	학교자체 평가위원회	교감(위원장) 부장교사 2명, 교사 2명 학교운영위원 1명 학부모위원 1명	자율지표선정, 학교자체평가 계획 수립 및 실시 학교자체평가 결과 분석 및 평가 보고서 작성 기타 학교자체평가 관련 사항 심의

자료: 분포중학교(2020). 일부 발췌하여 구성함.

표 9-2 고등학교의 위원회 및 협의회 예시

조직명	구성원	주 요 업 무	회기	주관부서	근거
학교운영 위원회	지역위원 2명 학부모위원 6명 교원위원 4명 간사(행정과장)	• 관련 법률에 정해진 사항 심의 • 학교운영에 대한 제반사항 심의 • 방과후학교 운영에 대한 심의 자문	수시	행정실	「초 · 중등 교육법 시행령」 제58조, 제62조
교육과정 위원회	교장(위원장) 교감(부위원장) 관련부서 부장, 기획 관련업무 담당자 관련교과 대표 담당자	• 교육과정 운영 관련 사항 심의 • 학업성적관리 관련 사항 심의 • 교육활동관련 도서 및 기자재 구입 선정 · 검수 • 업무 추진 소위원회: 교육과정 위원회, 학업성적관리위원회, 도서선정위원회, 기자재선정위원회, 교과협의회 등 • 개별화교육 지원 업무심의	수시	교육과정부 교육정보부 개별교과	「초 · 중등 교육법」 제20조, 제23조
학교 위기관리 위원회	학교장, 교감 담임교사 상담교사 보건교사 학생안전복지부 교사 행정실장 학부모운영위원장	• 학교 내 위기 대응 체계를 통한 안전한 학교 환경 마련 계획 수립 및 예방 교육 • 학교 위기 발생 시 신속한 대처 • 학생들의 발달 단계에 맞는 반응 인지, 대처 • 정서적 응급처치를 통한 확산 방지	수시	학생안전 복지부	
교원인사 자문위원회	교감(위원장) 교무운영부장(간사) 교과 대표 7명 부장교사 대표 1명 원로교사 대표 1명	• 인사자문위원회 규정에 명시된 사항 협의 • 교내 교원인사에 대한 학교장 의사결정의 자문 • 교원성과상여금 지급에 대한 학교장 의사결정의 자문	수시	교무운영부	교육공무원 인사관리규정 제34조
교직원회의	전 교직원	• 교육개혁 추진 및 주요 교육활동 심의 • 교육목표 추진의 장학활동 • 학교체육진흥 관련 심의 • 교직원 친목활동 및 상부상조 • 기타 교육활동 관련 사항 심의 • 업무 추진 소위원회: 학교변화관리위원회, 부장협의회, 자율장학협의회, 학교체육진흥위원회, 성고충(희롱)처리심의위원회, 교직원 친목회	수시	관련부서	「초 · 중등 교육법」 제20조
학교 경영회의	학교장(위원장) 교감(부위원장) 교무운영부장 교육과정부장 학생복지부장 관련부서 부장 관련업무 담당자				

학생지도 및 복지위원회	교감(위원장) 관련부서 부장 3개 학년 부장 관련업무 담당자	• 학생교육지도 관련 사항 심의 • 학생복지 관련 지원 심사 • 학생봉사활동 관련 심의 • 학생선수보호 관련 심의 • 업무 추진 소위원회: 학생복지 심사위원회, 학생선수보호위원회, 장학생(추천 · 선정)위원회, 학생자율정화위원회 등	수시	학생안전복 지부 및 관련부서	「초 · 중등 교육법 시행령」 제9조 제1항 제4, 7, 8, 9호
장학생선발 위원회	교감(위원장) 관련부서부장 3개 학년 부장 장학업무 담당자	• 장학금 지급 및 중지 처분 결정 • 장학생 교체자의 결정 • 기타 장학생 지도에 필요한 사항 및 결정시행	수시	교무운영부	
대입전형 학교장 추천 위원회	교감(위원장) 교무운영부장 교육과정부장 학생안전복지부장 진로진학상담부장 3학년부장 학부모위원 2명	• 소위원회인 학년협의회에서 대상자 선정하여 순위명부작성 • 학년협의회의 추천순위명부를 근거로 최종대상자 선정	수시	3학년부 교무운영부	

자료: 동래고등학교(2020). 일부 발췌하여 구성함.

(2) 학교운영위원회

학교운영위원회는 학생과 학부모 및 지역사회의 요구를 학교교육에 적극 반영함으로써 학교운영에 대한 정책결정의 민주성 · 합리성 · 투명성을 제고하고, 학교의 자율성과 책무성을 강화하는 제도이다. 교육구성원들이 함께 학교운영에 대해 논의하는 법적기구인 학교운영위원회는 「초 · 중등교육법」 및 「초 · 중등교육법 시행령」에 근거하여 모든 국 · 공 · 사립의 초 · 중 · 고등학교 및 특수학교에서 설치 · 운영하고 있으며, 개별 학교의 실정과 특색에 맞게 다양하고 창의적인 교육을 실현할 수 있는 터전을 제공하고 있다. 학교운영위원회는 학교장(집행기관)과는 독립된 기구이며, 학교운영에 관한 주요사항에 대해 국 · 공립학교는 심의하고, 사립학교는 자문하는 기구이다.

① 학교운영위원의 권한

• 학교운영에의 참여권: 학교운영위원은 학교운영위원회를 통하여 자신이 대표

하는 학부모, 교직원, 지역사회의 다양한 요구를 수렴하여 학교운영위원회에 제안하고 건의할 수 있다.

- 중요사안 심의 · 자문권: 운영위원들은 「초 · 중등교육법」 제32조와 각 시 · 도 학교운영위원회 구성 및 운영 등에 관한 조례 및 학교법인정관에 근거하여 학교운영에 관한 중요사항을 심의 · 자문할 수 있다.
- 보고 요구권: 학교장이 운영위원회의 심의 · 의결 결과와 다르게 시행하거나 운영위원회의 심의 · 자문사항임에도 불구하고 심의 · 자문을 거치지 아니하고 시행하는 경우에는 그 사유를 지체 없이 학교운영위원회에 보고하도록 요구할 수 있다.

② 학교운영위원의 의무

- 회의 참여의 의무: 학교운영위원은 학교운영위원회 회의에 성실히 참여하여야 하며 이를 통하지 아니하고는 학교운영에 관여할 수 없다.
- 지위남용 금지의 의무: 운영위원은 그 지위를 남용하여 당해 학교와 영리를 목적으로 하는 거래를 하거나 재산상의 권리, 이익의 취득 또는 알선을 해서는 안 되며, 학교운영위원회 활동의 대가로 반대급부의 성격을 띤 보수나 수당을 요구할 수 없다.

③ 학교운영위원회의 구성절차

학교운영위원회는 각 시 · 도 교육청 및 학교마다 구성절차나 시기에 차이가 있을 수 있다. 임기시작일이 4월 1일인 경우, 3월 초순에 학교운영위원회 규정(정관)의 점검과 개정 → 학교운영위원회 구성 계획 수립 → 학부모위원 및 교원위원 선출 관리위원회 구성(5~7명 이내)이 이루어진다. 3월 중순~3월 말에는 학부모위원 선출 → 교원위원 선출 → 지역위원 선출 → 위원장 및 부위원장 선출 → 학교운영위원회 및 소위원회 구성이 완료된다.

④ 학교운영위원회 교원위원으로 참여하기

학교운영위원회의 위원들은 일반적으로 자신이 대표하는 집단의 다양한 요구를 수렴하여 학교운영위원회에 제안 · 건의할 권한, 학교운영의 중요사항을 심의 · 자문할 권한, 학교장이 운영위원회의의 심의 · 의결과 다르게 시행하거나 운영위원회의 심의 · 자문사항임에도 그 과정을 거치지 않고 운영하는 경우 사유를 지체없이 학교운영위원회에 보고하도록 요구할 권한을 가진다.

따라서 교원위원으로 선출된 교사는 학교운영위원회 심의과정에 참여하거나 안건을 제출할 때 동료교사의 의견을 수렴하는 과정을 거침으로써 전체 교원의 의견

표 9-3 교원위원 선출 세부 일정

<table>
<tr><th>구분</th><th>내용</th><th>비고</th></tr>
<tr><td>선거홍보</td><td>방법: 교직원 전체회의, 홈페이지, 학내 게시판 등을 통함
내용: 학교운영위원회 설치목적, 구성, 기능, 선거일정 및 절차, 후보 등록 및 당선자 결정 방법, 학교운영위원회규정 및 선거 세칙 등을 홍보함</td><td rowspan="8">※ 선출 방법
• 국공립학교
– 당연직 교원위원(학교장)을 제외한 교원위원은 교직원 전체회의에서 무기명투표로 선출함
– 기간제 교원의 경우 피선거권은 없으나 선거권은 학교운영위원회의 규정으로 정함
• 사립학교
– 당연직 교원위원(학교장)을 제외한 교원위원은 정관이 정한 절차에 따라 교직원 전체 회의에서 추천한 자 중 학교장이 위촉함
– 교직원 전체회의에서의 추천은 적정한 범위를 넘지 않도록 하여 교원의 대표성이 보장되도록 함(2배수 이내로 규정)
– 선출 절차는 국공립에 준용함</td></tr>
<tr><td>선출관리
위원회구성</td><td>기능: 공정한 선거관리를 위해 한시적으로 구성되는 기구로, 선거일정 관리 및 선거사무를 총괄함
구성: 교직원 전체회의에서 5~7명 이내로 추천받아 학교장이 위촉하고, 위원장은 호선함</td></tr>
<tr><td>선거공고</td><td>방법: 학내 게시판, 홈페이지 등을 통함
내용: 선거일시, 장소, 선출인원, 선출방법, 자격 및 후보등록, 후보등록 기간 및 장소, 입후보등록서, 선거인 명부 열람 등의 내용을 공고함</td></tr>
<tr><td>선거인명부작성</td><td>작성: 교원위원 선거인명부 3부(보존, 열람, 투표용지 수령용)
관리: 명부는 일정한 장소에 비치하여 자유로운 열람이 가능하도록 함</td></tr>
<tr><td>후보자등록</td><td>등록: 교원으로 입후보하고자 하는 자는 입후보 등록서 1부를 작성하여 선출관리위원회에 등록함</td></tr>
<tr><td>선거공보</td><td>방법: 학내 게시판, 홈페이지 등을 통함
내용: 교원위원 입후보자에 관한 사항(이름, 경력, 소견 등) 및 선거에 관한 사항(선거일시, 방법, 장소, 지참물 등)</td></tr>
<tr><td>투표용지 준비 및
투표장 설치</td><td>투표용지: 후보자 기호, 성명, 기표란이 기재되어야 함
위원장 확인: 투표용지에는 진위확인 및 위조 방지를 위해 선출관리위원장의 확인이 필요함
투표장: 투표순서, 기표방법을 안내하는 표지판 설치, 기표 용구 등 준비</td></tr>
<tr><td>투표실시</td><td>소견발표: 선거당일 투표 전 입후보자 소견 발표함
투표절차: 선거인명부 확인 및 날인 → 투표용지 수령 → 기표 → 투표함 투입</td></tr>
</table>

개표	시기: 투표가 완전히 끝난 후 위원장은 투표마감 선언 후 개표 선언 & 개표 개표: 교원위원선출관리위원회 책임 하에 개표, 참관인 임석함
당선자 공고	당선자: 다수득표자 순으로 당선자 확정하고 결과 공포함 공고: 개표결과를 선출관리위원회 선거록에 기록하고 당선 사실 공고함
선거결과 홍보	방법: 학교 내 게시판, 홈페이지 등을 통함 내용: 당선자에게 당선통지서 교부, 교직원에게 홍보함

출처: 서울특별시교육청(2019), pp. 35-37을 토대로 구성함.

을 대표한다는 자신의 역할을 명확히 인지해야 한다. 또한 동료교사들과 지속적으로 정보와 의사를 교류하고 학교운영위원회에서 논의되는 사항을 공유·홍보하는 적극적인 자세와 활동도 필요하다.

표 9-4 국·공·사립학교 학교운영위원회 비교

구분		국공립학교	사립학교
성격		법정 심의 기구	필수적 자문 기구
위원 정수		학생수 200명 미만: 5인 이상, 8인 이내 학생수 200명 이상~1,000명 미만: 9인 이상, 12인 이내 학생수 1,000명 이상: 13인 이상, 15인 이내	국공립학교와 동일
위원의 자격 및 선출 방법	학부모 위원	당해학교 재학 중인 자녀를 둔 학부모 학부모 전체회의에서 직접선출(직접투표 원칙, 학교 사정에 따라 서신, 우편, 전자투표, 직접투표와 서신·우편 투표 병행 가능) 간접선출은 학교규모, 시설 등의 객관적 사유가 있는 경우 학급별 대표로 구성된 학부모 대표회의에서 선출 구성비율: 40~50%(일반학교) 30~40%(산업수요 맞춤형고, 특성화고)	국공립학교와 동일
	교원 위원	당해 학교 재직 교원 교직원 전체회의에서 무기명투표로 선출 구성비율: 30~40%(20~30%)	당연직 교원위원(교장)을 제외한 교원위원은 정관이 정한 절차에 따라 교직원 전체회의에서 추천한 자 중 학교장이 위촉. 이외의 사항은 국공립학교에 준함

	지역 위원	당해학교가 소재하는 지역을 생활근거지로 하는 자로서 교육행정에 관한 업무를 수행하는 공무원, 당해학교가 소재하는 지역을 사업활동의 근거지로 하는 사업자, 당해학교 졸업자, 기타 학교운영에 이바지하고자 하는 자 학부모위원 또는 교원위원의 추천을 받아 학부모위원 및 교원위원이 무기명투표로 선출 구성비율: 10～30%(30～50%)	국공립학교와 동일
심의 · 자문 사항	「초 · 중등교육법」 제32조 – 학교헌장 및 학칙의 제정 또는 개정에 관한 사항 – 학교의 예산안 및 결산에 관한 사항 – 학교교육과정의 운영방법에 관한 사항 – 과용도서 및 교육자료의 선정에 관한 사항 – 정규학습시간 종료후 또는 방학기간중의 교육활동 및 수련활동에 관한 사항 –「교육공무원법」 제31조 제2항의 규정에 의한 초빙교원의 추천에 관한 사항 – 학교운영지원비의 조성 · 운용 및 사용에 관한 사항 – 학교급식에 관한 사항 – 대학입학 특별전형 중 학교장 추천에 관한 사항 – 학교운동부의 구성 · 운영에 관한 사항 – 학교운영에 대한 제안 및 건의 사항 – 기타 대통령령, 특별시 · 광역시 또는 도의 조례로 정하는 사항 – 학교발전기금의 조성 · 운용 및 사용에 관한 사항(심의 · 의결사항)		「초 · 중등교육법」 제32조 아래 사항을 제외하고는 공립학교와 같음 〈제외되는 자문사항〉 초빙교원의 추천에 관한 사항 (「교육공무원법」 제31조 제2항) 〈학교법인 요청시 자문사항〉 학교헌장 및 학칙의 제정 또는 개정에 관한 사항

출처: 서울특별시교육청(2019)을 토대로 구성함.

토론 및 실습 과제

1. 학교경영조직의 특성을 숙지하고, 교사가 담당하게 될 업무의 특성을 파악해 보자.
2. 교사는 다양한 업무를 통해 학교 경영에 참여하고 있다. 학교 조직 운영에 필요한 다양한 업무는 교사들이 분담하여 처리하고 있다. 교사는 행정업무 관련 전문성을 신장시키기 위해 어떤 노력을 할 수 있을지 생각해 보자.

> 그동안 많은 연구에서 교사의 전문성 신장과 관련하여 교수-학습 전문성에 대한 내용을 다루어 왔다. 그러나 실제로 교사들은 수업과 학생지도 외 행정업무 처리에도 많은 시간을 할애하고 있다. 교사들의 업무 시간을 분석한 선행연구에 의하면 교사들은 하루 중 수업에 가장 많은 시간을 소요하며(27.8%), 그 다음으로 학교 행정업무(15%), 수업준비 및 평가(14.6%), 수업 외 학생지도(10.7%), 학급 행정업무(10.6%), 전문성 신장 및 동료협력(10.3%), 휴식 및 사적 업무(9.6%)의 순으로 시간을 보내고 있어 약 25% 정도를 행정업무처리에 시간을 소요하는 것으로 나타났다(정바울 외, 2014).
>
> 학교는 하나의 조직체인 만큼 조직운영에 필요한 여러 가지 다양한 업무가 있기 마련이며 시설, 회계 등에 관한 업무를 제외하고는 대부분의 업무를 교사들이 분담하여 처리하여야 한다(윤정일 외, 2005, p. 405). 또한 수업을 잘하고 잘 가르치는 것만이 교사의 유능함을 말해 주는 것은 아니며, 교사는 학교조직의 구성원으로서 조직에서 부과되는 많은 직무를 수행해야 한다는 점, 교사는 수업 이외에도 다양한 일을 통해 학교의 사무를 처리하고 학교의 유지와 발전에 기여해야 한다는 점 등에서(송기창 외, 2009) 교사에게 행정업무 관련 전문성을 신장시키는 것도 중요하다. 그렇다면, 교사의 행정업무에 대한 전문성은 어떻게 신장되는 것일까?
>
> – 이고운, 박소영(2020), p. 280

3. 학교운영위원회의 교원위원으로 선출되었다면, 어떤 방법으로 학교운영위원회를 홍보하고, 구성원의 적극적인 관심과 참여를 유도할 것인지 생각해 보자. 학교운영위원회 교원위원이 어느 부서의 연간 업무 계획서를 보자고 요구할 수 있는가? 계획서대로 업무가 진행되고 있는지 여부에 대해서 이의를 제기할 수 있는가? 교원위원에게 어떤 권한이 있고 그 범위는 어디까지인지에 대하여 의견을 나누어 보자.

참고문헌

교육부(2017). 초 · 중등학교 교육과정 총론. 교육부 교시 제2015-74호. 별책 1.

남정걸(2006). **교육행정 및 교육경영**(4판). 경기: 교육과학사.

동래고등학교(2020). 학교교육계획. 부산: 동래고등학교.

박병량 · 주철안(2012). **교육행정 및 교육경영**. 서울: 학지사.

백현기(1984). **교육행정**. 서울: 을유문화사.

분포중학교(2020). 2020학년도 교육계획서. 부산: 분포중학교.

서울시교육청(2019). 학교운영위원회 업무편람. 서울: 서울시교육청.

윤정일 외(2008). **교육행정학원론**(5판). 서울: 학지사.

이고운 · 박소영(2020). 교사의 행정업무 학습과정에 관한 연구. **한국교원교육연구** 37(1), 279-308.

정태범(1999). **학교경영계획론**. 서울: 양서원.

중앙고등학교(2020). 교육계획서. 부산: 중앙고등학교.

참고사이트

서울시교육청(http://www.sen.go.kr)

제10장

행정 업무

사례

학급담임을 맡고 있는 김 교사의 하루 일과를 따라가 보자.

김 교사는 출근과 함께 학급에서 자습지도를 시작한다. 08:30~16:30까지 수업과 방과후수업이 이어진다. 하루 평균 4~5시간의 수업, 1교시 시작 전 교실 내 정숙지도, 조 · 종례 및 청소지도, 창의적 체험활동, 급식지도, 갑작스런 행사변경으로 인한 보강 등은 모두 담임교사의 몫이다. 학교에서 지내는 하루 8~9시간의 일과 시간 중 수업시간 4~5시간과 점심시간을 제외하면 평균 2~3시간이 남는다. 이 시간에도 김 교사는 공문처리, 외부에서 수시로 걸려오는 전화 응대와 민원 업무, 학생면담 및 상담, 교실관리, 수업준비, 학부모 상담, 학년 · 부서회의 참석 등으로 10여 분의 쉬는 시간까지도 계획적으로 활용해야 한다. 이처럼 교사의 하루 일과는 동시에 주어지는 복합적인 업무에 둘러싸여 있다.

사례에서 살펴보았듯이 교사는 수업 이외에 다양한 업무를 담당하고 있다. 이 장에서는 교사의 업무를 교과지도, 학급운영, 학생지도, 학사실무로 구분하고, 특히 학사실무를 중심으로 이루어지는 교사의 행정업무를 파악해 본다. 교사가 담당하는 행정업무 처리를 위한 공문서의 양식과 세부사항, 업무관리시스템, 단위학교에 제기될 수 있는 민원사무의 유형과 처리방안 등을 중심으로 살펴보도록 한다.

1. 교사의 업무

교사의 업무란 교원이 학교조직에서 행하는 사실적인 일들의 총체로, 교원이 현실에서 처리하는 사무와 동일한 개념이라 볼 수 있다. 교원의 업무는 일반적으로 교수업무와 비 교수업무, 즉 행정업무로 구분하면서, 행정업무는 수업 외 업무, 즉 잡무로 인식하고 줄어야 한다는 견해도 있고, 행정업무를 보다 명확히 분류하여 교수학습활동과 직접 관련이 있고 학생관련 업무와 직·간접적 관련이 있는 업무는 교원의 고유업무, 즉 핵심업무로 교원이 담당해야 한다는 견해도 있다(신현석 외, 2011).

학교 조직 구성원으로서 교사는 다양한 역할과 책임에 따라 업무와 과업을 수행하게 된다. 교사에게 기대하는 역할은 실로 다양하다. 교사의 역할에 대해 주로 교수자, 지식 자원, 학습의 조력자, 학습 촉진자 등 학습지도자로서의 역할과 훈육자, 안전 관리자, 표본 및 모범 등 생활지도자로서의 역할, 관리자, 비전 제시자, 교실환경 관리 등 학급경영자로서의 역할, 불안 제거, 옹호, 적대 감정 표출 대상 등 심리적인 측면에서의 역할, 그 밖에 부모 대리자, 친구, 애정의 대상, 연구자 등 다양한 교사의 역할들이 제시되고 있다(오희정, 김갑성, 2017).

교사의 책임과 의무에 대해서는 법령을 통해 다음과 같이 규정하고 있다. 「교육법」 제74조에서 교원은 항상 사표가 될 품성과 자질의 향상에 힘쓰며 학문의 연구와 교육의 방법을 탐구하여 국민교육에 전심전력하여야 함을 규정하고 있다. 교원의 의무에 대해 교육자로서 갖추어야 할 품성과 자질을 향상시키기 위해 노력해야 할 의무(「교육기본법」), 교육 및 연구활동의 의무(「교육법」), 선서·성실·복종의 의무(「교육공무원법」 및 「사립학교법」), 전문직으로서의 품위유지 의무(「국가공무원법」), 비밀엄수의 의무(「국가공무원법」), 교육상 필요시 학생을 징계할 의무(「초·중등교육법」), 정치적 중립을 지켜야 할 의무(「교육기본법」) 등을 규정하고 있다. 이와 같은 교사의 역할과 책임에 기초하여 교사의 업무를 다음과 같이 구분한다.

- 교과지도: 수업, 수업연구, 수업자료 개발, 교육과정 운영, 교과관련 연구활동, 학업평가
- 학급경영: 일과지도, 생활 및 인성지도, 행사 운영, 학급사무관리

- 학생지도: 학생 이해와 지도, 인성 및 생활 · 진로 상담, 안전사고 관리, 학부모 및 지역사회와의 관계 형성
- 행정업무: 교무분장업무, 학년업무, 학적관리, 공문서관리 및 업무시스템관리, 학교예산회계관리

1) 교과지도

교사에게 있어서 교과지도 업무는 교사의 전문성과 관련된 중요하고 본질적인 업무다. 교과지도와 관련된 업무로는 수업, 수업연구, 교육과정 운영, 교과연구, 학업평가 등이 있다.

- 수업: 일반적으로 중학교의 교사는 방과후수업을 제외하고 일주일에 20~25시간, 일반계 고등학교는 16~20시간 정도의 수업을 담당한다. 교사는 수업을 계획, 진행, 분석하는 전문가로서의 역할을 충실히 수행해야 한다. 교사는 단순히 수업을 담당하는 사람이라기보다는 학습과정을 조직하고 관리하는 주체이며, 학교는 조직화된 수업이 진행되는 곳이므로 교사의 일차적인 역할은 교과교육을 책임지는 것이다.
- 수업연구: 수업연구는 학습지도방법의 개선을 위해 동교과 또는 동학년의 교사들을 중심으로 이루어지는 동료장학의 한 유형으로 볼 수 있다. 수업연구는 일반적으로 수업연구자 선정하기, 수업연구 준비, 수업지도안 작성하기, 수업연구실시 및 관찰하기, 수업연구 후 협의하기 등의 과정을 통해 이루어진다.
- 교육과정 운영: 교사는 시 · 도 교육청의 학교 교육과정 편성 및 운영 지침을 바탕으로 편성 · 운영된 학교 교육과정의 실질적인 운영자이다. 학교에서는 교육과정운영위원회를 조직 · 운영하여 기초조사를 통해 학교 교육과정 시안을 작성하고 심의 · 확정하여 운영 및 평가하게 된다.
- 교과연구: 교사는 교과교육의 질 향상을 위해 다각적으로 노력하게 된다. 동교과 및 동학년의 교사들과 협의하고, 수업대회에 참가하고, 교사 연구단체 활동이나 연수의 참여, 대학원 진학과 같은 자기계발과 자기연찬의 노력이 교과연구에 포함된다.
- 학업평가: 교사는 교과지도의 환류과정으로 학생의 학업을 평가하게 된다. 학

교는 학업성적 평가 및 관리의 객관성, 공정성, 투명성, 신뢰도를 높이기 위하여 학업성적관리위원회와 교과협의회를 구성하고, 평가기준과 방법, 결과 공개 등에 관한 교과 평가계획을 수립하여 학업을 평가하게 된다.

2) 학급경영

대부분의 교사는 교과교사인 동시에 담임교사로서의 역할을 수행하게 된다. 학교는 학생의 인격형성에 관여하는 교육적 역할을 여전히 요구받고 있으므로 교사의 교육적 책임은 중요하다. 특히 학급운영의 주체인 담임교사는 학생의 인성 및 생활지도에 대한 일차적인 책임을 지고 있다. 학급운영과 관련된 업무로는 일과지도, 생활 및 인성지도, 행사운영, 학급사무관리 등이 있다.

- 일과지도: 일과지도는 조례, 종례, 자습, 청소 등의 일과를 지도하는 일이다. 이는 학생들의 기본 생활습관 형성과 인성에 중요한 의미를 가진다.
- 생활 및 인성지도: 담임교사는 상당한 시간과 노력을 투자하여 학생의 기본 성향과 심리상태를 이해·지도하게 된다. 생활 및 인성지도는 지속적으로 이루어져야 하며, 필요한 경우에만 행동을 고쳐 주거나 규칙을 적용하는 것과 같은 제한된 상담 및 지도활동이 되지 않도록 노력해야 한다.
- 행사운영: 학교에는 다양한 행사가 있다. 연례적으로 이루어지는 학교행사로는 현장체험학습, 수련회, 체육대회, 학교축제 등이 있고, 친교활동, 봉사활동, 학예행사활동 등의 학급행사도 있다. 담임교사는 학급구성원이 소속감과 친밀감을 가질 수 있도록 지도해야 한다.
- 학급사무 관리: 학급담임은 학급의 사무관리에 많은 시간을 할애한다. 각종 업무추진계획, 행사계획, 보고문서 작성, 학생기초조사, 교무업무시스템에 자료 입력하기, 학부모회 조직, 외부 요청 통계 조사, 생활보호대상자 및 저소득층 지원, 장학금 수혜 대상자 확인 등의 학급사무를 관리하게 된다.

3) 학생지도

교사는 교과담당 및 담임교사가 아니더라도 학생 이해와 지도에 대한 책임을 요구받고 있고, 지속적인 인성 및 생활 · 진로 상담과 안전사고 관리에 유의하여야 한다. 또한 학부모와 지역사회와의 바람직한 관계 형성을 통해 학생지도에 효과적으로 연계시킬 수 있다. 예를 들면, 원격 수업 상황에서는 교사와 학부모의 협력적 관계 형성이 보다 중요하다. 교사는 원격수업을 진행하는 동안 가정에서의 학부모 역할을 안내하고, 학생의 학습 상태를 함께 모니터링하고 결과를 공유하는 협력자로서 학부모와의 관계를 형성할 수 있다.

- 학생의 이해와 지도: 학교는 다수의 학생으로 구성되어 있어 개별 학생에 대한 지도에 보다 각별한 관심과 지도가 요청된다. 특히, 최근의 학교현장과 학생에 대해 이해하기 위해서는 학생문화와 학생의 특성 등에 다각적인 관심과 주의를 기울이고 보다 실질적인 지도가 이루어져야 할 것이다.
- 안전사고 관리: 포괄적인 관점에서 학생안전사고는 학교내외에서 학생들의 안전을 위협하는 일체의 학교 관련사고를 총칭하는데, 교사의 업무수행에서 학생안전사고는 학습활동의 부가적 활동이나 보조 활동이 아니라 핵심적 업무의 하나로 책무성이 더해지고 있다.
- 학부모 및 지역사회와의 관계 형성: 학부모는 다양한 통로를 통해 자녀의 학교교육활동을 지원한다. 즉, NEIS의 학부모 서비스, 공개수업 참관, 원격수업 지원, 교원능력개발평가의 학부모 만족도 조사 참여, 교사와의 개별 면담, 학교운영위원회의 위원 활동 등을 통해 학교의 교육활동에 참여 · 지원하게 된다. 또한 학교는 지역사회의 모든 환경과 상호 관련성을 가지면서 서로 영향을 주고받는다. 따라서 교사는 학부모 및 지역사회와의 유대적이고 우호적인 관계를 형성하여 학교교육의 목적을 효과적으로 성취하기 위해 노력해야 한다.

4) 행정업무

교사는 교무분장업무, 학년업무, 학생의 학적관리, 공문서관리 및 업무시스템관리, 학교예산회계관리 등과 같은 학사와 그에 따른 행정업무를 담당하게 된다.

- 교무분장업무: 교사는 교무분장에 따라 사무업무를 배정받게 된다. 학교에 따라 학급담임을 배정받은 경우 교무업무에서 제외하는 경우도 있다. 교무분장

업무는 부서의 배정에 따라 담당하는 업무가 달라지며, 일반적으로 학교에는 교무, 연구, 교육과정, 정보, 학생생활지도 등의 부서로 분장되어 있다.

- 학년업무: 학급담임을 하게 되면 워낙 그 자체로 일이 많기 때문에 대체로 학급 담임에게는 많은 시간이 소요되는 업무는 맡기지 않거나 학년 단위에서 처리해야 할 업무를 맡기는 경우가 많다. 장학생 선발, 봉사활동 및 출석부 관리 등은 주로 학년 단위에서 실제 사무를 처리하고 교무부서의 담당자가 이를 총괄하여 결재를 받거나 공문을 발송하는 업무를 하게 된다.
- 학적관리: 학적이란 학생이 학교에 비치하는 학생의 성명, 생년월일, 주소, 성적, 입학, 퇴학, 졸업, 보호자, 신체상황 등에 관한 기록을 말하며, 이를 관련 법령에 따라 관리하는 업무를 학적관리라고 한다. 학적의 취득, 이동과 유예, 진급과 졸업, 학력인정, 출결상황 등과 관련된 전반적인 관리업무를 하게 된다.
- 업무관리: K-에듀파인 업무관리시스템을 활용하여 공문서를 작성하고, 다양한 교육활동에 필요한 경비를 예산안에 반영하여 부서별 예산요구서를 제출하고, 업무 담당교사는 세부사업 담당자로서 예산요구, 지출품의 등의 역할을 담당하게 된다.

2. 업무관리시스템을 활용한 행정업무

1) 나이스

나이스(National Education Information System: NEIS)는 교육과 관련된 각종 정보를 전자적으로 연계하여 행정정보를 이용하는 종합정보시스템이다. 즉, 1만여 개 초·중·고·특수학교, 178개 교육지원청, 17개 시·도 교육청 및 교육부가 모든 교육행정 정보를 전자적으로 연계 처리하며, 국민 편의 증진을 위해 행정자치부(G4C), 대법원 등 유관기관의 행정정보를 이용하는 종합 교육행정정보시스템이다.

나이스를 통해서 교사는 학적관리, 교육과정관리, 평가관리, 출결 및 학생생활관리, 학교생활기록부 관리 등의 교무업무를 수행한다. 또한 인사기록을 확인하거나 복무 관련 결재를 신청할 수도 있고 급여나 승급 등을 확인할 수도 있다. 나이스를 활용한 주요 행정업무는 다음과 같다.

- 경영지원: 학급경영지원 메뉴로 담당 학습 학생들의 봉사활동현황, 수상현황, 자격증현황, 출결사항현황, 학적변동현황 등 업무에 필요한 기본 정보를 파악할 수 있다.
- 교육과정: 교육과정 메뉴에서는 편제 및 시간배당관리, 편제 및 시간배당표, 교과목편제/과목/이수단위 일괄수정, 선택과목군관리, 담임편성관리, 과목개설관리, 학사일정관리, 시간표관리 등의 기본업무를 수행할 수 있다.
- 학적: 학적 메뉴에서는 기본학적관리, 출결관리, 출결현황 및 통계, 위탁/현장실습 학생관리, 타교 수강생관리, 졸업생 자료관리, 미인정 결석학생관리 등과 관련된 업무를 수행할 수 있다.
- 학생생활: 창의적 체험활동(자율활동, 동아리활동, 봉사활동, 진로활동), 수상경력, 자격증및인증취득상황, 진로희망사항, 독서활동상황, 행동특성 및 종합의견, 국가학업성취도, 특별활동상황, 교외체험활동상황 등의 업무를 수행할 수 있다.
- 성적: 지필/수행평가 조회 및 통계, 관찰내용 관리, 성적처리 및 조회, 학기말 성적 통계, 성적자료 분석 조회, 학업성취도, 기본교육과정 평가 등의 학생평가 관련 업무를 수행할 수 있다.
- 학생부: 학교생활기록부에 대한 자료반영 여부, 자료 검증, 개인별 조회와 출력, 학생부검증결과 조회, 수상경력에 대한 상급학교 제공 관리, 정정대장 관리 등의 업무 메뉴로 구성되어 있어 학교생활기록부 관리업무를 수행할 수 있다.

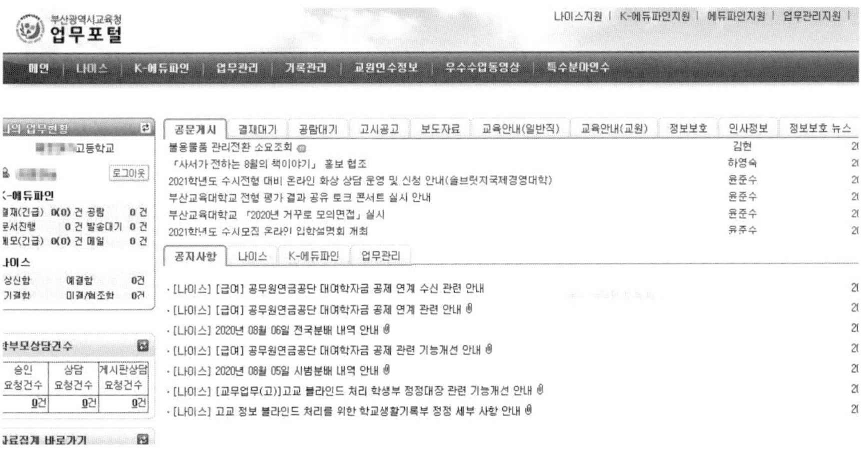

[그림 10-1] 업무포털의 구성

• 복무관리: 기본메뉴의 개인근무 상황 신청을 통해 개인근무상황(연가, 병가, 조퇴, 근무지내 출장 등)을 신청하거나 개인초과근무 신청, 개인출장 관리 등 개인근무상황의 기안과 처리, 개인 복무 사항을 관리할 수 있다.

주요 행정업무를 나이스의 메뉴별 세부사항을 중심으로 살펴보면 다음과 같다.

• 교육과정: 교육과정업무는 학교에서 운영되는 편제 및 시간배당기준, 담임편성, 과목개설, 학사일정, 시간표, 학교일지에 관한 내용을 입력하고 관리하는 것이다.
• 학적: 학적업무는 학생들의 학적사항, 기본신상, 학적, 학적이동과 관련된 자료가 입력된 부분으로 하위 항목으로는 기본학적, 전입 및 전출 관리, 학업중단 관리, 반편성 선행작업 및 반편성 관리, 출결관리, 출결 현황 및 통계, 위탁학생 관리, 타교수강생 관리, 졸업 및 수료 관리, 졸업생 자료관리 등이 있다. 학급담임은 학급 학생들의 출결사항 등을 조회 및 관리할 수 있고 교과담임은 자신의 수업에 대한 학생들의 출결관리를 할 수 있다. 학적자료를 입력할 때는 훈령에 의거하여 입력하여야 한다.
• 학생생활: 학생생활 업무는 학교생활기록부와 관련된 창의적 체험활동, 수상경력, 진로지도, 자격증 및 인증, 행동특성 및 종합의견 자료를 입력하는 업무이다. 학급담임은 학급학생들의 창의적 체험활동(자율활동, 동아리활동, 봉사활

[그림 10-2] 교육과정 업무 메뉴

[그림 10-3] 학적 업무 메뉴

동, 진로활동) 상황, 진로지도 상황, 자격증 및 인증취득 상황, 수상경력, 행동특성 및 종합의견, 독서활동 상황 등을 조회 및 입력할 수 있다. 담임교사가 아닌 경우 개별 활동을 맡았다면 그 메뉴에만 들어갈 수 있다. 이 메뉴는 학급담임으로서 학교생활기록부의 주요사항을 기록 관리하는 중요한 부분이다. 자율활동이나 진로활동 상황 등은 학급담임이 입력해 주어야 한다. 각 학생들에 대한 다양한 정보들을 각각 입력해야 하는데 이 자료들이 학생들의 생활기록부를 형성하게 되므로 주의해서 입력해야 한다.

- 성적: 성적업무는 학생들의 성적을 처리하는 업무로서 중등학교의 경우 지필 및 수행평가에 대한 성적자료를 산출하여 학생생활기록부에 반영하고 성적통지표를 관리하는 업무이다. 지필/수행 선행 작업, 지필평가, 지필평가 조회, 지필평가 통계, 수행평가, 수행평가 조회, 수행평가 통계, 성적처리 선행작업, 성적처리, 성적조회, 학기말성적통계, 성적자료 분석조회, 학업성취도, 기본교육과정평가 등의 하위메뉴가 있다. 일반적으로 교사들에게는 자신의 과목과 수업하는 학급에 대해서만 조회 및 관리 권한이 주어진다. 단, 성적처리를 담당한 교사는 성적처리에 대한 권한까지 주어지게 된다. 가장 먼저 할 일은 지필평가와 수행평가의 비율과 항목들을 정하는 기초작업이다. 이것은 해당 과목 교사가 여러 명이라면 그중 한 사람이 하면 된다. 기초 작업 후에는 계획에 따라 수행평가를 본 뒤 각각 수작업으로 입력해 주고, 지필평가라면 정답과 배점을 입력하고 전산처리로 읽혀진 답안카드에 채점하면 된다. 이때 주의할 점은

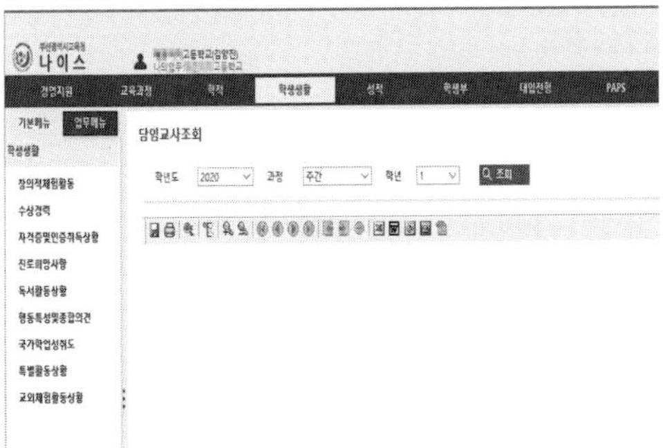

[그림 10-4] 학생생활 업무 메뉴

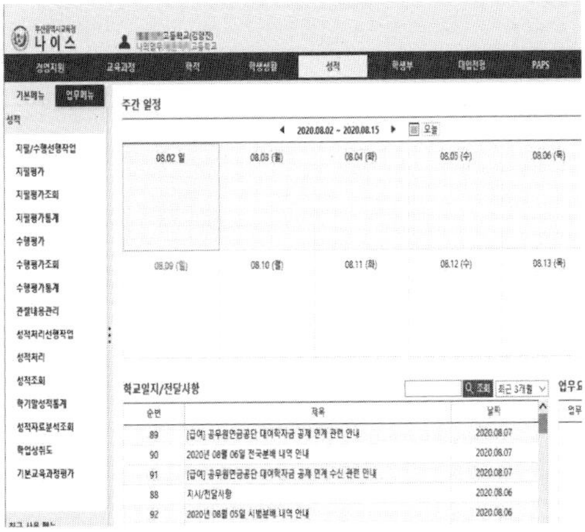

[그림 10-5] 성적 업무 메뉴

시험이 종료되기 전에 정답을 미리 입력해 두었으므로 답안유출 등의 불미스러운 사고가 발생하지 않도록 보안에 철저해야 할 것이다.

- 학교생활기록부: 학교생활기록부 업무는 교무업무시스템의 학적, 학생생활, 성적업무에서 학생 개인별로 입력된 자료를 학교생활기록부 양식에 따라 출력, 정정할 수 있다. 자료의 반영은 학생생활 항목에서 입력하거나 성적 항목에서 처리한 각종 자료들을 학생의 생활기록부에 반영하여 출력할 수 있는 준비를 하는 것이다. 학기 중에 전출을 가거나 중간에 증빙서류로 학생부 기록을 해야 할 경우에는 그때까지 학생의 출결이나 봉사활동, 성적 등의 기록을 입력하여 반영하고 난 후 출력해야 한다. 이때 반영된 자료에 오류가 있는지를 검증한 후에 출력한다. 추후에 생활기록부를 정정해야 할 상황이 발생하면 정정대장 관리 메뉴를 통해 정정사항을 결재받아 고칠 수 있다. 이때 누가 이것을 정정해야 할 것인지에 대한 논란이 있을 수 있으나 대부분 현재의 학급담임에게 권한이 주어지기 때문에 본인의 실수가 아니라 하더라도 현재의 학급담임이 정정신청을 하고 결재를 받아야 한다.
- 인사기록 및 복무 관리: 자신의 근무사항이나 경력, 자격면허, 연수실적, 승급기록 등을 확인할 수 있다. 또한 정해진 기간 동안 변동사항을 신청하여 반영할 수도 있다. 여기에 기록된 사항에 수정이나 보완이 필요한 경우는 교무부의 해당 업무담당에게 증빙서류를 제출하고 정정신청을 하면 교육청의 담당자가 승인하여 처리하게 된다. 또한 개인의 복무를 확인하고 신청할 수 있다. 조

[그림 10-6] 인사기록 확인

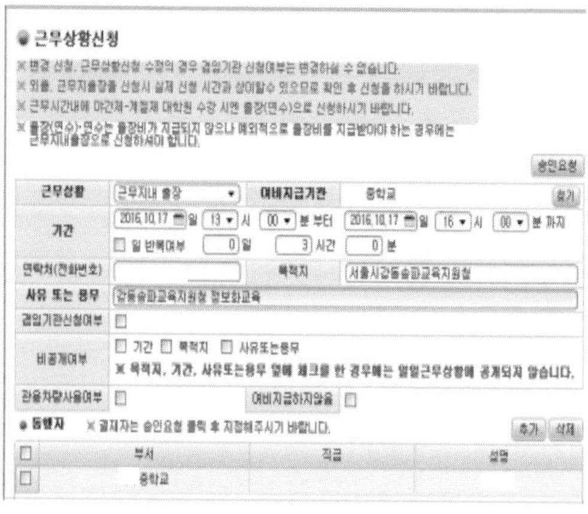

[그림 10-7] 근무상황 신청

되나 연가, 지참 등을 신청하여 결재받을 수 있고 초과근무나 출장 등도 처리할 수 있다. 예를 들어, 출장을 신청하고자 한다면 사유와 목적지, 시간 등을 입력하고 결재라인에 따라 결재자를 지정하게 된다.

2) K-에듀파인

K-에듀파인은 에듀파인과 업무관리시스템을 통합하여 단일 브라우저 내에서 재정과 업무관리에 대한 다중업무처리를 가능하게 하며, 사용자와 조직정보에 대해 통합적으로 관리하는 시스템이다. 업무관리 메뉴는 문서관리, 메모관리, 과제관리, 업무인계인수, 업무지원, 내부메일, 기능분류, 자료집계 등으로, 학교회계 메뉴는 사업관리, 예산관리, 보조금관리, 수입관리, 지출관리, 계약관리 등으로 각각 구성되어 있다.

(1) 업무관리

- 문서관리: 문서 작성, 처리, 시행, 보관 및 보존 관리가 가능하다. 문서기안, 결재, 공람, 발송 및 접수함, 내문서함, 문서함 등의 하위 메뉴로 구성되어 있다. 문서의 기안과 결재, 발송 및 접수, 공람 등 업무를 수행하고, 문서 처리과정에서 제기된 의견/관련자료/의사결정 내용 등에 대한 기록을 관리한다. 재정업무에서의 결재요청 및 기안 필요 시 재정기안 및 내용열람도 가능하다.
- 메모관리: 관리자에게 구두 혹은 수기로 보고했던 사항을 처리하고 정보공유를 통한 협업과 보고 내용에 대한 기록물 관리가 가능하다. 메모작성, 메모관리, 메모현황 등의 하위 메뉴로 구성되어 있어 보고할 메모를 작성하거나, 수신/발신 메모를 조회, 의견/답변 작성, 부서에서 보고된 메모조회, 부서별/기관별 메모보고 및 활용현황 조회가 가능하다.
- 과제관리: 담당과제, 학교과제, 과제카드관리, 과제추진현황 등이 하위 메뉴로 구성되어 있다. 과제카드를 통해 과제를 기준으로 한 업무담당자들의 상시업무와 단위업무 처리를 전자적으로 기록/관리함으로써 관련 실적이나 유관정보를 관리할 수 있다.
- 업무인수인계: 조직개편, 인사발령, 업무분장 등의 사유로 업무를 인계/인수할 수 있으며, 부서 내 업무인계인수 현황을 관리할 수 있다.

[그림 10-8] 업무관리 메뉴

- 업무지원: 알림판, 홍보관리, 공유설비예약, 공고관리, 일정관리 등의 하위 메뉴로 구성되어 있다. 게시판 관리 및 게시물 등록/조회, 수정/삭제 등의 업무를 처리하거나, 홍보요청을 등록하고, 공유설비에 대한 예약신청 및 승인, 개인/학교의 일정작성 등의 업무처리가 효율적으로 진행될 수 있도록 지원한다.

(2) 학교회계

- 사업관리: 학교에서 필요한 부서 정보를 등록하고, 사용자별 소속정보를 등록/관리한다. 학교의 세입예산편성업무를 위한 세부항목을 등록하여 품의권한을 관리한다. 사업관리카드를 통해 담당사업 및 전체 사업에 대한 예산과 집행실적을 조회할 수 있으며, 학교에서 사용하는 지급 및 납입 계좌를 등록/관리한다.
- 예산관리: 예산편성을 위한 업무지침 등 기준정보를 관리하고, 본예산 및 추경예산을 위한 세입/세출 예산요구내역을 작성한다. 예산안을 확정하고 학교운영위원회의 심의결과를 반영하여 예산을 확정하며, 예산변경내역을 작성하거나 승인하고, 국고보조금 내역사업 관리 및 교부결정내역을 관리하거나 신청한다. 또한 학교에서 발생하는 징수결의서를 작성/관리하고, 교육비 납입 여부를 증명/관리하며, 전체 출납을 관리한다.
- 수입관리: 학교회계 수입관리업무를 지원하기 위한 각종 기준 정보(학생 및 학

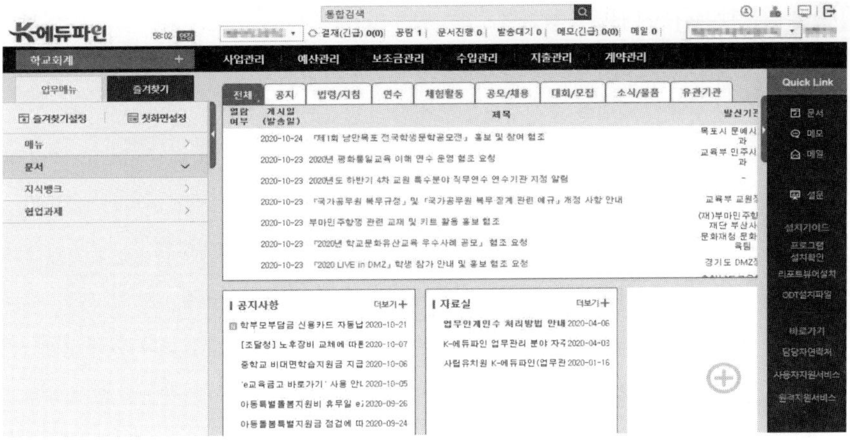

[그림 10-9] 학교회계 메뉴

교 기준 정보)와 공통 코드를 등록하고, 수납자(학생, 학부모, 교사 등)에 대한 기본정보 등록을 관리하며, 학생 학적정보와 계좌정보를 등록/관리한다.

- 지출관리: 단위학교의 실제 예산집행활동인 지출은 예산의 사용결정에서부터 현금을 지급할 때까지의 일체의 행위로써 세출을 현실화하는 일련의 회계처리절차를 의미한다. 지출관리 업무의 범위에는 지출처리, 지출지원, 지출장부, 기타관리, 보조금관리 등이 포함된다.

3. 공문서 관리

공문서는 일반적으로 행정기관 또는 공무원이 직무상 작성하고 처리한 문서를 지칭한다. 학교행정에서 행정사무는 대부분 문서로 이루어지는데, 이때의 문서는 공문서를 의미한다. 공문서는 학교나 교육행정기관의 의사를 내·외부로 전달하고, 업무처리 결과의 증빙자료가 되며, 추후 행정활동에 대한 자료제공의 기능을 수행하게 된다. 따라서 공문서는 일정한 형식과 틀을 갖추고 있어야 하며, 내용에 있어서 간결하고 명확하게 작성되어야 한다. 공문서의 관리에 관한 제반 사항은 「행정효율과 협업 촉진에 관한 규정」에 기초한다.

이에 따르면, 공문서는 문서의 기안, 검토, 협조, 결재, 등록, 시행, 분류, 편철, 보관, 이관, 접수, 배부, 공람, 검색, 활용 등의 처리절차를 전자문서시스템 또는 업무

표 10-1 공문서 처리절차 관련 주요 용어

기안	기관의 의사결정을 위해 문안을 작성함
검토	최종결재를 제외한 중간결재를 총칭함
협조	기안문의 내용이 행정기관 내의 다른 보조기관 또는 보좌기관의 업무와 관련이 있을 때 상호협력하여 해결함
결재	결정 권한을 가진 자가 그 의사를 결정하는 행위. 최종 결재행위
시행	내부적으로 성립한 행정기관의 의사를 외부에 표시하는 단계
분류	결재·접수일자 순에 따라 각 처리과별로 기록물대장에 전산등록 후 관리함
편철	문서처리가 끝난 문서를 기능·보존기간에 따라 분류하여 기록물철을 생성함
보관	물건을 맡아서 간직하고 관리함
보존	잘 보호하고 간수하여 남김
이관	관할을 옮김
공람	완결된 결재문서에 대하여 공람이 지정된 자가 보게 함

관리시스템 상에서 전자적으로 처리하여야 한다. 공문서 처리절차에 관련된 용어는 〈표 10-1〉로 정리하였다.

기안자는 작성된 기안문을 최종확인 후 검토 및 협조를 받고 결재권자의 결재를 받도록 한다. 일반적으로 단위학교에서 검토 및 협조자는 교무부장, 협조부서의 부장, 교감, 행정실장 등이 된다. 결재는 행정기관의 의사를 결정할 권한을 가진 자가 직접 그 의사를 결정하는 행위이며, 기관의 장으로부터 사전에 결재권을 위임받은 자가 행하는 전결, 긴급문서에 대해 결재권자가 휴가·출장 기타 사유로 결재할 수 없을 때 그 직무를 대리하는 자가 대리로 행하는 대결 등도 결재권자가 행한 문서와 동일한 효력을 가진다.

1) 공문서 작성을 위한 일반사항

공문서는 일반적으로 유통대상, 성질, 처리 단계에 따라 〈표 10-2〉와 같이 구분할 수 있다. 각급학교에서 지칭하는 공문서는 일반문서에 해당되며, 문서를 작성할 때는 어문 규범에 맞게 한글로 작성하되 간결하고 명확하게 표현하고, 일반화되지 않은 약어와 전문용어 등의 사용을 피해 이해하기 쉽게 작성한다.

표 10-2 공문서의 종류

<table>
<tr><th colspan="2">구분</th><th>내용</th></tr>
<tr><td rowspan="3">유통 대상</td><td>대내문서</td><td>당해 기관 내부문서. 지시, 명령, 협조, 보고, 통지를 위함</td></tr>
<tr><td>대외문서</td><td>국민, 타기관 및 단체간 주고받는 문서</td></tr>
<tr><td>전자문서</td><td>전자형태로 작성되어 전송, 수신, 저장된 문서</td></tr>
<tr><td rowspan="6">성질</td><td>법규문서</td><td>법규사항을 규정하는 문서
헌법, 법률, 대통령령, 국무총리령, 부령, 조례 및 규칙 등이 해당</td></tr>
<tr><td>지시문서</td><td>행정기관이 하급기관이나 소속공무원에게 일정사항을 지시하는 문서
훈령, 지시, 예규, 일일명령 등이 해당</td></tr>
<tr><td>공고문서</td><td>행정기관이 일정사항을 일반에게 알리기 위한 문서
– 고시: 고시된 사항은 개정이나 폐지가 없는 한 효력 지속
– 공고: 단기적, 일시적으로 효력 지속</td></tr>
<tr><td>비치문서</td><td>행정기관이 일정 사항을 기록하여 내부에 비치하면서 업무에 활용하는 문서
비치대장, 비치카드 등이 해당</td></tr>
<tr><td>민원문서</td><td>민원인이 행정기관에 허가, 인가, 기타 처분 등 특정 행위를 요구하는 문서</td></tr>
<tr><td>일반문서</td><td>일반적으로 처리되는 문서
각급 학교나 행정기관에서 흔히 지칭하는 공문서가 해당</td></tr>
<tr><td>처리 단계</td><td colspan="2">기안문서, 결재문서, 미결문서, 시행문서, 접수문서, 이첩문서, 공람문서, 완결문서, 보관문서, 폐기문서 등으로 구분(문서의 생산, 시행, 접수, 보관, 폐기 등의 처리단계에 따름)</td></tr>
</table>

일반적으로 사용되는 기안문이나 시행문은 두문, 본문, 결문으로 구성된다. 두문에는 행정기관명, 수신자 및 경유자, 본문에는 제목, 내용 및 붙임이, 결문에는 발신명의, 기안자, 검토자, 협조자, 결재권자 각각의 직위(직급) 및 서명, 생산등록번호와 시행일자, 접수등록번호와 등록일자, 행정기관의 우편번호 · 주소 · 홈페이지주소 · 전화번호(팩스번호), 공무원의 공식 전자우편주소, 공개 구분이 각각 포함된다. 교사는 기안문을 작성할 때 이러한 구성요소에 맞추어 정확 · 용이하고, 효율적이며 성실하게 작성하도록 유의해야 한다(〈표 10-3〉 참고).

표 10-3 기안문의 일반 구성 및 작성시 유의점

구분		내용
구성	두문	• 행정기관명(문서기간부서의 소속 행정기관명) • 수신자(다수의 경우 '수신자 참조'라고 쓰고, 결문의 발신명의 하단 왼쪽 기본선에 맞추어 수진자란을 설치하고 수신자명 표시) • 경유
	본문	• 제목(간단, 명확하게 기재) • 내용(쉬운말로 간략하게 제시) • 붙임(서식, 참고, 서류 등이 첨부되는 경우 본문 내용이 끝난 다음 줄에 붙임 표시)
	결문	• 발신명의(행정기관장의 명의, 내부문서의 경우 생략) • 기안자, 검토자, 협조자, 결재권자의 직위 또는 직급 • 생산등록번호와 시행일자 • 접수등록번호와 접수일자 • 행정기관의 우편번호, 주소, 홈페이지 주소, 전화번호, 팩스번호 • 공무원의 공식 전자우편 주소 • 공개 구분
유의점	정확성	• 육하원칙에 의해 작성하고 오탈자 및 계수착오 주의 • 필요한 내용을 빠뜨리지 않고, 잘못된 표현이 없도록 • 의미전달에 혼동을 주지 않는 정확한 용어 사용, 문법에 맞게 작성
	용이성	• 상대방의 입장에서 이해하기 쉽고 알기 쉽게 • 문장은 가급적 짧게 항목별로 구성 • 복잡한 내용의 경우 결론을 내린 후 이유를 설명 • 구체적, 개별적 용어 사용
	성실성	• 성의 있고 진실되게 작성 • 상대방에게 불쾌감을 주거나 무시하는 듯한 표현을 피하고 적절한 경어를 사용 • 감정적, 위압적 표현 삼가
	경제성	• 용지, 서식을 통일 • 한눈에 파악할 수 있고 다루기 쉽게 1건 1매 위주로 작성하는 것이 효율적
문서 작성의 기본원칙	내용작성	• 한글 사용하여 쉽고 간명하게 표현 • 정확한 전달을 위해 필요한 경우 한자, 외국어 등을 괄호에 넣어 표기 가능 • 숫자: 아라비아 숫자 사용 • 날짜: 숫자로 표기. 월, 일 글자 대신 온점(.)으로 표시. 예) 2012.5.20. • 시간: 24시각제를 숫자로 표기. 시, 분 글자 대신 쌍점(:)으로 표시. 예) 15:30 • 금액: 아라비아 숫자. 숫자 다음에 괄호 표기하여 한글 병기 예) 금 332,570원(금 삼십삼만이천오백칠십 원)

	항목구분	• 상위항목부터 1. 가. 1). 가). (1). (가). ①. ㉮. 의 순서로 표시 • 첫째 항목부호는 제목의 첫 글자와 같은 위치에서 시작 • 첫째 항목 다음 항목부터는 바로 앞 항목의 위치로부터 2타(한글 1자, 영문과 숫자 2자)씩 오른쪽에서 시작 • 항목부호와 항목내용 사이에는 1타 간격
	'끝' 표시	• 본문이 끝났을 경우: 1자(2칸) 띄우고 '끝' 표시 • 첨부물이 있는 경우: 붙임 표시문 끝에 1자(2타) 띄우고 '끝' 표시 • 본문 또는 붙임 표시문이 오른쪽 한계선에서 끝났을 경우: 다음 줄의 왼쪽 기본선에서 1자(2칸) 띄우고 '끝' 표시 • 연명부 등의 서식을 작성하는 경우: – 서식의 마지막 칸까지 작성될 경우는 칸 밖의 아래 왼쪽 기본선에서 1자 띄우고 '끝' 표시 – 기재사항이 서식 중간에서 끝나는 경우는 기재사항의 마지막 자 다음 칸에 '이하 빈칸' 표시
	첨부물 표시	• 문서에 서식, 금전, 유가증권, 참고서류, 기타 물품이 첨부될 경우, 본문이 끝난 다음 줄에 '붙임' 표시하고 첨부물의 명칭과 수량 기재. 첨부물이 두 가지 이상의 경우 항목을 구분하여 표시

2) K-에듀파인 업무관리시스템을 이용한 문서 작성하기

K-에듀파인은 시 · 도교육청 및 학교의 행정업무와 재정업무를 전자적으로 처리 · 지원하는 차세대 지방교육행 · 재정통합시스템이다. 기존의 에듀파인과 업무

[그림 10-10] K-에듀파인 초기화면

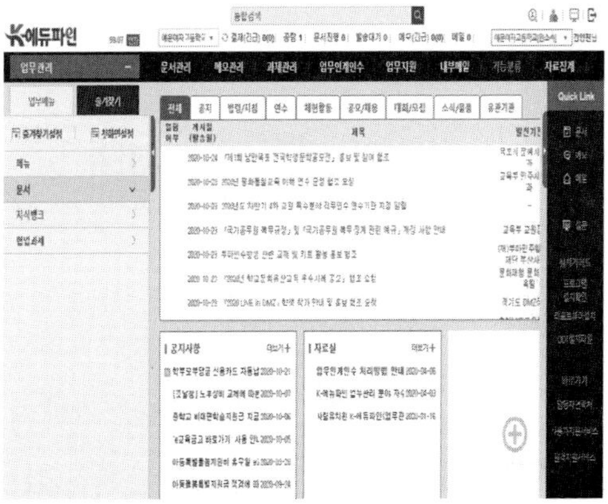

[그림 10-11] K-에듀파인 업무관리 메뉴

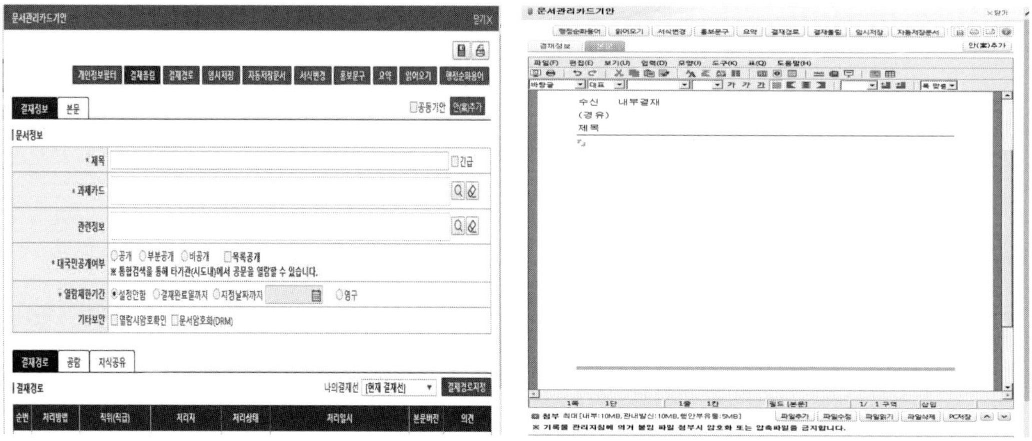

[그림 10-12] 기안문 작성창

관리시스템을 통합하여 단일 브라우저 내에서 업무처리의 효율적 관리를 가능하게 하였다. 교사는 로그인([그림 10-10]) 후 K-에듀파인([그림 10-11])을 이용하게 된다.

교사는 K-에듀파인 업무관리시스템을 통해 문서를 작성하거나, 보고, 협조 등의 처리를 하고, 처리과정에서 제기된 의견이나 관련자료, 의사결정 내용 등을 기록·관리 할 수 있으며, 기안자는 보고서나 각종 문서를 작성하기 위해 문서관리카드를 작성할 수 있다. 문서관리 업무의 범위에는 기안, 결재, 공람, 발송함, 접수함, 내문서함, 문서함 등이 있다.

담당업무에 대한 문서를 기안하기 위해서는 공용서식, 샘플서식, 재정기안 등을 활용하여 사용한 기안서식을 선택한 후 필요한 부분을 작성하고, 문서작성이 이루어지면 '결재올림' 버튼을 선택하여 문서를 상신한다.

4. 학교 민원과 서비스

1) 민원

민원이란 민원인이 행정기관에 대하여 처분 등 특정한 행위를 요구하는 것이다. 이 때 민원인은 행정기관에 민원을 제기하는 개인, 법인 또는 단체를, 처분은 「행정절차법」 제2조 제2호에 의거 행정청이 정하는 구체적 사실에 관한 법집행으로서의

표 10-4 민원의 종류

민원의 구분		내용
일반민원	법정민원	법령 · 훈령 · 예규 · 고시 · 자치법규 등에서 정한 일정 요건에 따라 인가 · 허가 · 승인 · 특허 · 면허 등을 신청하거나 장부 · 대장 등에 등록 · 등재를 신청 또는 신고하거나 특정한 사실 또는 법률관계에 관한 확인 또는 증명을 신청하는 민원
	질의민원	법령 · 제도 · 절차 등 행정업무에 관하여 행정기관의 설명이나 해석을 요구하는 민원
	건의민원	행정제도 및 운영의 개선을 요구하는 민원
	기타민원	법정민원, 질의민원, 건의민원 및 고충민원 외에 행정기관에 단순한 행정절차 또는 형식요건 등에 대한 상담 · 설명을 요구하거나 일상생활에서 발생하는 불편사항에 대하여 알리는 등 행정기관에 특정한 행위를 요구하는 민원
고충민원		「부패방지 및 국민권익위원회의 설치와 운영에 관한 법률」 제2조 제5호에 따른 고충민원

공권력의 행사 또는 그 거부와 이에 준하는 행정작용을 각각 의미한다. 민원사무처리의 대상 기관은 중앙행정기관과 그 소속기관, 지방자체단체와 그 소속 기관, 공공기관, 법령 또는 자치법규에 따라 행정권한이 있거나 행정권한을 위임 또는 위탁받은 법인 · 단체 또는 그 기관이나 개인이 된다.

민원은 일반민원과 고충민원으로 대별할 수 있으며(〈표 10-4〉 참고), 민원사무의 처리는「민원사무처리에 관한 법률」,「민원처리에 관한 법률 시행령」등에 근거한다.

학교 민원은 학교운영 및 관리와 관련하여 이해관계자가 제기하는 각종 요구와 처분의 신청, 시정조치, 제도개선, 갈등조정, 정책건의 등으로 볼 수 있다. 교육수요자 및 이해관계자의 불편과 불만을 유발하는 제도적 · 행정적 사항은 민원의 대상이 될 수 있으며, 인가 · 증명 · 확인 신청, 이의신청, 진정, 건의, 질의 등의 형태로 나타난다. 학교에 제기되는 대표적인 민원으로는 학생 생활지도, 학교사고와 안전, 교육과정과 교육활동, 교무 학사 관리, 교원 인사 및 복무 관리, 학부모 등 고객 서비스, 학교 운영과 관리 등으로 유형화할 수 있다.

표 10-5 학교 민원의 대표 유형

유형	사례
학생 생활지도	학교규정에 어긋나는 학생체벌, 학교폭력자치위원회 조정 불만 등
학교사고와 안전	과학수업 중 안전사고, 학교시설 하자로 인한 학생부상 등
교육과정과 교육활동	시험문제 관리소홀로 인한 재시험, 교과전담시스템 등
교무학사관리	인정유학, 자녀의 재학정보 확인, 정원 외 학생의 학적처리 등
교원인사 및 복무관리	학기 중 담임교사 교체 요구, 휴직 등으로 인한 교사교체 등
학부모 등 고객 서비스	민원창구가 닫혀 있는 학교, 학부모 전화응대 등
학교운영과 관리	방과 후 보육교실 설치 요구 등

학교조직은 이해관계자의 교육에 대한 불만족을 해소하고 처리할 책임이 있기 때문에 간편한 절차나 수단으로 당사자의 권익을 보호할 수 있는 민원사무처리를 담당하는 기관이 될 수 있다. 다만, 학교는 학교가 담당하는 업무와 관련하여 학교장 권한 사항과 교육감에게 위임받은 업무 등에 대하여 민원법령의 적용을 받게 된다. 따라서 학교에 민원이 접수되면 당해 학교는 학교장의 권한사항에 대하여 책임을 지고 처리할 수 있어야 하며, 학교의 상급 지도감독기관인 교육청에서도 교육청에 제출된 학교 민원을 처리하여야 한다. 단위학교에서 학교장의 소관사항이 아닌 제도 및 교육정책관련사항이 민원으로 접수된 경우에는 상위행정기관에 민원을 제기할 수 있도록 안내할 필요가 있다.

이를 통해 학교에 민원을 제기한 이해관계자는 자신의 의사를 표출하고, 직접적으로 원하는 바를 얻게 되며, 학교의 입장에서는 민원사무를 통해 학교교육과 행정활동에 대한 자기반성과 발전의 기회를 얻게 된다.

2) 학교 민원서류의 접수와 관리

학교에 제기된 민원은 신속 · 공정 · 친절 · 정확하게 처리하여야 한다. 민원은 이해관계와 직결되기 때문에 신속히 처리하여야 하고, 담당자는 언어 · 태도 등에 있어서 민원인에게 친절하고 공손히 대하여야 하며, 민원인에게 베풀 수 있는 최대의 편의를 제공하여 안내한다. 모든 민원인에게 차별을 두지 않고 공평하게 처리하여야 하며 처리과정에 있어서 편견을 두거나 형평을 잃지 않도록 하여야 한다. 더불어 민원사무를 처리하는 데 있어서 법규를 그릇되게 적용하거나 불분명한 상태로 처리함으로써 오류를 범하거나 이로 인한 민원이 야기되지 않도록 하여야 한다.

민원 접수는 문서(전자문서 포함), 구술, 전화, 팩스, 인터넷 등의 정보통신망, 우편 등으로 접수된다. 문서로 받아야 할 필요가 있는 경우는 신청서를 작성하도록 권장하며, 기타 민원은 구술 또는 전화로 접수 가능하다. 민원신청서식 기재사항은 민원처리에 필요한 최소한의 정보(정보인 성명, 주소, 전화번호, 민원내용 등)로 학교장이 정한다. 행정기관의 장은 민원의 신청을 받았을 때 다른 법령에 특별한 규정이 있는 경우를 제외하고는 그 접수를 보류하거나 거부할 수 없으며, 접수된 민원문서를 부당하게 되돌려 보내서는 안 된다. 민원을 접수하였을 때에는 그 순서에 따라 민원처리부에 기록하고 해당 민원인(또는 대표자)에게 접수증을 발급한다([그림 10-13] 참고).

민원은 그 종류에 따라 처리기간을 상이하게 설정하고 있으나, 즉시 처리해야 할 경우 근무시간 3시간 이내에 처리해야 하며, 처리기간이 5일 이하인 경우 민원 접수 시각으로부터 시간 단위(1일 8시간, 공휴일 및 토요일 미산입)로 계산된다([그림 10-14] 참고).

민원신청은 어디서나교육민원(fax)처리제, 인터넷 신청(Home-Edu 민원서비스, 정부24), 무인민원발급 서비스, 우체국 민원우편 신청, 국민신문고, 콜센터, 전화상담 서비스센터 등의 다양한 형태로 이루어질 수 있다. 이 중 국민신문고는 행정기관 등의 위법·부당하거나 소극적인 처분 및 공정하지 않은 정책으로 인한 권리·이익의 침해, 불편·불만사항이 있을 때, 불합리한 제도나 관행 등의 고발, 행정기관의 각종 정책이나 의사결정과정에 의견을 제시하는 온라인상의 민원창구다. 국민신문고(https://www.epeople.go.kr) 또는 시·도 교육청 홈페이지 접속 후 민원신청,

접 수 증

제 호 접수일: . . .

① 민 원 명	
② 민원인(대표자 또는 대리인)	
③ 처리완료 예정일	
④ 처리주무부서	(전화번호 :)
⑤ 안 내 사 항	

민원접수자 : (서명 또는 인)
(전화번호 :)

(기 관 명)

[그림 10-13] 민원접수증

민원의 종류		처리기간
질의민원	법령에 관하여 설명이나 해석을 요구	14일 이내
	제도·절차 등 법령 외의 사항에 관하여 설명이나 해석을 요구	7일 이내
건의민원		14일 이내
기타민원		즉시
고충민원 ※ 고충민원 처리를 위하여 필요한 경우 14일 이내의 실지조사 등을 할 수 있으며, 이에 소요되는 기간은 처리기간에 산입하지 않음		7일 이내

[그림 10-14] 민원유형별 처리기간

국민 신문고	① 국민신문고	민원인이 국민신문고(http://www.epeople.go.kr/)를 통해 민원 신청
	② 시 · 도교육청 홈페이지	민원인이 시 · 도교육청 홈페이지 '국민신문고'를 통해 민원신청
	③ 서신 · 방문 등	민원인이 행정기관을 직접 방문하거나 서신을 통해 민원신청 (행정기관에서 민원인이 신청한 민원을 국민신문고에 등록)

[그림 10-15] 민원접수 경로

신청서 작성	성명 · 주민(외국인)등록번호, 연락처, 주소, 민원내용 공개여부, 결과물 통보방식, 민원제목, 민원내용 작성
유사사례 확인	작성한 민원내용과 유사한 처리사례 검색 및 확인
민원처리기관 선택	처리기관이 정해지지 않으면 내용 검토 후 처리기관을 지정
접수	신청완료, 접수여부 알림(이메일, 휴대전화 문자메시지 등)
처리	관련법령에 따라 민원처리기관에서 처리
완료	민원처리가 완료되었을 때 민원신청인이 선택한 결과통보방식 (서신, 이메일, 휴대전화 문자메세지)으로 통보
만족도조사	민원처리 결과에 대한 만족도 조사

※ 민원처리가 완료되기 전까지 민원내용을 제외한 민원신청정보의 수정과 취하 가능함

[그림 10-16] 민원처리 절차

신청서를 작성하는 절차를 거친다([그림 10-15] 및 [그림 10-16] 참고).

행정기관의 장은 민원이 접수된 때부터 30일이 지났으나 처리가 완료되지 않은 경우 또는 민원인의 명시적인 요청이 있는 경우에는 민원인에게 교부, 정보통신망 또는 우편 등의 방법으로 처리진행상황과 처리완료예정일 등을 문서로 통지하여야 한다. 처리 진행상황의 통지는 민원이 접수된 때부터 30일이 지날 때마다 통지함을 원칙으로 하되, 인터넷 등으로 민원의 처리진행상황 등을 공개하고 있음을 사전에 안내한 경우에는 이를 생략할 수 있다. 또한 행정기관의 장은 접수된 민원에 대한 처리를 완료한 때에는 그 결과를 지체없이 교부, 정보통신망 또는 우편 등의 방법으

행 정 기 관 명

수신자
(경 유)
제 목 민원처리 진행상황 통지서

「민원처리에 관한 법률 시행령」 제23조제1항에 따라 귀하께서 신청하신 민원사항의 처리진행상황을 아래와 같이 알려드립니다. 궁금한 사항은 담당자에게 문의하시면 자세히 설명하여 드리겠습니다.

민 원 명				
접 수 일			처리완료예정일	
민원처리진행상황				
처 리 담 당 자	소속			
	이름		전화번호	
그밖의 안내사항				

끝.

발신명의 직인

기안자: 직위(직급) 서명 검토자: 직위(직급) 서명 결재권자: 직위(직급) 서명
협조자:
시행 처리과-일련번호(시행) 접수 처리과명-일련번호(접수)
우 주소 /홈페이지 주소
전화번호 ( ) 팩스번호 ( ) / 기안자의 전자우편주소 / 공개구분

[그림 10-17] 민원처리진행상황 통지서

로 민원인에게 통지하여야 하는데, 기타민원의 경우와 민원인에게 처리결과를 신속하게 통지하여야 하는 경우, 민원인이 요청하거나 동의하는 경우, 구술 또는 전화로 통지할 수 있다. 처리결과를 통지함에 있어서 민원인의 신청을 거부하는 때에는 그 이유와 구제절차를 함께 통지하여야 한다([그림 10-17] 참고).

이상에서 살펴본 바와 같이 학교에 접수되는 다양한 민원에 대해서는 민원인의 용건을 파악하고, 친절하고 신속하며 정중한 언어로 응대하며, 끝까지 경청하고 정확한 답변으로 학교에 대한 신뢰도를 높여야 한다. 민원인의 입장에서 생각하며 민원인의 말을 경청한 후에 현재 시스템상 운영여건에 문제가 있음을 안내하고 양해를 구하는 형태를 취하는 것이 바람직하다.

토론 및 실습 과제

1. 교사가 담당하는 행정업무의 성격과 행정업무 수행의 방향성에 대하여 토론해 보자.
2. 다음의 내용에 대하여 공문서를 기안해 보자.

- 수신자: 내부결재
- 경유: 없음
- 제목: ○○○○ 학년도 국어교과의 달 행사 계획
- 붙임자료: 국어교과의 달 추천도서목록 1부
- 내용: 교내백일장 및 시낭송 대회 개최
  - 교내백일장: 1) 일시: 10월 12일(토) 1~2교시
    2) 대상: 1학년과 2학년 전체
    3) 장소: 교실 및 교내
    4) 시상내용: 총 20명 110,000원
  - 시낭송 대회: 1) 일시: 10월 25일(금) 7교시
    2) 대상: 1학년과 2학년 중 희망자
    3) 장소: 시청각실
    4) 시상내용: 총 5명 30,000원
- 학교명: ○○고등학교
- 기안 · 검토 · 협조 · 결재자
  - 기안: 교사 ○○○ - 검토: 인문사회부장 ○○○ - 결재: 교장 ○○○
- 결재일자: ○○○○년 ○○월 ○○일

3. 교육정보시스템을 활용한 업무수행의 장단점을 교사의 입장에서 논의해 보자.

참고문헌

경상북도교육청정보센터(2020). 나이스 교무업무 사용자 안내서. 경북: 경상북도교육청.

경상북도교육청정보센터(2020). 차세대 지방교육행 · 재정통합시스템 K-에듀파인 학교회계. 경북: 경상북도교육청.

부산광역시교육청(2019). 민원편람. 부산: 부산광역시교육청.

서울특별시교육청(2019). 교육지원팀 업무 길라잡이. 서울: 서울특별시교육청.

신현석 외(2011). 교무실 업무분석을 통한 교원업무 조정방안 탐색. **교육문제연구**, 41, 215-245.

오희정, 김갑성 (2017). 사회는 교사에게 어떤 역할을 기대하는가?: 2007~2016년 신문자료 내용분석을 통한 교사 역할기대 경향 연구. **한국교원교육연구**, 34(3), 139-166.

제11장

교원 전문성 개발

사례

올해로 20년째 고등학교 수학교사로 근무중인 김 교사는 교원능력개발평가 결과를 보고 근심에 쌓였다. 경력이 쌓이면서 특별한 노력을 하지 않아도 어려움 없이 수업을 진행할 수 있었기에 편히 지내 왔는데, 교원능력개발평가를 통해 학생과 학부모들이 김 교사의 학습지도에 만족해하지 않는다는 사실을 알게 되어 마음이 불편해졌기 때문이다. 학부모와 학생들은 김 교사의 학습지도에 전반적으로 낮은 만족도를 보였다. 늘 같은 방식의 수학 수업이 지루하고 재미없다는 말들도 적혀 있었다. 심지어 동료교사들은 학습지도와 생활지도 모두 김 교사에게 낮은 점수를 주었다. 초임교사 시절에는 잘 가르쳐 보려는 의욕을 가지고 많은 노력을 기울이기도 했던 김 교사였기에 자존심이 상했지만 결과들을 찬찬히 보고 나니 교사로서의 자신을 다시 돌이켜보는 계기가 되었다. 김 교사는 계속적인 노력을 소홀히 했던 자신을 반성하고 다시 한번 노력해 보기로 결심하였다. 당장 이번 달부터 출석연수와 원격연수를 모두 신청하여 수학 교수법 전문성 신장을 위한 노력을 해야겠다고 생각했다. 그러나 주위에서는 동일하거나 유사한 내용의 연수, 기간이 중복되는 연수는 둘 다 연수이수로 인정받기 힘들다며 연수규정을 잘 알아보라고 충고하였다. 그리고 연수 외에도 컨설팅장학, 교사학습공동체 등 다양한 방법이 있다고 함께 하기를 권하였다. 김 교사는 일단 방학 중 연수를 이용하기로 하고 연수기관과 과정을 알아보며 연수를 계획하고 있다.

사례에서 살펴보았듯이, 교원은 교직생활 동안의 계속적인 전문성 개발 노력이 요구된다. 무엇보다 교육실천의 주도자로서 학생에게 양질의 교육을 제공하기 위해서이기도 하지만 교사 스스로 교육적 · 사회적 변화에 맞추어 교직을 수행하는 데 필요한 새로운 전문적 기술을 습득하기 위해서도 전문성 개발 노력은 필수적이다. 이 장에서는 교원 전문성 개발의 의의와 교원 전문성 개발의 실제에 대해 살펴보고자 한다. 구체적으로 교원 전문성 개발의 실제에서는 교원연수로 자격 · 직무 · 특별 연수를, 장학으로 컨설팅장학, 자율장학 등을 살펴보고 대학원 학위 취득, 수업연구와 연구대회, 연구회 및 학회, 교내 · 외 전문적학습공동체 등과 같은 개인의 능력개발에 대해서도 살펴본다. 또한 같은 맥락에서 교원에 대한 평가를 통해 전문성 신장을 꾀하는 교원평가에 대해서도 소개하였다.

1. 교원 전문성 개발의 의의

1) 교원 전문성 개발의 개념

교직은 특별한 사유가 없는 한 62세까지 정년에 보장되기 때문에 매너리즘에 빠지기 쉽다. 초임교사 시절에는 잘 가르쳐 보려는 의욕을 가지고 많은 노력을 기울이기도 하지만 차츰 경력이 쌓일수록 나태해져 무기력한 모습을 보이는 경우가 있다. 이는 교직이 경력이 많은 교사나 초임교사나 그 하는 일에 별로 차이가 나지 않을 뿐만 아니라 열심히 직무를 수행하는 교사나 그렇지 않은 교사나 당장에 큰 차이가 눈에 보이지 않기 때문이기도 하다. 그러나 자세히 들여다보면 실제 수업이나 학급경영과 같은 직무수행에 있어 차이가 나는 것을 발견할 수 있다. 뿐만 아니라 세월이 흐른 뒤에는 전문성 개발에 끊임없이 노력한 교사와 그렇지 않은 교사 사이에 큰 차이가 발생하게 된다. 이러한 차이는 직무수행 결과에서뿐만 아니라 제자들을 통한 평가나 스스로의 보람으로 나타나기도 하고, 타인으로부터 인정을 받아 스스로 느끼는 자부심으로 나타나기도 한다.

전문성 개발은 흔히 입직 후에 이루어지는 현직교육이나 직원능력개발과 동의어로 사용되어 왔다. 그러나 이 용어들은 교원에 대한 관점에 있어 근본적인 차이가 있다. 현직교육이나 직원능력개발은 교사나 학교행정가들의 수행을 향상시킬 책임이 교육행정기관에 있다는 전제하에 교육행정기관이 학교교육의 변화를 도모하면서 등장한 개념이다(Wiles & Bondi, 2000). 이에 비해 전문성 개발은 고용인이 아닌 전문가로서의 교사의 지위를 강조한다(Fielding & Schalock, 1985). 이러한 전문성 개발은 그동안 직원능력개발에서 강조된 교원 개개인의 효과성 증진 노력뿐만 아니라 단위학교의 교수-학습 프로그램 개발과 같은 학교 조직 전체의 효과성을 개선하려는 노력을 강조하며, 이를 위해서 전문성 개발은 학교 조직의 여러 측면 즉 기술적 차원, 인간관계적 차원, 문화적 차원 등 다양한 측면을 종합적으로 고려한다. 따라서 폭넓은 관점에서 교원의 전문성 개발이란 교원이 교육의 전문가라는 전제하에, 이들의 지식과 기술뿐만 아니라 신념과 태도, 나아가 교직 문화 등 다양한 측면을 의도적으로 개선시키려는 활동을 의미한다고 볼 수 있다(진동섭, 2003).

2) 교원 전문성 개발 관련 법령

교원의 전문성 개발과 관련한 법규로는 「국가공무원법」, 「교육기본법」 제14조 제2항, 「교육공무원법」 제38조~제42조, 「교원 등의 연수에 관한 규정 및 동 시행규칙」, 「공무원교육훈련법 및 동법 시행령」 등이 있다.

직접적으로 교원의 전문성 개발과 관련되는 조항은 「교육기본법」 제14조 제2항, 「교육공무원법」 제38조 제1항에 명시되어 있다. 「교육기본법」 제14조 제2항에서는 "교원은 교육자로서 갖추어야 할 품성과 자질을 향상시키기 위하여 노력하여야 한다.", 「교육공무원법」 제38조 제1항에서는 "교육공무원은 그 직책을 수행하기 위하여 끊임없이 연구와 수양에 힘써야 한다."라고 명시함으로써 교원의 전문성 개발의 중요성을 강조하고 있다.

2. 교원 전문성 개발의 실제

교원의 전문성 개발과 관련해서는 입직 전 교원양성기관에서의 교육, 입직 후 연수, 장학, 개인능력개발, 교사 평가 등 제도적 기제뿐만 아니라 교사들의 자율적 활동 등 다양한 기제가 있지만 본 장에서는 교직 입문 이후 교원의 전문성 개발의 실제에 대해 살펴보도록 한다.

입직 후의 교원의 전문성 개발은 주로 교원연수, 장학, 개인의 능력개발, 교원 평가 등으로 이루어진다. 구체적으로 교원연수를 통한 전문성 개발에는 자격연수, 직무연수, 특별연수 등이 있으며, 장학을 통한 전문성 개발은 컨설팅장학, 자율장학을 중심으로 이루어진다. 개인능력 개발을 중심으로 하는 전문성 개발에는 대학원 학위취득, 수업연구 및 연구대회, 연구회 및 학회, 전문적학습공동체 등 다양한 방법이 있다. 이 밖에도 교원능력개발평가나 근무성적평정과 같이 교사를 대상으로 이루어지는 평가도 전문성 개발을 위한 방법으로 활용되기도 한다. 이상으로 제시한 교원 전문성 개발의 실제에 대한 내용을 정리하면 [그림 11-1]과 같다.

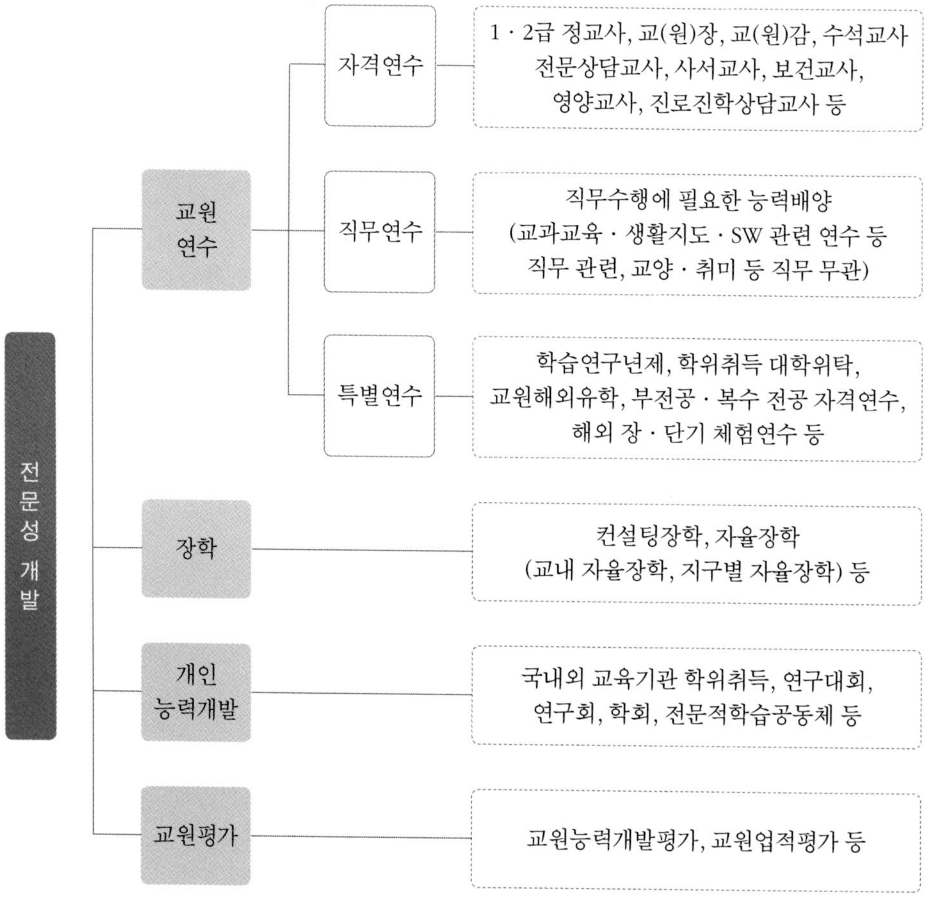

[그림 11-1] 교원 전문성 개발의 실제와 내용

출처: 교육부(2019), 「2020 교원연수 중점 추진방향」을 토대로 재구성함.

1) 교원연수

최근 교원의 전문성 신장을 위한 연수 내실화를 위해 핵심역량 중심의 자격연수 운영, 대상별 특성에 맞는 직무연수 운영, 교직 생애주기에 따른 연수과정 운영을 중점에 두고 교원연수가 이루어지고 있는 추세이다. 특히, 교직 생애단계별 연수과정은 교직 입직과 동시에 퇴직 시까지 교직생애 단계별로 교원들에게 현장 이해 및 적용도를 높이는 데 실질적인 도움을 주고, 직무수행에 필요한 기본역량을 사전에 키울 수 있도록 지원한다([그림 11-2] 참고).

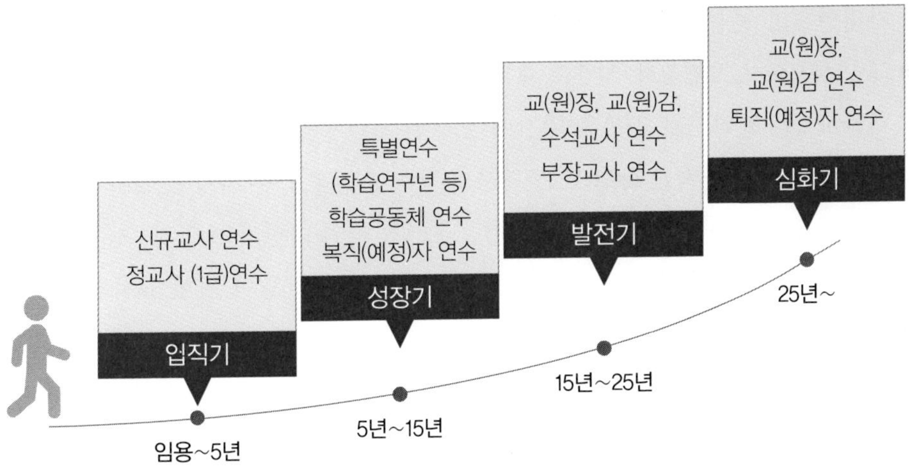

[그림 11-2] 교직 생애단계별 연수과정(예시)

출처: 교육부(2019).

(1) 교원연수 유형

① 자격연수

자격연수는 교원의 자격을 취득하기 위한 연수를 의미한다. 자격연수는 취득하고자 하는 자격증의 유형에 따라 1 · 2급 정교사 연수, 교(원)장 연수, 교(원)감 연수, 수석교사 연수, 전문상담교사 연수, 사서교사 연수, 보건교사 연수, 영양교사 연수, 진로진학상담교사 연수 등으로 구분된다. 자격연수의 구분에 따른 연수기간 및 이수시간은 다음과 같다.

표 11-1 자격연수의 연수기간 및 이수시간

구분	정교사(1급), 정교사(2급), 준교사(특수학교 실기교사를 대상으로 하는 과정), 전문상담교사(1급), 사서교사(1급), 보건교사(1급), 영양교사(1급), 수석교사, 교감, 원감	교장 및 원장
연수기간	15일 이상	25일 이상
이수시간	90시간 이상	180시간 이상

출처: 교원 등의 연수에 관한 규정 [별표 1].

자격연수의 연수대상자는 다음과 같은 기준에 의해 지명된다. 1급(정교사, 전문상담교사, 사서교사, 보건교사, 영양교사) 과정의 연수대상자는 1급 과정의 연수를 받지 아니하고 2급 정교사로 근무한 기간이 오래된 자의 순위로 지명된다. 수석교사 자격연수 대상자는 소속된 학교 또는 기관의 장의 추천을 받은 사람 중에서 교육감이 공개전형을 실시하여 선발한다. 교(원)감 과정의 연수대상자는 일정 수준 교육 경력이 있는 자 중에서 관할 교육장 또는 학교장의 추천을 받아 관할 교육감이 지명하도록 되어 있다. 다만 교(원)감 과정의 연수대상자의 경우 응시대상자 순위명부의 선순위자 순으로 관할 교육감이 실시하는 교직, 교양 등에 관한 면접고사에 선발된 자 순으로 지명된다. 교(원)감의 응시대상자 순위명부를 작성할 때에는 한국사능력의 검정 결과가 3급 이상이거나 연수원에서 60시간 이상의 한국사 관련 연수를 받은 사람을 대상으로 한다. 교(원)장 과정의 연수대상자는 교(원)장 자격에 관한 관계법(「유아교육법」 및 「초 · 중등교육법」)에 따른 교육경력이 있는 사람, 또는 공모교장으로 선발된 사람과 「교원자격검정령」 제23조에 따라 교(원)장의 자격인정을 받은 사람 중에서 교육부 장관이 정하는 기준에 따라 관할 교육감이 지명하도록 되어 있다. 교(원)장 과정의 연수대상자의 경우 연수대상자 명부의 선순위자 순으로 지명되도록 되어 있다(2장 승진규정 참고).

정교사(1, 2급) 자격연수 연수과정은 기본역량과 전문역량의 두 영역으로 나뉜다.

표 11-2 중등 교원 연수과정표(1, 2급 정교사 과정)

정교사(1급)과정		정교사(2급)과정	
영역	이수시간 배정비율 (%)	영역	이수시간 배정비율 (%)
• 기본역량: 교육으로서 요구되는 교육관 · 교직관 등 기본적인 소양 및 자질	30～50	• 기본역량: 교육으로서 요구되는 교육관 · 교직관 등 기본적인 소양 및 자질	30～50
• 전문역량: 정교사(1급)로서 전문적인 직무수행에 필요한 지식이나 기술(자격증에 표시할 담당과목의 전공지식 포함)	50～70	• 전문역량: 정교사(2급)로서 전문적인 직무수행에 필요한 지식이나 기술(자격증에 표시할 담당과목의 전공지식 포함)	50～70
합계	100	합계	100

출처: 교원 등의 연수에 관한 규정 시행규칙 [별표 2].

자격증에 표시할 담당과목의 전공지식은 전문역량에 포함된다. 기본역량의 이수시간 배정비율은 30~50%이고, 전문역량의 이수시간 배정비율은 50~70%이다(〈표 11-2〉 참고).

② 직무연수

직무연수는 직무수행과 직장적응에 필요한 능력과 자질을 배양하기 위한 연수를 의미한다. 직무연수의 내용에는 교과교육 · 생활지도 · 정보화 등 직무와 관련 있는 것뿐만 아니라 최근에는 직무와 무관한 인생설계, 바리스타 교육 등과 같은 교양 · 취미 등도 포함하여 이루어지고 있다. 다만, 단순 취미 활동, 오락 목적의 연수과정은 지정 · 운영되지 않도록 교육부의 엄격한 심사과정을 거친다. 직무연수는 2008년 3월 1일부터 직무연수 이수학점제가 시행됨에 따라 학점제로 관리되는데, 연수시간 또는 학점에 따라서 구분된다. 15시간 1학점을 기준으로 60시간(4학점) 45시간(3학점), 30시간(2학점), 15시간(1학점)으로 계산되며, 잔여시간은 인정되지 않는다. 직무연수 이수실적은 승진의 가산점 평정에서 공통가산점의 점수와도 연계된다. 직무연수는 연 최대 4학점(60시간)까지 인정되며, 1학점에 0.02점으로 계산되어 1년에 최대 4학점을 들었을 경우 0.08점을 받는다. 가산점 평정의 공통가산점의 상한점은 1점이다.

직무연수는 개인이 직무수행 능력의 향상을 위하여 필요하다고 판단하여 자원하기도 하고 교육감이 연수과정별로 필요하다고 인정하는 경우에는 교육장 또는 공립 · 사립학교의 장으로 하여금 연수대상자를 지명하도록 하고 있다. 전자의 경우 교사들이 스스로 비용을 지불하여 참여하는 자비연수이므로 특별한 선발과정을 거치지 않는 것이 일반적이며 스스로 선택하고 학교장이 동의하는 정도의 간단한 절차만을 거친다. 직무연수의 비용은 교사가 연수비용을 지불하기도 하고 학교나 교육청에서 비용이 지원되기도 한다.

직무연수를 신청하고 이수할 때 주의할 점은 동일 · 유사과정을 이수할 경우 중복인정이 되지 않는다는 것이다. 다만, 과목의 70% 이상이 다른 과정임을 연수생이 직접 증명할 경우 2과목 모두 인정되기도 한다. 또한 방학에는 출석연수와 원격연수의 기간 중복이 모두 인정되지만 방학이 아닌 때에 출석연수와 원격연수의 기간이 중복될 경우 중복되는 기간이 1/4 이상일 경우 2강좌 중 1강좌만 인정되기 때문에 주의해야 한다. 그러나 교육부나 교육청에서 긴급하게 실시되는 정책연수일 경우 예외적으로 기간 중복이 인정되기도 한다.

③ 특별연수

특별연수는 전문지식 습득을 위한 국내외 특별연수 프로그램을 의미한다. 특별연수는 직무연수, 자격연수와 달리 일정기간 현직에서 벗어나 국내외 교육기관 또는 연수기관에 체류하면서 실시된다. 특별 연수에는 학습연구년제, 학위취득 대학위탁, 교원 해외유학, 부전공·복수전공 자격연수, 해외 장·단기 체험연수 등이 포함된다.

특별연수자는 다음과 같은 선발을 통해 선정된다. 특별연수자(학습연구년제 제외)는 근무실적이 우수하고 필요한 학력 및 경력을 갖춘 사람 중에서 선발하며, 외국어 능력(국외연수자의 경우)을 갖춘 자를 선발하도록 되어 있다. 교원 스스로 수립한 학습·연구계획에 따라 전문성을 개발하기 위한 특별연수로서 학습연구년제 대상자를 선발할 때에는 앞의 요건을 갖추고 교원능력개발평가 결과가 우수한 사람 중에서 선발하도록 하고 있다.

유의해야 할 점은 특별연수자는 연수 이후에 직무에 복귀하여야 하며, 6개월 이상 특별연수를 받은 교원의 경우 6년의 범위 내에서 연수기간과 동일한 기간을 복무해야 하는 의무를 가진다는 것이다. 국내에서 일과 후에만 실시하는 특별연수의 경우에는 연수기간의 50%에 해당하는 기간을 의무복무기간으로 한다. 복무의무를 다하지 않을 경우 지원된 경비의 전부 또는 일부를 본인 또는 연대 보증인이 반납해야 한다.

(2) 교원연수 운영기관

교원연수 운영기관의 유형으로는 교육부 중앙교육연수원을 중심으로 시·도교육청 교육연수원, 종합교육연수원, 대학부설교육연수원, 원격교육연수원이 있다. 교육부 중앙교육연수원은 전국의 교원·공무원의 역량강화를 위한 사회적 가치 실현 및 미래변화 창출을 위한 연수를 개발·운영하고, 17개 시·도교육청의 연수원과 대학 등 교육 현장과 협력하는 기능을 한다. 시·도교육연수원과 대학부설 교육연수원은 주로 유·초·중등 교원 자격 및 직무연수, 부전공·복수전공 자격연수를 운영한다. 원격교육 연수원에서는 주로 교원 직무연수, 원격연수 과정을 운영한다. 다양한 연수기관 중에서 한국교원대학교 종합교육연수원, 서울대학교 사범대학 부설 교육행정연수원, 서울교육대학교 부설 교육연수원에서는 전국단위의 교(원)장 자격연수를 실시하고 있다.

2019년 9월 기준 우리나라의 교원연수기관 현황은 다음과 같다. 시 · 도 교육연수원에는 서울특별시교육청교육연수원 등 18개 기관(경기도의 경우 2개의 교육연수원 운영)이 있다. 교육행정 및 종합교육연수원에는 서울대학교사범대학 부설 교육행정연수원, 한국교원대학교 종합교원연수원 등 14개 기관이 있으며, 대학부설교육연수원에는 전주교육대학교 부설 교육연수원을 비롯한 전국의 교육대학 및 사범대학에서 총 80개의 기관이 있다. 원격교육연수원은 한국방송통신대학교 부설 종합교육연수원 등 33개 기관이 있다(교육부, 2019).

2) 장학

전통적으로 연수와 함께 교원 전문성 개발의 핵심 축으로 장학을 들 수 있다. 장학은 대상의 자발성, 실시 방법 등에 따라 특별장학, 컨설팅장학, 자율장학으로 구분하고 있다. 이 중 특별장학은 교원의 전문성 개발을 목적으로 하기보다 교육활동 전반에 걸쳐 특별지도 및 지원이 필요하다고 교육청에서 판단한 학교나 특별한 사안이 발생한 학교를 대상으로 이루어지는 장학이므로 이 장에서는 컨설팅장학과 자율장학을 중심으로 살펴보도록 한다.

(1) 컨설팅장학

컨설팅장학은 수업개선 및 효율적인 학교운영을 위해 일정한 전문성을 갖춘 사람들이 학교와 학교 구성원들의 요청에 따라 제공하는 독립적인 자문활동으로서, 학교경영과 교육의 문제를 진단하고 대안을 마련하여 스스로 문제해결을 하도록 도우며, 문제해결에 필요한 인적 · 물적 자원들을 발굴하여 조직화하는 일을 의미한다. 컨설팅장학의 영역은 교육과정 편성 · 운영, 교수 · 학습, 학부모 지원, 학교경영, 생활 · 진로지도, 교원 전문성 신장, 교육정책 전반에 있어 다양하다.

컨설팅장학은 자발성, 전문성, 자문성, 한시성, 독립성, 학습성의 6가지 원리를 기초로 한다. 자발성의 원리는 컨설팅장학은 의뢰인의 자발적 요청에 의해 이루어짐을 의미한다. 전문성의 원리는 컨설팅장학은 내용과 방법에 대한 전문성을 갖춘 컨설턴트들에 의해 이루어지는 전문적인 지도와 조언활동임을 의미한다. 자문성의

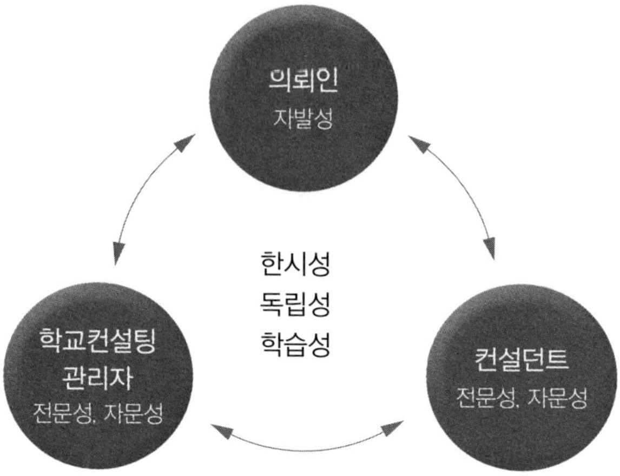

[그림 11-3] 컨설팅장학의 원리

원리는 컨설팅장학은 컨설턴트가 과제 해결과정에 대한 자문활동을 하는 것으로, 의뢰부터 해결방안의 수용 여부까지 결정권과 책임은 의뢰인이 가짐을 의미한다. 한시성의 원리는 컨설팅장학은 계약에 의해 한시적으로 수행되는 활동으로, 의뢰 과제가 해결되면 컨설팅장학은 종료됨을 의미한다. 독립성의 원리는 의뢰인과 컨설턴트는 수평적 관계 속에서 전문적 지원이 이루어지고 독립적 관계가 구축되어야 함을 의미한다. 마지막으로 학습성의 원리는 컨설팅장학은 의뢰인과 컨설턴트가 서로 성장하고 학습하는 과정임을 의미한다.

컨설팅장학은 의뢰인의 자발적인 요청에 의해 시작되며 컨설턴트의 전문적인 자문 활동으로 이루어진다. 컨설턴트는 학교와 학교 구성원의 문제를 해결하는 데 필요한 지식이나 기술 또는 경험을 갖춘 전문가로서 학교현장의 우수한 교원, 학교에 실질적인 도움을 줄 수 있는 교육전문직과 교육행정가, 그 외 학교의 다양한 문제해결에 도움을 줄 수 있는 교육 이외 전문가들이 될 수 있다. 컨설턴트는 내용적 전문성과 방법적 전문성을 갖추어야 한다. 내용적 전문성이란 학교와 학교구성원들이 가지고 있는 문제 자체에 관한 지식 · 기술 · 경험을 의미하며, 방법적 전문성이란 문제를 해결하는 과정, 절차 또는 도구에 관한 지식 · 기술 · 경험을 의미한다.

컨설팅장학의 절차는 다음과 같다. 일반적으로 컨설팅장학은 준비, 진단, 구안 · 선택, 실행, 종료의 절차에 의해 수행된다. 준비 단계에서는 의뢰와 접수, 컨설턴트 선택 · 배정, 예비진단, 컨설팅장학 협약 체결과 같은 일들이 이루어진다. 이후 진단 단계에서는 자료를 수집하거나 필요한 사실을 밝히고, 수집된 자료 분석 및 활동의

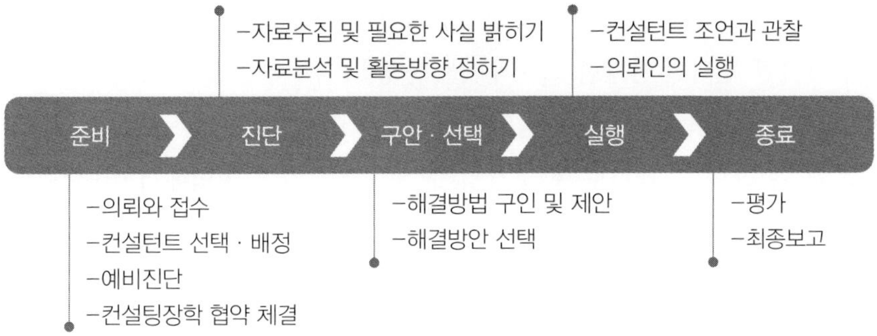

[그림 11-4] 컨설팅장학의 과정

방향을 정하는 일들이 수행된다. 구안 · 선택 단계에서는 해결방법의 구안 및 제안, 해결방안 선택 등의 일들이 수행된다. 실행단계에서는 컨설턴트의 조언과 관찰, 의뢰인의 실행 등이 이루어진다. 마지막 종료단계에서는 평가와 최종보고가 이루어진다. 컨설팅장학이 이루어지기 위해 시 · 도교육청에서는 컨설팅장학 관련 장학자료를 개발 · 보급하며, 컨설턴트 풀 구축, 컨설턴트 역량강화 연수 실시 또는 프로그램 개발을 수행한다. 교육지원청에서는 단위학교 자체 장학지도 계획 및 컨설팅장학을 실시하고, 영역별 컨설턴트 풀을 확보하며, 컨설턴트 역량강화 연수를 실시한

[그림 11-5] 컨설팅 과정

출처: 부산광역시교육청 학교컨설팅지원센터(https://consulting.pen.go.kr/).

다. 단위학교에서는 자체적으로 장학지도 계획을 수립 및 시행하고, 컨설팅을 의뢰하거나 실시 후 결과를 반영한 교육과정을 운영한다.

최근, 시 · 도 교육청별로 컨설팅장학지원센터 또는 학교컨설팅지원센터라는 이름으로 교수-학습, 생활지도, 학교경영, 교육과정과 같은 영역에서 어려움을 겪고 있는 교원의 컨설팅을 지원하는 센터를 운영하고 있다. 컨설팅 신청에서부터 후기 및 결과 등록에 이르는 전 과정이 온라인 상에서 이루어지고 있으며, 교육청 관리자가 컨설팅에 대한 상호협의 및 진행을 돕는다([그림 11-4] 참고).

(2) 자율장학

① 교내 자율장학

교내 자율장학은 단위학교에서 자율적으로 교장 · 교감을 중심으로 하여 실시하는 장학을 의미한다. 자율장학의 목적은 전체 교직원들이 상호 이해와 협력을 기초로 하여 교육활동에 활용될 수 있는 좋은 지식, 기술, 정보, 아이디어 등을 나누어 가짐으로써 교사들의 수업기술 향상과 전문성 신장을 꾀하는 것이다.

교내 자율장학은 다음과 같은 절차로 이루어진다. 먼저, 학교교육계획 수립 시 교내 자율장학 계획을 포함하여 연간 연수계획을 수립하고, 이어서 영역별 자율장학 활동을 전개하며, 끝으로 교내 자율장학을 평가 · 환류하는 것으로 이루어진다. 자율장학을 실시할 때는 교내 자율장학 협의회를 구성하여 운영하도록 되어 있는데, 협의회는 교장, 교감, 수석교사, 각 교과부장 교사 등으로 구성되며 이들은 교내 자율장학의 계획을 수립, 추진, 평가하는 역할을 한다. 자율장학은 교과 협의회, 부별 협의회, 학년 협의회 및 학습동아리, 지구별 자율장학회 및 교과교육 연구회 활동과 연계하여 추진되기도 한다.

교내 자율장학의 내용은 다음과 같다. 기본 형태로는 수업장학, 동료장학, 자기장학, 자체연수 등이 있다. 수업장학은 교장, 교감, 부장교사, 장학요원, 전문가 등이 주 장학 담당자가 되어 초임교사, 저경력교사, 수업기술 향상 필요성이 있는 교사를 대상으로 임상장학, 마이크로티칭, 수업연구, 초임교사 수업관련 지도 · 조언 활동을 수행한다. 동료장학은 동료교사가 주 장학 담당자가 되어 전체교사, 협동으로 일하기를 원하는 교사, 관심 분야가 같은 교사 등을 대상으로 동학년 · 동교과의 수업연구 중심으로 이루어지기도 하고, 부장교사, 스터디 그룹을 중심으로 협의 중심으로 이루어지기도 한다. 또한 공동 연구과제나 공동 시범과제와 같은 연구과제 중심으로 이루어지거나 초임교사와 경력교사 간 짝을 이루어 일대일로 이루어지기도 한다. 자기장학은 교사 개인이 주 장학 담당자가 되어 자기분석 · 자기지도를 하기도 하고 혼자 일하기를 원하는 교사 등이 자기수업을 분석하기도 하고, 학생을 통한 수업반성, 전문서적 · 자료 탐독, 대학원 수강, 현장방문 · 견학, 각종 학술회, 강연회 참석 등의 방법을 활용하기도 한다. 자체연수는 교원이나 외부인사가 주 장학 담당자가 되어 전체 교원을 대상으로 학교 주도로 각종 연수활동을 하는 방법으로 이루어진다.

교내 자율장학은 위와 같이 다양한 형태로 이루어지지만, 주로 수업연구의 방법으로 이루어진다. 수업연구는 교사들이 팀을 이루어 공동으로 수업을 계획, 실행, 반성, 수정 · 보완하여 서로 협력적으로 수업을 개선하고 수업전문성을 향상시키는 것을 목적으로 하는 수업을 말한다. 수업연구의 과정은 다음과 같이 3단계로 이루어진다. 첫째는 사전 협의 단계로, 동학년 또는 동교과 교사들이 수업연구팀을 구성하여 공동으로 수업계획을 세운다. 교사들은 함께 교육과정과 교과서를 분석하여 관련 연구물들을 고찰하고 기존의 수업자료들을 검토한다. 그리고 자신이 가르치는 학생들에 대한 정보를 교환하고 학생들의 학습요구, 흥미, 능력 등을 진단한다. 또한 교사들은 자신이 지향하는 수업의 모습, 교수-학습에 대한 관점, 교육에 대한 비전 등을 공유한다. 이러한 과정을 통해 교사들은 공동으로 수업계획을 세우고 수업에서 활용할 교수-학습자료를 마련한다. 둘째는 수업 공개 또는 참관 단계로, 수업연구팀의 교사 한 명이 공동으로 계획한 수업지도안에 따라 수업을 하고 팀의 나머지 교사들이 교사의 연구수업을 관찰한다. 참관 교사들은 특히 학생들을 세심하게 관찰하여 연구수업 후 관찰내용을 서로 공유한다. 셋째는 사후 협의회 단계로, 연구수업 후 수업연구팀이 모여 연구수업에 대해 함께 성찰을 한다. 먼저 연구수업을 한 교사가 수업에 대해 자평하고 이후 참관 교사들이 수업에 대해 분석 평가한다. 수업에 대한 분석적 반성은 학생들의 학습을 보다 효과적으로 지도하기 위하여 수업이 어떻게 개선되어야 하는지에 중점을 둔다. 이후 분석적 반성을 통해 개선안을 마련하고 해당 수업계획안을 수정 · 보완하여 수정된 수업계획안을 가지고 수업연구팀의 다른 교사가 다시 연구수업을 하여 이전과 같은 단계를 거치기도 한다. 이와 같이 협력적 · 순환적 과정을 통해 수업연구팀은 수업지도안을 계속하여 수정 · 보완해 나가며, 완성된 수업지도안은 학교 안팎의 교사들과 공유하기도 한다.

② 지구별 자율장학

지구별 자율장학은 학교 간 방문 · 교류 활동을 통하여 이루어지는 자율장학을 의미한다. 지구별 자율장학의 목적은 학교 간 방문 · 교류 활동을 통하여 학교교육 활동 우수 사례의 일반화 및 현안문제해결 방안을 모색하여 지역 특성에 맞는 창의적 · 협동적 교육활동을 전개하는 데 있다.

지구별 자율장학은 다음과 같은 절차로 이루어진다. 먼저, 사전준비 단계에서 장학지구가 조직되고 중심학교가 선정되며, 운영방향 · 장학내용 · 장학일정 등이 협의된다. 다음으로, 지구별 자율장학이 실시되는 단계에서는 수업을 공개하고 협의하거나 우수 교육활동을 공유하거나 교육활동 정보를 교환하는 일들이 이루어진다. 마지막으로, 결과처리 및 환류단계에서는 보고서를 작성하여 제출하고 우수사례를 사이버공간에 탑재하며 우수사례집을 발간하여 일반화를 도모하게 된다.

지구별 자율장학의 내용으로는 학교 간 방문장학, 교육연구 활동, 학생 생활지도 활동 등이 있다. 학교 간 방문장학의 영역은 지구별 교육현안과제 협의 · 조정, 워크숍 실시, 교육활동 상호 참관, 교원, 학생 상호간 문 · 예 · 체 교육활동 참관 및 교류 등을 예로 들 수 있다. 학교 간 방문장학의 운영은 지구별 실정에 맞게 교류 · 협력 계획을 수립하여 이루어진다. 교육연구 활동의 영역은 수업 및 평가방법 개선을 위한 공개수업 실시, 교과협의회 구성 · 운영, 방과후학교 협의회 구성 · 운영, 교수 · 학습 자료 및 평가 자료 공동 제작 · 활용 등을 예로 들수 있다. 교육연구 활동의 운영은 협의회를 구성하여 이루어지거나, 교과협의회나 교과연구회 활동과 연계하여 이루어진다. 학생 생활지도 활동의 영역은 초 · 중 · 고 지구별 통합협의회를 통한 학교폭력, 집단따돌림 예방활동, 지구별 봉사활동 및 청소년 단체 수련활동 계획 수립 · 시행 등을 예로 들 수 있으며, 학생 생활지도 활동의 운영은 상호 정보 교환 및 합동 생활지도를 통해 이루어지거나 유관기관 또는 지역사회와의 협조 체제 구축 속에 이루어지기도 한다.

3) 개인의 능력 개발

(1) 대학원 학위취득

보다 깊이 있고 체계적인 연구를 원한다면 교육대학원이나 일반대학원에 진학하는 방법도 있다. 대개의 교육대학원은 교원들의 편의를 위해 야간이나 방학을 이용하여 야간제, 계절제로 운영되고 있다. 석사과정에 진학하면 학위를 하는 동안 학교에 근무하지 않고도 본봉은 지급받으면서 연구에만 몰두할 수 있는 제도도 있다. 대학원에 진학하게 되면 자신의 교과에 대해서 보다 깊이 공부할 수 있다는 점에서도 의의가 있으나, 스스로 연구할 수 있는 능력을 키우고 실제로 연구를 수행하는 것에 보다 큰 의미가 있다.

대학원 학위취득 실적으로 연수성적 평정시에 가산점을 받을 수도 있다. 석사학위의 경우 직무와 관련 있는 학위는 1.5점, 기타 학위는 1점, 박사학위의 경우 직무와 관련 있는 학위는 3점, 기타 학위는 1.5점을 받을 수 있다. 또한 대학원 학위취득으로 자격연수를 대체할 수도 있다. 초 · 중등학교 정교사 2급 자격증을 가지고 교육대학원에서 석사학위를 받은 경우 1년 이상의 교육 경력이 있으면 교육대학원 학점은 1급 정교사 자격연수로 대체가 가능하다. 단, 대학원에서 취득한 학위로 자격연수를 대체할 경우, 연수실적평정 시 대학원 연구실적점수를 받을 수 없기 때문에 주의해야 한다. '교육공무원승진규정' 제33조에 의해 교육대학원 또는 교육부장관이 지정하는 대학원 교육과에서 석사학위를 취득한 자에 대한 자격연수 성적규정은 다음과 같다.

- A 학점 이상: 만점의 90%
- B 학점 이상: 만점의 85%
- D 학점 이상: 만점의 80%

(2) 연구대회

연구대회란 교원이나 교육전문직 공무원이 교육현장에서 교수-학습이나 교육행정 관련 문제의 개선 또는 해결을 목적으로 교육방법 연구, 제도개선, 교육자료 개발, 교수활동 성과 등의 실적을 대상으로 공정한 경쟁을 통하여 연구실적으로 인정되는 대회를 말한다('연구대회 관리에 관한 훈령'). 교원은 다양한 연구대회에 참여하여 전문성을 개발할 수 있다. 또한 연구대회에 참여하여 입상하였을 경우 연구실적 평정에서 가산점을 얻을 수도 있다. 연구실적 평정점수는 국가 · 공공기관 또는 공공단체가 개최하는 교육에 관한 연구대회로서 교육부장관이 인정하는 전국규모의 연구대회에서 입상한 연구실적, 시 · 도의 교육청 · 지방공공기관 및 공공단체 등이 개최하는 교육에 관한 연구대회로서 시 · 도 교육감이 인정하는 시 · 도 규모의 연구대회에서 입상한 연구실적이 인정되며 3점을 초과할 수 없다(2장 참고). 전국규모의 연구대회는 전국학교체육연구대회(대한체육회), 전국교육자료전(한국교원단체총연합회), 전국현장교육연구대회(한국교원단체총연합회), 전국초등교육연구대회(한국교원단체총연합회), 인성교육실천사례연구대회발표대회(교육부), 전국과학전람회/전국학생과학발명품경진대회 관련 학생작품지도논문연구대회(미래창조과학부, 국립중앙과학관), 전국교원발명연구대회(특허청), 자유학기제 실천사례 연구대회(교육부, 한국과학창의재단) 등이 있다.

연구대회 예시자료

2020년 제 64회 전국현장교육연구대회

1. 출품 방법

현장교육연구를 하고자 하는 교원은 먼저 시 · 도 교원단체총연합회에서 주최하는 시 · 도 현장교육연구대회에 출품하여야 하며, 동 대회에서 소정의 심사를 우수연구보고서로 추천을 받으면 전국현장교육연구대회에 출품할 수 있음

2. 출품 영역 및 분과(4개 영역, 19개 분과)

교과분과(10)	국어(한문 포함), 도덕, 사회, 수학, 과학, 실과(기술 · 가정), 체육, 음악, 미술, 외국어
인성 · 창의분과(4)	인성교육, 창의적체험활동, 생활지도(상담, 학교폭력 예방 및 지도 등), 방과후학교 프로그램 운영
교직분과(2)	교육행정(학교경영, 교직생활, 교육정책개발연구, 평생교육 · 교육복지), 교육과정 운영
유아 · 특수분과(3)	유아교육, 특수교육(청각장애 · 시각장애 · 정신지체 · 지체부자유 · 정서장애), 영재 및 학습부진아 교육

3. 연구보고서 심사절차

예비심사	• 연구보고서 제출자격 확인 • 해당분과 적합 여부 확인 • 선행연구와의 표절 및 모작 여부 확인 • 현장연구보고서로서의 적합성 검토
⬇	
예비심사위원회	• 표절 및 등외 판정(1차) • 판정 이의 제기자에 대한 소명기회 부여(2차)
⬇	
본심사	• 연구보고서 심사 및 등급 결정 • 1등급 후보작 선정
⬇	
발표심사	• 1등급 후보작을 대상으로 공개 연구발표 • 분과별 최고상 후보작 선정 • 연구보고서 입상작 최종 확정
⬇	
최고상 심사	• 분과별 최고상 후보작을 대상으로 연구보고서 정밀검사 • 최고상 후보작에 대한 면접 심사 • 현장실사를 통한 최고상 적격여부 확인 • 대통령상 및 국무총리상 선정

출처: 한국교원단체총연합회 교원지원센터 교권/연구대회/연수(http://support.kfta.or.kr).

(3) 연구회 및 학회

홀로 연구하는 것이 벅차거나 연구분야가 개인이 하기 힘든 경우에는 연구회나 학회를 통해 정보를 얻는 것도 좋은 방법이 될 수 있다. 교과교육연구회의 경우 학교 내에서 조직되기도 하고 교육청 단위로 조직되기도 하는데, 교육청에서 연구비를 지원하기도 하고 다양한 기관으로부터 연구비를 지원받을 수도 있다. 연구회 외에도 각종 학회에 참여하여 전문성 신장을 도모할 수도 있다. 교육과 관련한 학회는 한국교육학회, 한국교육행정학회, 한국상담교육학회, 한국영재교육학회. 한국교육경제재정학회 등 다양한 분야의 학회가 있으며 교육과 관련한 학회가 아니더라도 관심 있는 학회에 참여하여 전문성 개발을 위한 계기로 삼을 수 있다.

(4) 전문적학습공동체

최근 참된 교수법을 실천할 수 있는 교사의 전문성을 개발하기 위해서는 전통적인 차원의 연수나 장학, 컨설팅 등의 방식과는 다르게 교사 간 협력을 바탕으로 하는 전문적학습공동체가 활성화되고 있다. 전문적학습공동체 논의에서는 시시각각 변화하는 교육현장의 문제해결을 통해 교원의 전문성이 신장되기 위해서는 국가 주도가 아닌 교사가 주도하는 방식으로 전문성이 축적되어야 한다고 본다. 학습에 대한 교사 간 공유된 가치와 교수–학습 활동에 관련한 교사들의 풍부한 대화 및 협동을 근간으로 하는 전문적학습공동체가 교원의 역량 개발의 대안적 접근으로 확대되고 있다. 이러한 교사공동체를 통한 전문성 개발의 의의는 다음과 같다. 첫째, 교사는 동료교사와 교육활동에 관한 일상적 대화를 통해 자신의 교수–학습 실제에 대해 성찰할 수 있는 기회를 가진다. 둘째, 교사는 동료교사와 협력활동을 가짐으로써 역량 개발이 가능하다. 셋째, 동료교사들 간에 교육활동에 관한 목표 공유를 통해 공동체의식을 갖출 수 있다. 넷째, 교사공동체를 통해 교사는 리더십을 함양할 수 있다.

전문적학습공동체는 2010년부터 혁신학교 도입과 함께 전국의 시 · 도 교육청에서 운영되고 있다. 부산광역시교육청에서는 2015년에 '교원 씨앗동아리'라는 이름으로 시작되었는데, 동아리 당 70만원이 지원되었다. 2016년부터는 '학교 내 전문적 학습공동체'라는 이름으로 운영비로 50만원이 지원되고 30시간 연수학점이 부여되고 있다. 주로 운영되는 영역은 배움중심 수업혁신, 역량중심 교육과정혁신, 성장중심 평가혁신, 배움의 공동체, 교직문화 혁신, 관계회복 중심 생활교육혁신, 인성교육중심 수업, 토의토론 수업 등이다(부산광역시교육청, 2017).

4) 교원평가

현재 교원평가 체제는 교육활동에 대한 전문성 진단 및 그 결과에 따른 교원능력 개발 지원 목적의 교원능력개발평가와, 승진대상자 순위 결정 및 성과급 지급을 위한 교원업적평가로 이원화하여 진행되고 있다. 교원능력개발평가에 관한 법적 근거는 '교원 등의 연수에 관한 규정' 제18조~제23조에 명시되어 있다. 교원업적평가는 '교육공무원승진규정'에 의거하여 승진과 보수, 전직 및 전보 등 교원의 인사에 반영하고 '공무원수당 등에 관한 규정'을 근거로 개인 성과급과 학교 성과급에 반영한다.

(1) 교원능력개발평가(전문성 평가)

교원능력개발평가는 교원의 지속적인 능력 신장을 목적으로 이루어지며, 기존의 교원 대상 평가인 근무평정 또는 성과급 평가와는 달리 다음과 같은 특징을 갖는다. 첫째, 평가의 목적은 교원의 능력 개발이다. 교원의 전문적 활동에 대한 피드백을 통하여 능력을 신장시키는 데 평가의 초점이 있다. 둘째, 모든 교원이 평가 대상이 된다. 교사는 수업 능력에 대해, 교장과 교감은 학교경영에 관한 능력을 평가받는다. 셋째, 교육공동체 구성원 모두가 평가에 참여한다. 교감, 교장, 교사는 수업 및 학교경영에 대해 평가자로 참여하고, 학부모와 학생은 수업 및 학교경영에 대해 만족도 조사자로 참여한다. 넷째, 평가자의 익명성이 보장될 수 있도록 온라인 평가시스템을 적극 활용한다.

교원능력개발평가는 교원 상호 간(교감, 교장 포함), 학생 · 학부모의 평가 및 만족도 조사를 통해 이루어진다. 교장 및 교감은 학교경영에 관한 능력을, 수석교사는 학습지도 및 생활지도 등에 관한 능력과 교사의 교수 · 연구활동 지원 능력을, 교사는 학습지도 및 생활지도 등에 관한 능력을 평가받는다. 교원능력개발평가를 실시한 경우에는 그 평가 결과를 해당 교원 및 해당 교원(학교의 장은 제외)이 근무하는 학교의 장에게 통보하며, 교원능력개발평가의 결과는 직무연수 대상자의 선정, 각종 연수프로그램의 개발 및 제공, 연수비의 지원 등에 활용할 수 있도록 되어 있다.

표 11-3 교장 · 교감에 대한 평가영역, 평가요소, 평가지표

평가영역	평가요소	평가(조사) 지표 내용	
		교장	교감
학교 경영 (4요소, 8개 지표)	학교교육계획	• 학교경영목표관리 • 교육과정 편성 · 운영 • 창의 · 인성 학생관리	• 학교경영목표관리 지원 • 교육과정 편성 · 운영 지원 • 학사업무관리
	교내 장학	• 교실수업개선 • 자율장학운영	• 교실수업개선 지원 • 자율장학 지원
	교원인사	• 교원인사관리	• 인사업무 수행
	시설관리 및 예산운용	• 시설관리 • 예산 편성 · 집행	

출처: 교원능력개발평가 실시에 관한 훈령.

표 11-4 수석교사에 대한 평가영역, 평가요소, 평가 지표

평가영역	평가요소	평가(조사) 지표
교수 · 연구활동 지원 (2요소, 6개 지표)	수업 지원	• 상시 수업 공개 • 교수 · 학습 전략 지원 • 수업 컨설팅(코칭, 멘토링)
	연수 · 연구 지원	• 교내 연수 지원 • 학습조직화 지원 • 학습자료의 활용 지원
학습지도 (3요소, 8개 지표)	수업 준비	• 교육내용 분석 • 수업계획 수립
	수업 실행	• 학습환경 조성 • 교사 발문 • 교사 · 학생 상호작용 • 학습자료 및 매체 활용
	평가 및 활용	• 평가내용 및 방법 • 평가결과의 활용
생활지도 (3요소, 7개 지표)	상담 및 정보 제공	• 개별학생 특성 파악 • 심리상담 • 진로 · 진학 지도
	문제행동 예방 및 지도	• 학교생활적응 지도 • 건강 · 안전지도
	생활습관 및 인성지도	• 기본생활습관 지도 • 인성지도

출처: 교원능력개발평가 실시에 관한 훈령.

표 11-5 일반교사에 대한 평가영역, 평가요소, 평가지표

평가영역	평가요소	평가(조사) 지표
학습지도 (3요소, 8개 지표)	수업 준비	• 교과내용 분석 • 수업계획 수립
	수업 실행	• 학습환경 조성 • 교사 발문 • 교사 · 학생 상호작용 • 학습자료 및 매체 활용
	평가 및 활용	• 평가내용 및 방법 • 평가결과의 활용

생활지도 (3요소, 7개 지표)	상담 및 정보 제공	• 개별학생 특성 파악 • 심리상담 • 진로 · 진학 지도
	문제행동 예방 및 지도	• 학교생활적응 지도 • 건강 · 안전지도
	생활습관 및 인성지도	• 기본생활습관 지도 • 인성지도

출처: 교원능력개발평가 실시에 관한 훈령.

(2) 교원업적평가(인사관리 및 성과 평가)

교원업적평가는 '교육공무원승진규정' 및 '공무원수당 등에 관한 규정'에 의거하여 승진과 보수, 전직 및 전보 등과 관련된 교원인사와 교원 성과상여금 지급을 목적으로 운영된다. 2016년 이전까지는 근무성적평정과 성과상여금평가가 각각 실시되었다. 그러나 동일교원을 대상으로 근무성적평정, 성과상여금평가, 교원능력개발평가 등 유사 · 중복된 교원평가를 매년 실시하고, 학생지도가 우수한 교원이 각 교원평가에서 상이한 결과를 받으며, 공정성과 신뢰성을 위한 발전적 평가제도 개선이 필요하다는 요구에 따라 근무성적평정과 성과상여금평가를 교원업적평가로 통합 · 간소화하고, 교원업적평가(근무성적평정+다면평가) 중 다면평가 결과를 100% 활용하여 개인성과급을 지급하고 있다(전제상, 2020).

평정의 대상은 교사, 교감(원감 포함), 장학사, 교육연구사가 포함되며, 수석교사는 평정대상에서 제외된다. 이 중 근무성적 평정에는 교육공무원 자기실적평가, 동료 간 다면평가, 평정자, 확인자에 의한 근무평가가 포함되며 이 장에서는 근무성적평정과 동료 간 다면평가를 다루고자 한다.

① 근무성적평정

근무성적평정을 제외한 모든 평정은 교육공무원인사기록카드(NEIS)에 기록된 사항에 의하고, 필요한 경우 기재사항의 정확 여부를 조회 · 확인할 수 있도록 되어 있다. 근무성적평정은 100점을 만점으로 하며 자기실적 평가서를 참작하여 평가된다. 교사의 근무성적은 100(100%)점 중 근무성적 60점(교장 40%, 교감 20%), 동료에 의한 다면평가 40점(동료교사 40%)을 합산하여 산출되며, 교감 · 장학사 등의 근무성적은 100점(100%) 중 평정자 50%, 확인자 50%로 둘을 합산하여 산출된다. 평정

표 11-6 교사 자기실적평가서

교사 자기실적평가서

1. 평가 지침
근무성적평정의 신뢰성과 타당성이 보장되도록 객관적 근거에 따라 종합적으로 평가하여야 한다.

2. 평가 기간: 년 월 일부터 년 월 일까지

3. 평가자 인적사항

○소속: ○직위: ○성명:

4. 평가자 기초 자료

○담당 학년 및 학급:
○담당 과목:
○담임 여부:
○담당 업무:
○보직교사 여부:
○주당 수업시간 수:
○연간 수업공개 실적:
○연간 학생 상담 실적:
○연간 학부모 상담 실적:
○그 밖의 실적사항:

5. 자기실적평가

가. 학습지도
- ○학습지도 추진 목표(학년 초에 계획되었던 학습지도 목표)
- ○학습지도 추진 실적(학년 초에 목표한 내용과 대비하여 추진 실적을 구체적으로 작성)

나. 생활지도
- ○생활지도 추진 목표
- ○생활지도 추진 실적

다. 전문성 개발
- ○전문성 개발 추진 목표
- ○전문성 개발 추진 실적

라. 담당 업무
- ○담당 업무 추진 목표
- ○담당 업무 추진 실적
- ○창의적 업무개선 사항

※ 자기평가 종합 상황

자기 평가	목표달성도	설정한 목표에 대한 달성 정도	만족	보통	미흡
	창의성	학습지도, 생활지도, 전문성 개발, 담당 업무 등의 창의적인 수행 정도	만족	보통	미흡
	적시성	학습지도, 생활지도, 전문성 개발, 담당 업무 등을 기한 내에 효과적으로 처리한 정도	만족	보통	미흡
	노력도	목표 달성을 위한 노력, 공헌도	만족	보통	미흡

년 월 일

작성자(본인) 성명 서명(인)

결과는 평정대상자의 요구가 있을 시 본인의 최종 근무성적평정점을 공개하도록 되어 있다.

교사의 근무성적평정은 크게 '근무수행 태도'와 '근무실적 및 근무수행능력'으로 구분된다. 근무수행 태도(10점)는 교육공무원으로서의 태도(10점)를 말하며, 근무실적 및 근무수행 능력(90점)은 학습지도(40점), 생활지도(30점), 전문성 개발(5점), 담당업무(15점)로 구분된다. 근무성적평정은 상대평가로 수 30%, 우 40%, 미 20%, 양 10% 이하의 비율로 평정한다. 평정은 소속 평정대상자의 직위별로 평정분포비율에 맞게 평정하며, 총 평점은 특별한 사정이 없는 한 동일하지 않게 평정한다.

표 11-7 교사 근무성적평정표

<table>
<tr><th colspan="11">교사 근무성적평정표</th></tr>
<tr><td colspan="3">① 평정기간</td><td colspan="3">② 확인자</td><td colspan="5">③ 평정자</td></tr>
<tr><td colspan="3">. . .부터
. . .까지</td><td colspan="3">직위
성명 (인)</td><td colspan="5">직위
성명 (인)</td></tr>
<tr><td colspan="3">평정사항</td><td>근무수행 태도</td><td colspan="4">근무실적 및 근무수행능력</td><td rowspan="2">⑨ 평정점</td><td rowspan="2">⑩ 환산점</td><td rowspan="2">⑪ 총점</td></tr>
<tr><td>평정 대상자 소속</td><td>평정 대상자 성명</td><td>평정요소</td><td>④ 교육공무원으로서의 태도 (10점)</td><td>⑤ 학습 지도 (40점)</td><td>⑥ 생활 지도 (30점)</td><td>⑦ 전문성 개발 (5점)</td><td>⑧ 담당 업무 (15점)</td></tr>
<tr><td rowspan="2"></td><td rowspan="2"></td><td>평정자</td><td></td><td></td><td></td><td></td><td></td><td></td><td></td><td rowspan="2"></td></tr>
<tr><td>확인자</td><td></td><td></td><td></td><td></td><td></td><td></td><td></td></tr>
<tr><td rowspan="2"></td><td rowspan="2"></td><td>평정자</td><td></td><td></td><td></td><td></td><td></td><td></td><td></td><td rowspan="2"></td></tr>
<tr><td>확인자</td><td></td><td></td><td></td><td></td><td></td><td></td><td></td></tr>
</table>

※ 평정자의 환산점 = 평정점 × 20/100, 확인자의 환산점 = 평정점 × 40/100

※ 평정자 및 확인자는 다음 각호의 분포 비율에 맞도록 평정하여야 하며, 평정대상자의 평정점은 특별한 사정이 없는 한 동일하지 아니하도록 하여야 한다. 다만, 제4호의 평정점에 해당하는 자가 없거나 그 비율이 10% 이하일 때에는 제4호의 비율을 적용하지 아니하고 이를 제3호에 가산할 수 있다.

1. 수 (95점 이상) 30퍼센트
2. 우 (90점 이상 95점 미만) 40퍼센트
3. 미 (85점 이상 90점 미만) 20퍼센트
4. 양 (85점 미만) 10퍼센트

② 동료 간 다면평가

교원성과급은 교직사회의 협력과 경쟁 유도를 통한 교육의 질 개선과 교원의 사기 진작 도모를 위해 2001년부터 도입되었다. 2011년부터는 교원 간뿐만 아니라, 학교 간 선의의 경쟁 유도로 교원들의 수업 전문성 신장과 생활지도 강화를 목적으로 학교성과급이 도입되었다. 그러나, 학교성과급은 그 지표가 정규교육과정 운영 및 학생 인성지도와 관련성이 적다는 지적, 학교 간 여건이 다름에도 불구하고 획일적인 지표로 평가하여 공정성과 타당성에 대한 지속적인 문제제기, 학교나 교사의 노력과 상관없이 S, A, B 등급을 받는 학교가 고착화되는 경향이 있다는 불만 등이 꾸준히 제기되어 2016년에 폐지되었다(교육부, 2015). 성과급의 법적 근거는 「공무원 수당 등에 관한 규정」 제7조 2항에 "공무원 중 근무성적, 업무실적 등이 우수한 사람에게 예산의 범위내에서 성과상여금을 지급할 수 있다."라고 명시되어 있다.

전술하였듯이 교원업적평가 중에서 다면평가 점수는 교원의 사기 진작과 성과급

표 11-8 교사 다면평가표(정성평가)

<table>
<tr><th colspan="10">정성(定性)평가 방법에 따른 교사 다면평가표</th></tr>
<tr><td colspan="3">① 평정기간</td><td colspan="3">② 확인자</td><td colspan="4">③ 평정자</td></tr>
<tr><td colspan="3">. . .부터
. . .까지</td><td colspan="3">직위
성명 (인)</td><td colspan="4">직위
성명 (인)</td></tr>
<tr><td colspan="3" rowspan="2">평가사항
평가요소</td><td>태도</td><td colspan="4">근무실적 및 근무수행능력</td><td rowspan="3">⑩
평가점</td><td rowspan="3">⑪
환산점</td></tr>
<tr><td rowspan="2">④
교육공무원으로서의 태도 (10점)</td><td rowspan="2">⑤
학습지도 (40점)</td><td rowspan="2">⑥
생활지도 (30점)</td><td rowspan="2">⑦
전문성 개발 (5점)</td><td rowspan="2">⑧
담당업무 (15점)</td></tr>
<tr><td>평가대상자 소속</td><td>평가대상자 성명</td><td></td></tr>
<tr><td rowspan="2"></td><td rowspan="2"></td><td>다면평가자</td><td></td><td></td><td></td><td></td><td></td><td></td><td rowspan="2"></td></tr>
<tr><td>다면평가자</td><td></td><td></td><td></td><td></td><td></td><td></td></tr>
</table>

※ 환산점 = 평가점×32/100

※ 다면평가자는 다음 각 목의 분포비율에 맞도록 평가해야 하며, 평가점은 특별한 사정이 없으면 동점을 주지 않도록 해야 한다. 다만, 라목의 평정점에 해당하는 사람이 없거나 라목의 평정점에 해당하는 사람의 비율이 10퍼센트 이하일 때에는 라목의 비율을 적용하지 않고 다목에 가산할 수 있다.

가. 수 (95점 이상) 30퍼센트 다. 미 (85점 이상 90점 미만) 20퍼센트

나. 우 (90점 이상 95점 미만) 40퍼센트 라. 양 (85점 미만) 10퍼센트

배분을 위해 활용된다. 실제 평가를 하는 것이 아니라 정량 및 정성평가 방법에 따른 동료 교원 다면평가지표를 선정하여 이의 결과를 반영한다. 정성평가 방법에 따른 교사 다면평가의 평가사항은 '태도'와 '근무실적 및 근무수행능력'으로 구분한다. 태도(10점)는 교육공무원으로서의 태도(10점)를 말하며, 근무실적 및 근무수행능력(90점)은 학습지도(40점), 생활지도(30점), 전문성 개발(5점), 담당업무(15점)로 구분된다. 평가점은 상대평가로 수 30%, 우 40%, 미 20%, 양 10% 이하의 비율로 평가한다. 평가점은 소속 평가대상자의 직위별로 평가분포비율에 맞게 평정하며, 총 평가점은 특별한 사정이 없는 한 동일하지 않게 평가한다. 정량평가 방법에 따른 교사 다면평가의 평가사항은 '근무실적 및 근무수행능력'으로 학습지도(30점), 생활지도(30점), 전문성 개발(10점), 담당업무(30점)으로 구분된다. 교사 다면평가를 성과급에 활용할 때에는 정성평가 80%, 정량평가 20%를 반영한다.

표 11-9 교사 다면평가표(정량평가)

<table>
<tr><td colspan="9">정량(定量)평가 방법에 따른 교사 다면평가표</td></tr>
<tr><td colspan="3">① 평정기간</td><td colspan="3">② 확인자</td><td colspan="3">③ 평정자</td></tr>
<tr><td colspan="3">. . .부터
. . .까지</td><td colspan="3">직위
성명 (인)</td><td colspan="3">직위
성명 (인)</td></tr>
<tr><td colspan="3">평가사항
평가요소</td><td colspan="4">근무실적 및 근무수행능력</td><td rowspan="2">⑩ 평가점</td><td rowspan="2">⑪ 환산점</td></tr>
<tr><td>평가 대상자 소속</td><td>평가 대상자 성명</td><td></td><td>④ 학습 지도 (30점)</td><td>⑤ 생활 지도 (30점)</td><td>⑥ 전문성 개발 (10점)</td><td>⑦ 담당 업무 (30점)</td></tr>
<tr><td rowspan="2"></td><td rowspan="2"></td><td>다면 평가자</td><td></td><td></td><td></td><td></td><td></td><td rowspan="2"></td></tr>
<tr><td>다면 평가자</td><td></td><td></td><td></td><td></td><td></td></tr>
</table>

※ 환산점 = 평가점 × 8/100

토론 및 실습 과제

1. 연수학점으로 인정받을 수 있는 연구활동에 대해 알아보자.
2. 연구대회에 참여한다고 가정하고 연구계획서를 작성해 보자.
3. 장학의 의미와 한계에 대해 생각해 보고 대안에 대해 토론해 보자.
4. 교사 전문적학습공동체 및 단체활동에 대해 조사해 보고 의의를 생각해 보자.
5. 교사평가의 평가영역 및 요소를 보고 교육의 특성에 비추어 토론해 보자.
6. 교직 경력별로 교원이 직면하게 되는 어려움을 예상해 보고 이를 해결하기 위한 전문성 개발 계획을 세워 보자.

참고문헌

교육부(2015). 교원의 교육전념 예건 조성을 위한 교원평가제도 개선방안.

교육부(2019). 2020 교원연수 중점 추진방향.

부산광역시교육청(2017). 학교 내 전문적학습공동체의 운영실태 및 발전방안 연구.

전제상(2020). 교원평가시스템 운영 실태 비교 분석. **한국교원교육연구**. 37(1), 211-232.

진동섭(2003). **학교컨설팅**. 서울: 학지사.

Wiles, J., & Bondi, J.(2000). *Supervision: A Guide to Practice* (5th ed.). New Jersey: Prentice-Hall, Inc.

Fielding, G.D., & Schalock, H.D.(1985). *Promoting the Professional Development of Teachers and Administrator*. Eugene, Oregon: Center for Educational Policy and Management and ERIC Clearing on Educational Management.

참고 사이트

한국교원단체총연합회 교원지원센터 교권/연구대회/연수: http://support.kfta.or.kr

부산광역시교육청 학교컨설팅지원센터: https://consulting.pen.go.kr/

제12장

학부모와 지역사회교육

사례

M 고등학교의 역사과를 담당하는 홍 교사는 학교 인근에 있는 만덕사지를 교육과정으로 가져오기로 했다. 14세기 고려 말의 시대상황을 지역사회의 문화유산과 결합하기로 한 것이다. 이를 단순히 역사시간에만 다루는 것이 아니라 다른 교과와도 공유하며 함께 진행하는 방법을 고민하게 되었다. 그래서 마을전문가 세 분과 함께 주제중심 통합교육과정을 기획하게 되었다. 국어과에서는 답사, 문헌 등으로 정리된 자료를 통해서 이야기를 만들고(마을 스토리텔링), 미술과에서는 이야기를 그림으로 표현하는 상상그림그리기로 하는 것이다. 이런 활동의 스토리델링은 대본으로, 상상그림그리기는 무대 배경이 되어 이를 음악시간에 뮤지컬로 발표하였다. 발표 작품 중에서 우수한 작품은 연말 학예전의 무대에 올려 공연함으로써 모두가 시공간을 쉽게 함께 공감하는 시간을 만들어 낼 수 있었다. 또한 영어과에서는 우수작품을 영어로 번역하는 수업으로 진행하여 그 결과를 학교 및 구청 홈페이지에 탑재하여 해외에도 홍보할 수 있는 방안도 고안해 보기로 하였다.

또한 학부모회에서는 만덕사지에 대하여 학부모가 함께 공부하여 만덕사지 해설사 역할을 담당하여 앞으로 학교교육에 참여할 수 있기를 희망하고 있다.

학교는 지역사회에서 고립된 섬으로 존재하는 하나의 실체라기보다는 학교를 중심으로 교육 생태계에서 이루게 된다. 이에 학생과 관계되는 많은 주체와 환경은 교육을 위한 동반자이고 학습을 위한 자원으로 학교에 강력한 영향을 미치는 사회문화적 요소이다. 따라서 학교를 둘러싸고 있는 가정과 지역사회와의 관계를 조망하는 것은 학교를 중심으로 지역교육공동체를 이해하는 데 중요하다.

이 장에서는 학부모에 대한 이해를 바탕으로 학부모의 학교교육 참여, 학부모 상담, 지역사회학교 등에 대하여 중점적으로 기술하였다.

1. 학부모와 교육

1) 학부모의 범위

교육기본법에는 교육당사자로서 '부모 등 보호자'가 보호하는 학생을 교육할 권리와 책임을 지도록 규정하고 있다. 즉, 부모를 비롯하여 학생을 보호하는 자가 학부모가 된다. 따라서 그 범위에 대해서 교사는 명확하게 할 필요가 있다. 이러한 개념과 범위는 '학생의 현재 처지와 상태' 및 '학생과의 관계'라는 2가지 요소로서 정의할 수 있다(교육부, 2009).

(1) 학생의 현재 처지와 상태

학부모는 각급 학교[1]에 재학하고 있는 학생의 부모이다. 그러나 성인은 각급학교에 재학하고 있더라도 학부모를 따로 두지 않으며, 반면에 재수생이나 학력인정 평생교육시설의 재학생도 학업의 연장선에 있다는 점에서 학생이며 그 부모도 학부모로 간주된다. 대학생은 교육에 있어 부모의 개입 또는 관여 여지가 거의 없으므로 고등교육법에는 학부모 관련 조항조차 없다. 따라서 학부모란 미성년 학생에 대한 부모로 한정된다고 할 수 있다.

---

1) 「교육기본법」 제9조에는 유아교육 · 초등교육 · 중등교육 및 고등교육을 하기 위하여 학교를 둔다고 명시하고 있다.

(2) 학생과의 관계

학부모를 학생의 부모, 즉 친권자로만 한정하게 되면 학생의 다른 보호자나 친권자의 대리인은 배제된다. 「교육기본법」 제13조에는 '부모 등 보호자의 자녀 또는 아동의 교육 권리와 책임'을, 「초 · 중등교육법」 제13조에는 '보호하는 자녀 또는 아동의 학교 취학의무'를 명시하고 있다. 따라서 미성년인 학생의 부모는 물론, 후견인[2] 또는 후견단체 등 '부모에 상응하는 지위에 있는 자'(정종섭, 2009)는 보호자로서 교육의 권리와 책임을 지게 되므로 학부모의 범위에 포함되는 것이다.

표 12-1 학부모의 범위

학교 체제	유아교육	초등교육	중등교육		고등교육
	유치원	초등학교	중학교	고등학교	대학교

학생의 현재 처지와 상태	미성년 / 재학생 (재수생 또는 평생교육시설 재학생)	해당 없음
학생과의 관계	보호자(친권자, 후견인, 그 밖에 부모를 대신하는 자)	

따라서 학부모는 배움의 과정에 있는 미성년 학생의 보호자, 즉 친권자와 후견인 및 그 밖의 부모를 대신하는 자로 정의할 수 있다.

2) 학부모문화

학부모의 개념으로는 학생의 보호자로 넓게 포함하고 있으나, 일반적으로 학부모는 학생의 부모를 지칭하며 이들은 자녀교육에 대한 독특한 문화를 형성해 왔다. 우리나라 학부모는 자녀를 교육하는 것을 당연한 도리이자 의무(오욱환, 2000)라고 여기고 '교육열병'을 앓으면서 부모에게 가장 어렵고 중요한 농사가 자식농사라 했다. 이처럼 자식농사의 성과를 교육을 통해서 성취하려는 경향이 높기 때문에 우리나라 학부모의 교육열이 매우 높다는 기사나 통계자료들을 우리 주변에서 쉽게 접

2) 「민법」은 친권의 보호를 받을 수 없는 미성년자 보호를 위해 지정후견인(제931조)이나 법정후견인(제932조)을 두도록 하고 있다.

할 수 있다. 이러한 교육열의 형태는 과거의 경험치들이 학부모 간에 학습되고 축적되어 교육환경 변화에 따라 촌지, 치맛바람, 8학군 증후, 조기교육 열풍, 어린이 영어연수, 조기유학 등의 새로운 용어를 만들어 부모들 사이에 공유되면서 사회 전반에 그 영향을 미치고 있다. 그렇게 학부모문화가 공고화되어 가는 것이다.

이러한 학부모문화 안에도 서로 비슷한 사회적, 경제적 조건 아래서 유사한 사고와 언어, 풍습, 가치관을 지니고 사회적 행동을 하면서 계층 특유의 하위문화를 만들어 비슷한 수준의 사회적 계층(장정희, 2002)이 되는데, 보편적으로 직업, 교육수준, 수입을 준거로 하여 상위계층, 중위계층, 하위계층으로 구분한다(박은숙 외, 2012). 이러한 사회계층은 어떤 고정된 층을 말하는 것이 아니라 특정한 문화내용, 가치관 등을 일컫는 말로 이해해야 할 것이나, 학습자의 사회화 과정에 영향을 주는 환경적 변인(장정희, 2002)이 되며, 교육을 통해서 자녀의 사회계층 이동에 공헌할 수 있기 때문에 중요하다.

(1) 사회문화적 맥락

자녀에 대한 교육적인 가치와 태도를 형성하는 학부모문화는 전체적으로 사회문화적 맥락과 맞닿아 있고, 이는 곧 자녀교육을 지원하는 활동 방식과 밀접한 관계를 갖게 된다. 이러한 학부모문화의 사회문화적 맥락은 다음 다섯 가지로 제시할 수 있다(한국교육개발원, 2007).

첫째, 학력주의의 심화와 분화다. 우리나라의 학부모들은 학력사회와 학벌사회

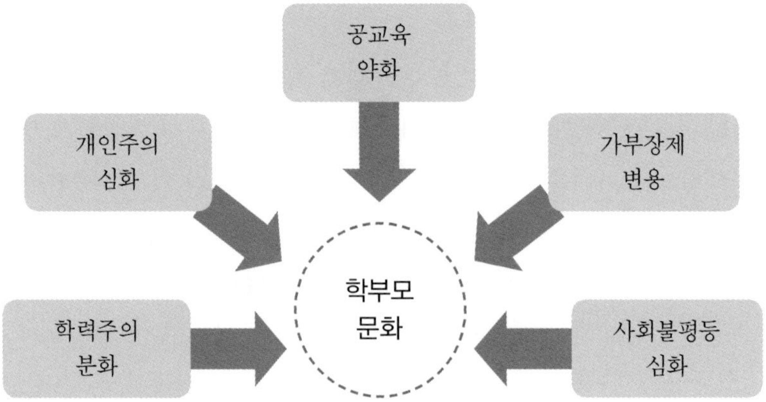

[그림 12-1] 학부모문화의 사회문화적 맥락

출처: 한국교육개발원(2007).

의 병폐를 인식하고 있으면서도 그러한 문제에 적극적으로 대응하기보다는 순응하는 모습을 보인다. 이러한 학부모들의 순응적 태도는 거주지, 계층 그리고 자녀의 성적에 따라 부분적으로 차이를 보이기도 하지만, 대체로 하나의 공고한 학부모문화를 형성한다.

자녀의 교육적 성공을 위한 '양육 전술'에서는 계층과 지역 그리고 자녀의 성적 등에 따라 차이를 보인다. 중 · 하위계층에 비해 자녀교육에 투자 여력을 갖추고 있는 상위계층은 경제적 자본뿐만 아니라 문화적 · 사회적 자본을 총동원하여 자녀의 성공 가능성을 키우고자 한다.

이러한 경향은 지역에 따라서도 나타난다. 수도권과 대도시에 거주하는 학부모들이 조기유학, 고액 과외, 특목고 진학, 외국 대학 진학 등에 상당한 관심을 기울이는 반면, 비수도권과 농촌에 거주하는 학부모들은 상대적으로 적은 투자와 느슨한 교육적 관심을 보인다. 이처럼 학부모의 양육 전술은 계층과 지역에 따라 '양극화' 되는 경향이 있다.

또한 부모들은 모든 자녀에게 동일한 정도의 관심을 기울이기보다는 교육적으로 '가능성'을 보이는 자녀에게 더 많이 투자하는 경향을 보이기도 한다. 학업성취도가 높은 자녀일수록 더 향상될 것이라는 기대를 강하게 하는 경향이 있으며, 적극적인 투자로 자신들의 기대를 실현하고자 한다.

이에 학업성취가 높은 자녀를 둔 상위층 학부모들은 교육정책에 매우 민감하며, 어떤 제도가 자신들의 자녀에게 이로운지를 잘 알고 있다. 그리고 그러한 방향으로 교육제도가 변화될 수 있도록 적극적으로 의견을 표현하기도 한다.

둘째, 개인주의적 경쟁의 심화이다. 학부모들은 자녀교육과 관련하여 협력적 관계보다는 독자적 혹은 이기적 태도를 보인다. 미래에 대한 불안, 적자생존, 경쟁, 선택 그리고 시장 담론의 확산은 교육을 '공익'이라는 틀로 바라보는 것이 아니라 그들 자신들에 대한 '사적 관심'으로 축소시키는 경향이 있다.

학교를 더 이상 공동체적 이익을 실현하거나 공동체 의식을 함양하는 곳으로 간주하지 않는다. 학교는 치열한 생존경쟁의 장으로 간주하고 있으며, 이러한 경쟁의 장에서 살아남기 위하여 학부모들은 치열한 경쟁전략을 수립하고 이를 실현하기 위하여 자녀의 교육활동을 지원한다. 학부모들은 자녀교육과 관련된 정보를 교환하거나 공유하는 등의 제한된 협력관계를 갖기도 하지만, 그러한 활동의 궁극적인 목적은 자기 자녀의 좋은 대학 보내기에 초점이 맞추어져 있다.

학부모가 이러한 이기적인 교육형태를 보이는 것은 철저하게 서열화되어 있는 대학과 한 줄 세우기식 입시제도에서는 불가피한 선택으로 수용되고 있다. 이러한 상황에서 개인적이고 이기적인 자녀교육전략이 구사되며 양육 전략에 따라 자녀들은 서로 다른 일정에 따라 움직이게 된다. 또한 사용 가능한 교육적 선택지가 많을수록 자녀교육지원을 위한 전략은 더욱 개인주의적 성향을 보인다.

셋째, 공교육과 교육정책의 영향 약화이다. 학부모에게는 공교육과 교육정책에 대한 회의적인 태도가 자리잡고 있다. 이러한 회의감은 학부모로 하여금 사교육에 대한 상대적 의존도를 키우는 결과가 되었다.

학부모의 사교육에 대한 태도는 계층적 특성을 나타낸다. 고소득계층 학부모는 자녀의 성적이 사교육에서 온 것이라고 생각하는 공통된 이해방식을 지니는 경향이 있다. 사교육에 의존하는 정도가 큰 학부모들은 사교육이 자녀의 성적을 최대한 올려 줄 것이라 믿으며, 만약 그렇지 못할 경우 자신이 선택한 사교육의 질에 문제가 있다고 생각하고 새로운 사교육을 찾는 경향이 있다.

넷째, 가부장제의 교육적 변용이다. 학부모문화에서 '어머니'의 역할은 매우 중요하다. 실제로 학부모문화는 어머니의 자녀교육지원활동과 관련된 문화로 설명되어 왔다고 할 수 있다. 아버지는 자녀교육지원에 대해서는 구체적인 사실을 인지하지 못하고 있으며, 알고 있는 사실의 대부분은 어머니로부터 간접적으로 입수된 정보들이다. 아버지는 자녀교육을 위한 경제적 자본을 획득하는 역할을 기대하는 반면, 어머니에게는 자녀교육에 대한 거의 모든 역할을 기대하고 있다. 그렇다고 교육에 대한 결정권을 어머니가 갖는 것은 아니다. 최종적인 결정은 아버지 몫이라는 생각을 암묵적으로 가지고 있다. 자녀교육에 대하여 이렇게 분리된 부모 역할은 학부모문화가 '가부장적 틀' 속에 갇혀 있음을 보여 준다.

다섯째, 사회적 불평등의 심화다. 거주지, 계층 그리고 자녀의 성적에 따라 비교적 차별적인 학부모문화를 보이고 있는 것은 교육불평등 심화와 교육양극화 추세와 무관하지 않다. 지역에 따라 특정 고등학교 또는 대학교에 진학하는 비율에 차이가 나는데, 그 이유는 이들 지역에 거주하는 학부모들의 소득 수준이 다르고 소득 수준에 따라 교육적 전략의 차이가 발생할 수 있기 때문이다.

(2) 교육에 대한 인식

형성된 학부모문화 속에서 학부모들이 자녀교육과 관련하여 전개하고 있는 교육지원 활동은 그들이 갖고 있는 교육관과 밀접히 관련되어 있다. 학부모의 교육관은 학부모가 자녀교육과 관련하여 가지고 있는 기대나 신념 등을 기반으로 그들의 학교에 대한, 교사에 대한 그리고 교육정책에 대한 인식이 다소 다르게 나타난다(이두휴, 2008).

첫째, 학부모는 학교를 상위계층은 관리적 기능으로, 하위계층은 지식전수 기능으로 바라보고 있다.

일반적으로 학교는 학생들에게 지식을 전수하는 기관일 뿐만 아니라 인성교육의 기능을 수행하는 기관으로 학부모에게 인식되고 있다. 그런데 이러한 학교의 역할을 보는 시각은 학부모에 따라 약간씩 다른 특성을 보인다.

상위계층이면서 사교육에 대한 의존성이 높은 부모일수록 학교교육의 기능을 보호적 혹은 관리적으로 파악하는 경향이 강하다. 즉 학교는 모든 아이들을 동일한 기준에 따라 관리하는 곳이고, 일정한 시간 동안 교사라는 보모에 의해 감독되는 기관이라는 인식이 강한 편이다.

그러나 사교육의 기회가 제한적이고 사교육에 참여할 수 있는 여건이 허락되지 않는 집단의 경우에는 학교교육에 대한 의존성이 상대적으로 높다고 할 수 있다. 이들은 학교가 모든 교육적 기능을 수행해 줄 것을 요구하며 지식전수 기능에 대한 요구가 특히 강하게 나타난다.

둘째, 학부모는 교사를 상위계층은 심판자로, 하위계층은 교육자로 바라보고 있다.

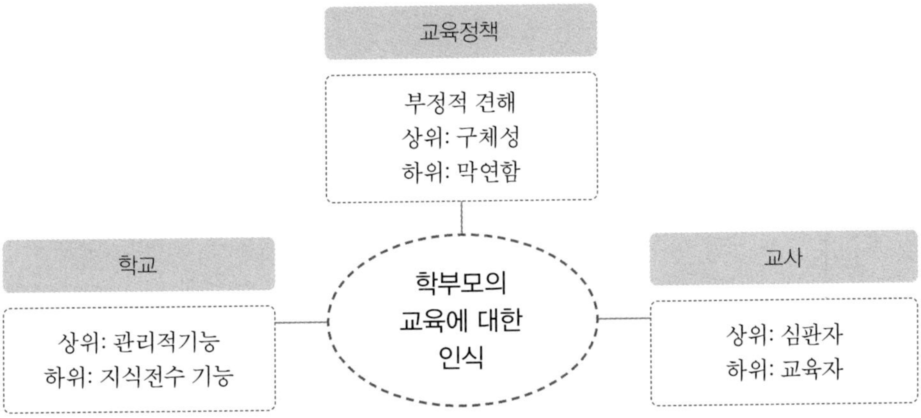

[그림 12-2] 학부모의 교육에 대한 인식

교사의 역할이나 교사에 대한 학부모들의 견해는 대부분 유사한 형태를 지닌다. 즉, 교사들은 학습지도와 인성교육, 그리고 학급관리의 세 가지 측면에서의 역할해야 하며, 이들은 그러한 영역에서 유능해야 한다고 공통적으로 인식하고 있다.

그렇지만 상위계층 학부모들은 교사의 역할을 수업보다는 학생의 생활지도나 관리에 더 비중을 두고 파악한다. 학부모가 중시하는 요소는 공평하게 아이들을 대하는 것이다. 따라서 좋은 교사란 아이들을 차별하지 않는 교사라고 할 수 있다. 이때 아이들을 차별하지 않는 교사란 두 가지 의미로 해석될 수 있다. 한편으로는 공정한 성적의 관리자 혹은 평가자, 일종의 심판으로서의 역할을 잘 수행해야 한다는 것을 의미하는 것이며, 다른 한편에서는 성적에 따라 차별하지 않으며 아이들의 능력이나 적성을 존중하는 교사를 의미한다. 전자의 경우는 주로 학업성적이 우수한 학부모에 의해서 기대되고 있으며, 후자의 경우는 학업성적이 상대적으로 낮은 학생의 학부모에 의해서 기대되고 있다.

반면, 하위계층은 사교육 의존도가 낮고 교사에 대해 의존도가 높은 편이다. 특히 그들은 그러한 역할을 교사가 수행하지 못하는 데 대한 불만도 높다. 이처럼 사교육의 기회가 여러 가지 이유로 제한되어 있는 집단의 경우에는 교사의 교수활동에 대한 기대가 높다.

셋째, 국가의 교육정책에 대한 학부모의 견해는 기본적으로 부정적 경향이 있다.

그중에서 특히 대학입시는 교육정책을 인식하는 데 핵심적인 기제가 된다. 대학입시제도를 보는 시각은 학부모의 특성과 자녀의 학업성취도가 중요한 요소로 작용한다. 자녀의 학업성취도가 높고 학부모의 사회경제적 지위가 높은 집단일수록 입시제도에 대한 이해의 폭이 깊으며, 자기 자녀에게 주는 득실이 무엇인가에 대해 충분한 분석을 하고 있다. 이러한 인식을 바탕으로 그들은 입시제도에 대한 자신들의 견해를 공개적으로 개진하고 그들의 의견을 관철시키기 위한 노력을 전개하기도 한다.

이와는 달리 가정의 사회경제적 지위가 낮고 자녀의 학업성취도가 낮은 자녀를 둔 학부모의 경우에는 입시제도에 대한 관심이나 이해의 정도가 얕으며, 대학입시 정책에 따라 자기 자녀에게 줄 이해득실 등에 관심을 둘 여력이 별로 없다. 일반적으로 이들은 대학입시제도에 대한 관심도 낮은 편이다.

이러한 입시에 대한 인식처럼 교육정책에 대하여 상위계층은 구체적이고 체계적인 자녀교육 계획을 수립하며 반응하는 데 비해, 하위계층은 구체적인 계획을 세우기보다는 주어진 환경에 자녀들이 잘 적응해 가기를 기대하는 특성을 보이고 있다.

(3) 자녀에 대한 교육지원 활동

학부모문화의 사회문화적 맥락과 학부모의 교육에 대한 인식에 따라 자녀에 대한 교육지원 활동에도 차이가 있다. 이러한 차이를 이두휴(2008)의 연구에 의거하여 교육지원 전략, 일상생활 관리, 학습활동 관리, 정보수집 활동 등으로 나누어 정리하였다.

첫째는 자녀에 대한 교육지원 전략이 상위계층은 구체적이고 체계적인 반면에 하위계층은 막연하고 맹목적인 경향이 있다.

학부모가 자녀교육과 관련하고 가지고 있는 기대와 신념은 그들의 자녀교육과 관련하여 나름대로의 목표와 계획으로 이어지고, 이는 그들의 자녀교육지원활동으로 표출된다. 분명한 기대와 신념을 지니고 행동하는 부류의 학부모는 전반적으로 자녀교육에 대한 구체적이고 체계적인 계획을 가지고 있다. 즉, 자녀교육에 대한 장기적인 전망을 바탕으로 매 시기마다 성취해야 할 과제들이 무엇인가에 대한 분명한 목표의식과 실천전략을 가지고 행동하고 있다.

이와 같은 특성은 대도시의 중류층이나 중소도시의 상위계층에게서 공통적으로 드러난다. 즉, 많은 부모가 자녀교육에 대해서 시기마다 준비시켜야 할 적절한 과업들이 있으며, 부모의 역할은 이를 효과적으로 준비시키는 데 있다고 인식하고 있다.

반면, 자녀교육에 대한 기대나 신념은 분명한데 그들이 구체적이고 분명하지 못한 부모들은 적극적인 역할을 해야 한다는 점을 인식하고 있기는 하지만, 구체적인

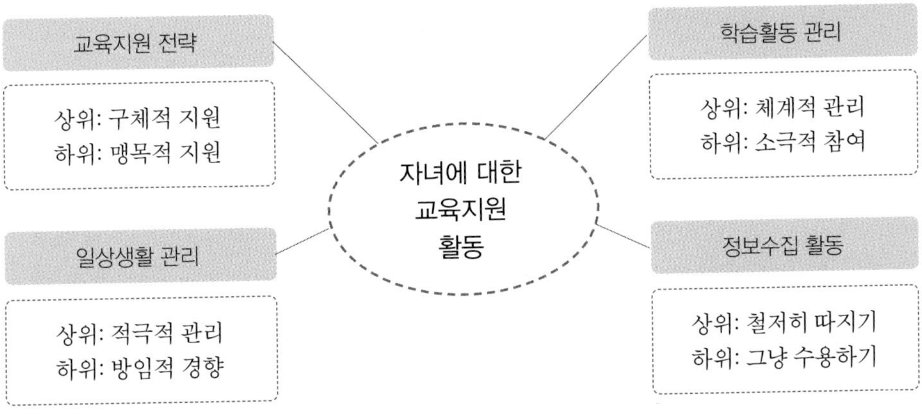

[그림 12-3] 자녀에 대한 교육지원 활동

지식이나 자료로부터 온 것이 아니라 맹목적인 성격이 강하다. 즉, 주변에서 하니까 따라서 한다거나 입소문으로부터 듣는 정보, 혹은 학원의 광고전단 등 검증되지 않은 지식에 의존하는 경우가 많다.

이러한 특성은 주로 대도시의 하위계층이나 중소도시의 중하위계층에서 나타나는 특성이다. 하위계층의 경우, 일반적으로 자녀교육에 대한 지원의 필요성은 느끼고 있으나, 경제적, 사회문화적 자본의 제약으로 인해 충분한 지식을 갖고 있지도 못하며, 적극적으로 지원할 수도 없는 경우가 대부분이다. 따라서 구체성을 지니기보다는 막연하고 맹목적인 성향을 보이는 경우가 많다.

둘째, 자녀의 일상생활을 상위계층은 적극적으로 관리하는 반면, 하위계층은 방임하는 경향이 있다.

경제적 여유가 있고 직업을 갖지 않은 학부모는 자녀의 스케줄 관리자로서의 역할을 수행하며, 이러한 활동들이 부모로서의 의무이며, 이를 적극적으로 이행해야 한다고 생각하기도 한다. 그렇지만 하위계층의 경우에는 상황이 다르다. 특히 중소도시의 경우 자녀의 학업성취도가 높고 경제적 여건이 허락하는 경우에는 대부분 대도시로 이주해 나가고 없기 때문에 전반적으로 자녀관리에 대한 적극성이 약하다.

이처럼 자신들이 동원 가능한 자본의 소유 정도와 자녀의 일상생활에 대한 관리의 적극성은 비례한다고 할 수 있다. 가족의 경제적, 문화적, 사회적 자본은 서로 긴밀하게 연결되어 자녀교육에 영향을 미치고 있으며, 특정 자본의 부재는 자녀교육에 부정적 영향을 미치게 된다. 이러한 특성과 더불어 대부분의 부모는 자녀가 공부를 잘할수록 더욱 경쟁적인 교육관을 가지는 경향이 있다.

셋째, 자녀의 학습활동을 상위계층은 체계적으로 관리하고 하위계층은 소극적으로 참여하는 경향이 있다.

상위계층일수록 부모가 자녀의 학습활동에 대해서 세부적인 부분에까지 개입하는 경우가 많으며 장기적으로는 직업 및 대학입시와 연관되어 있다.

중소도시의 중간계층이면서 자녀의 학업성취도가 특별히 높지 않은 학부모들의 경우 자녀의 학습활동에 직접적으로 개입하는 일이 드물다. 즉, 학부모가 구체적으로 학습활동의 방향을 제시해 준다거나 주도적으로 이끌어가기보다는 학원 혹은 주변의 학부모로부터 얻은 정보에 의존해서 자녀들의 학습활동에 영향력을 미치려고 시도하나 그것이 체계적이고 적극적으로 이루어지지는 않는다.

넷째, 자녀에 대한 교육지원을 위한 정보를 수집하는 데 상위계층은 철저히 따져

보는 반면, 하위계층은 그냥 받아들이는 경향이 있다.

특히 사교육과 관련한 학부모들의 역할은 정보를 수집하는 일에서부터 시작되며, 학부모에 따라서는 학교보다 학원에 더 깊이 관여하는 사람들도 많다. 이처럼 상위계층 학부모는 자신들의 필요에 따라 같은 부류의 학부모와 만나서 정보를 공유하지만, 실제로 상위계층 학부모는 자녀교육과 관련된 정보를 자신이 직접 확인해야 믿는 경향이 있다.

반면에 사회경제적 지위가 낮고 자녀의 학업성취도가 낮은 학부모 집단일수록 자녀의 교육과 관련된 정보를 수집하는 데 소극적이거나 관심을 기울이지 않는 경우가 많다.

이러한 학부모의 계층 간 차이는 결국 자녀교육에 대한 지원활동의 차이를 야기하게 되고 결과적으로 교육격차의 확대재생산을 통한 계층격차의 고착화를 초래할 가능성이 높다고 할 수 있다. 그러나 교육지원 활동이 계층 내에서 동일한 형태를 보이는 것은 아니며, 특히 자녀의 학업성취도에 따라서 학부모문화는 계층 내에서 또 다른 분화의 가능성을 보여주기도 한다(한국교육개발원, 2007).

3) 사교육

통계청에 따르면 2019년 우리나라 초 · 중 · 고 학생의 학생 1인당 월평균 사교육비는 32만1천 원으로 전년(29만1천 원) 대비 10.4%(3만 원) 증가하였고, 사교육 참여율은 74.8%로 전년(72.8%) 대비 1.9% 증가한 것으로 나타났다.

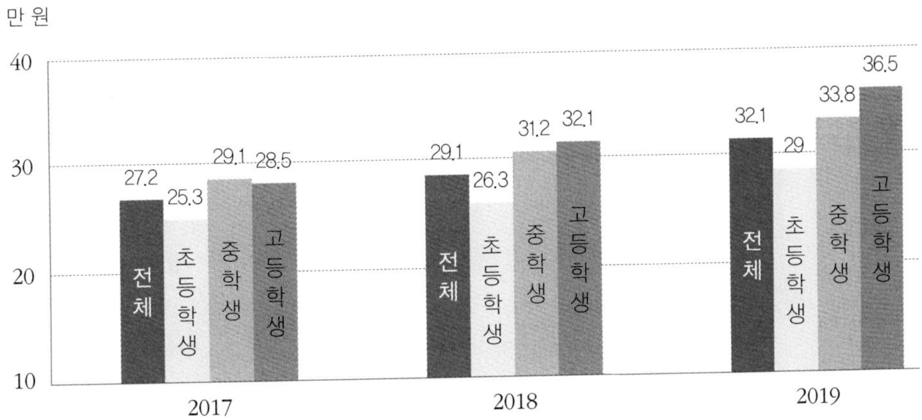

[그림 12-4] 1인당 월평균 사교육비

출처: 통계청(2020).

이처럼 사교육은 기본적으로 개인적인 사적 재원으로 자녀에게 투자하는 행위이기는 하나 경제적 자본만으로 사교육을 이용하지는 않는다. 우리나라 학부모들의 사회문화적 논리가 '자녀교육을 통한 자녀에 대한 책임의식' 담론을 중심으로 형성되어 있으며, 자녀에 대한 책임은 다름 아닌 '사교육'을 중심으로 행해진다(이규빈, 2020).

(1) 돼지엄마

국립국어원 우리말샘에 신어로 등록된 용어로 '돼지엄마'가 있다. '교육열이 매우 높고 사교육에 대한 정보에 정통하여 다른 엄마들을 이끄는 엄마를 이르는 말. 주로 학원가에서 어미 돼지가 새끼를 데리고 다니듯이 다른 엄마들을 몰고 다닌다고 하여 이렇게 부른다'라고 풀이되어 있다.

같은 또래의 자녀를 둔 엄마들이 사교육 정보를 가장 많이 알고 있는 한 엄마를 중심으로 그 엄마의 지도에 따라 다른 엄마들은 그들의 자녀들의 학원이나 학습지 등의 사교육을 결정하는 형태를 어미 돼지가 새끼 돼지를 몰고 다니는 것에 비유한 것이다. 이런 돼지엄마는 갑자기 생겨난 용어가 아니라 오랜 시간에 걸쳐 특정 지역을 중심으로 형성된 또 하나의 학부모문화로 볼 수 있다.

현재는 대입제도가 수시모집 위주로 학생부종합전형의 비중이 높아지고, 입시 중심의 교육정보를 구할 수 있는 통로가 많아졌기 때문에 이전의 돼지엄마 역할은 줄었으나 '입시코디'라는 또 다른 입시 대모가 등장하였다. 그런가하면 미취학 아동을 대상으로 영어 또는 영재교육 정보를 제공하고 알선하는 신(新)돼지엄마가 새롭게 나타나고 있다.

표 12-2 돼지엄마 변천사

1세대	1980년대 말~ 1990년대	'강남 8학군' 우등생 엄마들이 유명강사를 구해 사교육 대입 이후 강사 섭외하여 특정 지역에 종합학원 설립
2세대	2000년대 초중반	특정 지역의 전성기. 특목고 재학생, 일반고 최상위권 자녀를 둔 엄마들이 소규모 수업 구성. 학원에 영향력 행사
3세대	2000년대 말	자녀 입시에 성공한 엄마들이 특정 지역 일대의 학원 상담실장으로 일하거나 소규모 학원 설립
3.5세대	2010년대	입시제도 변화에 따라 돼지엄마의 대중화. 미취학 아동을 대상으로 영향력을 행사하는 신(新)돼지엄마 등장

출처: 중앙일보(2017. 2. 18.).

(2) SKY캐슬

돼지엄마와 입시코디의 전형을 볼 수 있는 드라마가 JTBC에서 2108년 말부터 2019년 초까지 방영한 〈SKY캐슬[3]〉이다. 재력, 권력, 명예를 모두 거머쥔 대한민국 상위 0.1%의 남편을 둔 엄마들이 3대째 의사 가문, 법조인 가문을 만들어 내기 위해 입시코디와 함께 일류대학 진학을 목표로 벌이는 철저하고 처절한 몸부림을 그려 내었다. 그들의 욕망 속에 꿈틀대는 내밀한 속을 샅샅이 들여다보는 리얼 코믹 풍자극으로 "교육을 아닌 사육을 하셨군요" "어머니, 저를 믿으셔야 합니다" "감수하시겠습니까?" 등 사교육 관련 많은 유행어를 만들어 내기도 하면서 화제를 모았다.

부모가 교육에 어떠한 태도를 보이고 어떤 가치관을 바탕으로 자녀를 양육하느냐에 따라서 사교육 참여 양상이 달라질 수 있다. 교육을 통해 성취한 자신의 성공 도식을 자녀에게 반복시키며 'SKY'에 입학시키려고 하는가 하면, 'In Seoul' '지거국(지방거점국립대)'라는 용어가 등장하면서 고용안정을 위한 학벌의 마지노선을 쟁취하려는 노력이 전국에 확산되어 있다고 볼 수 있다.

[그림 12-5] JTBC에서 방영된 〈SKY캐슬〉의 시청률

출처: 한국일보(2019. 1. 9.).

---

3) 이 드라마에는 2가지 유형의 범죄도 등장하는데, 그 하나는 미성년자를 대상으로 길들이기를 통해 믿음을 쌓고 이를 통해 범죄를 저지르는 '그루밍'이고, 또 하나는 자기가 만든 허구의 세상에서 거짓말을 반복하는 '리플리 증후군'이다.

2. 학부모의 학교교육 참여

학부모는 자녀교육에 대한 권리와 책임을 가지고 있다. 그렇기 때문에 학생을 중심으로 학교와 소통하고 협력하여 교사와 함께 학교공동체의 주체로서 역할해야 한다. 5.31 교육개혁 이후 단위학교의 자율성이 강화되면서 학부모의 학교교육 참여에 대한 관심과 지지가 증가되어 왔다(현순안, 2018).

1) 학부모 학교교육 참여에 관한 관점의 변화

학부모의 학교교육 참여를 오래전부터 치맛바람이라는 말로 표현되어 왔다. 치맛바람은 교육재정이 부족했던 시기, 학교에 직간접적으로 재정적 지원을 했던 학부모, 특히 어머니들의 행태를 상징하는 말로 널리 통용되었다(이기봉, 2007). 과거 학부모는 학교에서 원하는 것을 해 주는 혹은 해 주어야 하는 집단으로, 촌지를 제공함으로써 음성적으로 학교에 영향을 미치려고 하였지만 교육활동의 면에서는 학교나 교사에 의존적이었다. 학교나 교사는 학교운영, 교육활동 면에서 학부모를 소외시켰고, 학부모를 학부모교육재정을 부담하거나 학교에서 필요할 때는 참여라고 표현하지만 사실상 동원할 수 있는 자원이라는 도구적 관점으로 바라보았다. 이러한 학부모에 대한 인식은 교육재정을 부담하는 육성회나 기성회 조직의 기반으로 작용했다(한국교육개발원, 2015). 그러나 사회의 변화, 제도나 정책의 변화로 상황은 달라지고 있다. 학부모의 교육수준이 높아지고, 공교육에 대한 비판의식이 커짐에 따라 학부모들은 학부모가 지닌 자녀교육권을 근거로 학교에 대해 자녀교육과 관련된 요구를 강하게 하고 대안을 모색하는 힘을 발휘하기 시작하였다. 학부모는 교사와 함께 학교에서 새로운 교육을 모색하고 실천하며 학교교육 혁신의 주된 역할을 수행할 수 있음을 보여 주기도 하였다(서근원, 2004).

표 12-3 학부모 학교 참여에 대한 관점의 변화[4)]

구분	과거 "교육은 학교에서 교사가"	현재 "교사와 학부모가 함께 하는 교육"
인식	치맛바람, 촌지 복종적, 의존적	교육의 동반자 학부모의 권리 주장
관계	학부모 소외 상호 불신 도구적 관점	소통(비판) 주체적 참여: 파트너십 상호 이해, 동반적 관점
특징	동원	참여
지위	교육의 보조자 재정 및 인력 지원자	교육의 주체 의사결정자, 교육자 등
조직 기반	육성회 기성회 등	학교운영위원회 학부모회 등

출처: 한국교육개발원(2015).

Price-Mitchell & Grijalva(2009)는 학부모 학교교육 참여에 대하여 학교공동체의 성공에 대한 기여와 학생의 학습 성공에 대한 기여의 정도에 따라 (a) 전통적 학부모 자원봉사자, (b) 반응하는 학부모, (c) 개입하지 않는 학부모, (d) 마음을 가지는 학부모, (e) 온전하게 참여하는 학부모 등 5가지 학부모 참여유형을 분류하였다. [그림 12-6]은 학교 여건과 학생 학업성취도에 성공적을 기여하기 위한 온전한 학부모 참여모형의 개발 개요를 나타낸 것이다(Swint, 2020, 재인용).

그러나 사회의 변화에도 불구하고 학부모들의 자녀교육에 대한 근원적인 사적 욕구는 변하지 않았다. 저출산으로 자녀수가 줄면서 학부모들이 자녀교육에 대해 가지는 열의, 관심은 오히려 증가할 수밖에 없다. 학교라는 공적인 장에서 이루어지는 학부모의 학교 참여는 공적인 목적을 수행하기 위한 것이기도 하지만 학교에 보내고 있는 자녀의 교육 혹은 성취를 위한 사적 목적도 추구되는 가운데 이루어지는 것이기도 하다. 이렇듯 공적인 목적과 사적인 욕망이 중첩되는 지점에서 학부모의 학교 참여가 이루어진다고 하더라도, 학부모 개인에 따라 사적 이해가 더 강할 수도 있고 특정 학교 참여 활동의 경우 공적인 목적이 더 강하게 발휘될 수도 있다(한국교육개발원, 2015).

---

4) 표에서 '과거'는 대체로 5.31 교육개혁이 발표된 1995년까지, '현재'는 학교운영위원회가 설치된 1996년 이후로 볼 수 있다.

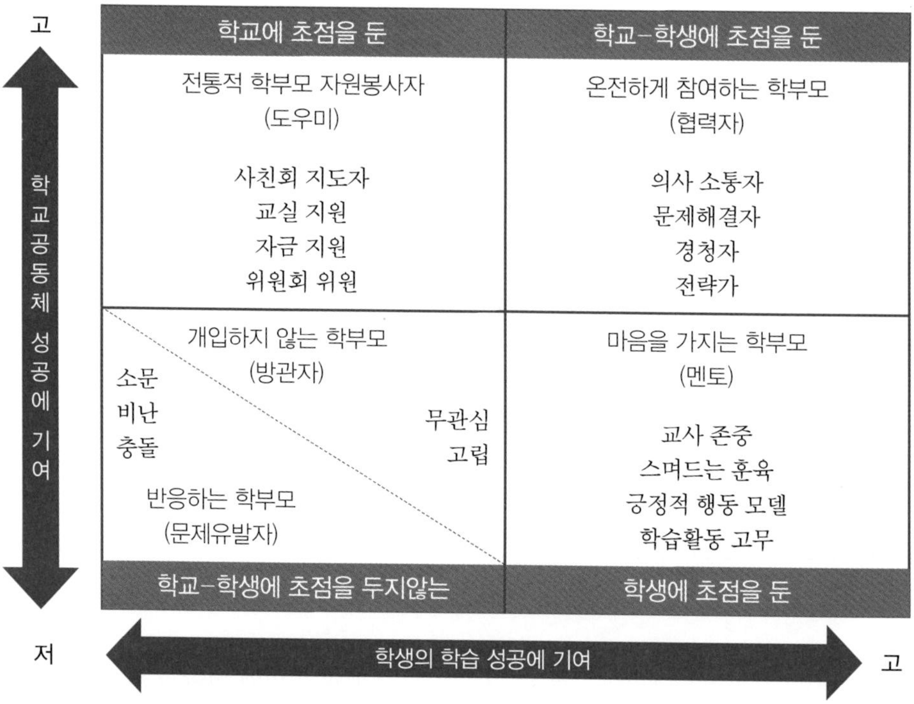

[그림 12-6] 온전한 학부모 학교교육 참여모형 개발

출처: Price-Mitchell and Grijalva(2009): Swint(2020)에서 재인용.

2) 학부모의 학교교육 참여 유형

학부모가 학교교육에 참여한다고 할 때 어떤 유형으로 어디까지 참여할 수 있는지는 구체적으로 정의하기 어렵다. 그렇기에 학부모가 학교교육에 참여하는 형태는 단위학교의 운영방침, 학교의 개방성 정도에 따라 다르게 나타날 수 있고 학부모의 학력수준, 경제적 여건 그리고 교육에 대한 관심의 정도에 따라 다양하다고 볼 수 있다(최희정, 2014 재인용).

학부모는 교육주체로서 학교 및 교사와 파트너십을 구축하고 상호보완적으로 역할을 확대하기 위해서는 학부모의 역량을 강화하며 학교교육에 참여하는 것이 필요하다. 이에 국가평생교육진흥원에서 펴낸 '2016 학부모 학교참여 길라잡이'에서 안내하는 학부모 학교교육 참여 유형을 요약하면 다음과 같다.

표 12-4 학부모 학교교육 참여 유형

유형	내용
1. 의사결정과정 참여	학부모회, 학교운영위원회
2. 학교교육 참여	학교 수업공개 참여, 학교교육 모니터링, 학부모상담 참여, 학교설명회 참여
3. 학부모교육	자녀교육, 자기이해 및 성장지원, 학교참여와 교육정책 이해, 학부모 평생교육 교실
4. 교육기부(자원봉사)	학습지원, 진로지원, 상담 · 돌봄, 체험활동지원, 급식지원, 취약학생 지원, 교통도우미, 도서관도우미, 환경 · 청결도우, 지역사회 활동지원

3) 학부모회와 학교운영위원회

(1) 학부모회 법제화

전국 많은 시 · 도 교육청에서는 학부모의 학교교육 참여를 활성화하기 위해 그동안 임의단체에 머물러 있던 학부모회를 조례 제정으로 법제화하였다. 이로써 학부모회는 교직원회, 학생회와 함께 학교 교육의 3주체 중의 하나로 자리매김하게 되었다. 이러한 추세에 따라 부산에서도 '부산광역시교육청 학부모회 설치 및 학부모 학교참여 활성화 지원 조례'를 2017년에 제정하여 학부모의 학교참여 활동을 지원하고 있다. 이 조례에 따르면 모든 학교에 학부모회를 두며, 그 명칭을 학교명 다음에 '학부모회'를 붙여 표시하도록 하고, 학교마다 학부모회 규정을 제정하여 활성화하도록 하였다. 그리고 학부모회가 학교교육발전을 위하여 다음과 같은 기능을 수행하도록 명시하고 있다.

- 학교운영에 대한 의견제시 및 학교교육 모니터링
- 학부모 자원봉사 등 학교교육 활동 참여 · 지원
- 자녀교육 역량강화를 위한 학부모교육
- 지역사회와 연계한 비영리 교육사업
- 그 밖에 학교의 사업으로서 해당 학교 학부모회 규정으로 정하는 사업

부산광역시교육청에서는 학부모 학교참여 활성화를 위하여 예산을 확보하고 프

로그램을 운영하며 그 운영성과를 평가하도록 하고 있다.

(2) 학부모회 운영 사례

조례에 따른 학부모회 운영 사례를 충렬고등학교 학부모회(명칭: 충렬고등학교학부모회)를 통하여 살펴보면 개략적으로 다음과 같다.

① 조직

- 학부모회 임원은 회장 1명(대의원회 회장을 겸함), 부회장 3명(학년별 1명이며 학년대표를 겸함), 간사 1명, 감사 2명으로 구성한다.
- 충렬독서회, 영재지원단, 미래학교식지원단, 마을교육연구회 등의 기능별 학부모회를 둔다.
- 대의원회는 학부모회 임원, 학급별 학부모 대표와 기능별 학부모회 대표 포함하여 구성된다.
- 학년별로 학년 학부모회, 학급별로는 학급 학부모회를 자치적으로 구성한다.

[그림 12-7] 충렬고등학교 학부모회 조직 사례

② 총회 및 의결사항

총회는 학부모회의 최고 의사를 결정하는 회의체로 학부모 전체회의를 의미하고, 다음 사항을 의결한다.

– 학부모회 활동 계획 수립
– 학부모회 규정의 제·개정 사항
– 학부모회 임원의 선출
– 학교운영에 있어서 학부모들과 직접 관련 있는 사항으로 학부모들의 의견수렴이 필요한 사항
– 그 밖에 회장이 학부모회의 의결을 거치는 것이 필요하다고 인정하는 사항

③ 대의원회 및 의결사항

회의 의결사항 중 실제 집행과정에서 필요한 구체적인 사항을 결정하기 위해 대의원회를 두며, 다음 사항을 의결한다.

– 총회의 의결사항 외의 학부모회 운영에 관한 사항
– 총회의 의결로 대의원회에 위임한 사항

이상의 내용으로 세부 모임활동을 정리하여 표로 나타내면 다음과 같다.

표 12-5 학부모회의 각종 회의 운영

구분	시기	대상	내용
총회	연1회 (3월)	• 학부모 전체	• 학부모회 임원 선출 • 학부모회 조직 • 학부모회 조직 • 학교운영위원회 학부모위원 선출
임원회의	수시	• 회장, 부회장, 간사, 감사	• 학년별, 기능별 모임 운영 공유
대의원회	분기별	• 대의원 전체	• 학부모회 운영 점검
학년 대의원회	필요시	• 학년 및 학급 대표 • 학년대표(부회장)가 주관	• 학년단위 현안 논의 • 학부모회 사업 공유
학급별 모임	필요시	• 학급 학부모 • 학급대표(대의원)가 주관	• 학급단위 현안 논의 • 학부모회 사업 공유
기능별 모임	필요시	• 소속 학부모	• 활동 진행 및 점검 • 학부모회 사업 공유

(3) 학교운영위원회

학교운영위원회는 1995년 5·31 교육개혁에서 단위학교 자율경영제와 학교공동체 구축의 일환으로 도입되어 단위학교 차원의 자치기구로서 그 위상을 세우게 되었다. 학교운영위원회는 말 그대로 학교운영의 자율성을 높이고, 지역의 실정과 특성에 맞는 다양한 교육을 창의적으로 실시하는 데 그 목적이 있다. 학교운영위원회는 학교운영과 관련된 의사결정 단계에 학부모, 교원 및 지역사회 인사가 참여함으로써 학교정책 결정의 민주성, 합리성, 효율성을 확보하여 학교교육의 목표 달성에 이바지하기 위한 집단 의사결정(심의·자문) 기구다. 학부모는 학부모위원 또는 지역위원으로서 학교운영위원회에 참여할 수 있으며, 학교운영의 중요한 사항을 검토하여 자신들의 의견을 제시할 수 있다.

(4) 학부모회와 학교운영위원회 역할 관계

학부모는 학교 교직원들과 원만한 관계를 유지하고 싶기 때문에 그들이 가지고 있는 요구사항을 개인적으로 제기하는 데는 어려움이 있다. 따라서 학부모가 참여하여 활동하는 관련 조직을 통해 합리적으로 제안하는 것이 필요하다.

학교운영위원회는 학교운영에 대한 심의 또는 자문 기구다. 더구나 학교의 교육과정이나 행정적 운영 모두를 결정하는 데 중요한 역할을 한다. 반면에 학부모회는 학부모를 대표하는 기구로서 학부모회장은 학교라는 조직 내 한 주체의 대표인 것이다. 학부모의 의견을 모으고 전달하며 학부모가 원하는 활동을 지원하는 역할을 한다.

따라서 학교운영위원회 학부모위원은 학교운영을 심의·자문하는 사람으로서 학부모의 입장을 충분히 대변할 필요가 있다. 이를 위하여 학부모회를 통해 학부모의 의견을 청취하고 유의미한 의견을 추려내며, 필요에 따라서는 학부모의 의견에 답할 의무가 있다. 학교운영위원회 학부모위원을 학부모총회[5]를 통해 선출하는 이유가 여기에 있다.

---

5) 기존에는 학부모위원과 교원위원을 선출할 때 각각 학부모 전체회의와 교직원 전체회의를 통해 선출하도록 하고 있었으나, 2020년 4월「초·중등교육법 시행령」개정을 통해 재난 또는 그 밖에 불가피한 사유로 학부모 전체회의 또는 교직원 전체회의를 소집할 여유가 없는 때에는 전자투표, 우편투표 등으로 선출할 수 있도록 하는 조항을 신설하였다.

표 12-6 학부모회와 학교운영위원회의 역할 비교

학부모회	학교운영위원회(심의 · 자문)
• 학부모 의견 제시 – 학부모를 대상으로 학교교육에 대한 의견 및 제안사항을 수렴하고 학교에 전달 • 학교교육 활동 참여 – 각종 학부모 자원봉사 등 • 학부모 교육프로그램 운영 – 자녀교육지도, 교육정책이해 프로그램 등을 통해 자녀교육 역량강화 추진 • 그 밖의 학부모회 관련 사업 추진	• 학칙의 제 · 개정 사항 • 학교 회계의 예산 및 결산 • 학교교육과정 운영방법 • 교과용 도서, 교육자료 선정 • 방학 중 교육활동, 수련활동 관련 사항 • 초빙교원 추천(국 · 공립) • 학교운영지원비 조성 및 운용 • 학교운영에 대한 제안 및 건의 • 학교 급식, 운동부 구성, 발전기금 조성 · 운용 등에 관련된 사항

출처: 국가평생교육진흥원(2016).

학부모회 산하 학급 학부모회, 학년 학부모회에서 제시되는 여러 의견이 학부모 총회 또는 대의원회에서 정리되고, 이 중에 학교운영에 관한 의견은 학부모운영위원이 받아서 학교운영위원회 의견으로 제시하며, 그외 활동은 학부모회가 주관하여 진행하는 것이다.

3. 학부모 상담[6)]

1) 학부모 상담의 필요성

학부모와 교사의 만남은 효과적인 학생교육을 위해서 반드시 필요하다. 학부모는 자신의 자녀가 학교에서 어떻게 생활하고 있는지 알기를 원하며, 교사도 학생을 교육하면서 부모의 도움이 필요하다. 이러한 이유로 학부모와의 상담은 필수적이며, 가정교육과의 연계를 위해서도 학부모와의 만남은 불가피하다.

또한 교사는 학부모 상담을 성공적으로 진행함으로써 학생교육에 필요한 협조를 학부모에게서 쉽게 구할 수 있으며, 학부모의 학교교육에 대한 만족도와 신뢰도를

---

6) 본 내용은 경기도교육청에서 2014년에 개발한 '회복적 생활교육매뉴얼'의 '회복적 학부모상담'을 부분 발췌하여 재구성하였음.

높일 수 있다. 특히 학부모는 첫 상담 기억을 오래 간직한다. 첫 상담이 준 인상에 따라 학부모가 학교와 교사를 신뢰하고 뭐든 긍정적으로 이해하게 되거나 반대로 작은 일에도 부정적인 태도를 취하기도 한다. 때문에 교사는 상담 전에 많은 준비를 함으로써 이를 대비할 필요가 있다.

특히 불만을 품고 학교에 찾아오는 부모의 경우, 학교나 교사에 대해 부정적 생각을 가지고 오는 경우가 많다. '학교가 이래도 되나' '저 선생님은 공정하지 못해' 또는 '무능한 교장과 교사'라는 이미지를 가지고 오는 것이다. 이러한 부모의 경우, 분노라는 감정에 쌓여 있는 경우가 많이 있다. 그렇기 때문에 말이나 태도가 거칠고 교사를 비난하거나 때로는 폭력이 수반되는 경우도 있다. 불만이 크다는 건 해결해야 할 문제가 시급하고 또 절실하다는 것이다.

회복적 관점에서 이러한 부모와 대화한다는 것은 표면적으로 나타나는 그들의 감정 이면에 있는 자녀 문제에 대한 맥락과 두려움을 이해하여 교사로서 학생이 올바른 성장을 할 수 있도록 부모와 함께 해결책을 공동으로 모색해 가는 태도를 유지하는 것이다.

불만을 가지고 있든 없든 사람이라면 누구든 자신이 지향하는 가치와 충족하려는 욕구가 있기 때문에 불만이 크지 않은 학부모와 만날 때에도 마찬가지다.

2) 학부모와 상담하기

(1) 상담 준비

본 운동을 하기 전 단계로 준비운동(warm-up)를 하듯이 상담활동에도 준비가 필요하다. 무엇보다 내 마음 안에 있는 상대에 대한 부정적 이미지, 즉 상대에 대해 내가 가지고 있는 어떤 적대적인 생각이나 이미지가 있는지를 확인하는 게 중요하다. 내가 상대에 대해 고정된 어떤 생각을 가지고 있다면, 그것은 말투나 표정 그리고 어조 등에 고스란히 투영되어 나타난다. 그리고 주머니에 있는 못은 언젠가는 나타나는 것처럼 나의 표정과 행동에서 상대방은 이 신호를 읽게 된다. 불만 있는 부모를 만날 예정이라면, 우선 내 마음 안에 있는 부정적 이미지를 있는 그대로 들여다보고 나 자신을 먼저 공감해 주는 시간을 가지는 게 필요하다. 그러나 실제 상황에서는 이러한 내면작업을 할 여유가 없이 부모면담을 할 경우가 있다. 그럴 때에는 아래 순서에 유의하여 면담하는 게 도움이 된다.

(2) 상담의 진행 흐름

침묵으로 자기연결	만남이 이루어지기 전 1분 정도 침묵하면서, 자신의 의식을 지금/여기로 연결한다. 과거의 불만이나 미래의 불안이 아니라 현재에 머무르도록 자신의 몸과 마음을 정리한다.
↓	
이해하며 반영하기	먼저 불만 있는 학부모의 이야기를 적극적으로 경청한다. 학부모의 불만을 있는 그대로 듣고, 자신이 정확히 들었는지 반영하고 맞는지 확인한다.
↓	
가치 · 욕구 공감하기	학부모가 불만을 통해 표현하고 있는 언어 그 뒤에 있는 그들이 지향하는 가치 또는 충족하려는 욕구에 깊이 있게 반응한다. 때론 침묵하면서 마음속으로 그들의 가치와 욕구를 추측하는 것이 더 효과적일 수 있다.
↓	
대안찾기	학부모의 이야기를 충분히 듣고 교사 자신이 중요하게 여기는 가치를 표현하고, 학부모의 가치와 교사의 가치를 모두 구현할 수 있는 공동의 대안을 함께 모색한다.

[그림 12-8] 회복적 학부모 상담의 진행 흐름

출처: 경기도교육청(2014).

이러한 흐름으로 상담을 진행할 때 다음 사항에 유의한다.

- 조용하게 이야기할 수 있는 공간을 확보하는 것이 중요하다. 먼저 차나 음료수를 내놓고 천천히 시작하는 게 필요하다. 교사가 먼저 이야기하기보다 학부모가 충분히 자신의 이야기를 다 할 수 있도록 배려한다. 먼저 두 번 듣고 한번 자기 이야기를 한다.
- 공감하기 단계에서는 말보다는 침묵이 더 효율적으로 작동할 수 있다. 다만, 마음 깊숙이 공감하는 에너지로 있을 때 상대방에게 그 에너지가 전달된다.
- 앞의 네 단계는 기계적으로 구분된 것이 아니다. 다만 대화를 할 때의 지도(map)라고 생각하고 자신이 어디에 있는지를 아는 용도로 사용하는 게 좋다. 실제 급박한 상황에서는 이러한 지도가 전혀 소용없을 수도 있다. 그럴 때에도 순간순간 이 지도를 떠올린다면 도움이 될 수 있다.

(3) 실제 진행의 예시

① 침묵으로 자기 자신과 연결한다.

고요히 눈을 감는다. 지금 나의 몸 상태는 어떠한가. 머리부터 발끝까지 살펴본다. 어깨가 무겁고 소화가 안 되는 듯 속이 더부룩하다. 부모님을 만나서 들을 수 있는 이야기는 다소 거칠고 나를 자극하는 내용이 있을 수도 있으리라. 그것을 감당할 수 있을까. 한편에선 두려움과 불안이 올라온다. 내가 부모님을 만나려고 하는 까닭은 학생에게 최선이 무엇일지에 대해 함께 의논하려는 것이다. 부모님이 어떤 말을 하여도 그건 나에 대한 비난이 아니라 본인이 필요한 것을 표현하는 것뿐이라는 말을 기억하자.

② 부모님의 이야기를 이해하며 반영한다.

[이해]

'(불만을 듣고 마음속으로) 이 어머님은 자기 자식이 억울하게 당했다고 생각하시는구나. 학교에서 이런 일이 벌어졌을 때, 학교 측에서 적절하게 조치를 취해야 한다고 보시는 거네. 자기 자신도 이 상황에서 어떻게 해야 할지 잘 모르지만 화가 치밀어서 집에만 있을 수는 없다고 말씀하시네.'

[반영]

"어머님께서는 ○○이가 억울하게 당했다고 생각하시는 거죠. 그 일과 관련해서 학교 측에서 적절한 조치를 하지 않은 것에 대해 화가 나신 것이고요."

③ 깊은 가치와 욕구에 공감한다.

[공감 내용]

(침묵하며 학부모가 말한 언어 뒤의 충족하고자 하는 가치나 욕구를 속으로 공감한다)
'어머님은 자식이 학교에서 공평하게 대우 받기를 원하시나 보다. 학교 측의 성의 있는 배려와 보살핌도 중요하고. 이런 상황에서 아이를 보호하기 위해서 자신이 어떻게 행동해야 하는지에 대한 확신도 필요하시구나.'

[공감 표현]

"아이가 공평하게 대우 받고 배려와 보살핌을 받아서, 어머님이 안심하고 아이를 학교에 보내길 바라시는 거죠."

④ 자기를 표현하고 협력하여 대안을 모색해 볼 것을 제안한다.

"어머님 말씀 잘 들었습니다. 속에 있는 이야기를 해 주셔서 감사드려요. 제가 교사로서 아이를 위하는 길을 함께 찾을 수 있을 듯해서 안심이 됩니다. 이제 어머님 말씀하신 것에 대해서 제 의견을 말씀드리고 싶은데요, 그렇게 해도 될까요?"
"제가 중요하게 생각하는 것도 우리 ○○이를 잘 보살피고, 학교에서 뭐 하나라도 배울 수 있도록 돕는 일입니다. 이번 일로 인해서 어머님께서 많이 놀라신 것에 대해서 충분히 이해합니다. 지금 제게 중요한 건, 우리 ○○이를 보호하고 다른 친구들과 어떻게 하면 다시 관계를 회복할 수 있도록 도울 수 있을까 하는 점입니다. 제가 제 마음을 잘 표현했는지 걱정이 됩니다. 해결 방안을 모색하기 전에 제 마음이 전달되었는지 알고 싶어요. 어머님께서 제 이야기에서 무엇을 들었는지 제게 말씀해 주실 수 있을까요?"(상대방이 어떻게 들었는지 듣는다.)
"들은 대로 말씀해 주셔서 고맙습니다. 어머님께서 중요하게 여기시는 건, 공정함, ○○에게 배려와 보살핌이 제공될 수 있을 거라는 믿음과 확신이신거죠. 그리고 제가 중요하게 여기는 것 또한 그렇습니다. 조금 덧붙인다면, 저는 ○○이가 친구 간의 관계를 회복하는 데 도움을 주고 싶어요. 우리가 어떻게 하면 그러한 가치를 구현하는 데 함께할 수 있을까요?"

4. 지역사회와 학교

1) 지역사회

지역사회(community)는 용어는 라틴어의 'communis'에서 유래된 것으로 중세 라틴시대에는 'communis'는 '동료나 성곽 내에 거주하는 사람들의 총체'를 의미하는 용어로 사용되기 시작했으나 우리나라에서는 지역사회, 공동체, 공동사회의 의미로 사용하고 있다.

'Community'는 특정 지역에 공통 관심사를 가진 사람들, 은퇴자나 수도원 같은 공통의 특징이나 관심사를 가진 사람들의 집단, 학술 또는 과학 등의 공통적이며 전문적인 이해관계를 가진 사람들의 단체 등으로 정의되어 왔다. Hillery(1955)는 여러 가지 정의들을 정리하여 "지역사회는 지리적 지역 내에서 사회적 상호작용을 하며 한 가지 이상의 공동 유대를 가지는 사람들로 이루어진 곳"이라고 하였다.

이러한 지역사회는 사회생활이 전개되는 공동생활의 장으로서 청소년들이 그 사회의 가치관, 습관, 신념, 태도, 행동 등 사회적 존재로서 성장(박성희 외, 1995)하는 데 중요한 기능을 한다. 2015 개정 교육과정에서도 학생들이 길러야 할 핵심역량으로서 공동체 역량을 제시하고 있으며 공동체 의식의 함양을 강조하고 있다.

2) 지역사회교육

아프리카에 "한 아이를 잘 키우기 위해서는 온 마을이 필요하다."라는 속담이 있다고 한다. 이것은 지역에 있는 모든 인적, 물적 요소들이 교육적 자원으로 아이들의 성장을 돕게 된다는 것이다. 이를 위해서는 학교, 가정, 지역사회가 서로 소통하고 협력함으로써 긴밀히 연계되어야 할 필요가 있다. 또한 교육이 단지 학교에서만 이루어지는 것이 아니라 우리들 삶의 모든 부분에서 사회의 다양한 맥락과 함께 이루어진다는 측면에서 평생교육으로 접목되고 확장될 수 있다. 이러한 지역사회교육은 교육을 비롯한 지역이 가지고 있는 제반 문제를 주민 스스로 발굴하고 해결하려는 노력을 기울이는 과정에서의 배움과 성장을 통해 지역의 지속적인 발전을 도모하는 것이다.

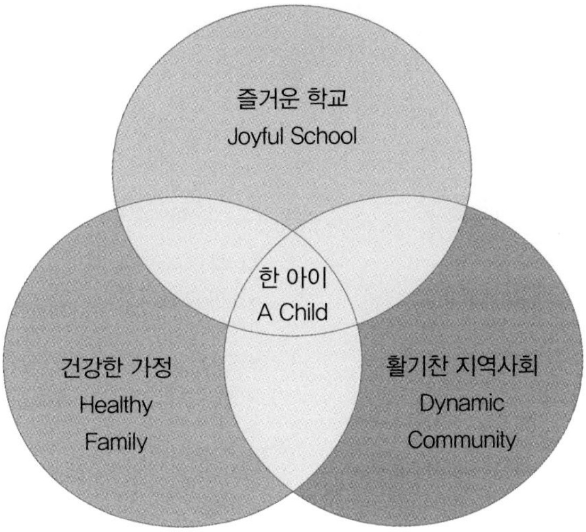

[그림 12-9] 지역사회교육

출처: 한국지역사회교육협의회(http://kace.or.kr).

3) 지역사회학교

지역사회교육의 형태로 이순형(1988)은 '학교중심' '기관간 협력' '지역사회 중심' 형태로 나누고 정지웅(2005)은 지역사회 자체를 하나로 보는 지역공동체교육, 지역사회센터로서의 학교를 강조하는 지역사회학교, 그리고 지역 단위에서 사회교육에 역점을 두는 지역단위 사회교육으로 구분하였다. 전자의 학교중심 지역사회교육이 후자의 지역사회학교다. 이것은 OECD[7]에서 제시하는 미래 학교교육의 4가지 시나리오 중에서 '학습 허브로서의 학교'를 지향하는 것이며, 미국의 Community School[8]이 이에 가까운 형태라고 볼 수 있다.

---

7) OECD는 현 교육상황을 진단하여, 이를 토대로 20년 후의 학교교육 방향과 트랜드를 예측하는 보고서를 2020년 9월 15일에 발간하였다.

8) 미국의 지역사회학교의 대표적인 모델인 Beacon Community Schools는 학생 중심이며 파트너십에 기반을 두고 있으며 학생, 가족 및 학교공동체의 요구에 초점을 맞춘 프로그램을 운영하는데, 다음과 같은 전략목표를 가지고 있다(https://www.dcyf.org/beacon-community-school).

1. 청소년들이 안심하고 기능을 익히며 지지적인 관계를 발전시키면서 청소년 발달과 학업성취에서 성장하기 위한 확대된 학습 기회를 창출한다.
2. 부모와 간병인이 학교와 연결되고 지역사회 자원에 접근할 수 있도록 하며, 자녀 및 다른 가족 구성원들과 강한 유대를 통해 삶을 보다 효과적으로 탐색할 수 있는 능력을 갖도록 한다.

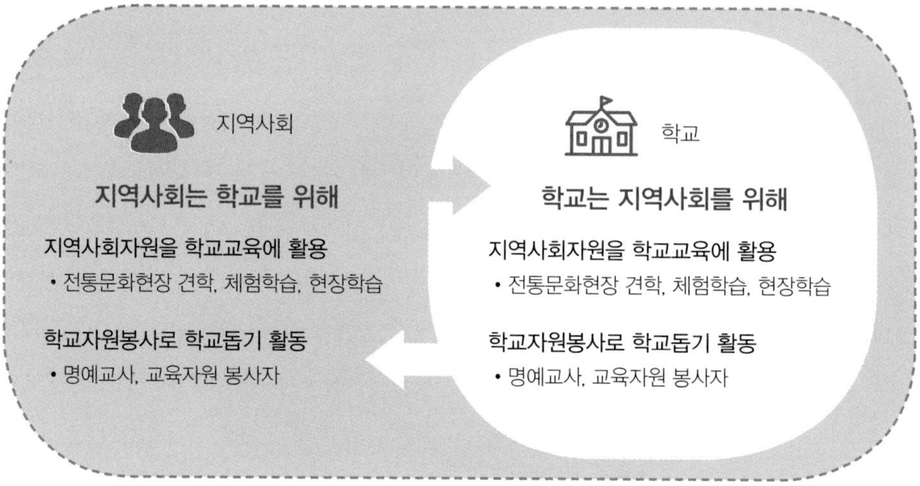

[그림 12-10] 학교와 지역사회 협력 모형

출처: 한국지역사회교육협의회(http://kace.or.kr).

지역사회학교(community school)는 학생들의 올바른 배움과 성장을 위해서 지역사회가 학교를 지원하며, 학교도 학생들의 교육뿐만 아니라 지역주민의 교육적 필요와 욕구를 충족시켜 나가는 개방된 학교 시스템이다. 지역사회학교의 주요활동은 주민의 요구와 학교의 필요, 지역사회 자원을 고려하여 운영하되, 학교교육에 도움이 되는 교육과 봉사활동 중심으로 특화한다.

여기에서 학교가 지역의 평생학습의 장이 되어야 하는데, 그 이유를 한국지역사회교육협의회에서는 다음과 같이 제시하고 있다.

- 누구에게나 교육혜택을 공평하게 나누어 주는 공교육기관으로 지역주민이 주인이다.
- 모든 지역사회에 시설되어 있어 주민의 접근이 용이하고 폭넓은 대상이 참여할 수 있다.
- 주민의 교육적 욕구를 충족시켜 줄 책무가 있다.
- 교육을 위한 인적·물적 자원을 확보하고 있다.

3. 청소년과 가정의 요구를 충족시키기 위하여 의도적으로 조정된 학교-지역사회의 파트너십을 구축한다.
4. 참여자들의 사회적·정서적 기능을 개발하도록 지원한다.

교육 활동

아동 · 청소년 교육	지역주민교육	학부모교육	소외계층교육
방과후 · 방학중 활동 신체발달을 돕는 활동 정서함양을 돕는 활동 학력증진을 위한 활동 우리문화 알기 체험활동 지역탐방 프로그램	취미 교육 요가, 단전호흡, 스포츠활동 도예, 미술치료, 공예, 사진, 악기, 합창, 국악 퀼트, 뜨개질 등	부모교육 사회변화와 학교교육 이해 신입생학부모교육 부모역할교육 가족관계향상교육 학부모역할교육	노인교육 문해교육(한글, 영어, 컴퓨터) 건강과 레크리에이션 생활적응교육 삶의 주기학습 재취업 준비교육
정규교과연계활동 인성교육, 도서관 활용교육 긍정적 자아개념 갖기 협동의식, 자연체험 학교폭력 예방교육 진로직업교육 등	시민의식 및 참여 확대 자원봉사 활성화교육 여성의식 교육 사회참여 촉진 직업기술 교육 환경문제 실천	인적자원 양성교육 예절명예교사 양성 도서관자원봉사자 양성 체험학습지도자 양성 부모교육지도자 양성 방과후 학교교사 양성	결혼이민자교육 문해, 한국문화이해 교육 저소득층 긍정적 자아개념 정립 자기효능감 높이기 재취업을 위한 기술교육

↓

조직 활동

아동 · 청소년 교육 자발적 · 지속적 학습모임, 자원활동 및 일감 갖기

↓

자원봉사 · 행사

학교돕기 자원봉사	학교, 지역문제해결 활동	만남과 공동체 활동
상담실운영, 도서실운영 예절지도, 교육환경개선 교통안전지도, 학습자료실운영 온라인정보탐색, 학교행사지원 학습준비물기증센터	환경문제, 소비자운동, 결식아동돕기 학교폭력예방활동, 이주여성결연사업, 맞벌이가정, 대리부모연결사업 등	교사, 학부모간담회, 주민체육대회 아버지와 야영, 가족체험학습 가족잔치, 가족음악회, 가족사진전 등반대회, 가족신문전, 작품전시 및 발표회, 알뜰바자회, 도서바자회 등

[그림 12-11] 지역사회학교의 주요활동

출처: 한국지역사회교육협의회(http://kace.or.kr).

- 주민의 신뢰를 받고 있다.
- 교육이 주된 기능이므로 평생교육의 기능을 수행하기에 적합하다.
- 학생을 통해 홍보와 학습자 확보가 용이하다.
- 주 5일제 수업으로 학교의 교육적 역량을 최대한 발휘할 수 있다.

4) 마을교육공동체와 교육혁신지구

'부산마을교육공동체 활성화 지원에 관한 조례' 제2조에서는 마을교육공동체를 "학교와 마을이 아이들을 함께 키우고 마을이 아이들의 배움터가 되도록 학교와 마을, 교육청과 지방자치단체 그리고 학부모와 시민사회가 자발적으로 협력하고 연대하는 교육생태계"라고 정의하고 있다.

마을교육공동체는 마을을 기반으로 하는 교육이며, "학생들에게 그 지역에 대한 내용을 실천적 방법으로 학습함으로써 학습역량과 정의적 발달을 향상시켜, 그 결과가 지역사회로 다시 돌아오는 선순환적 구조의 지역공동체"를 만드는 것이다(박은주, 2020). 마을교육공동체가 마을을 기반으로 하는 공동체 교육의 세 가지 유형으로 첫째, 마을을 통한 교육(learning through community)이다. 그 지역사회의 인적·문화적·환경적·역사적 인프라를 적극적으로 활용하여 이루어지는 학습형태이며, 학생들은 마을의 교육인프라와 자원을 통해 배움을 실천한다. 둘째, 마을에 관한 교육(learning about community)이다. 학생이 속해 있는 마을과 지역에 대해 배우는 것이며, 자연적, 문화적, 역사적, 산업적 특수성 및 발전성에 대해 학생들에게 배움의 기회를 제공하는 교육이다. 셋째, 마을을 위한 교육(learning for community)이다. 학생들이 지역사회 발전의 훌륭한 자원이 되도록 진로역량을 키워주는 것이다(서용선 외, 2016). 이것은 전체적으로 지역사회학교와 맥락을 같이한다고 볼 수 있으나, 마을과 학교의 협력관계를 넘어, 마을 자체가 교육 생태계(김용련, 2015)로 작동하는 것이다.

이러한 마을교육공동체는 학부모와의 파트너십과 지역사회 기반의 교육과정을

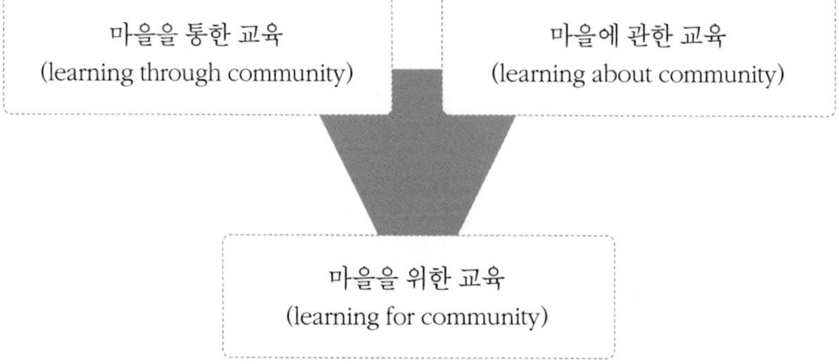

[그림 12-12] 마을교육공동체 교육의 세 가지 유형

표방하며 2010년부터 시작된 혁신학교의 확대와 일반화의 과정에서 교육혁신지구 사업이 전개되었다.

부산광역시교육청에서도 2018년부터 지방자치단체와의 협약을 통해 학교와 마을이 협력하는 마을교육공동체를 구축하여 모두에게 신뢰받는 공교육 혁신과 지역 동반성장을 이루기 위한 '다행복교육지구'를 지정하여 운영하고 있다. 이에 앞서 2017년 부산광역시북부교육지원청에서는 '다행복교육지구' 시범운영을 하였다. 핵심은 학생교육을 중심에 두고 마을에서 학교로 교육과정이 들어오고, 학교에서 마을로 진로활동, 봉사활동, 방과후학교, 인성교육 등이 나갈 수 있는 구조를 만들어, 궁극적으로 지역의 문제를 잘 아는 민(民)이 관(官)의 행·재정적 지원을 받으며 마을 전체의 구성원이 배우고 성장하는 학습공동체가 되어 청소년들을 지역인재로 양성하는 선순환 체계를 구축함으로써 정주인(定住人)으로 살아갈 기반을 조성하여 지속적 지역 발전을 견인하도록 하는 것이었다.

이러한 교육이 되기 위해서는 그 마을의 모든 구성원이 교육공동체로 참여하여

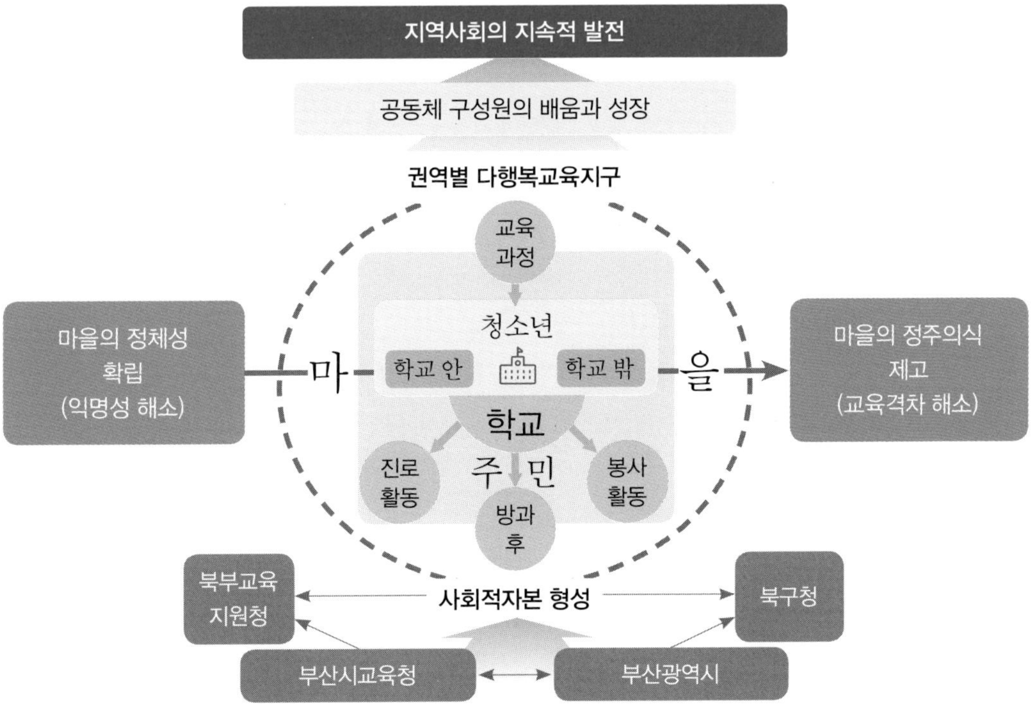

[그림 12-13] 다행복교육지구의 비전

출처: 부산광역시북부교육지원청(2017).

그 마을의 교육문제를 드러내고 이를 해결하기 위해서 서로 협의하는 과정이 필요하다. 이러한 숙의 과정에서 우리는 개인과 개인, 조직과 조직 간의 네트워크를 구축하여 신뢰를 바탕으로 상호 호혜적인 관계를 조성하게 되고, 이로써 우리 사회에서 부족한 사회적 자본을 형성함으로써 다음 세대에 더 나은 세상을 만들어 줄 수 있도록 하자는 것이다.

결론적으로, 다행복교육지구 시범운영은 학교 교원들에게 별도 업무 부담을 주지 않으면서 학교 교육활동으로 필요한 경우, 손 내밀면 손잡아 줄 수 있는 체계를 만들어 가는 것이며, 학교는 마을에 대한 교육을 통해서 아이들의 미래역량을 키울 수 있도록 정규 교육과정에 충실해 가는 것이다. 다행복교육지구에서는 무엇이든 학습자료가 될 수 있고, 누구나 아이들에 대한 선생님 역할을 할 수 있다는 것을 전제하고 있다. 이로써 우리들의 삶터가 일터이기도 하고 배움터가 되기도 하여, 우리 모두의 배움과 성장을 촉진시키는 발판이 될 수 있다.

토론 및 실습 과제

1. 학부모문화의 사회문화적 맥락에 대하여 개별적 경험에 따른 실례를 들어 토의해 보자.
2. 학부모의 교육에 대한 인식은 학교, 교사, 교육정책에 따라 다양하게 나타난다. 이에 교사로서 할 수 있는 역할을 토의해 보자.
3. SKY캐슬에 나타나는 그루밍과 리플리 증후군의 징후가 특정 학생에서 나타났을 때 대처할 방법을 토의해 보자.
4. 학부모 학교교육 참여를 활성화하기 위해 교사로서 할 수 있는 역할을 토의해 보자.
5. 마을교육공동체와 교육혁신지구의 연관성에 대하여 논의해 보자.

참고문헌

경기도교육청(2014). 회복적 생활교육 매뉴얼.

교육부(2009). 학부모 및 학부모 단체에 대한 실태 조사 및 활성화 방안 연구.

국가평생교육진흥원(2016). 2016 학부모 학교 참여 길라잡이.

김용련(2015). 지역사회 기반 교육공동체 구축 원리에 대한 탐색적 접근: 복잡성 과학, 사회적 자본, 교육거버넌스 원리 적용을 중심으로. **교육행정학 연구**, 33(2), 259-287.

박성희, 전명기, 맹영임(1995). [95A-1] 청소년과 지역사회. **지도자교재지침서**. 학국청소년정책연구원.

박은숙, 장진태(2012). 학부모의 사회경제적 계층에 따른 영어 사교육경험과 학업성취도 및 동기 연구. **중등영어교육**, 5(2), 51-69.

박은주(2020). 마을교육공동체 참여 교사들의 활동 경험에 대한 의미 탐구. **내러티브와 교육연구**, 8(2), 35-58.

부산광역시북부교육지원청(2018). 함께 배우고 성장하는 따뜻한 학습도시, 밝은 미래가 보이는 북구.

서근원(2004). 산들초등학교의 교육공동체 형성에 관한 교육인류학적 연구. 서울대학교 대학원 박사학위 논문.

서용선, 김아영, 김용련, 서우철, 안선영, 이경석, 임경수, 최갑규, 최탁, 홍섭근, 홍인기(2016). **마을교육공동체란 무엇인가?: 탄생, 뿌리 그리고 나침반**. 서울: 살림터.

오욱환(2000). **한국사회의 교육열: 기원과 심화**. 서울: 교육과학사.

이규빈(2020). 보습학원에 참여하는 학부모의 문화적 논리: 고등학생 학부모 중심으로. **한국교육사회학회**, 35-71.

이기봉(2007). 장보기와 치맛바람: 근대와 여성의 '가정적 이미지'. **대한지리학회 전국지리학대회 자료집**, 107-109.

이두휴(2008). 자녀교육지원활동에 나타난 학부모 문화 연구. **교육사회학연구**, 18(3), 135-165.

이순형(1988). 학교중심 지역사회교육의 조직 모형에 관한 연구. 세종대학교대학원 박사학위 논문.

장정희(2002). 학부모의 사회계층에 따른 자녀의 영어학업성취정도의 비교연구. 경상대학교 대학원 석사학위 논문.

정종섭(2009). **헌법학원론**. 서울: 박영사.

정지웅(2005). **지역사회 종합연구: 세계평화를 위하여**. 경기: 교육과학사.

중앙일보(2017.2.18.). [세상속으로] 학원가 · 수험생 부모를 쥐락펴락…… 대치동 '돼지엄마'

아! 옛날이여.

통계청(2020). 초중고 사교육비조사 결과.

한국교육개발원(2007). 학부모 문화 연구-자녀교육지원활동을 중심으로. 한국교육개발원 연구보고, RR 2007-10.

한국교육개발원(2015). 학부모의 학교 참여 실태 및 정책 방안. 한국교육개발원 연구보고, RR 2015-01.

한국일보(2019.1.9.). "저렇게까지……" SKY캐슬 사교육, 욕하면서도 따라한다.

현순안(2018). 청소년 활동에 학부모 참여 모색을 위한 '학부모의 학교교육 참여' 연구동향 분석. **한국청소년활동학회 2018 한국청소년활동연구**, 4(1).

Hillery, G. A., Jr. (1955). Definition of Community: Areas of Agreement. *Rural Sociology, 20*(2), 111-123.

Swint, R. L., Jr. (2020). Influence of Parental Involvement on Sixth Grade Student Achievement in Math. Grand Canyon University.

〈사이트〉

- 우리나라 초 · 중 · 고 학생의 사교육 현황(통계청)
  http://www.index.go.kr/potal/main/EachDtlPageDetail.do?idx_cd=2697
- 한국지역사회교육협의회
  http://kace.or.kr/p01_02 / http://kace.or.kr/p02_05
- Beacon Community School
  https://www.dcyf.org/beacon-community-school
- OECD 미래 학교교육 시나리오
  https://www.oecd-ilibrary.org/sites/178ef527-en/1/3/4/index.html?itemId=/content/publication/178ef527-en&_csp_=590c38405df54ad45a1ff6a25ad39f36&itemIGO=oecd&itemContentType=book

찾아보기

인명

내용

저자 소개

주철안(朱哲安, Joo ChulAn)
미국 하버드 대학교 대학원 교육학박사
전 미국 위스콘신 대학교/영국 노팅엄 대학교 연구교수
한국교육행정학회장
부산대학교 교육부총장 겸 대학원장
현 부산대학교 교육학과 교수

〈대표 저서〉
『교육행정 및 교육경영』(2판, 공저, 학지사, 2021)
『배움과 돌봄의 학교공동체』(공저, 학지사, 2009)
『교육리더십』(공저, 교육과학사, 2004) 외 다수

김대성(金大成, Kim DaeSung)
부산대학교 대학원 박사과정 수료
전 부산광역시북부교육지원청 교육장
만덕고등학교, 충렬고등학교 교장
현 부산대학교 교육학과 시간강사

〈대표 저서〉
『교장 자격연수 교육과정 개발 연구』(한국교원대학교, 2015)

김혜영(金惠榮, Kim HyeYoung)
부산대학교 대학원 교육학박사
전 부산교육대학교 시간강사
현 부산광역시교육청 교육정책연구소 연구위원

〈대표 논문〉

「교육디자인 개념의 비판적 고찰」(교육혁신연구, 2018)

「예비교사들의 교육실습경험에 근거한 교원양성 교육과정 개선 방안 탐색」(교육혁신연구, 2019) 외 다수

이상철(李相哲, Lee SangChul)
부산대학교 대학원 교육학박사
전 부산광역시 중·고등학교 교사
부산대학교 교육학과 전임대우강사
현 부산광역시교육청 교육정책연구소 선임연구위원

〈대표 논문〉

「부산다행복학교의 성과 및 과제 연구」(한국교원교육연구, 2018)

「시·도교육청 차원의 정책결정 과정 분석: 부산다행복교육지구 정책결정 과정을 중심으로」(수산해양교육연구, 2018) 외 다수

「학교장의 변혁적 지도성과 교사의 민주적 의사결정 참여가 교사의 학교만족도에 미치는 영향」(교육혁신연구, 2018)

이영내(李英奈, Lee YoungNae)
경북대학교 대학원 간호학박사
부산대학교 대학원 교육학박사
현 부산대학교 교육학과 시간강사

〈대표 저서 및 논문〉

『인간관계와 의사소통』(공저, 수문사, 2018)

「보건교사의 삶을 통해서 본 정체성의 변화」(부산대학교 대학원 박사학위논문, 2020)

이용철(李龍哲, Lee YongCheol)
부산대학교 대학원 박사과정 수료
전 부산광역시 중등영어교사, 고등학교 교감
현 부산대학교 교육학과 시간강사
시인 및 에세이 작가

〈대표 저서〉
『교직실무』(공저, 학지사, 2012)
『학교경영컨설팅』(공저, 학지사, 2013)
시집『늑대가 그립다』(청옥, 2015),『학여울 풍경』(청옥문학사, 2020)

이지영(李志英, Lee JeeYoung)
부산대학교 대학원 교육학박사
현 부산외국어대학교 교직과 교수

〈대표 저서 및 논문〉
『교육학의 이해』(청목출판사, 2013)
『교육행정 및 교육경영』(청목출판사, 2011)
「예비교사의 수업전문성 신장을 위한 동료장학에 대한 사례연구」(학습자중심교과교육연구, 2020) 외 다수

홍창남(洪昌男, Hong ChangNam)
서울대학교 대학원 교육학박사
전 한국교육개발원 부연구위원
한국교원교육학회장
현 부산대학교 사범대학장
부산대학교 교육학과 교수

〈대표 저서 및 논문〉
『학교경영컨설팅과 수업컨설팅』(공저, 교육과학사, 2008)
「학교컨설팅과 컨설팅장학의 관계」(교육행정학연구, 2012)
「교육전문직의 역할 재구조화 방향 탐색」(교육행정학연구, 2011) 외 다수

교직실무 (2판)

Teaching Practice (2nd ed.)

2013년 3월 15일 1판 1쇄 발행
2017년 9월 25일 1판 5쇄 발행
2021년 3월 30일 2판 1쇄 발행
2023년 1월 20일 1판 3쇄 발행

지은이 • 주철안 · 김대성 · 김혜영 · 이상철 · 이영내 · 이용철 · 이지영 · 홍창남
펴낸이 • 김 진 환
펴낸곳 • (주) 학지사

04031 서울특별시 마포구 양화로 15길 20 마인드월드빌딩 5층
대표전화 • 02) 330-5114 팩스 • 02) 324-2345
등록번호 • 제313-2006-000265호
홈페이지 • http://www.hakjisa.co.kr
페이스북 • https://www.facebook.com/hakjisabook

ISBN 978-89-997-2391-9 93370

정가 22,000원